国家社科基金重大委托项目
中国社会科学院创新工程学术出版资助项目

中国民族地区经济社会调查报告

总顾问 陈奎元
总主编 王伟光

2016年调查问卷分析

本卷主编 王延中 丁 赛

中国社会科学出版社

图书在版编目(CIP)数据

中国民族地区经济社会调查报告·2016年调查问卷分析 / 王延中，丁赛主编．
—北京：中国社会科学出版社，2019.10
ISBN 978-7-5203-2681-0

Ⅰ.①中… Ⅱ.①王…②丁… Ⅲ.①民族地区经济—经济发展—调查报告—中国②民族地区—社会发展—调查报告—中国 Ⅳ.①F127.8

中国版本图书馆CIP数据核字(2018)第132134号

出 版 人 赵剑英
责任编辑 宫京蕾
责任校对 杨 林
责任印制 李寡寡

出 版 中国社会科学出版社
社 址 北京鼓楼西大街甲158号
邮 编 100720
网 址 http://www.csspw.cn
发 行 部 010-84083685
门 市 部 010-84029450
经 销 新华书店及其他书店

印刷装订 北京君升印刷有限公司
版 次 2019年10月第1版
印 次 2019年10月第1次印刷

开 本 710×1000 1/16
印 张 22.75
插 页 2
字 数 365千字
定 价 95.00元

凡购买中国社会科学出版社图书，如有质量问题请与本社营销中心联系调换
电话：010-84083683

《21世纪初中国少数民族地区经济社会发展综合调查》

项目委员会

顾问委员会

总 顾 问　陈奎元

学术指导委员会

主　　任　王伟光

委　　员（按姓氏笔画为序）

丹珠昂奔　李扬　李培林　李捷　陈改户　武寅
郝时远　赵胜轩　高翔　黄浩涛　斯塔

专家委员会

首席专家　王延中

委　　员（按姓氏笔画为序）

丁卫东　丁宏　丁赛　马援　王平　王希恩
王锋　开哇　车明怀　扎洛　方勇　方素梅
石玉钢　尹虎彬　田卫疆　龙远蔚　包智明　卢献匾
吐尔干·皮达　朱伦　色音　刘正寅　刘世哲
刘泓　江荻　赤列多吉　李云兵　李红杰　李克强
吴大华　吴军　何星亮　张若璞　张昌东　张继焦
陈建樾　青觉　郑堆　赵立雄　赵明鸣　赵宗福
赵剑英　段小燕　姜培茂　聂鸿音　晋保平　特古斯
俸代瑜　徐平　徐畅江　高建龙　黄行　曹宏举
曾少聪　管彦波　毅松

项目工作组

组　　长　扎洛　孙懿

成　　员（按姓氏笔画为序）

丁赛　孔敬　刘文远　刘真　李凤荣　李益志
宋军　陈杰　周学文　程阿美　管彦波

《中国民族地区经济社会调查报告》

编辑委员会

总　序

实践的观点是马克思主义哲学最基本的观点，实事求是是马克思主义活的灵魂。坚持一切从实际出发、理论联系实际、实事求是的思想路线，是中国共产党把马克思主义基本原理与中国实际相结合，领导中国人民进行社会主义革命和社会主义建设不断取得胜利的基本经验。改革开放以来，在实事求是、与时俱进思想路线指导下，中国特色社会主义伟大事业取得了举世瞩目的伟大成就，中国道路、中国经验在世界上赢得了广泛赞誉。丰富多彩的成功实践推进了中国化马克思主义的理论创新，也为哲学社会科学各学科的繁荣发展提供了坚实沃土。时代呼唤理论创新，实践需要哲学社会科学为中国特色社会主义理论体系的创新发展做出更大的贡献。在中国这样一个统一的多民族的社会主义国家，中国特色的民族理论、民族政策、民族工作，构成了中国特色社会主义的重要组成部分。经济快速发展和社会剧烈转型，民族地区全面建成小康社会，进而实现中华民族的伟大复兴，迫切需要中国特色民族理论和民族工作的创新，而扎扎实实地开展调查研究则是推进民族研究事业适应时代要求、实现理论创新、服务发展需要的基本途径。

早在20世纪50年代，应民族地区的民主改革和民族识别之需，我国进行了全国规模的少数民族社会历史与语言调查，今称“民族大调查”。这次大调查收集获取了大量有关民族地区社会历史的丰富资料，形成300多个调查报告。在那次调查的基础上，整理出版了400余种6000多万字的民族社会历史建设的巨大系统工程——《民族问题五种丛书》，为党和政府制定民族政策和民族工作方针，在民族地区开展民主改革和推动少数民族经济社会的全面发展提供了重要的依据，也为新中国民族研究事业的发展奠定了坚实的基础。

半个多世纪过去了，如今我国边疆民族地区发生了巨大而深刻的变化，各民族逐渐摆脱了贫困落后的生产生活状态，正在向文明富裕的现代化社会迈进。但同时我们也要看到，由于历史和现实的原因，各民族之间以及不同民族地区之间经济社会的发展依然存在较大的差距，民族地区经济发展不平衡问题以及各种社会问题、民族问题、宗教问题、生态问题，日益成为推动民族地区经济社会发展必须着力解决的紧迫问题。深入民族地区开展长期、广泛而深入的调查研究，全面了解各民族地区经济社会发展面临的新情况、新问题，科学把握各民族地区经济社会发展趋势，是时代赋予民族学工作者的使命。

半个多世纪以来，中国社会科学院民族学与人类学研究所一直把调查研究作为立所之本。1956年成立的少数民族语言研究所和1958年成立的民族研究所（1962年两所合并），从某种意义上讲，就是第一次民族大调查催生的结果。作为我国多学科、综合性、国家级的民族问题专业研究机构，民族所非常重视田野调查，几代学人已在中国各民族地区近1000个地点进行过田野调研。20世纪90年代，民族所进行了第二次民族地区典型调查，积数年之功完成了20余部调研专著。进入新的历史时期，为了更好地贯彻党中央对我院“三个定位”的要求，进一步明确今后一个时期的发展目标和主攻方向，民族所集思广益，经过反复酝酿、周密论证，组织实施了“21世纪初中国少数民族地区经济社会发展综合调查”。这是我国民族学研究事业发展的迫切需要，也是做好新时期民族工作的前提和基础。

在充分利用自20世纪50年代以来开展的少数民族社会历史与语言调查相关研究成果的基础上，本次民族大调查将选择60—70个民族区域自治地方（包括城市、县/旗或民族乡）作为调查点，围绕民族地区政治、经济、社会、文化、生态五大文明建设而展开，计划用4—5年的时间，形成60—70个田野调查报告，出版50部左右的田野民族志专著。民族调查是一种专业性、学科性的调查，但在学科分化与整合均非常明显的当代学术背景下，要通过调查研究获得开拓性的成果，除了运用民族学、人类学的田野调查方法外，还需结合社会学问卷调查方式和国情调研、社会调查方式，把静态与动态、微观与宏观、定量分析与定性分析、典型与一般有机结合起来，突出调查研究的时代性、民族性和区域性。这是新时期开展民族大调查的新要求。

立足当代、立足中国的“民族国情”，妥善处理民族问题，促进各民族平等团结，促进各民族地区繁荣发展，是中国特色社会主义的重要任务。“21世纪初中国少数民族地区经济社会发展综合调查”作为国家社科基金特别委托项目和中国社会科学院创新工程重大项目，希望立足改革开放以来少数民族地区的发展变化，围绕少数民族地区经济社会发展，有针对性地开展如下调查研究：①民族地区经济发展现状与存在的问题调查研究；②民族地区社会转型、进步与发展调查研究；③西部大开发战略与民族问题调查研究；④坚持和完善民族区域自治制度调查研究；⑤民族地区宗教问题调查研究；⑥民族地区教育与科技调查研究；⑦少数民族传统文化与现代化调查研究。

调查研究是加强学科建设、队伍建设和切实发挥智库作用的重要保障。基础研究与应用对策研究是现代社会科学不可分割的有机统一的整体。通过全面、深入、系统的调查研究，我们冀望努力达成以下几个目标。一是全面考察中国特色民族理论、民族政策的探索和实践过程，凝练和总结中国解决民族地区发展问题、确立和谐民族关系、促进各民族共同繁荣发展的经验，把握民族工作的一般规律，为未来的民族工作提供坚实的理论支撑，为丰富和发展中国特色社会主义理论体系做出贡献。二是全面展示改革开放特别是进入21世纪以来民族地区经济社会发展的辉煌成就，展示以“平等、团结、互助、和谐”为核心内容的新型民族关系在当代的发展状况，反映各族人民社会生活的深刻变化，增强各民族的自豪感、自信心，建设中华民族共同体，增强中华民族凝聚力。三是深入调查探寻边疆民族地区经济社会发展中存在的问题，准确把握未来发展面临的困难与挑战，为党和国家全面了解各民族发展现状、把握发展趋势、制定未来发展规划提供可靠依据。四是通过深入民族地区进行扎实、系统的调研，收集丰富翔实的第一手资料，构筑我国民族地区社会发展的基础信息平台，夯实民族研究的基础，训练培养一支新时期民族问题研究骨干队伍，为民族学研究和民族地区未来发展奠定坚实的人才基础。

我们深信，参与调查研究的每一位专家和项目组成员，秉承民族学、人类学界前辈学人脚踏实地、不怕吃苦、勤于田野、精于思考的学风，真正深入民族地区、深入田野，广泛汇集干部群众的意见，倾听干部群众的呼声，运用多种方式方法取得丰富的数据资料，通过科学严谨的数据分析和系统深入的理论研究，一定会取得丰硕的成果。这不仅会成为21世纪我国民族学与人类学学科建设的一个重要里程碑，也一定会为党和政府提供重要决策参考，为促进我国民族理论和民族工作的新发展，为在民族地区全面建成小康社会，为实现中华民族的伟大复兴做出应有的贡献。

王伟光

目 录

第一章

2016 年调查问卷总报告

中国社会科学院民族学与人类学研究所主持开展的国家社科基金特别委托暨中国社会科学院创新工程重大专项“21 世纪初中国少数民族地区经济社会发展综合调查”自 2013 年至今已历时 4 年，2016 年又完成了在四川、湖南、广西、新疆、辽宁、内蒙古、甘肃、西藏 8 个地区自治县/旗的问卷调查。2016 年的调查问卷依然承袭了之前 4 年的经济发展、社会事业、民族文化、民族政策、民族关系、社会安全与社会和谐等方面的内容，同时又根据民族地区的经济社会发展现实进行了一定程度的内容调整，分为经济、资源环境与生态保护、公共服务与政府管理、文化、民族关系、个人感受六个方面。本报告将着重从语言、扶贫和小康社会建设、公共服务、民族关系等方面进行分析，以展示民族地区 2016 年经济社会发展的概貌。

一　问卷调查总体情况

由中国社会科学院民族学与人类学研究所主持，委托中央民族大学民族与社会学院、四川省藏文学校于 2016 年 6—9 月完成了四川甘孜藏族自治州色达县、湖南湘西土家族苗族自治州凤凰县、广西环江毛南族自治县、新疆察布查尔锡伯自治县、辽宁新宾满族自治县、内蒙古鄂伦春自治旗、甘肃甘南藏族自治州合作市、西藏墨脱县 8 个县/旗的问卷调查，共计 3204 份。问卷调查过程中调查队的组建、培训、调查抽样原则、数据录入和清理等均同 2013 年以来的历年完全一致。

（一）问卷调查的地区和民族分布

2016 年调查问卷样本的具体分布见表 1-1。

表 1-1　　2016 年调查问卷样本具体分布情况　　单位:%

调研地区＼样本及占比	调研样本	占比	城镇样本量	城镇样本占比	农村样本量	农村样本占比
甘肃省甘南藏族自治州合作市	418	13.05	268	64.58	147	35.42
广西壮族自治区环江毛南族自治县	421	13.14	102	24.34	317	75.66
湖南省湘西土家族苗族自治州凤凰县	423	13.20	152	36.19	268	63.81
辽宁省新宾满族自治县	455	14.20	154	34.38	294	65.63
内蒙古自治区鄂伦春自治旗	411	12.83	342	85.07	60	14.93
四川省甘孜藏族自治州色达县	305	9.52	148	50.68	144	49.32
西藏自治区墨脱县	369	11.52	31	8.59	330	91.41
新疆维吾尔自治区察布查尔锡伯自治县	402	12.55	192	47.88	209	52.12
合计	3204	100	1389	43.98	1769	56.02

各调查点根据当地城镇化率进行抽样后的样本分布如表 1-1 所示。其中城镇化率超过 50%的县/旗有：甘肃省甘南藏族自治州合作市、内蒙古自治区鄂伦春自治旗、四川省甘孜藏族自治州色达县；其他 5 个地区的城镇率较低，所以调查样本以农村为主。

与之前 4 年的问卷调查相比，2016 年在调查地点的选择上偏重于至今没有覆盖的地区和民族。具体民族分布情况见表 1-2。

表 1-2　　2016 年调查问卷中各民族受访者的样本和地区分布　　单位:%

民族＼样本及占比	样本量	占比	城镇样本量	城镇样本占比	农村样本量	农村样本占比	主要分布地区
汉族	716	23.10	508	70.95	208	29.05	色达县外的所有调查点
回族	83	2.68	73	87.95	10	12.05	合作市、察布查尔县
藏族	492	15.87	208	42.28	284	57.72	合作市、墨脱县、色达县
苗族	187	6.03	48	25.67	139	74.33	凤凰县
壮族	335	10.81	78	23.28	257	76.72	环江县
满族	376	12.13	121	32.18	255	67.82	新宾县
土家族	113	3.65	44	38.94	69	61.06	凤凰县

续表

民族＼样本及占比	样本量	占比	城镇样本量	城镇样本占比	农村样本量	农村样本占比	主要分布地区
哈萨克族	50	1.61	31	62.00	19	38.00	察布查尔县
达斡尔族	52	1.68	34	65.38	18	34.62	察布查尔县
毛南族	68	2.19	18	26.47	50	73.53	环江县
锡伯族	253	8.16	106	41.90	147	58.10	察布查尔县
鄂伦春族	30	0.97	26	86.67	4	13.33	鄂伦春自治旗
门巴族	208	6.71	18	8.65	190	91.35	墨脱县
珞巴族	48	1.55	1	2.08	47	97.92	墨脱县
其他少数民族	89	2.87	61	68.54	28	31.46	各调查点
合计	3100	100	1375	44.35	1725	55.65	

2016 年的民族样本中，藏族抽样来自四川阿坝藏族自治州的色达县；结合之前的西藏、青海和云南迪庆，藏族样本的分布已经覆盖了藏族聚居地区。苗族和土家族虽然之前的调查中也有足够的样本量，但本次调查数据来自中部民族地区，可便于今后在不同区域的相同民族比较。满族、锡伯族、门巴族、毛南族都是 2016 年重点调查的民族，也是弥补之前问卷调查中样本量不足以单独和深入分析的缺憾。考虑到 2016 年 8 个省区中各选择了一个县/旗，因此在总报告的分析中将以民族为主要研究对象。

（二）调查样本的人口特征

根据调查问卷的信息，2016 年 3204 份调查问卷的具体人口特征情况见表 1-3。

表 1-3　　2016 年调查问卷的人口特征　　单位:%

类别＼占比		样本量	占比	农村样本量	占比	城镇样本量	占比
年龄	18 岁及以下	61	1.90	21	1.19	39	2.81
	19—30 岁	523	16.32	283	16.00	232	16.70
	31—45 岁	962	30.02	547	30.92	413	29.73
	46—60 岁	1032	32.21	581	32.84	427	30.74
	61 岁及以上	626	19.54	337	19.05	278	20.01

续表

类别 \ 占比		样本量	占比	农村样本量	占比	城镇样本量	占比
性别	男性	1759	55.09	1086	61.67	644	46.43
	女性	1434	44.91	675	38.33	743	53.57
受教育水平	未上学	591	18.54	374	21.24	200	14.44
	小学	804	25.22	568	32.25	227	16.39
	初中	830	26.04	489	27.77	335	24.19
	高中	524	16.44	216	12.27	300	21.66
	大学及以上	439	13.07	114	6.48	323	23.32
家庭常住人口	1人	129	4.09	59	3.38	68	4.97
	2人	474	15.03	231	13.25	230	16.83
	3人	781	24.77	319	18.30	457	33.43
	4—6人	1477	46.84	936	53.70	522	38.18
	7人及以上	292	9.26	198	11.36	90	6.58
政治面貌	中共党员	599	18.87	337	19.26	253	18.29
	团员	374	11.78	178	10.17	192	13.88
	民主党派	5	0.16	1	0.06	3	0.22
	群众	2197	69.20	1234	70.51	935	67.61
职业分类	公务员	77	2.5	13	0.75	63	4.78
	领导干部	70	2.27	29	1.68	40	3.04
	企事业管理人员	89	2.89	16	0.93	73	5.54
	技术人员	63	2.04	20	1.16	41	3.11
	农牧民	1458	47.28	1166	67.63	269	20.43
	制造业、矿业、建筑业工人	68	2.20	26	1.51	40	3.04
	商业、服务业普通人员	235	7.62	117	6.79	117	8.88
	两种及以上职业身份	45	1.46	36	2.09	9	0.68
	其他	979	31.74	301	17.46	665	50.49

续表

类别 \ 占比		样本量	占比	农村样本量	占比	城镇样本量	占比
宗教信仰	伊斯兰教	141	4.43	36	2.05	105	7.6
	佛教	913	28.66	602	34.20	292	21.13
	道教	11	0.35	9	0.51	2	0.14
	天主教	10	0.31	6	0.34	4	0.29
	基督教	54	1.69	24	1.36	28	2.03
	民间信仰	43	1.35	27	1.53	14	1.01
	其他宗教信仰	37	1.16	20	1.14	17	1.23
	无宗教信仰	1977	62.05	1036	58.86	920	66.57

表1-3显示，2016年问卷调查受访者的年龄分布主要集中在30—60岁，无论是城镇还是农村的受访者该年龄段的比例均超过了半数；18岁以下的受访者比例较低。在受访者的性别分布上，男性略多于女性；农村男性受访者更是明显多于女性。这两类信息表明问卷调查的可信度较高。

在受教育水平方面，从未上学到大学及以上，共有五大类。城镇受访者以初、高中和大学及以上三类为主；农业户口受访者以小学和初中为主，高中、大学及以上的受教育水平明显低于城镇，农村中未上学的受访者主要分布于55岁以上的老年人群。

农村受访家庭的平均人口规模是4.4人，城镇受访家庭的平均人口规模是3.7人。农村受访家庭的人口规模以4人以上为主（4—6人家庭比例为53.70%），其中7人及以上的大家庭比例在农业户口受访者中是11.36%，城镇受访者该比例为6.58%。

城乡受访者中党员和团员的比例差异不大，群众所占比例占大多数。农业户口受访者的职业身份以农牧民为主，该比例为67.63%，其他人员的比例为17.46%；城镇受访者中选择其他人员的比例达到了半数，依然选择农牧民的比例达到了20.43%。这也表明民族自治县/旗的城镇住户中虽然拥有了城镇户口，但还有相当一部分从事农牧业，同时由于很多民族自治县/旗缺少有规模的私营或外资企业，灵活就业的比例较高。

城乡受访者中没有宗教信仰的比例都超过了半数，信仰佛教的比例在所有宗教信仰人群中的比例最高，农村信仰佛教的受访者比例更明显高于城镇受访者。

二　民族语言与国家通用语言

（一）城乡少数民族本民族语言的掌握情况

语言是文化的重要载体，不同少数民族受访者对语言的掌握情况同地区发展、农村劳动力转移、民族关系等有直接联系。城乡受访者的少数民族语言和普通话掌握情况也是自 2013 年以来的重要调查内容。

1. 少数民族受访者掌握语言的门类多于农村

表 1-4　　不同民族受访者掌握语言种类的统计　　单位：%

掌握语言种类 / 民族	全体			农村			城镇		
	一种	两种	两种以上	一种	两种	两种以上	一种	两种	两种以上
汉族	85.73	13.02	1.25	76.33	21.74	1.93	89.64	9.36	1.00
回族	80.72	19.28	—	100	—	—	78.08	21.92	
藏族	61.43	34.90	3.67	61.76	33.46	4.78	59.62	37.98	2.40
苗族	37.23	54.26	8.51	36.23	53.62	10.14	39.58	56.25	4.17
壮族	30.45	51.04	18.51	33.64	49.81	16.73	20.51	55.13	24.36
满族	97.63	2.37	—	96.47	3.53	—	100	—	—
土家族	60.71	39.29	—	63.77	36.23	—	55.81	44.19	
哈萨克族	20.00	44.00	36.00	47.37	21.05	31.58	3.23	58.06	38.71
达斡尔族	13.21	79.25	7.55	5.56	88.89	5.56	17.65	73.53	8.82
毛南族	27.94	51.47	20.59	36.00	46.00	18.00	—	—	—
锡伯族	10.24	63.39	26.38	9.52	65.31	25.17	11.32	60.38	28.30
鄂伦春族	34.38	50.00	15.63	—	—	—	38.46	46.15	15.38
门巴族	28.77	61.32	9.91	29.63	62.43	7.94	—	—	—
珞巴族	81.25	14.58	4.17	82.98	12.77	4.26	—	—	—
其他少数民族	51.69	35.96	12.36	53.57	39.29	7.14	50.82	34.43	14.75
合计	58.70	33.47	7.83	64.18	28.51	7.31	54.08	37.48	8.44

注：调查样本低于 30 的未列入表中。

表 1-4 是不同民族掌握语言的情况。汉族、回族、满族掌握一门语言即普通话或地方方言的比例超过了 80%，其中满族达到了 97.63%，藏族和珞巴族掌握一门本民族语言的比例最高，珞巴族达到了 81.25%，藏

族该比例是61.43%。其中回族没有本民族语言，满族目前掌握满语的比例很低，因此这两类族群较为特殊。除土家族、苗族掌握一门语言的比例为60.71%和37.23%，壮族、哈萨克族等少数民族掌握一门语言（本民族语言或普通话或地方方言）的比例都接近或低于1/3。2016年的调查数据表明，拥有本民族语言的少数民族，除满族、藏族和珞巴族外，会使用两种语言的比例都接近或超过半数。与城乡少数民族相比，农村少数民族较之城镇少数民族掌握一门语言的比例高出了10个百分点。

2. 少数民族对本民族语言的掌握主要体现为会话能力

表1-5　　少数民族受访者本民族语言的会话掌握程度　　单位：%

本民族语言会话掌握程度 / 民族	全体			农村			城镇		
	熟练掌握	会一点	不会	熟练掌握	会一点	不会	熟练掌握	会一点	不会
藏族	94.44	1.65	3.91	94.64	1.07	4.29	93.88	2.55	3.57
苗族	78.53	5.08	16.38	83.58	2.24	14.18	61.90	14.29	23.81
壮族	90.63	1.88	7.50	91.87	2.03	6.10	86.49	1.35	12.16
满族	0.57	3.12	96.32	—	2.94	97.06	1.80	2.70	95.50
土家族	62.22	1.11	36.67	64.41	—	35.59	58.06	3.23	38.71
哈萨克族	100	—	—	100	—	—	100		
达斡尔族	87.50	6.25	6.25	91.49	—	8.51	80.65	9.68	9.68
毛南族	83.08	—	16.92	95.92	2.72	1.36	—	—	—
锡伯族	94.49	2.36	3.15	—	—	—	92.45	1.89	5.66
鄂伦春族	58.62	10.34	31.03	—	—	—	—	—	—
门巴族	91.61	5.16	3.23	92.70	5.11	2.19	—	—	—
珞巴族	78.79	3.03	18.18	78.13	3.13	18.75	—	—	—
其他少数民族	70.89	3.80	25.32	—	—	—	73.08	1.92	25.00
合计	73.54	2.76	23.70	74.39	2.38	23.23	71.78	3.42	24.79

注：表中本民族语言的掌握以会说为衡量标准，因回族没有本民族语言所以省略。

表1-5中除满族外，其他各少数民族受访者的本民族语言熟练掌握比例都超过了半数，达到90%以上的有藏族、壮族、哈萨克族、锡伯族、门巴族；位于80%—90%的有达斡尔族、毛南族；介于70%—80%的有苗族、珞巴族。土家族和鄂伦春族相对熟练掌握本民族语言的比例较低。城乡相比，农村少数民族受访者的本民族语言熟练掌握的比例更高。

表 1-6　　少数民族受访者本民族语言的书写掌握程度　　单位：%

本民族语言书写掌握程度 / 民族	全体			农村			城镇		
	熟练掌握	会一点	不会	熟练掌握	会一点	不会	熟练掌握	会一点	不会
藏族	38.82	30.59	30.59	41.04	32.09	26.87	34.18	28.57	37.24
苗族	23.33	20.00	56.67	26.32	17.89	55.78	—	—	—
壮族	6.62	2.84	90.54	7.41	3.70	88.89	4.05	—	95.95
满族	0.59	1.18	98.24	0.88	—	99.12	1.85	0.93	97.22
土家族	23.53	17.65	58.82	19.35	22.58	58.06	—	—	—
哈萨克族	76.00	22.00	2.00	—	—	—	87.10	12.90	—
达斡尔族	—	—	—	—	—	—	—	—	—
毛南族	6.25	—	93.75	6.52		93.48	—	—	—
锡伯族	28.74	44.88	26.38	34.01	44.90	21.09	21.70	44.34	33.96
鄂伦春族	—	—	—	—	—	—	—	—	—
门巴族	28.68	34.11	37.21	27.68	33.93	38.39	—	—	—
珞巴族	13.33	30.00	56.67	10.34	31.03	58.62	—	—	—
其他少数民族	61.19	7.46	31.34	—	—	—	69.57	2.17	28.26
合计	18.50	15.84	65.67	21.35	19.66	58.99	27.08	18.30	54.61

表1-6是少数民族受访者对书写本民族语言的掌握程度，和少数民族语言会话能力相比，少数民族受访者中熟练掌握书写的比例明显降低。与会话能力不同的是，城镇少数民族受访者的书写能力熟练掌握的比例高于农村少数民族受访者。

（二）少数民族对普通话掌握的情况

普通话是我国的通用语言，掌握国家通用语言的能力可以被认为是语言资本的核心形式，并且这种能力在社会分层和流动过程中起着一定作用。也就是说对标准通用语言的掌握这一语言资本可以转化成其他形式的诸如经济资本或社会资本等。① 大调查对少数民族地区少数民族受访者的普通话能力调查持续了4年，2016年调查结果见表1-7。

① 丁赛等：《中国少数民族的差异性研究》，中国社会科学出版社2016年版，第39页。

表 1-7　　城乡受访者的普通话会话能力掌握程度　　单位:%

掌握程度 / 民族	全体			农村			城镇		
	熟练掌握	会一些	不会	熟练掌握	会一些	不会	熟练掌握	会一些	不会
藏族	33.26	13.66	53.08	23.65	19.92	56.43	45.37	5.85	48.78
苗族	71.51	12.90	15.59	68.84	14.49	16.67	80.85	8.51	10.64
壮族	72.43	15.28	12.29	71.37	15.86	12.78	75.69	13.51	10.81
满族	98.66	0.54	0.80	98.42	0.79	0.79	99.13		0.87
土家族	79.25	8.49	12.26	70.31	10.94	18.75	92.86	4.76	2.38
哈萨克族	76.74	13.95	9.30	—	—	—	79.31	10.34	10.34
达斡尔族	98.04	1.96	—	—	—	—	96.97	3.03	
毛南族	69.70	13.64	16.67	66.67	16.67	16.67	—	—	—
锡伯族	93.31	3.15	3.54	92.52	3.40	4.08	94.34	2.83	2.83
鄂伦春族	100			—	—	—	—	—	—
门巴族	59.35	27.10	13.55	56.93	27.74	15.33	—	—	—
珞巴族	17.24	34.48	48.28	14.29	35.71	50.00	—	—	—
其他少数民族	90.48	1.19	8.33	—	—	—	98.21		1.79
合计	71.42	10.32	18.25	67.61	13.22	19.17	78.53	5.10	16.36

表 1-7 中显示的结果说明，少数民族受访者掌握普通话的比例较高，达到了 71.42%。达到或超过 90%的有鄂伦春族、满族、达斡尔族、锡伯族；低于半数的是珞巴族和藏族。农村少数民族受访者相对于城镇少数民族受访者，普通话会话熟练掌握的比例低了 10.92 个百分点，一点都不会的比例高出了近 3 个百分点。

三　扶贫与全面小康社会建设

2015 年扶贫开发工作会议中，习近平总书记强调到 2020 年我国现行标准下农村贫困人口实现脱贫，贫困县全都摘帽，解决区域性整体贫困。党的十九大报告指出：“脱贫攻坚战取得决定性进展，六千多万贫困人口稳定脱贫，贫困发生率从百分之十点二下降到百分之四以下。”当下，全面脱贫奔小康既是硬任务也是我国加快发展的必经之路，贫困较为集中的民族地区是扶贫攻坚的主战场。因此，2016 年的问卷调查中也将受访者对民族地区扶贫和小康社会建设的意愿与评价作为调查的重点。

（一）城乡家庭收入

1. 城乡家庭的人均收入状况

2016年8个调查地区的县/旗城乡受访家庭在2015年的人均收入是12089.66元，农村受访家庭人均收入低于城镇受访家庭，前者是后者的72.23%。根据调查样本，又分为不同民族的城乡家庭，并对其家庭收入进行比较。

表1-8　　2015年不同民族受访家庭人均收入情况　　单位：元

民族＼收入	全体			农村			城镇		
	均值	标准差	样本量	均值	标准差	样本量	均值	标准差	样本量
汉族	14449.44	18359.10	653	10577.48	11981.64	191	16104.65	20391.62	449
回族	9710.83	22430.04	78				9972.21	23787.91	69
藏族	11316.41	30988.39	452	13687.83	38836.47	259	8444.33	14762.30	185
苗族	10133.13	12473.02	170	7783.03	11353.16	126	17143.52	13222.45	43
壮族	9631.10	16600.53	305	8345.37	17089.18	237	14112.24	13981.27	68
满族	17327.08	19437.87	369	15527.14	20658.98	246	21263.46	16296.85	119
土家族	13307.21	13030.45	94	8324.77	8858.59	56	20649.75	14737.09	38
哈萨克族	10557.37	15735.00	50				12226.57	18334.68	31
达斡尔族	11326.94	13073.11	49				10595.27	12542.43	31
毛南族	8470.61	9113.87	64	6216.57	5429.15	47			
锡伯族	10078.63	9876.26	249	8538.50	8551.13	145	12319.40	11177.48	103
鄂伦春族	17907.41	17022.93	27						
门巴族	6202.06	6306.98	140	6494.46	6418.33	125			
珞巴族	8997.01	10638.96	35	8315.89	9994.40	34			
其他少数民族	12162.24	9814.56	85				14322.91	10334.51	59
不同民族家庭	12089.66	19233.82	2872	10381.58	20454.14	1579	14372.33	17552.43	1255

表1-8中14个民族受访家庭中，2015年鄂伦春族家庭的人均收入最高，达到了17907.41元，其次是满族家庭人均收入为17327.08元，汉族家庭人均收入位居第三。家庭收入最低的是门巴族，家庭人均收入只有6202.06元。家庭人均收入低于1万元的还有珞巴族、毛南族、壮族和回族。在有足够样本量的7个民族（汉族、藏族、苗族、壮族、满族、土

家族、锡伯族）家庭中，城乡之间相比，土家族农村受访家庭人均收入只有城镇受访家庭人均收入的40.31%；苗族农村受访家庭是城镇受访家庭人均收入的45.40%；壮族城乡受访家庭该比例是59.14%；汉族城乡受访家庭该比例是65.68%；锡伯族城乡受访家庭该比例是69.31%；藏族农业户口受访者的家庭人均收入大于城镇受访家庭，前者是后者的1.62倍，这也是与其他民族不同的方面。

2. 城乡受访者收入结余的渠道选择

调查问卷中询问了城乡受访者收入结余的渠道，选择的答案有五类：储蓄、自己投资并经营、购买股票、各类投资、自己存在手里。表1-9中给出了8个调查地区全体、城乡和不同民族受访家庭的选择情况。

表1-9　　城乡受访者收入结余的渠道选择　　单位：%

民族 \ 渠道		储蓄	自己投资并经营	购买股票	各类投资	自己存在手里	合计	样本量
全体	全部	53.49	8.75	0.43	2.93	34.41	100	3040
	农村	54.28	9.38	0.30	2.55	33.49	100	1684
	城镇	52.62	8.06	0.61	3.50	35.21	100	1315
汉族	农村	60.00	8.21	0.51	5.64	25.64	100	195
	城镇	55.77	5.03	0.21	2.52	36.48	100	477
回族	城镇	47.83	7.25		2.90	42.03	100	69
藏族	农村	34.78	7.97	1.09	2.17	53.99	100	276
	城镇	37.75	2.45	0.49	2.45	56.86	100	204
苗族	农村	50.77	16.15	—	1.54	31.54	100	130
	城镇	66.67	16.67			16.67	100	42
壮族	农村	49.59	11.38	—	4.07	34.96	100	246
	城镇	44.16	22.08		6.49	27.27	100	77
满族	农村	77.37	4.94	0.41	0.82	16.46	100	243
	城镇	71.93	6.14	0.88	2.63	18.42	100	114
土家族	农村	50.91	10.91			38.18	100	55
	城镇	73.81	16.67	2.38	2.38	4.76	100	42
哈萨克族	城镇	53.33	6.67	3.33	16.67	20.00	100	30
毛南族	农村	46.94	10.20			42.86	100	49
锡伯族	农村	52.86	13.57		5.00	28.57	100	140
	城镇	50.00	16.04	0.95	5.66	27.36	100	106

续表

民族＼渠道		储蓄	自己投资并经营	购买股票	各类投资	自己存在手里	合计	样本量
门巴族	农村	59.78	4.35			35.87	100	184
珞巴族	农村	53.19	14.89			31.91	100	47

表1-9的结果显示，储蓄是城乡受访家庭最主要的收入结余渠道，除回族、藏族、壮族、毛南族外该比例超过了半数；城乡受访者选择将收入结余存在自己手里平均占比34.41%；选择自己投资并经营的占比是8.75%。对城乡受访者比较后发现，两者差异不明显。具体分为不同的12个民族后，不同民族的城乡受访者结余渠道有所不同。汉族农业户口受访者的选择储蓄的占比为60%，城镇受访者占比是55.77%；农业户口受访者选择自己投资并经营和各类投资的比例之和超过城镇汉族受访者6.3个百分点。藏族无论城乡受访者选择收入结余放在自己手里的比例最高，都超过了半数。苗族和汉族等则相反，选择自己投资并经营的比例城乡几乎没有差异，而且也在12个民族中位居第二。壮族城镇受访者选择自己投资并经营的在各民族中占比最高，达到了22.08%；相应的选择储蓄和存放在自己手里的占比较低。满族城乡受访者选择储蓄的占比都超过了70%，是12个民族中农村占比最高的。土家族城镇受访者选择储蓄的占比也超过了70%。

3. 对收入水平的评价与预期

表1-10　　当前收入和5年前相比的情况　　单位:%

民族＼当前收入		上升很多	略有上升	没有变化	略有下降	下降很多	合计	样本量
全体	全部	17.45	44.15	24.71	9.72	3.97	100	2922
	农村	19.20	44.55	22.46	10.15	3.63	100	1625
	城镇	15.11	43.59	27.69	9.10	4.51	100	1264
汉族	农村	11.88	43.56	24.75	15.35	4.46	100	202
	城镇	14.68	42.98	26.62	9.01	6.71	100	477
回族	城镇	16.90	40.85	30.99	8.45	2.82	100	71
藏族	农村	25.69	50.92	21.56	1.83	—	100	218
	城镇	14.67	36.67	35.33	10.67	2.67	100	150

续表

民族＼当前收入		上升很多	略有上升	没有变化	略有下降	下降很多	合计	样本量
苗族	农村	13.33	45.19	22.96	11.11	7.41	100	135
	城镇	2.22	48.89	33.33	11.11	4.44	100	45
壮族	农村	6.56	53.69	25.82	9.84	4.10	100	244
	城镇	13.89	54.17	19.44	6.94	5.56	100	72
满族	农村	18.25	37.30	27.78	13.49	3.37	100	252
	城镇	16.95	45.76	27.12	8.47	1.69	100	118
土家族	农村	20.59	39.71	22.06	8.82	8.82	100	68
	城镇	11.63	60.47	18.60	9.30	—	100	43
哈萨克族	城镇	26.67	33.33	26.67	10.00	3.33	100	30
毛南族	农村	10.20	46.94	30.61	12.24	—	100	49
锡伯族	农村	15.75	36.30	26.03	17.81	4.11	100	146
	城镇	6.06	54.55	27.27	6.06	6.06	100	33
门巴族	农村	44.58	48.19	5.42	1.20	0.60	100	166
珞巴族	农村	55.32	38.30	4.26	2.13	—	100	47

表1-10中是城乡和不同民族受访者对当前收入和5年前收入进行比较的评价结果。总体上，城乡受访者认为和5年前相比，收入上升很多和略有上升的比例之和达到了58.70%和63.75%，农业户口受访者该比例略大于城镇受访者，这也同民族地区近年来经济发展提速、社会全面发展相对应。从不同民族看，汉族城乡受访者认为和5年之前比收入上升很多和略有上升的比例之和分别是57.66%和55.44%，两者差异不明显；藏族农业户口受访者认为和5年前比收入上升很多和略有上升的比例之和是76.61%，明显高出城镇受访者的51.34%；苗族同藏族一样，也是农业户口受访者认为收入上升的比例之和达到58.52%，高出城镇受访者的51.11%；壮族、满族、土家族和锡伯族的农业户口受访者认为收入上升的比例低于城镇受访者；门巴族农业户口受访者认为收入提高的比例达到了92.77%；珞巴族农业户口受访者认为收入提高的比例达到了93.62%。

表 1-11　　未来的 5 年中受访者收入变化的主观评价　　单位：%

民族	收入变化	上升很多	略有上升	没有变化	略有下降	下降很多	合计	样本量
全体	全部	13. 93	46. 19	28. 80	8. 27	2. 81	100	3059
	农村	16. 36	47. 50	25. 78	7. 53	2. 83	100	1699
	城镇	10. 85	44. 92	32. 25	9. 10	2. 88	100	1318
汉族	农村	8. 96	47. 71	32. 29	7. 29	3. 75	100	480
	城镇	13. 43	40. 80	29. 35	12. 94	3. 48	100	201
回族	城镇	9. 72	44. 44	38. 89	1. 39	5. 56	100	72
藏族	农村	14. 08	50. 90	29. 96	4. 33	0. 72	100	277
	城镇	3. 59	32. 31	35. 38	27. 69	1. 03	100	195
苗族	农村	17. 42	48. 48	25. 00	6. 82	2. 27	100	132
	城镇	6. 52	52. 17	30. 43	10. 87	—	100	46
壮族	农村	7. 42	54. 15	29. 26	6. 99	2. 18	100	229
	城镇	18. 57	51. 43	28. 57	1. 43	—	100	70
满族	农村	4. 82	48. 59	33. 33	10. 04	3. 21	100	249
	城镇	6. 90	47. 41	37. 93	6. 90	0. 86	100	116
土家族	农村	19. 12	48. 53	19. 12	10. 29	2. 94	100	68
	城镇	21. 43	52. 38	23. 81	2. 38	—	100	42
哈萨克族	城镇	25. 81	41. 94	29. 03	—	3. 23	100	31
达斡尔族	城镇	15. 63	40. 63	34. 38	3. 13	6. 25	100	32
毛南族	农村	14. 58	41. 67	35. 42	6. 25	2. 08	100	48
锡伯族	农村	18. 49	45. 21	17. 12	10. 96	8. 22	100	146
	城镇	17. 92	43. 40	28. 30	5. 66	4. 72	100	106
门巴族	农村	42. 39	48. 37	6. 52	2. 17	0. 54	100	184
珞巴族	农村	51. 11	42. 22	2. 22	4. 44	—	100	45

根据回答未来5年中收入变化的受访者信息，认为上升很多和略有上升的比例之和达到了60. 12%，其中农业户口受访者认为上升很多和略有上升的占比之和为63. 86%；城镇受访者该占比是55. 77%。汉族、回族城镇受访者认为上升很多和略有上升的占比之和基本一致都超过54%，农村汉族该占比是56. 67%，低于平均值。藏族农业户口受访者认为上升的占比低于平均值5个百分点左右，但城镇受访者该占比只有35. 9%。苗族城乡受访者该占比都略高于平均值；壮族农业户口受访者该占比高于平

均值1个百分点左右，但城镇受访者认为上升占比之和达到了70%。满族城乡受访者认为上升占比之和分别为54.31%和53.41%，前者低于城镇平均值1个百分点，后者低于农村平均值2个百分点。土家族农村、城镇受访者认为上升占比之和都明显高出均值近4个百分点和18个百分点。锡伯族农业户口受访者认为上升占比之和与均值相当，城镇受访者认为上升占比之和高出均值5个百分点左右。珞巴族和门巴族农业户口受访者该比例是最高的，超过了90%。距离2016年问卷调查5年后恰是全面小康社会建成之时，总体上，城乡受访者对5年后收入提高充满信心的占绝大多数。

（二）农业户口受访者对精准扶贫的主观评价

精准扶贫、精准脱贫主要集中在民族地区的农村，本次问卷调查中也着重从知晓度、效果评价、信心度和参与项目后的满意度评价五个方面，全面了解调研的民族地区不同民族农业户口受访者的情况。

表1-12　　农业户口受访者对精准扶贫的主观评价　　单位：%

民族＼项目	知道政府精准扶贫政策	认为2015年以前扶贫效果好	对国家精准扶贫预期效果有信心	参加扶贫开发项目	对扶贫开发项目满意
全体	64.07	75.62	86.10	26.54	75.08
汉族	63.94	68.31	77.25	15.61	75.00
藏族	73.76	94.65	96.28	38.76	77.59
苗族	58.27	58.40	73.64	20.14	46.77
壮族	56.25	63.01	83.69	9.45	52.46
满族	26.38	69.80	79.44	1.60	80.95
土家族	56.52	63.49	69.23	30.43	—
毛南族	62.00	56.82	89.13	2.0	—
锡伯族	84.35	81.12	95.14	35.66	79.45
门巴族	91.35	91.26	99.45	81.33	90.77
珞巴族	77.78	73.33	80.00	47.50	70.97

注：表中只保留了样本量在30以上的民族。

表1-12中农业户口受访者知道政府精准扶贫政策的占比是64.07%，表明绝大多数农村居民了解精准扶贫的政策，也说明民族地区政府对此的相关宣传比较到位，深入人心。不同民族的农业户口受访者比较后发现，

位于西藏的门巴族、珞巴族和藏族，以及位于新疆的锡伯族对精准扶贫政策的知晓度最高。究其原因，西藏是唯一的省级单位的贫困地区，由于实施了驻村干部制度，使得精准扶贫工作家喻户晓；新疆的精准扶贫工作推动力度也很大。在调查的10个民族中，满族农业户口受访者对精准扶贫政策的知晓度最低，只有26.38%。这是因为满族所在的辽宁新宾的贫困发生率较低，相应的精准扶贫工作强度远远低于西藏和新疆。

认为2015年以前的扶贫效果好的占比达到了75.62%，高于知道政府精准扶贫政策的知晓度。其他各民族的农业户口受访者认为2015年以前扶贫效果好的占比不仅明显高于知道政府精准扶贫政策的知晓度，同时也都超过了56%。其中门巴族和藏族的占比超过了91%。

对国家精准扶贫预期效果有信心的比例超过了对2015年以前扶贫效果好的占比，总体达到了86.10%。这也表明，农村绝大部分受访者对未来精准扶贫和精准脱贫目标的达成充满信心。具体到10个民族，同总体趋势一样，对国家精准扶贫预期效果有信心的占比高于对扶贫效果好的占比和知道政府精准扶贫政策知晓度的占比。其中占比超过90%的有藏族、锡伯族和门巴族；占比在80%—90%的有壮族、毛南族和珞巴族；余下的民族中只有土家族占比为69.23%，是调查的各民族中最低的。

所有受访民族参加扶贫开发项目的占比是26.54%，这既是因为调查地区并非都是贫困地区，同时也因为扶贫项目的参与以贫困家庭为主。在10个民族中，门巴族农业户口受访者的参加扶贫参与率最高，达到了81.33%，珞巴族、门巴族、藏族和锡伯族明显高于其他民族占比，满族和毛南族农业户口受访者项目开发的占比不超过2%。说明不同地区和不同民族间差异明显。对扶贫开发项目满意和认为2015年前扶贫效果好的总体上差异不大。不同民族对此的评价也有高有低，因进行统计分析时只针对样本量在30以上的民族群体，土家族和毛南族的农业户口受访者样本量都低于30，所以没有在表1-12中显示具体结果。

（三）全面小康社会建设的主观评价

民族地区贫困发生率高，是全国全面小康社会建设的难点和重点所在。距离2020年全面建成小康社会不到4年的时间内，扶贫攻坚工作得到了国家和政府的高度重视。我国中央财政专项扶贫资金、中央基建投资用于扶贫的资金等将大幅度增长；中央财政一般性转移支付、各类涉及民生的专项转移支付会进一步向贫困地区倾斜；省级财政、对口扶贫的东部地区也相应增加扶贫资金投入；金融扶贫将做强做好；[①] 同时，“五个一批”[②] 工程将全面实施。在此大背景下，少数民族地区居民对全面建成小康社会的信心度不仅反映出民族地区各级政府精准扶贫、精准脱贫工作的成效，也反映出对政府扶贫工作的支持与信任。

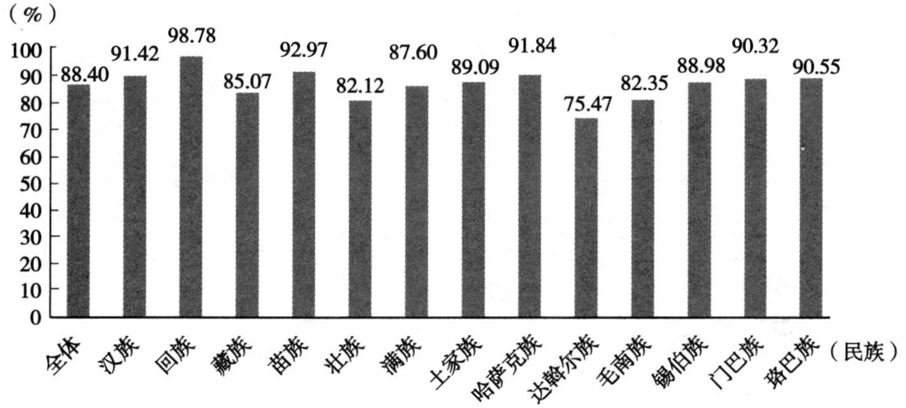

图 1-1　2016 年调查地区不同民族受访者对全面建成小康社会的信心度

图 1-1 是 2016 年调查地区 13 个民族对当地全面建成小康社会有信心的占比。即使是最低的达斡尔族受访者的信心度也达到了 75.47%，表明绝大多数受访者对 2020 年全面建成小康社会充满信心。考虑到城乡经济社会发展的差距，民族地区农村全面建成小康社会的难度明显大于城镇地区，通过细分为农业户口受访者和城镇受访者后，发现总体上农业户口受访者的信心度略高于城镇受访者。城乡受访者样本量均大于 30 的 7 个民族中，农业户口受访者信心度区别不大的有汉族、苗族、藏族、锡伯族；藏族农业户口受访者的信心度高出城镇受访者 20 个百分点；壮族和锡伯族农业户口受访者的信心度高出城镇受访者 5 个百分点左右（详见表 1-13）。这也说明，民族地区农业户口受访者作为脱贫攻坚主战场的参与者切实感受到国家各级政府对扶贫工作的重视，并切身体会到了精准脱贫的成效。

① 摘自《省级党委和政府扶贫开发工作成效考核办法》。

② “五个一批”工程，即发展生产脱贫一批、易地搬迁脱贫一批、生态补偿脱贫一批、发展教育脱贫一批和社会保障兜底一批。

表 1-13 城乡受访者对当地全面建成小康社会的信心占比 单位:%

民族＼城乡	农村	城镇
全体	89.57	86.20
汉族	92.72	90.87
回族	—	98.63
藏族	93.50	73.40
苗族	92.59	93.75
壮族	83.33	78.21
满族	87.60	87.18
土家族	89.55	88.37
哈萨克族	—	90.00
达斡尔族	—	73.53
毛南族	82.00	—
锡伯族	91.16	86.79
门巴族	—	92.22
珞巴族	—	89.77

选择对全面建成小康社会没有信心的受访者，其理由主要集中在经济收入提高慢、居住条件差、文化教育跟不上、基础设施不足等方面，选择经济收入提高慢的受访者有62%（见图1-2）。

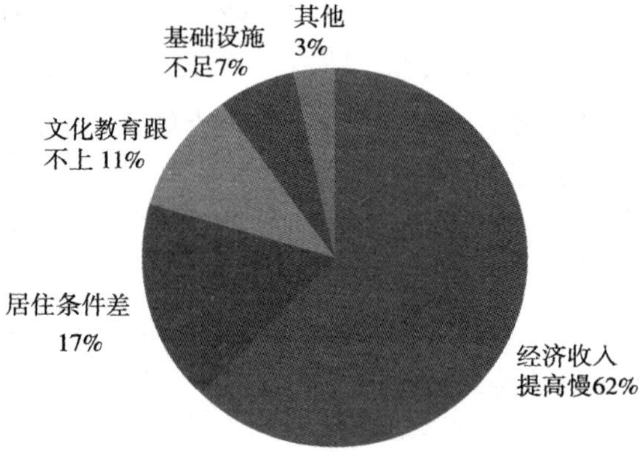

图 1-2 受访者对当地全面建成小康社会没有信心的原因

图1-3是2016年调查地区城乡受访者对加快当地全面建成小康社会应采取的措施建议，位居首位的是加大扶贫攻坚力度（46%）；第二位的

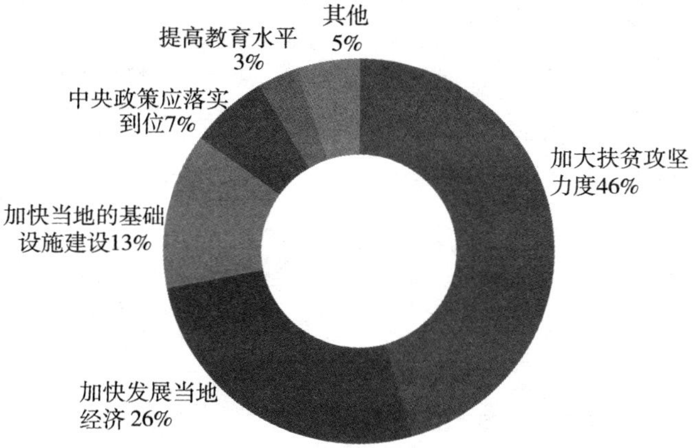

图 1-3　为加快全面小康社会建设应该采取的措施

是加快发展当地经济（26%）；第三位的是加快当地的基础设施建设（13%）；第四位的是中央政策应落实到位（7%）；提高教育水平（3%）位居第五。近年来，中央政府和民族地区各级政府着重从精准扶贫、精准脱贫、加快公共服务均等化等方面入手，大力发展民族地区的经济。由此可见，城乡居民与各级政府对民族地区加快全面建成小康社会应注重的领域基本一致。

四　民族地区的公共服务

（一）教育意愿

全面提高少数民族和民族地区教育发展水平，对于推动少数民族和民族地区经济社会发展具有重大而深远的意义。和东、中部地区相比，西部少数民族地区的基础教育仍很薄弱。《国家中长期教育改革和发展规划纲要（2010—2020 年）》已经提出了要逐步普及高中教育的目标，然而少数民族人口义务教育离普及仍有相当一段距离，根据全国 2010 年第六次人口普查数据分析，6—17 岁少数民族儿童中 7.2%没有按照国家规定接受或完成义务教育。[①] 本次问卷调查询问了城乡受访者是否愿意孩子接受

① 吕利丹、刘小珉：《民族地区农村学龄儿童基础教育现状和影响因素》，《中南民族大学学报》2017 年第 2 期。

更长时间的义务教育。

表1-14　　如果政府延长义务教育年限，愿意孩子接受更长时间义务教育的受访者比例　　单位：%

民族＼城乡	农村		城镇	
	占比	样本量	占比	样本量
全体	96.09	1572	94.10	1181
汉族	96.91	194	93.05	446
回族	—	—	100	54
藏族	92.02	263	90.16	174
苗族	97.67	129	97.78	45
壮族	99.52	209	100	61
满族	97.19	249	99.17	121
土家族	98.36	61	95.00	40
哈萨克族	—	—	90.00	30
达斡尔族	—	—	93.94	33
毛南族	97.56	41	—	—
锡伯族	99.31	145	94.34	106
门巴族	95.63	183	—	—
珞巴族	73.33	45	—	—

表1-14中的数据显示，总体上农业户口受访者愿意孩子接受更长时间义务教育的占比略高于城镇受访者，且两者的占比都超过了94%。只有珞巴族农业户口受访者表示愿意孩子接受比9年更长的义务教育的占比最低，为73.33%。因此从意愿上，城乡受访者都愿意孩子接受更多的教育。

表1-15　　孩子初中毕业后，希望上普通高中和职业高中的情况　　单位：%

民族＼城乡	农村		城镇	
	普通高中	职业高中	普通高中	职业高中
全体	77.63	16.91	78.50	15.46
汉族	79.69	14.58	81.94	8.35
回族			77.36	16.98
藏族	64.37	29.50	47.64	43.98
苗族	84.34	13.11	100	—
壮族	94.97	4.52	96.61	3.39
满族	66.53	17.93	86.78	7.44

续表

民族 \ 城乡	农村		城镇	
	普通高中	职业高中	普通高中	职业高中
土家族	83.93	8.93	94.76	5.26
哈萨克族	84.21	15.79	90.00	6.67
达斡尔族			78.79	18.18
毛南族			97.56	2.44
锡伯族	77.40	22.60	69.52	30.48
门巴族	86.41	13.04		
珞巴族	57.78	22.22		

注：表中样本量在30以下的没有计算结果，回答的答案中除了选择普通高中和职业高中外，还有“上不了”的答案。因此，普通高中和职业高中选择占比之和小于等于100%。

表1-15中的数据显示，当问及孩子初中毕业后，如果继续上学选择何种学校时，总体的城乡差异不显著，都是选择上普通高中的占比远远高出上职业高中的比例。具体到不同民族受访者，汉族城镇受访者选择普通高中的占比高出汉族农业户口受访者2个百分点；藏族农业户口受访者选择普通高中的占比是64.37%，仅仅高于珞巴族农业户口受访者，位居倒数第二；选择职业学校的占比是29.50%，是农业户口受访者中占比最高的。藏族城镇受访者选择普通高中的占比是47.64%，在不同民族城镇受访者中该占比是最低的，相应地选择职业学校的占比竟高达43.98%。苗族、壮族、土家族、哈萨克族城镇受访者选择普通高中的占比都高于其农业户口受访者，而且选择普通高中的占比都超过了84%。满族农业户口受访者选择普通高中的占比低于城镇受访者20个百分点，城乡差异比较显著。锡伯族城镇受访者选择普通高中的比例也同藏族一样，均是城镇受访者选择普通高中的比例低于农业户口受访者。

图1-4给出了城乡受访者选择普通高中的原因分布。其中为了上大学而选择普通高中的占比达到了55%，占大多数；将来就业收入高的选择占比是10%，不愿意从事体力劳动的占比是5%。这表明城乡受访者选择普通高中主要出于对继续升学、未来就业预期的考虑。

从图1-5可看出，因为费用问题选择上职业学校的占比达到了58%，因为考学成绩原因的占比是12%，仅从有利于就业的角度占比是30%。这也同时表明，大部分受访者选择职业学校还是因为家庭的经济原因。

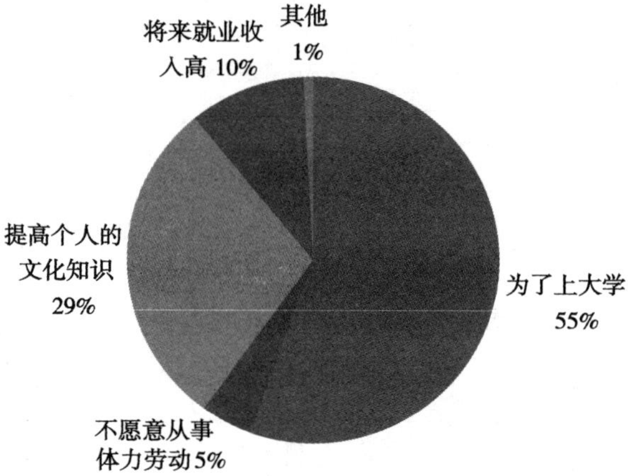

图 1-4　城乡受访者选择普通高中的原因分布

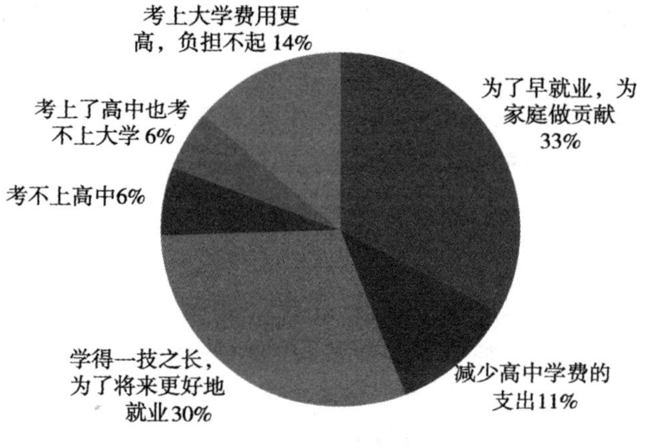

图 1-5　选择上职业学校的理由分布

（二）教育公平的评价

目前对于教育公平的热议不仅体现在学术研究中，也成为大众的热点话题。1948 年联合国通过的《世界人权宣言》将教育权确定为基本人权。教育公平通常指权利的平等和机会均等两个方面。由于事实上存在的社会、政治、经济地位不平等和个体差异，教育机会均等成为教育公平的核心问题。通常教育机会均从宏观层面包括起点平等、过程平等和结果平等，从微观层面包括课程中的公平、教学中的公平和教育评价中的公平。本次问卷调查主要从微观层面了解城乡受访者的主观感受。问卷中首先询问了受访者对教育公平的评价，如果选择不公平，列出了六个理由，具体为：（1）城乡教育质量差别大；（2）重点学校和非重点学校得到的政府重视程度有差别；（3）学校教学质量不高，必须靠校外辅导提高成绩；（4）不同学校教师水平参差不齐，缺少公平的教育举措；（5）不同家庭背景的孩子得到不同的对待；（6）不同地位家庭的孩子上好学校的机会不平等。

表 1-16　城乡受访者认为本地教育制度公平的评价　单位：%

民族＼城乡	农村	城镇	城乡差异
全体	82.46	84.04	-1.58
汉族	84.00	83.13	0.87
回族	70.00	88.41	-18.41
藏族	90.71	84.42	6.29
苗族	83.46	76.60	6.86
壮族	86.09	80.28	5.81
满族	74.18	79.66	-5.48
土家族	86.89	67.50	19.39
哈萨克族	84.21	90.32	-6.11
达斡尔族	66.67	82.35	-15.68
毛南族	89.13		
锡伯族	81.51	81.13	0.38
门巴族	86.26		
珞巴族	85.11		

表 1-16 中总体上城乡受访者认为教育公平的占比都在 82%以上，城镇受访者该占比略大于农业户口受访者。具体到不同民族，城乡差异有所不同。汉族农业户口受访者认为教育公平的比例高出城镇受访者不到 1 个百分点；锡伯族也是如此，只是汉族受访者该占比高出锡伯族受访者约 2 个百分点。位于北方的回族、达斡尔族、哈萨克族、满族农业户口受访者认为教育公平的占比低于城镇受访者，其中回族城乡受访者对教育公平好评的比例差异最大，为 18 个百分点左右；达斡尔族城乡受访者该占比差异近 16 个百分点；哈萨克族和满族城乡受访者的差异在 6 个百分点左右。位于南方的藏族、苗族、壮族和土家族农业户口受访者认为教育公平的比

例高于城镇受访者，其中土家族城乡差异占比超过19个百分点，其余3个民族城乡受访者占比差异在6个百分点左右。总体上，教育公平得到了城乡受访者的普遍认可，综合看城镇受访者认为教育公平的占比略高于农村。但南方少数民族尤其是农业户口受访者对教育公平的认可度占比更显著高于北方少数民族的农业户口受访者。

在得到城乡受访者对教育公平的总体评价后，根据调查问卷的信息对教育不公平原因进行了统计分析。

表1-17　认为教育不公平的表现　单位:%

教育不公平原因＼城乡	农村	城镇	城乡差异
城乡教育质量差别大	55.38	40.65	14.73
重点学校和非重点学校得到的政府重视程度有差别	5.98	12.15	-6.17
学校教学质量不高，必须靠校外辅导提高成绩	9.16	12.62	-3.46
不同学校教师水平参差不齐，缺少公平的教育举措	11.55	11.68	-0.13
不同家庭背景的孩子得到不同的对待	8.37	13.55	-5.18
不同地位家庭的孩子上好学校的机会不平等	9.56	9.35	0.21

表1-17是城乡受访者选择教育不公平后认为教育不公平具体原因的分布。城乡受访者认为城乡教育质量差别大的占比都是最高的，农业户口受访者占比超过了半数为55.38%，城镇受访者占比为40.65%。农业户口受访者中选择不同学校教师水平参差不齐，缺少公平教育举措的占比为11.55%，选择比例从高到低排序位居第二；不同地位家庭的孩子上好学校的机会不平等与学校教学质量不高，必须靠校外辅导提高成绩的农业户口受访者占比为9%左右，农业户口受访者认为不同家庭背景的孩子得到不同的对待的占比是8.37%，选择比例最低的是重点学校和非重点学校得到的政府重视程度有差别。和农村不同的是，城镇受访者选择不同家庭背景的孩子得到不同的对待比例为13.55%，位居第二，位居第三的是学校教学质量不同，必须靠校外辅导提高成绩；不同学校教师水平参差不齐，缺少公平教育举措的占比位居第四；不同地位家庭的孩子上好学校的机会不平等的选择占比最低。

从城乡差异可以看出，农业户口受访者和城镇受访者虽然都认为城乡教育质量差别大是教育不公的最主要表现，但农业户口受访者对此有更深切的体会。城乡受访者对老师教育水平的重视也没有明显差异。城镇受访者对不同家庭背景的孩子得到不同对待更敏感，也说明城镇受访者对家庭经济和社会差距更加关注；城镇受访者认为国家政府层面对重点校和非重点校重视程度不同的占比高出农业户口受访者 6 个百分点，重要原因是农业户口受访者中有能力的人群目前也只能克服城乡教育差异，对于城市中的重点校和非重点校的选择还距离甚远。

（三）公共服务设施状况与评价

实现城乡公共服务均等化，加快提升民族贫困地区公共服务水平是我国当前和今后的工作重点之一。2016 年问卷调查中通过对中小学和幼儿园、社区或乡卫生院或最近的医院、治安设施、活动中心、运动场所及器材、农贸市场、车站、邮电所、银行等公共服务设施距离受访家庭的距离以及受访者对此的满意度，了解民族地区公共服务的水平和城乡差距。

表 1-18　　家庭与公共基础设施的距离　　单位：%

公共基础设施＼距离	城镇				农村			
	1 公里内	1—3 公里	3—5 公里	5 公里以上	1 公里内	1—3 公里	3—5 公里	5 公里以上
幼儿园	43.73	39.47	11.82	4.98	32.12	32.28	16.37	19.14
小学	36.93	43.44	13.81	5.82	27.86	34.02	17.33	20.80
中学	25.20	33.07	28.19	13.54	19.70	25.64	23.71	40.95
社区或乡卫生院或最近的医院	38.81	44.74	10.67	5.77	36.75	35.26	14.16	13.83
治安设施（派出所、警卫室等）	34.01	43.81	14.81	7.37	24.61	29.53	21.92	23.94
活动中心（活动室、老年活动中心、广场等）	50.25	31.24	10.95	7.56	44.13	30.85	11.50	13.52
运动场所及器材	52.29	29.56	8.00	10.15	42.64	32.61	11.38	13.37
农贸市场	38.91	37.97	13.74	9.39	25.14	30.69	19.84	24.33
车站（码头）	28.15	33.56	25.06	13.22	24.78	27.94	21.27	26.01
邮电所	32.83	37.07	15.96	14.13	24.77	27.47	19.52	28.24
银行（信用社）	44.78	29.94	13.88	11.40	30.38	25.91	18.69	25.02

表 1-18 给出了 2016 年调查问卷得到的民族地区城乡受访者家庭与公

共基础设施的距离。教育设施中的幼儿园距离受访家庭在1公里以内的占比无论城乡都明显高于小学和中学，中学在1公里以内的占比低于小学；城乡相比，城镇的幼儿园、小学、中学1公里以内的占比都高于农村。农村中学在5公里以上的占比达到了40.95%；而城镇该占比为13.54%，城乡差距高于小学和幼儿园。社区或乡卫生院或最近的医院在1公里以内的城乡差距占比是所有罗列出的11项公共基础设施中最小的，仅相差2个百分点。治安设施、农贸市场、车站、邮电所、银行在农村中5公里以上的占比都超过了23%，远远高于城镇中该比例，这也表明城乡差距依然明显。但和之前2013年与2014年调查数据相比，民族地区公共基础设施改进明显。

表1-19　对公共基础设施满意度　单位：%

满意度 / 公共基础设施	城镇			农村		
	满意	一般	不满意	满意	一般	不满意
幼儿园	75.23	21.17	3.59	68.74	23.80	7.46
小学	77.63	20.03	2.34	67.52	26.73	5.75
中学	75.80	20.52	3.68	64.64	27.90	7.46
社区或乡卫生院或最近的医院	67.56	26.70	5.74	56.65	37.06	6.29
治安设施（派出所、警卫室等）	72.21	24.55	3.24	62.29	32.35	5.36
活动中心（活动室、老年活动中心、广场等）	71.75	24.11	4.14	60.53	31.24	8.24
运动场所及器材	67.45	27.94	4.61	59.35	30.41	10.24
农贸市场	66.80	27.91	5.29	54.24	35.90	9.86
车站（码头）	67.40	27.04	5.56	55.39	34.06	10.54
邮电所	75.34	22.01	2.65	62.66	31.88	5.46
银行（信用社）	80.36	17.87	1.78	67.19	28.13	4.68

表1-19是城乡受访者对公共基础设施的主观评价。总体上，城乡受访者对11项公共基础设施的满意度都超过了半数；城镇受访者对11项公共基础设施的满意评价占比都高于农业户口受访者，不满意的占比也都低于农业户口受访者。农业户口受访者中满意度占比在60%以上的主要集中在教育设施、治安设施、活动中心、邮电所和银行，而城镇占比为70%以上。农业户口受访者不满意比例较高的是运动场所及器材、车站、农贸市场，

其比例均为10%左右，这表明农村居民的生活质量在提高，人们开始利用更多的时间健身，出行的需求和概率大大增加。

五　公共文化与民族文化

民族文化与民族关系是大调查自2013年开始就着重调查的内容，2016年问卷中相关的问题有35个，问卷中的问题和2013年以来的问卷内容保持了连续性和一致性，在民族文化中更强调了民族地区的社区公共文化建设和相应的主观评价。我国“十三五”规划中明确提出“区域协同、城乡一体、物质文明精神文明并重”是今后5年文化改革发展的重要指导方针。

（一）社区公共文化

中央在2015年出台的《关于推进基层综合性文化服务中心建设的指导意见》主要针对农村公共文化设施总量不足、布局不合理、西部地区和老少边穷地区尤为突出的问题；以标准化为尺度、以均等化为目标，提出了现代基层公共文化服务可持续发展的一揽子解决方案。

在2016年的大调查中，对城乡受访者就当地的公共文化基础设施进行了问卷调查。

表1-20　城乡公共文化基础设施情况　单位:%

城乡 / 公共文化设施	城镇拥有占比	农村拥有占比	城镇受访者使用占比	农业户口受访者使用占比
文化活动室（文化大院）	45.43	42.78	36.98	43.41
农家书屋（图书馆）	41.78	46.53	31.65	40.65
阅报栏	25.72	17.89	22.03	29.47
网络场所	19.70	17.21	27.48	35.32
文化健身广场	70.78	52.61	75.11	75.24

表1-20中只有文化健身广场在城乡受访地区的拥有量超过了半数，其中城镇占比达到了70.78%，农村占比达到了52.61%，两者差异也是各项设施之最；其他几项文化设施的城乡占比差异都在8个百分点之内，总体上差异不明显。拥有占比在40%—47%的是文化活动室（文化大院）和农家书屋（图书馆）。网络场所的占比是最低的，城乡都没有达到

20%。这也表明，公共文化设施建设还需不断加强。尤其是文化部“十三五”规划中提出的，在2020年基本建成与现代公共文化服务体系相适应的开放兼容、内容丰富、传输快捷、运行高效的公共数字文化服务体系。目前的调查结果显示还存在相当的距离。

文化健身广场在城乡受访者中的使用占比都是最高的，分别达到了75.11%和75.24%，同时该比例也是城乡差异最小的。这也说明随着广场舞的广泛流行，文化健身广场已经成为很多地区必备的公共设施。

使用频率位居第二的是文化活动室（文化大院），农业户口受访者使用的比例为43.41%，城镇受访者的使用占比也达到了36.98%；农业户口受访者使用农家书屋（图书馆）的占比达到了40.65%，城镇受访者使用的占比为31.65%；网络场所农业户口受访者的使用占比为35.32%，城镇受访者为27.48%；阅报栏的使用率是五类公共文化设施中最低的，农业户口受访者的使用占比为29.47%，城镇受访者的使用比例为22.03%。

表1-21　　当地公共文化活动情况　　单位：%

城乡 所在社区开展群众文化活动的频率	城镇	农村
经常开展	31.64	23.47
很少开展	22.60	25.76
只在某些节日开展	22.03	32.78
从未开展	23.73	17.99
当地的公共文化活动特色		
少数民族文化特色为主	60.23	65.33
区域文化特色鲜明	13.01	16.80
多元文化特色	16.77	12.91
现代流行文化	10.00	4.95

表1-21结果显示，调研地区城镇社区经常开展群众文化活动的频率接近1/3，明显多于农村社区；从未开展群众文化活动的频率城镇为23.73%，也高于农村社区。显然，调研的民族地区中城镇和农村社区都不是经常开展群众文化活动。

调研地区当地公共文化活动以少数民族文化特色为主，农村该特点较之城市更为明显；现代流行文化的特点在城镇比农村更突出，区域文化特色和多元文化特色在城乡各有所长。

（二）民族文化

1. 传统民族文化

民族文化中受访者认为最需要宣传开发的传统文化类型选择是自 2013 年一直在问卷调查中询问的问题，2016 年城乡受访者的调查统计结果显示在表 1-22 中。

表 1-22　城乡受访者认为最需要宣传开发的传统文化类型　单位：%

传统文化类型＼城乡	城镇	农村	城镇少数民族	农村少数民族
民居	20.67	23.94	24.64	29.17
服饰	50.23	48.77	49.14	45.83
传统节日	55.36	55.93	56.26	56.33
日常礼仪	21.21	19.78	20.98	19.37
文娱活动	26.26	25.70	25.27	24.98
饮食	27.26	28.05	27.65	28.54
传统生产方式	0.23	0.12	0.36	0.14
宗教信仰、民间信仰与相关活动	12.79	12.68	14.30	12.87

2016 年城乡受访者认为最需要宣传开发的传统文化类型主要集中在传统节日、服饰两大类，选择占比都接近或超过半数；且城乡选择该类型的差异不大。饮食、文娱活动、日常礼仪、民居的选择占比较接近；宗教信仰、民间信仰与相关活动的选择在 13%—15%；传统生产方式选择占比很低。少数民族受访者中城乡差异略大于全体受访者，但差异均在 5 个百分点内，并不明显。与全体受访者一致的是，少数民族城乡受访者也主要集中在传统节日和服饰两大类。之后的饮食、传统节日、民居、日常礼仪，也是传统节日和服饰之外较为集中的选项；只是民居选择的占比多于日常礼仪。

表 1-23　少数民族城镇受访者认为最需要宣传开发的传统文化类型　单位：%

民族＼传统文化类型	民居	服饰	传统节日	日常礼仪	文娱活动	饮食	宗教
回族	17.19	68.66	46.27	34.33	29.85	29.85	35.82

续表

民族＼传统文化类型	民居	服饰	传统节日	日常礼仪	文娱活动	饮食	宗教
藏族	15. 42	46. 77	35. 82	19. 90	30. 85	33. 83	66. 17
苗族	31. 25	75. 00	66. 67	25. 00	10. 42	33. 33	12. 50
壮族	20. 78	38. 96	64. 94	7. 79	24. 68	22. 08	5. 19
满族	9. 48	43. 10	56. 90	15. 52	18. 97	28. 45	10. 34
土家族	30. 23	62. 79	79. 07	23. 62	30. 23	25. 58	6. 98
哈萨克族	41. 94	61. 29	70. 97	25. 81	19. 35	32. 26	9. 68
达斡尔族	12. 50	68. 75	62. 50	28. 13	21. 88	9. 38	15. 68
锡伯族	29. 25	51. 89	78. 30	29. 25	31. 13	33. 02	6. 60

表1-23中是不同少数民族城镇受访者认为最需要宣传开发的传统文化类型。除了藏族外，回族、苗族、壮族、满族、土家族、哈萨克族、达斡尔族和锡伯族城镇受访者都是集中地选择服饰与传统节日的比例最高，只是不同少数民族两者的占比高低各有不同。此外，回族城镇受访者相对其他少数民族将宗教和日常礼仪视为传统文化的代表。藏族城镇受访者将宗教信仰及其相关的活动视为最有代表性的民族文化类型，其次是服饰。壮族、满族、锡伯族城镇受访者都是选择饮食和文娱活动的占比位居第三和第四；苗族、哈萨克族城镇受访者第三和第四类型的选择是饮食和民居；土家族城镇受访者选择占比为第三和第四位的是民居、文娱活动和饮食；达斡尔族城镇受访者选择占比第三和第四位的是日常礼仪和文娱活动。

表1-24　少数民族农业户口受访者认为最需要宣传开发的传统文化类型　单位：%

民族＼传统文化类型	民居	服饰	传统节日	日常礼仪	文娱活动	饮食	宗教
藏族	16. 43	44. 64	43. 21	25. 71	21. 07	27. 14	40. 00
苗族	24. 26	83. 09	69. 12	13. 97	16. 18	30. 88	5. 88
壮族	17. 70	48. 56	74. 07	14. 40	38. 27	18. 52	0. 82
满族	14. 86	36. 95	40. 96	20. 88	22. 49	42. 17	12. 85
土家族	39. 34	49. 18	60. 66	18. 03	9. 84	27. 87	—
毛南族	20. 41	38. 78	63. 27	12. 24	22. 45	18. 37	—

续表

传统文化类型 民族	民居	服饰	传统节日	日常礼仪	文娱活动	饮食	宗教
锡伯族	27.21	54.42	66.67	21.09	37.41	28.57	14.97
门巴族	52.60	46.82	52.02	16.76	21.39	26.01	23.70
珞巴族	38.30	57.45	36.17	17.02	12.77	44.68	46.81

不同少数民族农业户口受访者对传统文化类型的选择和城镇受访者一样，也是不同少数民族各有侧重。藏族农业户口受访者选择服饰、传统节日和宗教的占比位居前三位；其他四项的占比差异在10个百分点之内。苗族农业户口受访者选择服饰的占比高达83.09%，位居第二的传统节日选择占比为69.12%，远远高出其他五项；壮族选择传统节日的比例最高，其次是服饰和文娱活动；满族受访者选择的比例差异也比较平缓，饮食、传统节日和服饰三者比例最高；土家族和毛南族农业户口受访者没有选择宗教信仰及其相关活动，而是有代表性的传统文化；珞巴族农业户口受访者选择服饰、宗教信仰及其活动、饮食三者占比最高。

2. 民族文化的传承

表1-25　受访者子女和受访者及上辈相比，传承传统文化的意愿

意愿 民族		农业户口受访者			城镇受访者		
		愿意	不愿意	无所谓	愿意	不愿意	无所谓
民族语言	藏族	92.61	2.46	4.93	96.91	2.06	1.03
	苗族	92.31	2.31	5.38	84.09	4.55	11.36
	壮族	74.90	5.35	19.75	77.33	4.00	18.67
	满族	33.60	28.00	38.40	30.83	39.17	30.00
	土家族	90.38	1.92	7.69	70.27	8.11	21.62
	哈萨克族	—	—	—	96.77	—	3.23
	毛南族	65.31	10.20	24.49	66.67	15.15	18.18
	锡伯族	97.28	0.68	2.04	89.62	2.83	7.55
	门巴族	97.62	0.60	1.79	—	—	—
	珞巴族	100			—	—	—

续表

民族＼意愿		农业户口受访者			城镇受访者		
		愿意	不愿意	无所谓	愿意	不愿意	无所谓
民族文字	藏族	90.81	2.83	6.36	96.89	2.07	1.04
	苗族	81.33	2.67	16.00	—	—	—
	壮族	63.18	10.04	26.78	66.67	9.33	24.00
	满族	31.20	29.20	39.60	30.00	40.00	30.00
	土家族	—	—	—	93.55	3.23	3.22
	哈萨克族	—	—	—	60.00	13.33	26.67
	毛南族	53.06	18.37	28.57	81.13	5.66	13.21
	锡伯族	93.15	2.74	4.11	—	—	—
	门巴族	94.07	2.96	2.96	—	—	—
	珞巴族	97.67		2.33	—	—	—
生活习俗	回族				84.29	4.29	11.43
	藏族	90.39	4.27	5.34	94.82	3.11	2.07
	苗族	89.23	3.08	7.69	81.82	4.55	13.64
	壮族	76.03	2.89	21.07	62.67	4.00	33.33
	满族	89.66	1.72	8.62	24.79	19.83	55.37
	土家族	89.66	1.72	8.62	70.00	7.50	22.50
	哈萨克族	—	—	—	90.32	3.23	6.45
	毛南族	69.39	4.08	26.53	65.63	18.75	15.63
	锡伯族	95.89	0.68	3.42	90.57	1.89	7.55
	门巴族	96.91	1.23	1.85	—	—	—
	珞巴族	100			—	—	—
宗教信仰	回族	—	—	—	84.29	5.71	10.00
	藏族	84.95	9.68	5.38	95.85	3.11	1.04
	苗族	71.43	7.14	21.43	65.71	2.86	31.43
	壮族	22.32	34.33	43.35	27.03	17.57	55.41
	满族	14.86	26.10	59.04	16.95	27.12	55.93
	土家族	82.98	4.26	12.77	53.85	10.26	35.90
	哈萨克族	—	—	—	80.00	6.67	13.33
	毛南族	23.91	36.96	39.13	—	—	—
	锡伯族	75.54	11.51	12.95	62.38	15.84	21.78
	门巴族	86.79	7.55	5.66	—	—	—
	珞巴族	95.65	—	4.35	—	—	—

续表

民族 \ 意愿		农业户口受访者			城镇受访者		
		愿意	不愿意	无所谓	愿意	不愿意	无所谓
特色手工艺	回族				67.65	5.88	26.47
	藏族	81.14	6.41	12.46	95.81	2.09	2.09
	苗族	79.84	5.43	14.73	74.42	4.65	20.93
	壮族	54.58	10.00	35.42	50.67	6.67	42.67
	满族	44.58	14.06	41.37	28.81	17.80	53.39
	土家族	90.74	1.85	7.41	69.23	7.69	23.08
	哈萨克族	—	—	—	90.32	3.23	6.45
	达斡尔族	—	—	—	68.75	9.38	21.88
	毛南族	51.02	14.29	34.69			
	锡伯族	92.47	2.05	5.48	85.85	1.89	12.26
	门巴族	88.20	3.11	8.70	—	—	—
	珞巴族	93.48	6.52	—	—	—	—

说明：少数民族样本量不足30的统计结果没有显示在表中。

有关少数民族传统文化传承的问题并不是所有的少数民族城乡受访者都回答，因此表1-25中有的少数民族城乡受访者回答数量不足30的均没有给出相应的结果。

表1-25中少数民族城乡受访者中除了满族外，其余9个少数民族城乡受访者认为孩子对本民族语言愿意学习的占比都超过了65%，珞巴族农业户口受访者的孩子更是占比100%，都愿意学习本民族语言。藏族、壮族和毛南族的城镇受访者孩子愿意学习本民族语言的比例都略高于农业户口受访者。苗族、满族、土家族、锡伯族农业户口受访者孩子愿意学习本民族语言的占比高于城镇受访者。城乡少数民族受访者子女愿意学习民族文字的占比除藏族外，普遍要低于民族语言学习的占比，但差异均在10个百分点之内。

除了满族城镇受访者外，其他各少数民族城乡受访者愿意接受传统生活习俗的占比都较高，这也是因为城乡受访者的子女生活在少数民族聚居的环境，生活习俗就贯穿在日常生活的每一天，所以自然而然就接受并习惯了。除了藏族城镇受访者外，城乡受访者子女愿意有宗教信仰的占比较其他民族相对较低，不愿意的比例明显增加，壮族城镇受访者和满族城乡受访者子女中超过半数表示不愿意接受。除满族外，其他各少数民族城乡受访者绝大多数都愿意接受特色手工艺。

表 1-26 开发旅游资源和保护民族文化遗产发生冲突时受访者的态度 单位:%

民族 \ 城乡受访者的态度	农村				城镇			
	A	B	C	样本量	A	B	C	样本量
回族	—	—	—	—	47.14	48.57	4.29	70
藏族	38.32	58.03	3.65	274	28.50	67.50	4.00	200
苗族	21.32	69.85	8.82	136	12.77	85.11	2.13	47
壮族	43.87	44.66	11.46	253	62.82	32.05	5.13	78
满族	46.43	38.49	15.08	252	43.80	45.45	10.74	121
土家族	28.36	68.66	2.99	67	15.91	81.82	2.27	44
达斡尔族	—	—	—	—	25.81	70.97	3.23	31
毛南族	38.00	46.00	16.00	50	—	—	—	—
锡伯族	38.24	58.82	2.94	136	40.78	58.25	0.97	103
门巴族	20.11	79.89	—	174	—	—	—	—
珞巴族	69.57	30.43	—	46	—	—	—	—

注：表中 A—以发展经济、提高现代生活水平为主；B—优先保护民族文化；C—当前先开发有钱再保护。

表 1-26 显示当民族文化与旅游开发产生冲突时，不同少数民族的态度倾向有所不同。回族城镇受访者、壮族农业户口受访者认为以发展经济、提高现代生活水平为主的比例略低于（相差 1 个百分点左右）优先保护民族文化的占比；藏族、苗族、土家族、锡伯族城乡受访者绝大多数都认为应该优先保护民族文化。壮族城镇受访者选择以发展经济、提高现代生活水平为主的占比高出选择优先保护民族文化的比例近一倍。满族农业户口受访者认为以发展经济、提高现代生活水平为主的占比略高于优先保护民族文化的占比；但城镇受访者恰好相反。达斡尔族城镇受访者、毛南族农业户口受访者、门巴族农业户口受访者的绝大多数人认为应优先保护民族文化；珞巴族农业户口受访者有近 70% 的受访者认为应以发展经济、提高现代生活水平为主。

六 民族关系

（一）民族交往

民族交往是衡量民族关系的核心内容之一，也是课题组自 2013 年以来重点调查的内容。调查问卷中询问了城乡受访者在亲密往来的朋友中是否有其他民族，最好的三个朋友中有其他民族的数量。前者是对城乡受访者交往范围的询问，后者是对深度交往朋友的民族身份的询问。从城乡受访者的回答可知，民族交往的广度和深度。

表 1-27　　不同民族受访者的民族交往情况　　单位：%

交往 / 民族	亲密来往的朋友中没有其他民族的占比		最好的三个朋友中没有其他民族的占比	
	农村	城镇	农村	城镇
汉族	26.98	40.96	32.80	45.32
回族		2.94		19.12
藏族	28.26	5.56	47.94	57.97
苗族	36.89	15.00	45.79	20.00
壮族	48.25	22.86	55.31	40.00
满族	31.88	34.23	44.65	39.42
土家族	36.96	5.13	34.21	7.89
哈萨克族	—	3.45	—	10.34
达斡尔族	—	3.57	—	17.24
毛南族	47.50	16.67	43.90	—
锡伯族	0.70	5.83	—	10.89
门巴族	17.35	—	2.46	—
珞巴族	3.23	—	—	—

表1-27中不同民族城乡受访者亲密往来的朋友中没有其他民族的比例表现出了差异。首先，除了汉族和满族外，其他民族的城镇受访者该比例均显著小于农业户口受访者；城镇受访者中回族受访者亲密往来的朋友中没有其他民族的占比最低，只有2.94%。其次是哈萨克族和达斡尔族城镇受访者的占比是3.45%、3.57%。农业户口受访者中锡伯族亲密往来的朋友中没有其他民族的占比最低，只有0.7%，其次是珞巴族，为3.23%。这也说明，总体上受访的城镇不同民族（满族之外）朋友往来的面更广，既有可能是与单位同事、邻居、同学等交往，也有可能通过各种渠道认识不同民族的朋友。农业户口受访者相对于城镇，无论是工作、社交圈子都更集中，因而没有更多的机会认识不同民族的朋友。

为了进一步了解少数民族与不同民族的交往程度，调查问卷中还询问了最好的三个朋友中其他民族的数量。表1-27中给出了不同城乡少数民族受访者三个最好的朋友中没有其他民族的占比。除了门巴族农业户口受访者外，其他少数民族城乡受访者最好的三个朋友中没有其他民族的占比明显高出亲密往来朋友中没有其他民族的占比。具体而言，汉族和藏族城镇受访者最好的三个朋友中没有其他民族的占比超过了农业户口受访者，藏族城镇受访者该占比达到了57.97%，汉族城镇受访者该占比为45.32%。这也证实了在深度交往中，各民族城乡受访者倾向于同民族。这也许是由于相同的文化背景更容易有共同语言。

表1-28　汉族城乡受访者与其他民族交往的意愿和行为　单位:%

交往方式 \ 意愿行为	愿意交往的占比		实际生活中发生过该行为的占比	
	农村	城镇	农村	城镇
聊天	98.97	97.59	95.85	86.84
成为邻居	97.94	96.57	84.46	70.39
一起工作	98.97	95.77	83.94	74.13
成为亲密朋友	98.45	93.55	76.68	60.69
结为亲家	87.11	80.44	36.79	20.91
诉说心事	91.75	85.89	64.77	45.34
借钱	85.05	78.59	56.25	36.72

表1-28中汉族城乡受访者占比78.59%以上愿意同少数民族聊天、成为邻居、一起工作、成为亲密朋友、结为亲家、诉说心事和借钱。相比之下，借钱的比例最低；其次是结为亲家；诉说心事农村的占比倒数第三，城镇倒数第三；其他的比例都超过了90%。城乡汉族受访者的意愿比例差异不大。当问及实际中是否发生过时，实际发生的占比低于意愿占比。在七类活动中，农村汉族受访者实际发生的占比要高于城镇受访者；城乡受访者均是结为亲家的占比最低，分别是36.79%和20.91%；其次是借钱，再次是诉说心事。这也说明汉族城乡受访者和少数民族的日常交往较为频繁，但深度交往尤其是结为儿女亲家较少。

表 1-29　　少数民族城乡受访者与汉族交往的意愿和行为　　单位:%

交往 \ 意愿行为		与汉族交往				与其他少数民族交往			
		愿意交往的占比		实际生活中发生过该行为的占比		愿意交往的占比		实际生活中发生过该行为的占比	
		农村	城镇	农村	城镇	农村	城镇	农村	城镇
回族	聊天		100		98.63		100		97.26
	成为邻居		97.26		91.78		97.26		95.89
	一起工作		100		87.67		100		86.30
	成为亲密朋友		98.63		89.04		97.26		83.56
	结为亲家		41.10		9.59		42.47		8.22
	诉说心事		87.60		69.86		83.56		67.12
	借钱		84.93		53.42		84.93		57.53
藏族	聊天	95.68	95.57	74.87	62.64	93.61	92.54	54.23	51.28
	成为邻居	91.27	75.86	37.73	33.84	87.22	68.66	36.68	30.93
	一起工作	94.44	85.64	45.11	44.72	89.58	76.00	42.29	31.96
	成为亲密朋友	85.87	78.33	32.35	38.19	84.53	67.16	35.91	28.72
	结为亲家	43.27	38.31	8.09	5.05	45.63	32.84	13.08	6.19
	诉说心事	53.99	49.50	24.18	22.22	59.47	40.00	22.69	19.69
	借钱	54.15	54.19	22.79	23.47	65.78	44.78	21.24	18.13
苗族	聊天	98.56	100	87.77	100	97.81	100	78.10	97.83
	成为邻居	96.40	100	68.84	97.87	97.08	100	55.88	95.65
	一起工作	97.84	100	77.70	97.54	98.54	100	68.38	93.48
	成为亲密朋友	96.40	100	70.80	100	96.35	100	61.48	97.83
	结为亲家	84.17	97.87	33.09	59.57	86.13	97.83	14.93	50.00
	诉说心事	91.37	100	55.88	89.36	90.51	100	41.79	89.13
	借钱	82.73	95.74	47.79	80.85	82.48	95.65	35.07	73.91
壮族	聊天	97.52	100	61.72	76.62	99.21	98.72	76.59	92.21
	成为邻居	97.66	100	37.11	55.84	99.60	98.72	63.24	75.32
	一起工作	97.66	100	45.88	55.26	99.60	98.70	67.59	82.89
	成为亲密朋友	97.66	100	37.89	49.35	99.21	98.72	62.85	75.32
	结为亲家	96.09	97.40	17.65	20.78	98.02	96.15	38.34	36.36
	诉说心事	96.88	97.44	32.94	46.75	98.02	97.44	55.34	71.43
	借钱	91.02	97.44	35.06	26.27	91.30	97.44	45.45	54.55

续表

交往 \ 意愿行为		与汉族交往				与其他少数民族交往			
		愿意交往的占比		实际生活中发生过该行为的占比		愿意交往的占比		实际生活中发生过该行为的占比	
		农村	城镇	农村	城镇	农村	城镇	农村	城镇
满族	聊天	100	100	96.77	99.15	100	100	85.54	89.74
	成为邻居	100	100	87.10	93.16	100	100	55.42	70.94
	一起工作	100	100	80.24	94.02	100	99.15	61.04	73.50
	成为亲密朋友	100	100	71.37	73.50	99.60	100	50.20	52.14
	结为亲家	98.80	97.44	39.36	28.21	98.39	95.73	18.47	15.38
	诉说心事	97.99	96.58	56.85	58.97	97.58	94.83	37.10	37.61
	借钱	85.54	75.00	40.56	47.01	83.06	71.55	26.51	26.50
土家族	聊天	100	100	94.03	100	98.48	100	90.91	97.62
	成为邻居	100	100	80.60	100	100	100	72.73	95.24
	一起工作	100	100	89.55	92.86	100	100	78.79	95.24
	成为亲密朋友	100	100	79.10	92.86	100	100	75.76	88.10
	结为亲家	98.53	95.24	43.28	44.19	100	100	42.42	52.38
	诉说心事	100	100	63.64	92.86	100	100	59.09	90.48
	借钱	95.59	92.86	50.00	80.95	96.97	92.86	80.95	48.48
哈萨克族	聊天		100		96.77		100		96.67
	成为邻居		100		96.77		96.67		96.67
	一起工作		93.55		90.32		96.67		90.00
	成为亲密朋友		93.55		86.67		93.33		86.67
	结为亲家		51.61		16.13		63.33		40.00
	诉说心事		96.77		56.67		90.00		66.67
	借钱		90.32		50.00		90.00		63.33
达斡尔族	聊天		93.94		100		100		100
	成为邻居		93.94		96.88		100		90.63
	一起工作		96.88		83.87		100		87.10
	成为亲密朋友		87.88		71.88		100		78.13
	结为亲家		87.50		32.26		100		48.39
	诉说心事		81.25		59.38		96.77		61.29
	借钱		80.65		48.39		80.65		58.06

续表

交往 \ 意愿行为		与汉族交往				与其他少数民族交往			
		愿意交往的占比		实际生活中发生过该行为的占比		愿意交往的占比		实际生活中发生过该行为的占比	
		农村	城镇	农村	城镇	农村	城镇	农村	城镇
毛南族	聊天	98.00		62.00		100		90.00	
	成为邻居	100		40.00		100		80.00	
	一起工作	100		42.00		100		80.00	
	成为亲密朋友	100		42.00		100		66.00	
	结为亲家	98.00		30.00		100		60.00	
	诉说心事	98.00		38.00		100		74.00	
	借钱	94.00		26.00		96.00		62.00	
锡伯族	聊天	100	97.17	95.85	87.74	99.32	97.17	96.55	84.91
	成为邻居	98.64	94.34	91.10	83.96	99.32	97.17	92.41	81.13
	一起工作	99.32	97.17	94.44	85.85	99.32	97.17	91.72	85.85
	成为亲密朋友	96.55	92.45	91.78	82.86	96.60	92.45	88.28	78.30
	结为亲家	82.99	79.25	49.06	55.48	71.43	70.75	47.22	40.00
	诉说心事	93.20	85.85	84.93	73.58	88.44	84.91	82.76	67.92
	借钱	85.03	78.30	79.31	57.55	82.31	75.47	75.86	55.66
门巴族	聊天	98.28		81.60		95.78		72.50	
	成为邻居	90.12		43.21		90.24		40.13	
	一起工作	94.77		59.88		95.12		55.06	
	成为亲密朋友	91.18		50.93		92.64		43.67	
	结为亲家	77.65		27.85		81.60		27.56	
	诉说心事	86.98		28.75		90.06		37.58	
	借钱	81.07		23.42		82.82		24.20	
珞巴族	聊天	100		90.70		100		80.95	
	成为邻居	90.00		57.50		100		58.97	
	一起工作	100		69.05		100		75.61	
	成为亲密朋友	82.05		47.37		86.84		45.95	
	结为亲家	71.05		13.16		76.32		27.03	
	诉说心事	70.27		40.54		83.78		36.11	
	借钱	64.10		37.84		75.68		44.44	

表1-29给出了2016年调研中不同少数民族城乡受访者关于和汉族、其他少数民族七类相处行为的意愿和实际发生过的占比。无论是和汉族还是和其他少数民族相处，表1-29中12个少数民族均是愿意的占比明显高于实际发生的占比；而且和汉族、其他少数民族的相处没有明显差异；相比较而言，和汉族、其他少数民族结为亲家的占比是各少数民族城乡受访者中较低或最低的，借钱和诉说心事的占比也相对较低；这可能是因为人们不愿意轻易向别人借钱的行为习惯。表1-29中各民族和汉族、其他少数民族交往的七类活动中，呈现出了民族差异，其中的重要原因是少数民族受访者所处位置的杂居情况有所不同。

回族城镇受访者因没有语言障碍，除了和汉族结为亲家的占比只有9.59%，和其他少数民族结为亲家的占比为8.22%之外，在和汉族或其他少数民族聊天、成为邻居、一起工作、成为亲密朋友的占比都在87.60%和84.93%以上。藏族、和在西藏的门巴族和珞巴族的城乡受访者虽然和汉族、其他少数民族聊天、成为邻居、一起工作、成为亲密朋友、结为亲家、诉说心事、借钱七类相处方式的意愿很高，但实际发生的占比相对较低。南方少数民族中的苗族、土家族无论是意愿和实际发生的占比均较高。满族同回族一样，和汉族、其他少数民族交往的意愿和实际发生占比都较高。北方的锡伯族、达斡尔族和哈萨克族与汉族、其他少数民族七类交往的意愿和实际发生比例也都较高。藏族、苗族、壮族、土家族、满族和锡伯族城乡受访者都有统计结果，进行城乡比较后发现，藏族、锡伯族农业户口受访者在七类交往行为中，实际发生的比例高于城镇受访者；苗族、壮族、土家族、满族的农业户口受访者在七类交往行为中实际发生的比例都低于城镇受访者。

（二）民族关系的评价

对全国和当地民族关系的评价是自2013年至今的调查问卷中始终调查的问题。

表1-30　不同民族受访者对全国民族关系不同时期的好评情况　单位：%

情况 民族	改革开放前	改革开放以来至2000年	21世纪以来（2001年以来）至2012年10月	党的十八大以来（2012年10月以来）
汉族	60.70	67.97	79.85	86.15
回族	69.88	77.11	86.75	89.16

续表

民族＼情况	改革开放前	改革开放以来至 2000 年	21 世纪以来（2001 年以来）至 2012 年 10 月	党的十八大以来（2012 年 10 月以来）
藏族	42.31	51.31	69.29	74.95
苗族	47.31	70.59	80.85	89.36
壮族	46.65	67.38	77.74	91.19
满族	58.71	74.80	89.28	91.69
土家族	56.76	81.98	90.09	92.79
哈萨克族	78.00	82.00	86.00	88.00
达斡尔族	53.85	59.62	78.85	90.20
毛南族	52.31	69.23	81.54	90.77
锡伯族	67.59	72.44	76.59	83.07
鄂伦春族	62.50	84.38	90.63	90.63
门巴族	42.93	59.16	75.00	82.29
珞巴族	40.48	61.90	77.78	84.09
其他少数民族	69.32	70.45	78.41	86.36

表 1-30 中不同民族受访者对全国民族关系不同时期的好评情况占比随时间推移不断上升，党的十八大以来对全国民族关系好评的比例最低的是藏族，也达到了 74.95%；其他民族受访者的好评比例都在 80%以上，总体上北方民族受访者该好评情况占比略低于南方民族受访者。同之前几年的结果相比，其总的变化趋势向好。

表 1-31　不同民族受访者对当地民族关系不同时期的好评情况　单位：%

民族＼情况	改革开放前	改革开放以来至 2000 年	21 世纪以来（2001 年以来）至 2012 年 10 月	党的十八大以来（2012 年 10 月以来）
汉族	60.00	70.38	80.35	86.50
回族	71.60	79.01	87.65	92.59
藏族	40.37	54.66	70.36	75.69
苗族	47.31	69.52	80.32	92.55
壮族	53.05	69.51	79.57	91.19
满族	70.51	85.79	91.42	91.69
土家族	60.36	82.88	88.29	90.99
哈萨克族	82.00	86.00	84.00	92.00

续表

情况 / 民族	改革开放前	改革开放以来至2000年	21世纪以来（2001年以来）至2012年10月	党的十八大以来（2012年10月以来）
达斡尔族	48.08	55.77	75.00	90.38
毛南族	60.00	70.77	83.08	93.85
锡伯族	71.15	77.87	82.21	85.77
鄂伦春族	71.88	87.50	96.88	96.88
门巴族	45.03	63.54	76.96	82.81
珞巴族	71.43	78.57	84.44	86.36
其他少数民族	73.86	76.14	80.68	87.50

表1-31显示，不同民族受访者认为当地民族关系好评情况的占比和全国民族关系好评占比相比，当地民族关系好评的占比略高。另外，同全国民族关系好评的趋势一样，大部分民族受访者都是好评占比随时间推移逐渐上升。在主要的14个民族中藏族在党的十八大以后当地民族关系好评占比为75.69%，位居倒数第一；这也表明绝大多数少数民族受访者认为目前当地的民族关系是好的。

七　简要结论

本报告以2016年在四川省甘孜藏族自治州色达县、湖南湘西土家族苗族自治州凤凰县、广西环江毛南族自治县、新疆察布查尔锡伯自治县、辽宁省新宾满族自治县、内蒙古鄂伦春自治旗、甘肃甘南藏族自治州合作市、西藏墨脱县8个县/旗/市完成的3204份问卷调查为基础，从5个方面对2016年的问卷调查进行了概况性的描述。与大调查之前的相关结论比，2016年的结论呈现了以下新的内容和特点：

第一，少数民族受访者掌握普通话的比例较高，表明民族地区城乡居民对外交往、交流增加，地区开放度进一步提升。

语言具有重要的社会功能，从文化传承和社会发展的角度来看，语言是传统文化的载体，同时也是信息交流和学习知识的工具。2016年调查数据显示，少数民族受访者掌握普通话语言的占比达到了71.42%。达到或超过90%的有鄂伦春族、满族、达斡尔族、锡伯族；低于半数的是珞巴族和藏族。农村少数民族受访者相对于城镇少数民族受访者，普通话会话熟练掌握的比例低了10个百分点，一点都不会的比例高出了近3个百分点。和2013年的调查结果相比，2016年少数民族受访者掌握普通话的比例高出了2013年近10个百分点。①

在现代化进程中，语言的工具功能变得更加重要，并可以进一步分解为“日常生活交流工具”和“现代化知识学习工具”这两大类。各民族、各群体对作为“现代化知识学习工具”的语言的掌握和运用情况，在很大程度上决定了各民族群体和每个个体成员参与国家现代化发展进程的能力和发展空间。②

2016年调查结果中城乡少数民族受访者普通话掌握水平比例的明显增加，虽然有可能和调查抽样的地点有关，但随着我国“一带一路”倡议和全面小康社会建设的大力推进，民族地区城镇化步伐加快，基础教育水平全面提升，民族地区农村幼儿园逐渐普及，劳动力流动增加，这些都大大提升了普通话在民族地区的使用和城乡居民普通话水平。

语言是沟通的工具，普通话作为国家通用语言的掌握程度直接关系到少数民族的对外交流、交往和交融，作用于民族关系和经济社会方方面面，其重要性毋庸置疑。2016年大调查数据显示，藏族和珞巴族不会普通话的比例依然都在半数左右，说明民族地区少数民族普通话能力还需进一步提高，各级政府对此的关注和培训还应进一步加大力度。

第二，民族地区精准扶贫政策知晓和扶贫效果好评比例进一步提升，城乡居民对完成脱贫攻坚任务和全面建成小康社会充满信心。

为了实现2020年使现行标准下的农村贫困人口全部脱贫，2015年11月，中央召开扶贫工作会议，会议要求包括民族8省区在内的多个省区立下军令状、签订脱贫攻坚责任书。2016年2月，中共中央办公厅、国务院办公厅印发了《省级党委和政府扶贫开发工作成效考核办法》（以下简称《考核办法》），主要用于考核包括民族8省区在内的中西部22个省、自治区、直辖市党委和政府扶贫开发工作的成效。《考核办法》公布了扶贫开发工作成效考核内容，并明确扶贫成效考核除了贫困人口数量、贫困群众收入等脱贫“硬指标”外，还包括一些群众认不认可、满不满意的“软指标”。《考核办法》还强调，考核指标的数据来源除了扶贫开发信息

① 王延中、丁赛：《大调查问卷分析综合卷·2013年》，中国社会科学出版社2014年版，第76页。

② 马戎：《从现代化发展的视角来思考双语教育》，《北京大学教育评论》2012年第3期。

系统、全国农村贫困监测等“官方”数据外，将适当引入第三方评估。第三方评估产生的“群众满意度”，不仅意味着各项脱贫数据更加合乎实际、更加可靠，而且让贫困群体在脱贫成效考核中也拥有“发言权”。[①]上述政策的出台和地方各级政府的贯彻落实，使得民族地区精准扶贫和全面小康社会建设进程得到大力推进。

民族地区城乡居民对扶贫政策的知晓度和全面建成小康社会的信心度调查始终是2013年至今大调查中的重要内容。纵向相比，2016年城乡受访者相信在2020年全面建成小康社会的占比平均高达88.40%；高出2015年近7个百分点，高出2013年该占比近12个百分点。对国家精准扶贫预期目标有信心的受访者占比超过了对2015年及以前扶贫成效好评占比，总体达到了86.1%。这既是我国经济进入新常态以来民族地区经济增速超过全国平均水平，成为我国经济发展的新亮点，也是民族地区扶贫攻坚取得显著成效多重作用的结果。

第三，民族地区城乡居民愿意延长基础教育的占比平均超过了94%，认为教育公平的占比平均大于82%，且多数愿意选择普通高中而非职业高中。

民族地区长期人才匮乏，“孔雀东南飞”的现象一直在延续，全面提高少数民族和民族地区教育发展水平，对于推动少数民族和民族地区经济社会发展具有重大深远的意义已经成为各界共识。2016年大调查根据《国家中长期教育改革和发展规划纲要（2010—2020年）》中提出的要逐步普及高中教育的目标，询问了城乡受访者如果政府延长义务教育年限，愿意孩子接受更长时间义务教育的意愿，调查结果证实城乡受访者愿意孩子接受更长时间义务教育的平均占比超过了94%，而且农业户口受访者该比例略高于城镇受访者。

当问及孩子初中毕业后，如果继续上学选择何种学校时，所有受访者的城乡差异不显著，都是选择上普通高中的占比远远高出上职业高中的比例。藏族城镇受访者选择普通高中的占比为47.64%，在不同少数民族城镇受访者中该占比是最低的，相应地选择职业高中的占比也最高达到了43.98%。其他少数民族和汉族城镇受访者选择普通高中的比例均在69%以上，这一结果说明城乡受访者对孩子的教育选择主要出于对其继续升

① 新华社：《22省份扶贫考核引第三方评估》，《北京晨报》2016年2月17日。

学、未来就业预期的目标。城镇藏族受访者该比例低的原因是藏族受访者外出流动意愿不强，大学毕业后在家乡成为公务员的机会有限，而职业高中不仅毕业后就能就业，而且因工作预期不高，工作机会相对容易获得。

此外，近年来民族地区公共基础设施建设发展迅速，同之前 2013 年和 2014 年调查数据的显示结果相比，民族地区公共基础设施改进明显；城乡差距虽然有所缩小但依然明显存在。

第四，社区公共文化建设推进迅速但仍需多元化发展，传统节日和服饰被认为是最需宣传和开发的民族文化；当民族文化与旅游开发产生冲突时，不同民族的态度倾向有所不同。

公共文化发展状况的调查是 2016 年大调查问卷中新增的内容，与近年来城乡广场舞流行相一致的是，文化健身广场是民族地区城乡居民使用率最高的公共文化设施，调查结果显示有超过 75%的城乡受访者使用文化健身广场。但公共文化中的文化活动室、农家书屋或图书馆、阅报栏、网络场所等公共文化活动设施的使用率都不足半数。另外，所在社区公共文化活动的开展频率除以少数民族文化特色为主的达到 60%以上，其他并不高，说明民族地区的社区公共文化活动也主要体现了少数民族特点。公共文化作为我国今后文化建设的重要内容，在活动形式上应力求多种多样，在文化活动特点上不仅要体现少数民族地区的特征，同时也应是多元文化的展现。从调查结果看，这方面还需要更多的统筹规划和工作推进。

2016 年城乡受访者认为最需要宣传开发的传统文化类型主要集中在传统节日、服饰两大类，选择占比都接近或超过半数；且城乡选择该类型的差异不大。这与 2013—2015 年大调查结果基本一致。

2016 年的调查结果再次证实少数民族文化在家庭内的传承得以很好延续。但当民族文化与旅游开发产生冲突时，不同少数民族的态度倾向有所不同。虽然同 2013—2015 年一致的是，选择优先保护民族文化的比例总体上高于选择以发展经济、提高现代生活水平为主的占比。但壮族城镇受访者选择以发展经济、提高现代生活水平为主的占比远高出优先保护民族文化的占比。这也表明少数民族地区经济社会发展的推进过程中如何尽量减少对传统少数民族文化的冲击，在发展过程中解决社会、文化问题的重要性。

第五，同 2013—2015 年调查结果相同的是，不同民族相互之间的交往范围较大，但在深度交往中各民族城乡受访者倾向于同民族；民族关系好评比例随时间推移不断上升。

2016年有关民族关系的调查中不仅保留了之前四年民族关系的意愿调查，更增加了实际行为发生情况的调查。2016年调查问卷中有关民族交往的意愿调查结果同2013—2015年的调查结果基本相同。2016年调查地区的不同民族城乡受访者关于和汉族、其他少数民族聊天、成为邻居、一起工作、成为亲密朋友、结为亲家、诉说心事、借钱七类交往行为中，无论是与汉族还是和其他少数民族相处，均是愿意的比例明显高于实际发生的比例；而且和汉族、其他少数民族的相处没有明显差异；相比较而言，和汉族、其他少数民族成为亲家的占比是各少数民族城乡受访者中较低或最低的占比，借钱和诉说心事的占比也相对较低，这可能是因为人们不愿意轻易向别人借钱的行为习惯。各民族和汉族、其他少数民族交往的七类活动中，呈现出了民族差异，其中的重要原因是少数民族受访者所处位置的杂居情况有所不同。

不同少数民族受访者对全国民族关系和当地民族关系的好评比例随时间推移不断上升，党的十八大以来全国民族关系或当地民族关系的好评都是最高的；而且对当地民族关系好评的占比略高于全国。2013—2016年连续五年调查结果证实了我国民族关系融洽，各民族间的交往、交流、交融程度在加深。但需要注意的是，新时代背景下民族关系如何进一步提升到更高、更好的层面还需政府、社会各界共同努力。

第二章

四川色达县经济社会发展综合调查报告

色达县隶属于四川省甘孜藏族自治州。该县位于四川省甘孜藏族自治州西北部，东邻阿坝州的壤塘县，北与青海省的班玛、达日两县接壤，西部和南部分别与本州的甘孜、炉霍两县毗邻。色达全县面积9338.98平方公里，辖区内共4个片区（泥曲片区、色曲片区、色塘片区、色尔坝片区），17个乡镇（泥朵乡、克戈乡、康勒乡、然充乡、大章乡、大则乡、亚龙乡、塔子乡、年龙乡、色柯镇、洛若镇、霍西乡、旭日乡、杨各乡、翁达镇、甲学乡、歌乐沱乡），134个行政村。[①] 色达地处青藏高原南缘，巴颜喀拉山褶皱带，属川西地槽系，地势由西北向东南倾斜，西北高，东南低，平均海拔4127米，大部分为典型的丘状高原。色达属大陆季风高原气候，受到地形地势影响，气候垂直变化大，分为高山草甸寒带、亚高山草甸寒带、森林草甸寒温带、山原凉温带4个气候带。[②] 根据第六次全国人口普查的数据，色达县共有14656户，总人口为58606人，其中藏族居民有55727人，占比为95.09%，此外，县内还居住着汉族、回族、羌族、蒙古族等居民，是典型的少数民族聚居区。色达县是甘孜州海拔最高、气候最寒冷、自然条件最差、以藏民族为主的民族聚居的纯牧业县之一，生活生产条件恶劣，是"十三五"期间甘孜州，乃至四川省扶贫攻坚的重点工作县，关系到2020年农村贫困人口脱贫、贫困县全部摘帽目标的实现，更是关系到全面小康社会的建设。

---

① 色达县政府门户网站——行政区划，网址：http：//www.sdzf.gov.cn/13957/13958/13965/2016/04/19/10519160.shtml。截取时间：2016年12月20日。

② 同上。

一　调查数据基本情况

本报告对四川省甘孜州色达县进行经济社会发展实证分析的数据，基于中国社会科学院民族学与人类学研究所承担的中国社会科学院创新工程重大专项“21世纪初中国少数民族地区经济社会发展综合调查”于2016年在色达完成的家庭问卷抽样调查。色达的样本回收数据为305份，问卷回收整理录入后，主要使用SPSS软件进行统计分析，回收样本数据的基本情况见表2-1。

在色达，参与问卷调查的受访者共有305人，接下来对其进行简单统计描述。根据性别分类，86.23%的受访者为男性，13.77%为女性；在年龄分段上，18岁及以下的受访者占5.68%，19—30岁占14.51%，31—45岁占34.38%，46—60岁占36.59%，61岁及以上占8.83%；在民族身份上，此地为藏族居民聚居地区，93.11%的受访者为藏族；信仰的宗教方面，98.68%的受访者信仰佛教，0.66%信仰伊斯兰教，0.33%信仰道教，还有0.33%没有宗教信仰；在受教育程度上，62.5%的受访者未接受过学校教育，21.71%为小学学历，5.59%为初中学历，7.57%接受过高中、中专或职高教育，1.97%为大学专科学历，0.33%为大学本科学历，0.33%为研究生学历；根据详细的户籍分类，49.15%的受访者为本地农业户口，13.99%为本地非农业户口，17.75%为由农业户口转为本地居民户口，17.75%为由非农业户口转为本地居民户口，0.68%为由农业户口转为外地居民户口，0.34%为非农业户口转为外地居民户口，还有0.34%为其他情况。根据国家职业分类目录，1.02%的受访者为公务员，4.08%为领导干部，2.72%为技术人员，84.35%为农牧民，0.68%为制造业、矿业、建筑业工人，0.34%为商业服务业普通人员，0.34%具有两种及以上职业身份，此外还有6.46%从事其他职业。

接下来，本报告从生态环境、经济发展、民族政策、民族文化、民族宗教信仰、民族关系与族际交往、身份认同和社会公共服务这八个方面出发，对色达县经济社会发展进行全貌性的描述。由于色达县属于藏族聚居地区，问卷受访者绝大多数为藏族居民，其他民族居民样本数不足30份，故以下分析基于藏族受访者问卷；色达县户口有本地农业、本地非农业、本地居民、外地居民的区分，而外地居民样本量同样不足30份，故外地居民样本不参与细化到户籍分类的统计分析。

表 2-1　色达问卷调查数据统计的基本情况　单位：%

类别	基本情况	占比	类别	基本情况	占比
性别	男性	86.23	户籍	本地农业户口	49.15
	女性	13.77		本地非农业户口	13.99
年龄	18 岁及以下	5.68		本地居民户口（之前是农业户口）	17.75
	19—30 岁	14.51			
	31—45 岁	34.38		本地居民户口（之前是非农业户口）	17.75
	46—60 岁	36.59			
	61 岁及以上	8.83		外地居民户口（之前是农业户口）	0.68
民族	藏族	93.11			
	其他	6.89		外地居民户口（之前是非农业户口）	0.34
宗教	伊斯兰教	0.66			
	佛教	98.68		其他	0.34
	道教	0.33	职业类型	公务员	1.02
	没有宗教信仰	0.33		领导干部	4.08
受教育程度	未上学	62.50		技术人员	2.72
	小学	21.71		农牧民	84.35
	初中	5.59		制造业、矿业、建筑业工人	0.68
	高中、中专或职高技校	7.57		商业服务业普通人员	0.34
	大学专科	1.97		两种及以上职业身份	0.34
	大学本科	0.33		其他	6.46
	研究生	0.33			

注：职业类型是按照人力资源和社会保障部职业能力建设司公布的国家职业分类目录编制而成，详情可参见网站：http：//ms. nvq. net. cn/nvqdbApp/htm/fenlei/index. html。

二　生态环境

色达县地处青藏高原南缘，巴颜喀拉山褶皱带，属川西地槽系。全县大部分为典型的丘状高原，平均海拔为 4127 米，海拔 3500 米以下的色尔坝区，河流深切，流水侵蚀严重，为高原山原地貌，山陡地薄，耕地零碎，含水保肥力差；海拔 4000 米以上为典型的丘原，相对高差 500—1000 米，分水岭也有平坝保存；4000—4600 米属高山区，高寒沼泽土及高寒草丘沼泽草甸发育；4600米至雪线以下为高山寒漠土，高寒草丘沼泽草甸分布最广，面积最大，土壤厚度一般在30—70厘米，土壤中含砾石量很高。① 可以看出色达县生态环境相对脆弱，因此在探索现代化生产方式的同时，预防生态破坏、环境污染，保护当地脆弱的生态环境，直接关系到当地居民的生活环境。

（一）生态环境现状

对于当地生态环境与10年前的比较，色达受访者大多给出了积极的评价，但这种评价在不同户籍受访者中存在差异。具体来看，在本地农业户口受访者中，61%认为当地生态环境变好，23.6%认为变坏，15.4%认为没有变化；在本地非农业户口受访者中，82.5%认为当地生态环境变好，15%认为变坏，2.5%认为没有变化；在由农业户口变为本地居民户口的受访者中，仅有20%认为当地生态环境变好，48%认为变坏，32%认为没有变化；在由非农业户口变为本地居民户口的受访者中，80.8%认为当地生态环境变好，5.8%认为变坏，13.5%认为没有变化。可见，当前和之前为农业户口居民的受访者对当地生态环境的评价略低。

表2-2　与10年前相比，当地生态环境变化　单位：%

户籍＼变化情况	变好	变坏	没有变化	样本量
本地农业户口	61.0	23.6	15.4	123
本地非农业户口	82.5	15.0	2.5	40
本地居民户口（之前是农业户口）	20.0	48.0	32.0	50
本地居民户口（之前是非农业户口）	80.8	5.8	13.5	52

（二）生态环境变化原因

对于色达生态环境的改善或恶化，受访者也从自己的生产生活中找到了原因。受访者认为环境保护宣传深入人心、监管力度加大、民众环保意识增强、企业重视环境治理、清洁能源的使用、生态移民，是造成生态环境改善的主要原因，其选择的概率分别为54.2%、21.9%、61.9%、

① 色达县政府门户网站——自然地理，网址：http：//www.sdzf.gov.cn/13957/13958/13966/2016/04/19/10519158.shtml。

18.1%、11.6%、11%。

表 2-3 受访者认为环境变好的原因（多项选择）

原因 / 概率	环境保护宣传深入人心	监管力度加大	民众环保意识增强	企业重视环境治理	清洁能源的使用	生态移民	其他
频数	84	34	96	28	18	17	3
频率（%）	54.2	21.9	61.9	18.1	11.6	11.0	1.9
样本量	155	155	155	155	155	155	155

而认为当前生态环境恶化的受访者，也给出了原因，认为民众环保意识不够、地方政府牺牲环境追求经济发展、政府环保执法不严和监管不力、国家生态补偿政策不到位、企业牺牲环境过分追求经济效益、发达地区未承担更多的环保责任，造成了生态环境的恶化，其选择的概率分别为48.6%、45.7%、25.7%、15.7%、7.1%、7.1%。

表 2-4 受访者认为环境变坏的原因（多项选择）

原因 / 频率	地方政府追求经济发展，牺牲环境	政府环保执法不严，监管不力	民众认为环境保护和自己无关	企业过分追求经济效益，牺牲环境	国家生态补偿政策不到位	发达地区未承担更多的环保责任	其他
频数	32	18	34	5	11	5	16
频率（%）	45.7	25.7	48.6	7.1	15.7	7.1	22.9
样本量	70	70	70	70	70	70	70

综合来看，在实际生态环境保护过程中，采取有效的宣传方式增强普通民众的环保意识，有助于更好地推进环境保护工作。

（三）环保政策

针对生态环境保护，色达县实行了污水处理、垃圾处理、大气治理、退耕还林、生态移民、限制外来污染企业进入和外来投资、加大环境保护宣传力度、公益广告、加强环保制度建设等，根据受访者的问卷，这些政策的普及率分别为26.26%、73.4%、18.18%、11.45%、8.42%、13.47%、42.09%、9.43%、28.62%。在这些政策中，普及率最高的是垃圾处理政策，除了改善环境的出发点外，还是在推进城市化过程中镇容、村容建设的重点内容，而且普及垃圾集中处理关系到当地传染病的防治，是近些年医疗卫生工作的关键。

表 2-5 当地环境保护政策的普及率

政策措施 / 普及情况	污水处理	垃圾处理	大气治理	退耕还林	生态移民	限制外来污染企业进入和外来投资	加大环境保护宣传力度	公益广告	加强环保制度建设	其他政策
普及率（%）	26.26	73.40	18.18	11.45	8.42	13.47	42.09	9.43	28.62	20.88
样本量	297	297	297	297	297	297	297	297	297	297

在环保政策的实行过程中，受访者还是给出了较高的评价，总好评率在八成以上。对受访者按照本地农业户口、本地非农业户口、由农业户口变为的本地居民户口、由非农业户口变为的本地居民户口进行区分，不同户口类型受访者的好评率分别为 89.3%、87.2%、78%、88.1%。

表 2-6 受访者对当地生态环境保护政策评价 单位：%

政策评价 / 户籍	好	不好	样本量
本地农业户口	89.3	10.7	122
本地非农业户口	87.2	12.8	39
本地居民户口（之前是农业户口）	78.0	22.0	50
本地居民户口（之前是非农业户口）	88.1	11.9	42

（四）对未来生态环境的预期

在色达县重视高原生态环境保护，当地政府在切实采取环保政策的背景下，受访者对未来 10 年生态环境的变化，表现出较为积极的预期，其中由农业户口变为本地居民户口的受访者，其评价低于其他受访者，态度保守。具体来看，在农业户口受访者中，75.6%认为未来 10 年生态环境会变好，14.6%认为会变坏，还有 9.8%认为不会变化；本地非农业户口受访者中，78%认为会变好，12.2%认为会变坏，同样有 9.8%认为不会变化；在由农业户口变为本地居民户口的受访者中，26%认为会变好，28%认为会变坏，46%认为不会变化；在由非农业户口变为本地居民户口的受访者中，98.1%认为会变好，剩余1.9%认为不会变化。

表2-7　　受访者对未来10年生态环境的预期　　单位:%

预期 户籍	变好	变坏	没有变化	样本量
本地农业户口	75.6	14.6	9.8	123
本地非农业户口	78.0	12.2	9.8	41
本地居民户口（之前是农业户口）	26.0	28.0	46.0	50
本地居民户口（之前是非农业户口）	98.1	—	1.9	52

三　经济发展

“十二五”期间，色达坚持以经济发展为第一要务，并且在5年内实现经济综合实力的显著增强，从2010年到2015年，全县生产总值从2.99亿元增长到6.11亿元，年均增长率为27.07%，远超全国平均水平。经济的发展带来了居民生活水平和生活质量的提升，特别是农牧民增收效果突出，同期，城镇居民人均可支配收入从16722元增加到27897元，年均增长率为10.78%；农牧民人均纯收入从2360.37元增加到7605元，年均增长率为26.36%。[①] 结合问卷调查内容，本节从劳动力就业、住房改善、受访者生活质量等方面，来描述色达地区的经济发展。

（一）劳动力就业

农牧业生产和家务劳动者是色达受访者的主要就业类型，但在不同户籍类型的受访者中存在显著差异。区分不同户籍受访者，51.22%、17.89%和5.69%的本地农业户口受访者身份分别为就业、家务劳动者和学生，还有13.82%、9.76%的受访者既不工作也不上学或者面临失业的状况，以及1.63%的受访者身体残疾或丧失劳动能力；本地非农业户口受访者中有4.88%、87.80%、2.44%的分别处于就业、家务劳动、退休的状况，而且身体残疾或丧失劳动能力、不工作也不上学的受访者比例都是2.44%；之前是农业户口的本地居民户口受访者中，主要从事家务劳

① 色达县第十三届人大五次会议材料之十：《（2015年）政府工作报告》，2016年3月6日。

动的，占比为60.78%，其次是就业，占比为19.61%；之前是非农业户口的本地居民户口受访者，主要处于就业的状态，占比为86.54%，其次是家务劳动者，占比仅为5.77%。

表2-8　不同户籍受访者的就业情况　单位:%

户籍＼就业情况	就业	失业	退休	家务劳动者	学生（全日制或非全日制）	身体残疾或丧失劳动能力	其他不工作也不上学的成员	样本量
本地农业户口	51.22	9.76	—	17.89	5.69	1.63	13.82	123
本地非农业户口	4.88	—	2.44	87.80		2.44	2.44	41
本地居民户口（之前是农业户口）	19.61	1.96	1.96	60.78	5.88	9.80	—	51
本地居民户口（之前是非农业户口）	86.54	—	—	5.77	3.85	1.92	1.92	52

对于农村和城镇的单位从业人员，就业质量可以用是否签订合同来反映。实际调研中，合同签订率在不同户籍受访者中存在差异：本地农业户口受访者的合同签订率仅为9.71%；本地非农业户口受访者的合同签订率为64.29%，相对突出；之前是农业户口的本地居民户口受访者的合同签订率为24.14%；之前是非农业户口的本地居民户口受访者的合同签订率为14.29%。总体来看，逐步进入城镇生活，受访者对就业环境中自身权益维护意识逐渐增强。

表2-9　农村或城镇的单位从业人员，和单位签订合同的概率

概率＼户籍	本地农业户口	本地非农业户口	本地居民户口（之前是农业户口）	本地居民户口（之前是非农业户口）
签订合同率（%）	9.71	64.29	24.14	14.29
样本量	103	14	29	49

由于样本量的局限，得到第一份工作途径的分析侧重当前或之前是农业户口的居民。对于本地农业户口受访者，得到第一份工作的途径按照重要性依次为家人或亲戚介绍、本乡人介绍、朋友或熟人介绍、招聘广告、商业职介、政府或社区安排介绍、直接申请，受访者选择的比例分别为20.25%、15.19%、11.39%、7.59%、6.33%、5.06%、3.80%；对于之

前是农业户口的本地居民户口受访者，选择通过本乡人介绍、政府或社区安排介绍、商业职介、朋友或熟人介绍得到第一份工作的比例分别为6.12%、2.04%、2.04%、2.04%，但是87.76%的受访者选择其他途径得到了第一份工作。

表 2-10　不同户籍受访者得到第一份工作的途径　单位:%

途径 / 户籍	政府/社区安排介绍	商业职介（包括人才交流会）	招聘广告	直接申请（含考试）	家人/亲戚介绍	朋友/熟人介绍	本乡人介绍	其他	样本量
本地农业户口	5.06	6.33	7.59	3.80	20.25	11.39	15.19	30.38	79
本地非农业户口	12.50	—	12.50	—	—	—	12.50	62.50	8
本地居民户口（之前是农业户口）	2.04	2.04	—	—	—	2.04	6.12	87.76	49
本地居民户口（之前是非农业户口）	33.33	11.11	—	—	11.11	11.11	5.56	27.78	18

（二）房屋居住

自有产权房屋的拥有量可以简单代表家庭的经济实力，根据色达问卷调查的结果，90%左右的受访者家庭拥有一套自有产权住房，基本上可以满足“居者有其屋”，但是这一占比在不同户籍受访者之间略有差异，本地农业户口受访者、本地非农业户口受访者、之前是农业户口的本地居民户口受访者、之前是非农业户口的本地居民户口受访者中拥有1套自有产权住房的占比分别为85.85%、94.87%、91.84%、92.31%。总体上看，色达居民基本的居住诉求是可以满足的，这与之前政府推动的农牧民集中安置、政府资金支持城镇周边藏民房屋改造等一系列举措相关。

表 2-11　不同户籍受访者拥有自有产权住房的数量　单位:%

数量（套） / 户籍	1	2	3	样本量
本地农业户口	85.85	8.49	5.66	106
本地非农业户口	94.87	5.13	—	39
本地居民户口（之前是农业户口）	91.84	8.16	—	49

续表

户籍 \ 数量（套）	1	2	3	样本量
本地居民户口（之前是非农业户口）	92.31	5.77	1.92	52

（三）收入水平提高

色达居民生活质量处于持续改善的过程中，根据甘孜州统计局数据，色达城镇居民的人均可支配收入持续增加，从2011年的19068元/人增长到2015年的27897元/人，增幅超过46%；农牧民人均纯收入从2011年的3097元/人增加到2014年的54778元/人，农村居民人均可支配收入从2014年的6530元/人增加到2015年的7605元/人。

根据居民问卷调查，受访者的自身评价与统计数据基本吻合，本地农业户口受访者中26.98%的人认为收入水平比5年前上升很多，52.38%的人认为略有上升，而认为没有变化和略有下降的占比分别为17.46%、3.17%；本地非农业户口受访者中有44.44%的人认为上升很多，38.89%的人认为略有上升，而认为没有变化和略有下降的占比分别为11.11%、5.56%；之前是农业户口的本地居民户口受访者的评价远低于其他户籍受访者，其中仅有2.63%、7.89%的人认为上升很多和略有上升，有63.16%的人认为没有变化，甚至还有23.68%、2.63%的人认为略有下降和下降很多；之前是非农业户口的本地居民户口受访者中分别有29.55%、45.45%的人认为上升很多和略有上升，13.64%的人认为没有变化，还分别有9.09%、2.27%的人认为略有下降和下降很多。

表2-12　　与5年前相比，收入水平变化　　单位：%

户籍 \ 变化	上升很多	略有上升	没有变化	略有下降	下降很多	样本量
本地农业户口	26.98	52.38	17.46	3.17	—	63
本地非农业户口	44.44	38.89	11.11	5.56	—	18
本地居民户口（之前是农业户口）	2.63	7.89	63.16	23.68	2.63	38
本地居民户口（之前是非农业户口）	29.55	45.45	13.64	9.09	2.27	44

四　民族政策

考虑到少数民族居民及其聚居地区独特的历史背景、民族文化、宗教信仰等因素的存在，我国针对民族地区采取了坚持民族平等和民族团结、实施民族区域自治、发展少数民族地区经济文化事业等民族政策，支持、鼓励民族地区发展，共享改革开放成果。本节从教育、民族区域自治及其民族相关政策，来分析色达的民族政策的实施现状。

（一）延长义务教育年限

色达普及义务教育的情况改善，六年义务教学的普及率显著好于九年义务教育。其中色达区域内共有 18 所小学，2015 年的学龄儿童入学率为 99.69%，共招生 833 人；但是色达只有 1 所初中，没有高中，初中招生数量在年度间存在较大波动，2015 年的招生数量为 443 人，与当年小学毕业生数量相比，初中的普及率尚待提高。

而对于是否愿意延长孩子义务教育的年限，受访者大多数表示出支持的态度。96.83%的本地农业户口受访者支持延长孩子的义务教育年限，本地非农业户口受访者和之前是农业户口的本地居民户口受访者都全部支持延长孩子的义务教育年限，而之前是非农业户口的本地居民户口受访者中支持延长孩子的义务教育年限的人数占比为 63.46%。总体看来，从牧区到城镇，多数受访者都已经认识到教育的重要性，并支持不断提高孩子受教育的水平和质量。

表 2-13　是否愿意延长孩子义务教育年限的概率　单位：%

户籍 / 概率	本地农业户口	本地非农业户口	本地居民户口（之前是农业户口）	本地居民户口（之前是非农业户口）
意愿率	96.83	100	100	63.46
样本量	126	41	51	52

而一旦延长义务教育年限，受访者对孩子是选择普通高中还是职业学校的倾向性也存在差异。本地农业户口受访者中，42.74%的人希望孩子上普通高中，48.39%的人希望孩子上职业学校；本地非农业户口受访者中，70.73%的人希望孩子上普通高中，26.83%的人希

望孩子上职业学校。在之前是农业户口的本地居民户口受访者中，15.69%的人希望孩子上普通高中，84.31%的人希望孩子上职业学校；之前是非农业户口的本地居民户口受访者中，19.23%的人希望孩子上普通高中，53.85%的人希望孩子上职业学校。总体来看，本地农业和非农业户口的受访者希望孩子继续上普通高中的倾向性都不低，而获得居民户口的受访者则都更倾向于孩子上职业学校。

表 2-14　　初中毕业后，对孩子选择的倾向性　　单位：%

户籍＼选择倾向性	普通高中	职业学校	不上了	样本量
本地农业户口	42.74	48.39	8.87	124
本地非农业户口	70.73	26.83	2.44	41
本地居民户口（之前是农业户口）	15.69	84.31	—	51
本地居民户口（之前是非农业户口）	19.23	53.85	26.92	52

（二）民族区域自治制度

民族区域自治制度对本人和家庭、本地区发展、全国均衡发展、地区和全国稳定、保护少数民族合法权利等很多方面都有着积极的作用。对于上述的积极作用，本地农业户口受访者的好评率分别为 34.15%、48.78%、24.39%、21.14%、45.53%，本地非农业户口受访者的好评率分别为 27.5%、57.5%、70%、47.5%、32.5%；之前是农业户口的本地居民户口受访者的好评率分别为 68%、58%、38%、18%、46%，之前是非农业户口的本地居民户口受访者的好评率分别为 18%、40%、28%、18%、28%。对于民族区域自治制度的优势，在色达受访者中并没有形成集中的趋势，可见受访者对于民族区域自治制度都在生产生活中建立了自己的判断。

表 2-15　　受访者对民族区域自治制度的好评率　　单位：%

户籍＼类型	对本人和家庭好	对本地区发展好	对全国均衡发展好	对地区和全国稳定好	有利于保护少数民族的合法权利	其他	样本量
本地农业户口	34.15	48.78	24.39	21.14	45.53	5.69	123
本地非农业户口	27.50	57.50	70.00	47.50	32.50	2.50	40

续表

户籍＼类型	对本人和家庭好	对本地区发展好	对全国均衡发展好	对地区和全国稳定好	有利于保护少数民族的合法权利	其他	样本量
本地居民户口（之前是农业户口）	68.00	58.00	38.00	18.00	46.00	—	50
本地居民户口（之前是非农业户口）	18.00	40.00	28.00	18.00	28.00	2.00	50

注：民族区域自治制度的优势可以重复选择，因此表格中的同行数据合计超过100%。

而对于民族区域自治制度的前景，色达受访者也给出了自己的看法。本地农业户口受访者中超过半数的人并不清楚如何改变民族区域自治制度，剩下的人更倾向于根据需要进行适当调整，占比为29.03%；本地非农业户口受访者则更倾向于改变区域自治制度，而与其他地区管理体制一样，占比为40%，认为根据需要进行适当调整的占比为30%；之前是农业户口的本地居民户口受访者更多地不清楚如何改变当前的民族区域自治制度，人数占比为84.31%；之前是非农业户口的本地居民户口受访者，有两种较为显著的倾向，选择的人数占比都为36%，一种是不清楚未来的发展前景，另一种是根据需要进行适当调整。总体来看，色达受访者虽不支持民族区域自治制度长期保持现状不动，但对于未来发展前景的方向并不明确。

表2-16　　受访者对民族区域自治制度发展前景的预期　　单位：%

户籍＼前景预期	长期保持现状不动	根据需要进行适当调整	改变区域自治制度（与其他地区管理体制一样）	不清楚	样本量
本地农业户口	10.48	29.03	8.06	52.42	124
本地非农业户口	10.00	30.00	40.00	20.00	40
本地居民户口（之前是农业户口）	7.84	3.92	3.92	84.31	51
本地居民户口（之前是非农业户口）	12.00	36.00	16.00	36.00	50

（三）民族相关政策

为了扶持民族地区的发展，我国实行了很多民族相关政策，而在实际生产生活中的覆盖率，可以用问卷调查中受访者的了解率来侧面分析。根据问卷调查，色达地区相关的民族政策包括干部培养、经济援助、教育扶持、医疗帮助、高考加分、兴边富民、援藏、对其他民族地区的对口帮扶和人口较少民族特殊优惠。本地农业户口受访者的了解占比分别为41.6%、47.58%、50.41%、54.03%、28.23%、25.62%、20.49%、17.21%和26.83%，本地非农业户口受访者的了解占比分别为92.5%、85%、90%、62.5%、40%、47.5%、47.5%、55%和60%；之前是农业户口的本地居民户口受访者的了解占比分别为16%、66%、65.31%、78%、16%、20.41%、16.67%、10.2%和12%，之前是非农业户口的本地居民户口受访者的了解占比分别为82.35%、84.31%、72%、72.55%、37.25%、23.53%、20%、14%和20.83%。总体来看，城镇居民对各项民族相关政策最为了解，其他户口受访者对不同政策的了解不均衡，这种存在程度差异的政策了解占比必然会导致对该政策的利用效果，也侧面说明各项政策在城乡的均衡宣传尚不够广泛。

表2-17　　受访者对民族相关政策的了解占比　　单位：%

相关政策／户籍	干部培养	经济援助	教育扶持	医疗帮助	高考加分	兴边富民	援藏	对其他民族地区的对口帮扶	人口较少民族特殊优惠	样本量
本地农业户口	41.60	47.58	50.41	54.03	28.23	25.62	20.49	17.21	26.83	123
本地非农业户口	92.50	85.00	90.00	62.50	40.00	47.50	47.50	55.00	60.00	40
本地居民户口（之前是农业户口）	16.00	66.00	65.31	78.00	16.00	20.41	16.67	10.20	12.00	50
本地居民户口（之前是非农业户口）	82.35	84.31	72.00	72.55	37.25	23.53	20.00	14.00	20.83	48

说明：受访者可以重复选择了解的民族相关政策，因此表格中的同行数据合计超过100%。

五　民族文化

色达作为藏族居民聚居地区，瓦须部落文化和格萨尔文化是当地具有显著特点的民族文化。瓦须部落文化特点是极为完整地保留了原始骨系部落文化，即以血缘为纽带形成一个主体骨系（血缘系统），然后以此主体骨系为中心，吸收外地迁徙来的户口，或其他多个有血缘联系的小骨系，共同组成的部落，而瓦须部落就是旧时色达世系头人的家族。[①] 格萨尔文化以及关于格萨尔的各种传说、各类活动是色达文化的一个重要组成部

① 色达县政府门户网站：《瓦须部落文化》，http：//www.sdzf.gov.cn/13957/13958/13969/10518414.shtml。

分，这种文化依靠民间说唱艺人、农牧民的歌唱、不同版本的《格萨尔传》等形式传播和传承。① 本节从民族文化现状、民族文化传统等内容来分析色达文化中的民族特征。

（一）公共文化的民族特点

色达作为藏族居民聚居的地区，当地公共文化具有浓重的民族特点，同时与当地独特的区域文化相融合，并逐渐吸收现代流行文化，形成色达独具特色的民族文化。根据问卷调查，色达文化具备少数民族文化特色为主、区域文化特色鲜明、多元文化特色、现代流行文化等特点，而这些特点的重要性，不同户籍受访者给出了不同的看法：本地农业户口受访者选择这些特点的占比分别为 55.56%、25.64%、10.26%、8.55%，本地非农业户口受访者的占比分别为 92.11%、5.26%、0、2.63%；之前是农业户口的本地居民户口受访者的占比分别 94.12%、0、3.92%、1.96%，之前是非农业户口的本地居民户口受访者的占比分别为 56.86%、23.53%、17.65%、1.96%。总体上看，少数民族文化占比是色达文化中最为突出的特点，其次是区域文化。

表 2-18　　公共文化的特点　　单位：%

户籍＼文化特点	少数民族文化特色为主	区域文化特色鲜明	多元文化特色	现代流行文化	样本量
本地农业户口	55.56	25.64	10.26	8.55	117
本地非农业户口	92.11	5.26	—	2.63	38
本地居民户口（之前是农业户口）	94.12	—	3.92	1.96	51
本地居民户口（之前是非农业户口）	56.86	23.53	17.65	1.96	51

（二）民族文化作用

特殊的民族文化和区域文化对色达文化产业发展的作用，在色达受访者中也存在较为鲜明的差异。本地农业户口受访者中有 38.79%的人认为民族文化和区域文化对文化产业发展促进作用很大，53.45%的人认为作

① 色达县政府门户网站：《瓦须部落文化》，http：//www.sdzf.gov.cn/13957/13958/13969/10518414.shtml。

用不大，7.76%的人认为没有作用；本地非农业户口受访者中有92.5%的人认为促进作用很大，7.5%的人认为不大。之前是农业户口的本地居民户口受访者中64.71%的人认为促进作用很大，35.29%的人认为不大；之前是非农业户口的本地居民户口受访者中52%的人认为促进作用很大，42%的人认为不大，6%的人认为没有作用。总体上看，色达受访者普遍认为民族文化或区域文化会对当地文化产业发展产生促进作用，但这种促进作用大小的意见并不统一。

表2-19　　民族特色或本地风俗特色对文化产业发展的促进作用　　单位：%

户籍＼促进作用	很大	不大	没有	样本量
本地农业户口	38.79	53.45	7.76	116
本地非农业户口	92.50	7.50	—	40
本地居民户口（之前是农业户口）	64.71	35.29	—	51
本地居民户口（之前是非农业户口）	52.00	42.00	6.00	50

（三）民族文化的传承

根据问卷调查受访者的意见，新一代接受不同形式民族文化的积极性很高，特别是民族语言文字的积极性更为突出。在本地农业户口受访者中，认为子女愿意接受民族语言、民族文字、生活习俗、宗教信仰、特色手工艺的占比分别为95.28%、95.28%、89.76%、81.89%、77.78%，本地非农业户口受访者认为子女愿意接受的占比分别为100%、100%、97.56%、97.56%、97.56%；之前是农业户口的本地居民户口受访者认为子女愿意接受的占比分别为100%、100%、96.08%、98.04%、98%，之前是非农业户口的本地居民户口受访者认为子女愿意接受的占比分别为100%、100%、98.04%、98.04%、100%。

表2-20　　与受访者及其上辈相比，子女接受本民族语言、文化和风俗习惯的意愿占比　　单位：%

户籍＼接受意愿	民族语言	民族文字	生活习俗	宗教信仰	特色手工艺	样本量
本地农业户口	95.28	95.28	89.76	81.89	77.78	127

续表

户籍＼接受意愿	民族语言	民族文字	生活习俗	宗教信仰	特色手工艺	样本量
本地非农业户口	100	100	97.56	97.56	97.56	41
本地居民户口（之前是农业户口）	100	100	96.08	98.04	98.00	51
本地居民户口（之前是非农业户口）	100	100	98.04	98.04	100	51

根据问卷调查，色达需要宣传开发的传统特色文化包括民居、服饰、传统节日、日常礼仪、文娱活动、饮食、传统生产方式、宗教信仰与民间信仰及相关活动。本地农业户口受访者中占比分别有9.68%、40.32%、41.13%、32.26%、19.35%、16.94%、5.65%、56.45%认为上述8种传统特色文化需要宣传开发，本地非农业户口受访者中的这一占比分别为7.69%、7.69%、10.26%、0、38.46%、7.69%、71.79%、94.87%；之前是农业户口的本地居民户口受访者中占比分别为1.96%、54.9%、9.8%、7.84%、45.1%、62.75%、25.49%、84.31%，之前是非农业户口的本地居民户口受访者中占比分别为32.65%、57.14%、59.18%、36.73%、12.24%、16.33%、12.24%、51.02%。总体上看，对需要宣传开发的传统特色文化类型，不同户籍受访者的意见存在较大差异，但是都支持对宗教信仰、民间信仰及相关活动的宣传开发，可见宗教信仰是色达文化中十分重要的文化类型。

表2-21　本地最需要宣传开发的传统特色文化　单位：%

户籍＼类型	民居	服饰	传统节日	日常礼仪	文娱活动	饮食	传统生产方式	宗教信仰、民间信仰及相关活动	样本量
本地农业户口	9.68	40.32	41.13	32.26	19.35	16.94	5.65	56.45	124
本地非农业户口	7.69	7.69	10.26	—	38.46	7.69	71.79	94.87	39
本地居民户口（之前是农业户口）	1.96	54.90	9.80	7.84	45.10	62.75	25.49	84.31	51
本地居民户口（之前是非农业户口）	32.65	57.14	59.18	36.73	12.24	16.33	12.24	51.02	49

注：受访者可以重复选择需要宣传开发的传统特色文化，因此表格中的同行数据合计超过100%。

（四）民族文字的使用

在色达受访者看来，语言、文字是其子女接受意愿突出的两种民族文化类型，而在实际生活中的使用机会有限，因此受访者支持增加民族语言出版物或者双语出版物。本地农业户口受访者中，67.48%的人很少浏览本民族语言文字网站或微信公众号，21.95%的人偶尔浏览，只有6.5%的人经常浏览；本地非农业户口受访者中，65.85%的人经常浏览，7.32%的人偶尔浏览，24.39%的人很少浏览。之前是农业户口的本地居民户口受访者中，86.27%的人很少浏览，9.8%的人偶尔浏览，3.92%的人经常浏览；之前是非农业户口的本地居民户口受访者中，70.59%的人很少浏览，19.61%的人偶尔浏览，7.84%的人经常浏览。

表2-22　　是否浏览过本民族语言文字网站或微信公众号　　单位：%

户籍 \ 浏览情况	经常	偶尔	很少	本民族没有语言文字	样本量
本地农业户口	6.50	21.95	67.48	4.07	123
本地非农业户口	65.85	7.32	24.39	2.44	41
本地居民户口（之前是农业户口）	3.92	9.80	86.27	—	51
本地居民户口（之前是非农业户口）	7.84	19.61	70.59	1.96	51

在此情况下，绝大多数色达受访者认为应该增加民族语言出版物或双语出版物。本地农业户口受访者中有99.17%的人认为应该增加民族语言或双语出版物，这一占比在本地非农业户口受访者中为89.74%，在之前是农业户口的本地居民户口受访者中为98.04%，在之前是非农业户口的本地居民户口受访者中为91.67%。可以看出，色达受访者希望将民族语言文字作为民族文化的典型载体，被继续传承，且在日常生活中增加使用机会。

表2-23　　是否应该增加民族语言或双语出版物的意愿占比　　单位：%

户籍 \ 增加意愿	应该	不应该	样本量
本地农业户口	99.17	0.83	120
本地非农业户口	89.74	10.26	39
本地居民户口（之前是农业户口）	98.04	1.96	51
本地居民户口（之前是非农业户口）	91.67	8.33	48

六　民族宗教信仰

色达境内生活的藏族居民都信仰藏传佛教，且境内还有五明佛学院，由于地处高原、宗教文化保留相对完整，宗教信仰对当地藏族居民具有重要的意义，潜移默化地影响着其生产生活。本节则从当地宗教信众现状和信众对当前宗教的看法两个方面来分析藏族居民聚居地的宗教信仰情况。

（一）宗教信众现状

根据问卷调查，佛教是色达受访者中最为主要的宗教类型，信众占比在本地农业户口受访者、本地非农业户口受访者、之前是农业户口的本地居民户口受访者以及之前是非农业户口的本地居民户口受访者中占比分别为98.41%、100%、100%以及98.08%；此外，本地农业户口受访者中还有0.79%的人信仰伊斯兰教，之前是非农业户口的本地居民户口受访者中有1.92%的人信仰道教。

表 2-24　　不同宗教的信众规模占比　　单位:%

户籍＼宗教信仰	伊斯兰教	佛教	道教	没有宗教信仰	样本量
本地农业户口	0.79	98.41	—	0.79	126
本地非农业户口	—	100	—	—	41
本地居民户口（之前是农业户口）	—	100	—	—	51
本地居民户口（之前是非农业户口）	—	98.08	1.92	—	52

（二）受访者的宗教观

根据问卷调查，绝大多数色达受访者有宗教信仰，并逐渐建立起理性的宗教观。问卷按照不同户口分为本地农业户口受访者、本地非农业户口受访者、之前是农业户口的本地居民户口受访者以及之前是非农业户口的本地居民户口受访者这四类，其中分别有100%、97.56%、100%以及96.15%的人认为"人活着应该有宗教信仰"，分别有94.4%、82.93%、96.08%以及80.77%的人认为"相比没有宗教信仰的人，我更喜欢有宗教信仰的人"，还分别有82.4%、90.24%、19.61%以及71.15%的人认为

"民间信仰也是一种宗教"，可以看出色达受访者有着虔诚的宗教信仰，且多数认同民间信仰的宗教地位；受访者中分别有88.8%、31.71%、96.08%以及76.92%的人认为"信宗教是每个人的自由，政府不应该干预"，即城镇居民明显赞成政府对宗教信仰的适当干预，随着城镇化的加快，这一趋势极有可能会更加显著；同时，分别有64.8%、31.71%、88.24%以及23.08%的人认为"每个人应该只信仰一种宗教，不应该同时信仰多种宗教"，还分别有53.23%、80.49%、9.8%以及84.62%的人认为"人在不同时期或在不同情境下，可以有不同的信仰"，即多数受访者认同宗教信仰的单一和纯洁；而且，分别有42.48%、73.17%、11.76%以及35.29%的人认为"世界上不存在所谓的神灵鬼怪"，分别有22.76%、32.5%、0以及19.23%的人认为"所有宗教都是迷信"，还分别有78.4%、82.5%、70.59%以及45.1%的人认为"科学和信仰是相辅相成的存在"，色达受访者在信仰宗教的同时并不排斥现代科学的重要作用，并且相信宗教与科学可以和谐相处。

表2-25　　色达受访者对不同信仰所持观点占比　　单位:%

观点 户籍	人活着应该有宗教信仰	信宗教是每个人的自由，政府不应该干预	相比没有宗教信仰的人，我更喜欢有宗教信仰的人	每个人应该只信仰一种宗教，不应该同时信仰多种宗教	世界上不存在所谓的神灵鬼怪	所有宗教都是迷信	科学和信仰是相辅相成的存在	民间信仰也是一种宗教	人在不同时期或在不同情境下，可以有不同的信仰	样本量
本地农业户口	100	88.80	94.40	64.80	42.48	22.76	78.40	82.40	53.23	125
本地非农业户口	97.56	31.71	82.93	31.71	73.17	32.50	82.50	90.24	80.49	41
本地居民户口（之前是农业户口）	100	96.08	96.08	88.24	11.76	—	70.59	19.61	9.80	51
本地居民户口（之前是非农业户口）	96.15	76.92	80.77	23.08	35.29	19.23	45.10	71.15	84.62	52

七　民族关系与族际交往

进入21世纪，不同地区的人交流增多、加深，交流方式呈现多样化的趋势，特别是城市化进程加快、经济发展加速、地区间人口流动等因素的影响，不同民族的居民有了更多的机会进行更多形式的交流与交往。本节从民族关系的主观评价、藏族受访者与汉族居民的交往，以及与其他少数民族的交往等内容，来分析色达这样一个藏族居民聚居地区，民族关系与族际交往的现状。

（一）本地民族关系

对于不同时期色达地区内的民族关系，受访者的评价表现出总体提高的趋势。在改革开放前，本地农业户口受访者、本地非农业户口受访者、之前是农业户口的本地居民户口受访者以及之前是非农业户口的本地居民户口受访者，认为此阶段民族关系良好的人数占比分别为 25.41%、4.88%、66.67%以及 9.62%；改革开放以来至 2000 年，四种户口受访者认为民族关系良好的人数占比分别为 48.36%、17.07%、74.51%、48.08%；21 世纪以来至 2012 年 10 月，四种户口受访者认为民族关系良好的人数占比分别为 61.79%、70.73%、84.31%、53.85%；党的十八大以来，上述四种人数占比则分别为 63.41%、87.8%、76.47%、61.54%。

表 2-26　对不同时期民族间相互关系的评价　单位：%

时期 \ 户籍		本地农业户口	本地非农业户口	本地居民户口（之前是农业户口）	本地居民户口（之前是非农业户口）
改革开放前	良好	25.41	4.88	66.67	9.62
	一般	68.85	31.71	33.33	84.62
	不好	5.74	63.41	—	5.77
	样本量	122	41	51	52
改革开放以来至 2000 年	良好	48.36	17.07	74.51	48.08
	一般	47.54	82.93	23.53	48.08
	不好	4.10	—	1.96	3.85
	样本量	122	41	51	52
21 世纪以来（2001 年以来）至 2012 年 10 月	良好	61.79	70.73	84.31	53.85
	一般	33.33	26.83	15.69	42.31
	不好	4.88	2.44	—	3.85
	样本量	123	41	51	52

续表

时期 \ 户籍		本地农业户口	本地非农业户口	本地居民户口（之前是农业户口）	本地居民户口（之前是非农业户口）
党的十八大以来（2012年10月以来）	良好	63.41	87.80	76.47	61.54
	一般	32.52	12.20	21.57	36.54
	不好	4.07	—	1.96	1.92
	样本量	123	41	51	52

（二）与汉族交往情况

藏族是色达的主要居民，也是色达的多数受访者，因此集中研究藏族受访者与汉族居民的交往意愿和生活中的实际交往情况。总体上看，藏族受访者表现出了与汉族交往的积极意愿，但是结为亲家、诉说心事和借钱等相对亲密的交往，却低于其他交往形式。本地农业户口受访者、本地非农业户口受访者、之前是农业户口的本地居民户口受访者以及之前是非农业户口的本地居民户口受访者，与汉族聊天的意愿占比分别为91.8%、95.12%、88.24%以及98%，成为邻居的意愿占比分别为88.33%、90.24%、45.1%以及72%，一起工作的意愿占比分别为94.78%、85.37%、66.67%以及87.76%，成为亲密朋友的意愿占比分别为93.39%、48.78%、76.47%以及80%，结为亲家的意愿占比分别为29.41%、12.82%、25.49%以及48%，诉说心事的意愿占比分别为35%、27.5%、23.53%以及60%，借钱的意愿占比分别为50.41%、46.34%、27.45%以及66%。

表2-27　　与汉族不同交往形式的意愿占比　　单位：%

交往形式 \ 户籍	本地农业户口	样本量	本地非农业户口	样本量	本地居民户口（之前是农业户口）	样本量	本地居民户口（之前是非农业户口）	样本量
聊天	91.80	122	95.12	41	88.24	51	98.00	50
成为邻居	88.33	120	90.24	41	45.10	51	72.00	50
一起工作	94.78	115	85.37	41	66.67	51	87.76	49
成为亲密朋友	93.39	121	48.78	41	76.47	51	80.00	50
结为亲家	29.41	119	12.82	39	25.49	51	48.00	50
诉说心事	35.00	120	27.50	40	23.53	51	60.00	50
借钱	50.41	121	46.34	41	27.45	51	66.00	50

虽然藏族受访者表示出了与汉族居民的交往意愿，但是实际的交往情况却略差于交往意愿。本地农业户口受访者、本地非农业户口受访者、之前是农业户口的本地居民户口受访者以及之前是非农业户口的本地居民户口受访者，与汉族有过聊天的人数占比分别为 32.48%、92.5%、27.45%以及 85.11%，与汉族成为邻居的人数占比分别为 15.38%、10%、5.88%以及 10.64%，与汉族一起工作的人数占比分别为 24.55%、27.5%、11.76%以及 44.68%，与汉族成为亲密朋友的人数占比分别为 16.38%、10%、5.88%以及 36.17%，与汉族结为亲家的人数占比分别为 8.55%、0、1.96%以及 2.13%，向汉族诉说心事的人数占比分别为 12.82%、0、1.96%以及 12.77%，向汉族借钱的人数比例分别为 11.97%、10.53%、0 以及 25.53%。

表 2-28　是否与汉族有过不同形式的交往　单位：%

户籍 交往形式	本地农业户口	样本量	本地非农业户口	样本量	本地居民户口（之前是农业户口）	样本量	本地居民户口（之前是非农业户口）	样本量
聊天	32.48	117	92.50	40	27.45	51	85.11	47
成为邻居	15.38	117	10.00	40	5.88	51	10.64	47
一起工作	24.55	110	27.50	40	11.76	51	44.68	47
成为亲密朋友	16.38	116	10.00	40	5.88	51	36.17	47
结为亲家	8.55	117	—	40	1.96	51	2.13	47
诉说心事	12.82	117	—	40	1.96	51	12.77	47
借钱	11.97	117	10.53	38	—	51	25.53	47

（三）与其他少数民族交往情况

与汉族交往的情况相差不大，藏族受访者同样展现出与其他少数民族积极交往的意愿，但是实际交往情况却差于交往意愿。总体上看，藏族受访者表现出了与汉族交往的积极意愿，但是结为亲家、诉说心事和借钱等相对亲密的交往，却低于其他交往形式，而且本地非农业户口受访者在成为亲密朋友方面却更为谨慎。本地农业户口受访者、本地非农业户口受访者、之前是农业户口的本地居民户口受访者以及之前是非农业户口的本地居民户口受访者，与其他少数民族聊天的意愿占比分别为 89.08%、97.56%、80.39%以及 95.92%，与其他少数民族成为邻居的意愿占比分别为 83.19%、87.8%、43.14%以及 48.98%，与其他少数民族一起工作的意愿占比分别为 85.71%、75.61%、62.75%以及 64.58%，与其他少数民族成为亲密朋友的意愿占比分别为88.98%、29.27%、72.55%以及63.27%，与其他少数民族结为亲家的意愿占比分别为39.66%、14.63%、17.65%以及42.86%，与其他少数民族诉说心事的意愿占比分别为43.59%、15%、17.65%以及42.86%，与其他少数民族借钱的意愿占比分别为60.34%、25%、19.61%以及53.06%。

表2-29　　与其他少数民族不同交往形式的意愿占比　　单位：%

户籍 交往形式	本地农业户口	样本量	本地非农业户口	样本量	本地居民户口（之前是农业户口）	样本量	本地居民户口（之前是非农业户口）	样本量
聊天	89.08	119	97.56	41	80.39	51	95.92	49
成为邻居	83.19	119	87.80	41	43.14	51	48.98	49
一起工作	85.71	112	75.61	41	62.75	51	64.58	48
成为亲密朋友	88.98	118	29.27	41	72.55	51	63.27	49
结为亲家	39.66	116	14.63	41	17.65	51	42.86	49
诉说心事	43.59	117	15.00	40	17.65	51	42.86	49
借钱	60.34	116	25.00	40	19.61	51	53.06	49

而在实际交往中，本地农业户口受访者、本地非农业户口受访者、之前是农业户口的本地居民户口受访者以及之前是非农业户口的本地居民户口受访者，与其他少数民族有过聊天的人数占比分别为14.04%、43.59%、8%以及50%，与其他少数民族成为邻居的人数占比分别为7.96%、12.82%、2%以及6.52%，与其他少数民族一起工作的人数占比分别为14.95%、10.26%、6.12%以及6.52%，与其他少数民族成为亲密朋友的人数占比分别为15.93%、5.13%、6%以及4.35%，与其他少数民族结为亲家的人数占比分别为8.85%、5.13%、2%以及2.17%，与其他少数民族诉说心事的人数占比分别为6.14%、2.63%、4%以及0，与其他少数民族借钱的人数占比分别为9.65%、2.63%、0以及6.67%。

表2-30　　是否与其他少数民族有过不同形式的交往占比　　单位：%

户籍 交往形式	本地农业户口	样本量	本地非农业户口	样本量	本地居民户口（之前是农业户口）	样本量	本地居民户口（之前是非农业户口）	样本量
聊天	14.04	114	43.59	39	8.00	50	50.00	46

续表

户籍 交往形式	本地农业户口	样本量	本地非农业户口	样本量	本地居民户口（之前是农业户口）	样本量	本地居民户口（之前是非农业户口）	样本量
成为邻居	7.96	113	12.82	39	2.00	50	6.52	46
一起工作	14.95	107	10.26	39	6.12	49	6.52	46
成为亲密朋友	15.93	113	5.13	39	6.00	50	4.35	46
结为亲家	8.85	113	5.13	39	2.00	50	2.17	46
诉说心事	6.14	114	2.63	38	4.00	50	—	46
借钱	9.65	114	2.63	38	—	50	6.67	45

八　身份认同

人自出生起就被赋予了多种身份，并且在社会生产、日常生活中发挥着举足轻重的作用。在现代社会，公民身份、民族身份、地区标签等是其中较为重要的身份，并在不同程度上代表了对国家、民族、地区的归属感和认同感。本节通过色达受访者对不同身份认同感的比较，代表性揭示色达地区身份认同现状。尽管都是藏族居民，但由于所处生活环境的不同，对不同身份的认同也有较大差异，并讨论了是否要有意识地加强身份认同的教育。

（一）身份的认同

面对外国人的询问，色达受访者回答中华民族和本民族的顺序在不同户籍受访者中的差异较大，但总体上更加认同将中华民族放前或者不分先后。在本地农业户口受访者中，49.21%的人将中华民族放在本民族前面，31.75%的人认为中华民族和本民族不分前后，只有19.05%的人将本民族放在前面，之前是农业户口的本地居民户口受访者中拥有同样的趋势，占比分别为72.55%、21.57%、5.88%；而在本地非农业户口受访者中，97.56%的人将本民族放在中华民族前面，仅有2.44%的人将中华民族放在本民族前面，在之前是非农业户口的本地居民户口受访者具有类似的趋势，42.31%的人将本民族放在前面，36.54%的人认为中华民族和本民族不分先后，还有21.15%的人将中华民族放在前面。

表2-31　面对外国人询问时，回答身份的顺序　单位:%

户籍＼顺序	中华民族（中国人）、本民族	本民族、中华民族（中国人）	中华民族（中国人）和本民族不分先后	样本量
本地农业户口	49.21	19.05	31.75	126
本地非农业户口	2.44	97.56	—	41
本地居民户口（之前是农业户口）	72.55	5.88	21.57	51
本地居民户口（之前是非农业户口）	21.15	42.31	36.54	52

对于民族身份和公民身份哪种身份更为重要的问题，相对于非农业户口受访者和本地居民户口受访者，农业户口受访者对民族身份的重视度较为突出。在本地农业户口受访者中，56.56%的人认为民族身份更为重要，37.7%的人认为民族身份和公民身份一样重要，仅有5.74%的人认为公民身份更为重要；在本地非农业户口受访者中，82.93%的人认为民族身份和公民身份一样重要，而认为民族身份更为重要和认为公民身份更为重要的人数比例分别为9.76%和7.32%。在之前是农业户口的本地居民户口受访者中，92.16%的人认为两种身份一样重要，同时还有5.88%、1.96%的人分别认为民族身份更为重要、公民身份更为重要；在之前是非农业户口的本地居民户口受访者中，46.15%的人认为两种身份一样重要，28.85%的人认为民族身份更为重要，25%的人认为公民身份更为重要。

表2-32　对于受访者，民族身份和公民身份哪种身份更重要　单位:%

户籍＼类别	民族身份	公民身份	一样重要	样本量
本地农业户口	56.56	5.74	37.70	122
本地非农业户口	9.76	7.32	82.93	41
本地居民户口（之前是农业户口）	5.88	1.96	92.16	51
本地居民户口（之前是非农业户口）	28.85	25.00	46.15	52

面对民族身份和本地人身份哪种身份更为重要的问题，本地农业户

口受访者仍与其他类型受访者存在较大差异，即在其他受访者更加认同两种身份一样重要的同时，农业户口受访者更加认同民族身份。具体来看，在本地农业户口受访者、本地非农业户口受访者、之前是农业户口的本地居民户口受访者以及之前是非农业户口的本地居民户口受访者中，认为民族身份更为重要的占比分别为49.58%、12.2%、3.92%以及30.77%，认为本地人身份更为重要的占比分别为15.97%、12.2%、5.88%以及17.31%，认为两种身份一样重要的占比分别为34.45%、75.61%、90.2%以及51.92%。

表2-33　对于受访者，民族身份和本地人身份哪种身份更重要　单位:%

户籍 \ 身份类别	民族身份	本地人身份	一样重要	样本量
本地农业户口	49.58	15.97	34.45	119
本地非农业户口	12.20	12.20	75.61	41
本地居民户口（之前是农业户口）	3.92	5.88	90.20	51
本地居民户口（之前是非农业户口）	30.77	17.31	51.92	52

（二）认同教育的必要性

而对于是否需要加强认同教育，色达受访者表示出了一致的赞同，对于不同内容的认同教育，不同户口受访者中都有超过半数的人表示支持，尤其支持对伟大祖国的认同教育。按照户口类型，分为本地农业户口受访者、本地非农业户口受访者、之前是农业户口的本地居民户口受访者以及之前是非农业户口的本地居民户口受访者，他们认为有必要加强对“伟大祖国”的认同教育的人数占比分别为95%、100%、95.83%以及64.29%，认为有必要加强对“中华民族”的认同教育的占比分别为96.25%、72%、100%以及52.38%，认为有必要加强对“中华文化”的认同教育的占比分别为96.25%、80%、100%以及58.54%，认为有必要加强对“中国共产党”的认同教育的占比分别为97.44%、66.67%、97.87%以及61.9%，最后认为有必要加强对“中国特色社会主义”的认同教育的占比分别为97.56%、72.22%、100%以及61.9%。

表 2-34　　是否有必要加强不同内容的认同教育　　单位：%

户籍＼内容	伟大祖国	中华民族	中华文化	中国共产党	中国特色社会主义
本地农业户口	95.00	96.25	96.25	97.44	97.56
本地非农业户口	100	72.00	80.00	66.67	72.22
本地居民户口（之前是农业户口）	95.83	100	100	97.87	100
本地居民户口（之前是非农业户口）	64.29	52.38	58.54	61.90	61.90

九　社会公共服务

社会公共服务，是为社会公众参与经济、政治、文化、社会生活等提供重要的保障，内容包括城乡建设，发展教育、科技、文化、卫生、体育等公共事业。根据问卷调查及色达当地情况，本节从精准扶贫政策、社会保障普及、医疗卫生改善三个方面描述色达社会公共服务现状。

（一）精准扶贫政策

精准扶贫是色达“十三五”时期的重要建设内容，关系到当地在2020年全面建成小康社会，根据问卷调查的总体情况，色达受访者肯定精准扶贫在当地的普及、已经取得的效果，并对未来减贫最终目标的实现表现出了信心。精准扶贫政策在本地农业户口受访者、本地非农业户口受访者、之前是农业户口的本地居民户口受访者以及之前是非农业户口的本地居民户口受访者中的普及占比分别为82.54%、95.12%、88.24%以及94.23%，扶贫的效果好评占比分别为94.26%、95.12%、21.57%以及96.15%，而对于精准扶贫目标实现的信心度占比分别为94.21%、97.56%、66.67%以及78.85%。

表 2-35　　精准扶贫政策的普及、效果及目标实现的信心度占比　　单位：%

户籍＼落实情况	精准政策普及	样本量	扶贫效果	样本量	精准扶贫目标实现的信心度	样本量
本地农业户口	82.54	126	94.26	122	94.21	121
本地非农业户口	95.12	41	95.12	41	97.56	41
本地居民户口（之前是农业户口）	88.24	51	21.57	51	66.67	51

续表

落实情况 / 户籍	精准政策普及	样本量	扶贫效果	样本量	精准扶贫目标实现的信心度	样本量
本地居民户口（之前是非农业户口）	94.23	52	96.15	52	78.85	52

（二）社会保障普及

色达问卷调查中的社会保障内容包括社会保险、社会补充保险、社会救助、社会福利、住房保障等内容，本部分用受访者是否知道这些社会保障内容来代表性观察社保的普及率，结果表明个别社会保障内容在不同户籍受访者中的普及率亟待提高。本地农业户口受访者对上述5种社保内容的普及占比分别为68.7%、56.03%、45.83%、38.6%、50.81%，社会福利和社会救助的普及占比尚待提高；本地非农业户口受访者的不同社保内容的普及占比分别为100%、92.68%、87.8%、85.37%、95.12%，总体社保普及程度较高。之前是农业户口的本地居民户口受访者的普及占比分别为50.98%、94.12%、11.76%、25.49%、92.16%，社会救助和社会福利的普及占比不足；之前是非农业户口的本地居民户口受访者的不同社保内容的普及占比分别为86.54%、88%、76%、66%、77.55%，表现良好。总体来看，社会保障在色达的普及良好，但是社会救助和社会福利内容在当前和之前为农业户口的受访者中普及占比明显不足。

表2-36　　不同形式社会保障的普及情况　　单位：%

保障内容 / 户籍	社会保险	样本量	社会补充保险	样本量	社会救助	样本量	社会福利	样本量	住房保障	样本量
本地农业户口	68.70	115	56.03	116	45.83	120	38.60	114	50.81	124
本地非农业户口	100	41	92.68	41	87.80	41	85.37	41	95.12	41
本地居民户口（之前是农业户口）	50.98	51	94.12	51	11.76	51	25.49	51	92.16	51
本地居民户口（之前是非农业户口）	86.54	52	88.00	50	76.00	50	66.00	50	77.55	49

除了之前是农业户口的本地居民户口受访者外，其他受访者对上述5种社会保障内容的效果都给出了较好的评价。本地农业户口受访者对5种社会保障内容的好评占比分别为93.67%、92.75%、70.27%、59.7%、

75.32%，只有对社会福利的好评占比略低，但好评占比仍高于半数；本地非农业户口受访者的好评占比分别为97.56%、95%、92.5%、85%、95%，总体评价较高。之前是农业户口的本地居民户口受访者的好评占比分别为40%、95.92%、31.25%、46.15%、93.88%，社会保险、社会救助和社会福利的评价较低；之前是非农业户口的本地居民户口受访者的好评占比分别为87.5%、93.48%、84.78%、82.61%、77.78%，对社保总体评价较高。

表2-37　　不同形式社会保障的评价　　单位：%

户籍＼保障内容	社会保险	样本量	社会补充保险	样本量	社会救助	样本量	社会福利	样本量	住房保障	样本量
本地农业户口	93.67	79	92.75	69	70.27	74	59.70	67	75.32	77
本地非农业户口	97.56	41	95.00	40	92.50	40	85.00	40	95.00	40
本地居民户口（之前是农业户口）	40.00	25	95.92	49	31.25	16	46.15	26	93.88	49
本地居民户口（之前是非农业户口）	87.50	48	93.48	46	84.78	46	82.61	46	77.78	45

（三）医疗卫生改善

色达位于高原，医疗卫生条件改善、专业人才引进和挽留存在困难，游牧生活带来的安全饮用水难以全面覆盖，鉴于此，色达政府以纵深推进医药卫生体制改革和提升医疗服务管理水平，卫生基础设施建设有序推进，完善医院的修建、科室改造及设备提升。问卷调查虽不能完全反映色达的医疗卫生情况，却可以侧面反映当前医疗现状。

在距离社区或乡卫生院或最近的医院远近问题上，本地农业户口受访者、本地非农业户口受访者、之前是农业户口的本地居民户口受访者以及之前是非农业户口的本地居民户口受访者，距离在1公里以内的人数占比分别为12.5%、2.56%、39.13%以及2.33%，距离在1—3公里内的人数占比分别为19.32%、5.13%、54.35%以及13.95%，距离在3—5公里内的人数占比分别为22.73%、5.13%、2.17%以及55.81%，距离在6—10公里内的人数占比分别为4.55%、46.15%、4.35%以及23.26%，距离在10公里以上的人数占比分别为40.91%、41.03%、0以及4.65%。

表 2-38　与社区或乡卫生院或最近的医院的距离　单位:%

户籍＼距离	小于1公里	1—3公里	3—5公里	6—10公里	10公里以上	样本量
本地农业户口	12.50	19.32	22.73	4.55	40.91	88
本地非农业户口	2.56	5.13	5.13	46.15	41.03	39
本地居民户口（之前是农业户口）	39.13	54.35	2.17	4.35	—	46
本地居民户口（之前是非农业户口）	2.33	13.95	55.81	23.26	4.65	43

色达受访者对卫生院或医院的评价较高，除了之前是非农业户口的本地居民户口受访者外，其他受访者的满意率全在半数以上。4种受访者给出"满意"评价的人数占比分别为52.38%、97.3%、93.48%、30%，给出"一般"评价的人数占比分别为43.81%、2.7%、6.52%、68%，而且给出"不满意"的人数占比很低，分别为3.81%、0、0、2%。

表 2-39　对社区或乡卫生院或最近的医院的满意度　单位:%

户籍＼满意度	满意	一般	不满意	样本量
本地农业户口	52.38	43.81	3.81	105
本地非农业户口	97.30	2.70	—	37
本地居民户口（之前是农业户口）	93.48	6.52	—	46
本地居民户口（之前是非农业户口）	30.00	68.00	2.00	50

十　简要结论

本报告分别从生态环境、经济发展、民族政策、民族文化、民族宗教信仰、民族关系与族际交往、身份认同、社会公共服务等方面，综合描述了四川省色达县经济社会的基本情况。通过问卷调查的统计分析，可以简单总结出以下几个结论：

第一，相对于全国平均水平，色达整体经济发展水平相对滞后，处于经济建设的起步发展期，也是逐步提高城镇化率的重要时期。根据甘孜州统计数据，近些年，色达地区的生产总值、人均生产总值、人均收入等重要经济数据都呈现出持续上升的趋势，而且地区生产总值的增速高于全国平均水平，色达受访者印证了这一趋势，城乡收入水平都有了不同程度的提高，基本上实现了“居者有其屋”。但是在经济发展、游牧居民进入城镇生活的过程中，就业问题的解决就显得尤为突出，根据问卷调查，当前非农就业保障尚没有建立，相关法律还不健全、相关制度还需完善，非农就业机会相对较少，并集中在服务业，且工作质量不高，就业途径单一。

第二，色达地处青藏高原南缘，生态环境相对脆弱，因此在经济发展的同时还面临严峻的生态环境保护的重任。在经济建设起步、发展的过程中，色达受访者更担心政府为追求经济利益牺牲自然环境，虽然在一定程度上会局限经济发展，但却对经济建设提出了更高质量的要求，更有利于经济健康发展。为了切实保护自然资源和生态环境，色达政府颁布、施行了环境保护政策，并在环保过程中持续监督、严格执法，这一系列政策的实施得到了受访者的支持，并使城乡居民对未来环境的持续改善抱有极大的信心。此外，受访者还指出保护意识的树立和培养以及在环境保护中的重要作用，因此采取多种形式和途径宣传环境保护、增强环保意识，也是实现环境保护的重要途径。

第三，国家针对民族地区的民族政策，干部培养、经济援助、教育扶持、医疗帮助以及扶贫攻坚等政策取得不俗的成绩，其中色达受访者重视教育和医疗等关系到居民切身利益、未来发展的政策。当前色达的六年义务教育普及率提升明显，接近全国平均水平，而九年义务教育的普及率仍待提高；同时色达受访者重视教育的作用，希望能够有限延长义务教育年限，普通高中和职业学校是其主要的两种选择。而且色达地区，特别是牧区面临着安全用水问题，地方病威胁居民身体健康、生命安全，因此色达卫生体制改革、卫生基础设施的改进等推进了医疗卫生条件的改善，然而专业人才的引进和挽留是制约医疗卫生进一步提升的关键问题。

第四，色达地区拥有内容丰富、形式多样的文化，而且具有鲜明的民族特色，宗教文化的科学传承、民族语言文字的使用等是文化的重点内容。对于不同的民族文化形式，受访者认为其子女都表现出了接受、继承、传播的浓厚兴趣，但是作为民族文化重要传承的民族语言文字，其现实生活中的使用机会较少，民族出版物和双语出版物的数量有限，因此色达受访者更希望能有更多的途径学习、使用本民族语言文字，在实际生活中得以传承。藏传佛教是色达受访者的传统宗教信仰，也逐渐融入当地文化，但是受访者表现出了理性的宗教观，相信宗教但不迷信，信仰宗教的同时认可和相信科学的重要意义。

第三章

湖南凤凰县经济社会发展综合调查报告

凤凰县，湖南省湘西土家族苗族自治州所辖八县市之一，国家历史文化名城，首批国家级旅游强县，AAAA级旅游风景区。1949年，凤凰县解放初，属沅陵专区，1955年划归湘西苗族自治州，1957年改属湘西土家族苗族自治州。凤凰县位于湖南省西部边缘，湘西土家族苗族自治州的西南角。东与泸溪县交界，南靠怀化的麻阳苗族自治县，西接贵州省铜仁县的松桃苗族自治县，北部毗邻吉首市、花垣县，史称"西托云贵，东控辰沅，北制川鄂，南扼桂边"。正是这样特殊的地理位置，凤凰县城历来是兵家必争之地，为苗族文化与汉族文化、楚文化与凤凰土著文化的结合提供了土壤，由此也形成了丰富多彩而又独具一格的湘西土家族苗族文化。凤凰县总面积1759.1平方公里，约为湖南省面积的0.84%，占湘西土家族苗族自治州面积的8.12%，是一个"八山一水一分田"的较小的山区县。[①] 全县下辖17个乡镇、261个行政村、20个社区。[②] 凤凰县是一个以苗族为主的少数民族聚居县，由苗、汉、土家等28个民族构成，属于国家扶贫开发工作重点县和传统的山区农业县。截至2015年年底，全县总人口达42.8万人。在总人口中，少数民族人口33.61万人，占总人口的78.5%。其中苗族人口25.1万人，占全县总人口的58.6%；土家族8.1万人，占全县总人口的18.9%。[③] 20世纪以前，凤凰县主要以传统的农业生产为主。1982—1997年，凤凰县根据其特有的农业优势资源，大力发展烟叶产业，以烟叶的种植、加工、生产和销售为主体，凤凰县依托凤凰烟厂这一中型企业，逐渐摆脱贫困，走向富裕。然而，随着国家在烟

---

① 数据来源于凤凰县人民政府网：http：//www. fhzf. gov. cn/channel/16/index. html。

② 数据来源于凤凰县人民政府网：http：//www. fhzf. gov. cn/channel/15/index. html。

③ 数据来源于凤凰县人民政府网：http：//www. fhzf. gov. cn/channel/19/index. html。

草行业方面的政策调整，凤凰烟厂不得不停止生产，传统的烟叶产业退出市场，凤凰县经济开始衰退。在经济形势极其艰难的状况下，凤凰县政府依据当地丰富的历史文化资源和自然资源，选择了以旅游产业为核心带动其他产业从而促进经济发展的发展模式。在这一思路的指导下，凤凰县政府于2001年成功申报国家历史文化名城。凤凰县经济发展方式发生转变，从以农业为主导转变为以旅游产业为主导的经济发展方式。在这一转变过程中，凤凰县提出并不断地丰富“一业带三化”的发展思路，在发展旅游产业的同时，不断地推进农业产业化、新型城镇化和新型工业化。目前，文化旅游产业已成为凤凰县的主导产业。

一　调查对象基本情况

本报告关于“湘西土家族苗族自治州凤凰县社会经济综合发展调查报告”的数据来源于中国社会科学院民族学与人类学研究所主持的国家社科基金重大项目、中国社会科学院创新工程重大专项“21世纪初中国少数民族地区经济社会发展综合调查”2016年在凤凰县的家庭问卷和干部问卷的抽样调查。凤凰县的样本回收数据为554份，其中家庭问卷423份，干部问卷131份，问卷回收整理录入后，主要使用SPSS软件进行统计分析，回收样本的基本情况见表3-1。

受访者的基本情况如表3-1所示。在性别方面，男性占52.5%，女性占47.5%，女性比例略低于男性；在年龄分布方面，31—45岁的受访者数量最多（32.7%），其次是46—60岁（26.8%），61岁及以上受访者与19—30岁受访者占比相当，分别为20%、19.8%，18岁及以下受访者数量最少（0.7%）；在民族分布方面，苗族受访者占比最大（43.7%），其次是土家族（26.2%），汉族受访者占25.3%，哈尼族占1.3%，侗族占比1.1%，还有回族、东乡族、哈萨克族、高山族、土族、塔吉克族，占比均不足1%；在宗教信仰方面，没有宗教信仰的受访者占绝大多数（89.6%），其次是佛教信仰者（6.9%），有1.8%的受访者有民间信仰，道教信仰者占0.4%，基督教信仰者占0.2%，另有1.1%的其他宗教信仰者；在户籍类型方面，本地农业户籍占比最大（48.8%），其次是本地非农业户籍转居民户籍（25.4%），本地非农业户籍占12.5%，本地农业户籍转居民户籍占11.4%，另有少量之前是非农业外地居民户籍

表 3-1　　受访者的基本情况　　单位:%

类别 \ 基本情况		百分比	样本量
性别	男性	52.5	291
	女性	47.5	263
年龄	18岁及以下	0.7	4
	19—30岁	19.8	106
	31—45岁	32.7	180
	46—60岁	26.8	148
	61岁及以上	20.0	116
民族	汉族	25.3	138
	回族	0.9	5
	苗族	43.7	238
	侗族	1.1	6
	土家族	26.2	143
	哈尼族	1.3	7
	哈萨克族	0.4	2
	高山族	0.2	1
	东乡族	0.6	3
	土族	0.2	1
	塔吉克族	0.2	1
宗教信仰	佛教	6.9	38
	道教	0.4	2
	基督教	0.2	1
	民间信仰	1.8	10
	无	89.6	489
	其他	1.1	7
户籍	本地农业	48.8	269
	本地非农业	12.5	69
	本地居民（之前是农业）	11.4	63
	本地居民（之前是非农业）	25.4	140
	外地居民（之前是非农业）	0.5	3
	外地农业	1.3	7

类别 \ 基本情况		百分比	样本量
政治面貌	中共党员	25.3	139
	团员	7.6	42
	民主党派	0.4	2
	无（群众）	66.7	367
婚姻状况	已婚未到民政部门登记	7.4	41
	已婚已到民政部门登记	75.4	417
	未婚	12.5	69
	离异	2.5	14
	丧偶	2.2	12
教育程度	未上学	8.1	45
	小学	19.9	110
	初中	21.3	118
	高中、中专或职高技校	18.2	101
	大学专科	17.1	95
	大学本科	14.3	79
	研究生	1.1	6
职业	公务员	10.7	59
	领导干部	2.0	11
	国有企事业单位管理人员	9.3	51
	专业技术人员	7.8	43
	临时聘用或返聘人员	1.3	7
	商业服务业普通人员	14.8	81
	两种身份以上职业（兼业）	1.1	6
	农牧民	27.1	149
	制造业、矿业、建筑业工人	2.0	11
	其他	23.9	131

注：此部分是对家庭问卷和干部问卷数据的合并分析。因为统计单项比例数值时采取四舍五入的计数方法，所以最终合计未必完全等于100%。

和外地农业户籍；在政治面貌方面，群众数量最多（66.7%），其次是中共党员（25.3%），团员占7.6%，另有0.4%的民主党派；在婚姻状况方面，已婚已到民政部门登记的受访者数量最多（75.4%），其次是未婚（12.5%），有7.4%的已婚未到民政部门登记，离异和丧偶的受访者分别占2.5%和2.2%；在受教育程度方面，初中教育程度的受访者占比最大（21.3%），未上学的受访者占8.1%，小学受访者占19.9%，高中、中专或职高技校受访者占18.2%，大学专科受访者占17.1%，大学本科受访者占14.3%，研究生受访者占比最低（1.1%）；在职业类型方面，农牧民占27.1%，灵活就业者占比为23.9%，商业服务业普通人员占14.8%，公务员占10.7%，国有企事业单位工作人员占9.3%，专业技术人员占7.8%，领导干部占2%，制造业、矿业、建筑工人占2%，临时聘用或返聘人员占1.3%，两种身份以上职业者占1.1%。

二　经济生活①

（一）受访者的就业情况

1. 当前受访者的职业分布情况

家庭问卷中受访者的整体就业情况如表3-2所示，整体来看，受访者的职业类型主要集中在农牧业农牧民（35.1%），其次是不便分类的其他灵活就业者（26.8%），从事商业服务业普通人员占19.3%，从事另外几个行业的人员占比较小，均在5%以下。产业结构决定就业结构，有什么样的产业结构就有什么样的就业结构。凤凰县的就业结构反映出了当前以第一产业和第三产业为主的产业结构现状。

从城乡维度来看，农业户口受访者中，从事农牧行业的农牧民占大多数（46%），其次为其他灵活就业者（20.7%），另有19%的受访者从事商业服务业普通人员，其他民族从业人员占比较小；城镇受访者中，其他灵活就业者占比最大（41.9%），其次为商业服务业普通人员（21.2%），另有10.9%的退休人员，从事另外几个行业的人员占比较小。数据显示，城镇受访者比农业户口受访者就业方式更为灵活。从事商业服务业的普通

① 此部分系分析家庭问卷中的调查数据。

人员占比较大，其原因主要是因为凤凰县旅游产业的兴起与发展，带动了餐饮、住宿、酒吧等相关服务业的发展，越来越多的人从事到与旅游业相关的行业中。

从民族维度来看，汉族受访者中，从事其他行业的灵活就业者占比最大（32.7%），其次为农牧业农牧民（26.4%），从事商业服务业普通人员占19.1%，另外几个行业的从业人员占比较小；苗族受访者中，从事农牧业的农牧民占比最大（41.4%），其次为从事其他行业的灵活就业者（23.6%），从事商业服务业普通人员占18.8%；土家族受访者中，从事农牧业农牧民占比最大（37.1%），其次为从事商业服务业普通人员（20%），从事其他行业的灵活就业者占17.8%；在其他民族受访者中，从事商业服务业普通人员占比最大（30.8%），公务员、从事其他行业的灵活就业者的占比相同（23.1%），另有15.4%的受访者是从事农牧业农牧民的。从数据中可以看出，与苗族和土家族相比，汉族受访者中农牧民所占比较小，受访者就业相对分散，就业方式较为灵活；而苗族和土家族受访者就业相对集中，超过37%的受访者是从事农牧业农牧民，与汉族受访者相比，从事其他行业的灵活就业者占比较低。

表3-2　　受访者的职业分布情况　　单位：%

职业类型／分布情况	公务员	领导干部	企事业管理人员	技术人员	农牧业农牧民	制造业、矿业、建筑业工人	商业服务业普通人员	两种以上职业身份（兼业）	退休人员	下岗人员	其他	样本量
整体	2.6	2.6	2.6	1.7	35.1	2.6	19.3	1.4	2.9	2.4	26.8	414
农村	2.2	3.2	1.6	1.9	46.0	2.9	19.0	1.9	0.6	1.6	20.7	315
城镇	4.0	1.0	6.1	1.0	2.0	2.0	21.2	—	10.9	6.1	41.9	99
汉族	0.9	1.8	2.7	0.9	26.4	0.9	19.1	1.8	5.5	7.3	32.7	110
苗族	1.6	2.7	2.7	2.2	41.4	3.2	18.8	2.2	1.1	0.5	23.6	186
土家族	3.8	2.9	2.9	1.9	37.1	3.8	20.0	—	6.8	2.9	17.8	105
其他民族	23.1	7.7	—	—	15.4	—	30.8	—	—	—	23.1	13

2. 受访者寻找工作的主要途径

家庭问卷中，受访者寻找工作的主要途径如表3-3所示。整体来看，在回答该问题的291名受访者中，有71个人找工作的途径是通过朋友、熟人介绍的，占比最大（24.4%）；其次是直接申请（23.7%）；排在第三位的是通过本乡人介绍（14.4%）；还有部分受访者是通过政府、社区安排介绍找到工作（13.3%）；另外，有一些受访者通过商业职介（包括人才交流会）、招聘广告、家人或亲戚介绍、同民族人介绍等途径寻找到工作。

通过户籍维度的比较，可以看出，农业户籍的受访者在寻求工作时更多地倾向使用社会资本，传统的地缘、亲缘关系在农业户籍受访者寻找工作的过程中发挥了重要的作用。朋友/熟人介绍、本乡人介绍、同民族人介绍的占比超过50%，而通过政府安排、招聘广告等途径寻找工作的占比较低；非农业户籍受访者寻找工作时更多地倾向使用人力资本，直接申请（考试）的占比达到了29.5%。并且他们更多地依赖制度性安排，通过政府/社区安排寻找到工作的占比比农业户籍受访者高出了13.5个百分点。此外，应该注意到，无论是农业还是非农业户籍受访者，通过商业职介寻找工作的占比都很低。造成农业户籍受访者与非农业户籍受访者寻找工作途径差异的原因，从主观上来说，一方面可能是农业户籍受访者缺少对陌生人的信任感，毕竟在求职过程中信息失真的现象还依然存在，而熟人介绍的方式可以大大减少在求职过程中的被骗成本；另一方面可能是因为农业户籍受访者物质资本、人力资本缺乏，政府组织在提供就业信息和就业机会方面的措施不到位。以上两方面的因素导致了农业户籍受访者在求职过程中更多地倾向使用社会资本，呈现出就业过程中的“投亲靠友”的特征。

表3-3　　受访者寻找工作的主要途径　　单位：%

途径＼户籍	农业	非农业	整体
政府/社区安排介绍	6.5	20.0	13.3
商业职介	1.1	1.0	1.0
招聘广告	4.8	18.1	9.6
直接申请	20.4	29.5	23.7
家人/亲戚介绍	5.9	5.7	5.8
朋友/熟人介绍	29.0	16.2	24.4
本乡人介绍	21.5	1.9	14.4
同民族人介绍	1.1	1.0	1.0

续表

途径 \ 户籍	农业	非农业	整体
其他	9.7	6.7	8.6
样本量	186	105	291

家庭问卷中，受访者寻找工作主要途径的比较分析如表 3-4 所示。整体来看，受访者寻找工作的途径在民族维度上差异不大。汉族受访者中，直接申请是其寻找工作的主要途径（24.4%），其次是通过朋友/熟人介绍（19.5%），通过本乡人介绍的占比为 12.2%；苗族受访者中，通过朋友/熟人介绍的途径寻找工作的受访者占比最大（26.2%），直接申请是第二个主要途径（22.2%），还有 17.5%的苗族受访者是通过本乡人介绍寻找工作。本民族人介绍、政府/社区安排介绍、招聘广告、家人/亲戚介绍占比较小；同样的，在土家族受访者中，朋友/熟人介绍的受访者占比最大（28%），其次是通过直接申请的途径寻找工作（24%），政府/社区安排介绍和本乡人介绍（13.3%）是第三个主要途径。

表 3-4　各民族受访者寻找工作的主要途径　单位：%

途径 \ 民族	汉族	苗族	土家族
政府/社区安排介绍	14.6	7.9	13.3
商业职介	1.2	—	2.7
招聘广告	13.4	7.1	8.0
直接申请	24.4	22.2	24.0
家人/亲戚介绍	4.9	6.3	5.3
朋友/熟人介绍	19.5	26.2	28.0
本乡人介绍	12.2	17.5	13.3
本民族人介绍	—	2.4	—
其他	9.8	10.3	5.3
合计	100	100	100
样本量	82	126	75

3. 受访者外出务工情况

家庭问卷中，对受访者外出流动趋向的调查结果如表 3-5 所示。大部分受访者外出务工的首选地点都是本地县城（66.6%）；其次，13.1%的受访者选择去省会城市务工；选择去地级市、直辖市和东部一线城市、国外或境外的受访者所占比例较小。由此可见，凤凰县的大部分受访者都倾向于短距离流动。其原因一方面可能是凤凰县城旅游经济的迅速发展，提供了较多的就业机会，使他们在本地县城可以比较容易地找到就业岗位；另一方面，与长距离流动相比，短距离的流动成本较低，也更加方便他们照顾家中的老人和孩子。

从户籍维度看，在农业户口受访者中，本地县城为第一外出流动去向（71.6%）；地级市为第二外出流动去向（9.6%）；选择去省会城市、直辖市和东部一线城市、国外或境外的受访者所占比例较小。在非农业户口的受访者中，本地县城同样为第一流动去向（48.6%）；与农业户口受访者不同的是，非农业户口受访者的第二外出流动去向是省会城市（28.6%）；第三位的外出流动去向是直辖市和东部一线城市（12.9%）；选择去地级市、国外或境外务工的受访者所占比例较小。

可以看出，农业户口受访者的长距离外出流动意愿较弱，大部分倾向于短距离流动，并且流动去向较为集中，超过70%的受访者选择在本地县城；而非农业户口受访者流动意愿较为强烈，与农业户口受访者相比，更多的人倾向于长距离的流动，流动去向相对分散。并且非农业户口受访者中选择去省会城市、直辖市和东部一线城市的占比明显高于农业户口受访者，也反映出非农业户口受访者对经济收入和发展机会的更加强烈的追求。

表 3-5　　户籍维度下不同受访者的外出流动趋向　　单位：%

流动趋向 户籍	本地县城	地级市	省会城市	直辖市和东部一线城市	国外或境外	样本量
农业户口	71.6	9.6	8.8	8.4	1.6	250
非农业户口	48.6	4.3	28.6	12.9	5.7	70
合计	66.6	8.4	13.1	9.4	2.5	320

家庭问卷中，受访者的外出流动趋向还存在民族差异，如表3-6所示。与汉族和土家族受访者相比，苗族受访者更倾向于流动到本地县城，流动到省会城市、直辖市和东部一线城市的占比较低；而与苗族受访者相比，汉族和土家族受访者选择到省会城市、直辖市和东部一线城市的占比均更高。可见，汉族和土家族受访者相对倾向于选择到经济更加发达的城市寻找就业机会。

表 3-6　　民族维度下不同受访者的外出流动趋向　　单位：%

民族 \ 流动趋向	本地县城	地级市	省会城市	直辖市和东部一线城市	国外或境外	样本量
汉族	60.7	10.7	17.9	9.5	1.2	84
苗族	71.3	10.0	6.7	8.7	3.3	150
土家族	65.8	2.5	20.3	10.1	1.3	79
其他民族	42.9	14.3	14.3	14.3	14.3	7
合计	66.6	8.4	13.1	9.4	2.5	320

家庭问卷中，对阻碍自己或家人外出务工的障碍因素的调查如表 3-7 所示。整体来看，第一障碍是得不到相关就业信息（33.3%）；第二障碍是生活习俗不能适应（22.3%）；孩子就学困难、家里需要照顾必须返乡并列第三（13.7%）。这说明，受访者的就业信息获取渠道并不畅通，就业信息不对称现象比较突出，政府应该进一步做好就业服务工作，加强就业信息的搜寻并及时发布。

表 3-7　　受访者自己或家人外出找工作重要障碍排序　　单位：%

类别 \ 障碍	第一	第二	第三
得不到相关就业信息	33.3	17	11.5
被当地人看不起或歧视	8	7.1	9.3
工作辛苦收入低	12.3	15.5	10.6
想留在就业地但生活成本太高	5.2	13.4	6.6
生活习俗不能适应	4.3	22.3	13.3
气候自然环境不能适应	1.9	3.2	10.6
孩子就学困难	5.2	5.7	13.7
家里需要照顾必须返乡	9.6	7.8	13.7
自己想去的部门和岗位不招收没有当地户籍的外地人	2.2	1.8	4.4
社保缴费高关系难转移	—	0.7	1.8
语言障碍	6.8	2.8	1.8
政策限制（办证手续烦琐、成本高）	0.9	0.7	1.3
其他	10.2	2.1	1.3
样本量	324	283	226

（二）受访者的收入情况

在对家庭问卷中受访者的家庭收入情况进行分析时，笔者采用收入五等分法，将232户被调查者按照收入由低到高的排序进行五等分组，使每一组的被调查者人数占总调查者人数的20%。根据样本数据的计算，232户被调查者2015年度的家庭总收入为7660964元（见表3-8）。在家庭总收入中，低收入组的收入为88000元，占家庭总收入的1.1%；较低收入组的收入是485960元，占家庭总收入的6.3%；中间收入组的收入为1096400元，占家庭总收入的14.3%；较高收入组的收入是1945703元，占家庭总收入的25.4%；高收入组的收入是4044901元，占家庭总收入的52.8%。其中，20%的高收入组的人均可支配收入为17740.8元，占总收入的59.4%，低收入组的人均可支配收入为468.1元，前者是后者的37.9倍，通过调查数据的比较，凤凰县的收入差距相当大。从收入水平来看，低收入组的人均可支配收入远远低于232户被调查者的平均收入水平。

表3-8　　受访者2015年度家庭收入五等分组情况

收入组别 / 项目	低收入组	较低收入组	中间收入组	较高收入组	高收入组
人口数	188	192	218	244	228
家庭总收入（元）	88000.0	485960.0	1096400.0	1945703.0	4044901.0
人均可支配收入（元）	468.1	2531.0	5029.4	7974.2	17740.8
占总人口的比重（%）	17.6	18.0	20.4	22.9	21.3
占总收入的比重（%）	1.1	6.3	14.3	25.4	52.8

家庭问卷中，受访者的家庭人均收入情况如图3-1所示。城乡受访者收入差距显著。城镇受访者的家庭总收入是农业户口受访者的1.2倍，农业户口受访者家庭总收入占城镇家庭总收入的81.5%。农业户口受访者的家庭人均收入只达到城镇受访者的26.4%，而城镇受访者的家庭人均收入是农业户口受访者的3.8倍，城乡受访者收入差距很大。将受访者家庭人口数考虑进来，城镇受访者家庭平均人口数4.07，农业户口受访者家庭平均人口数4.45，城乡受访者的家庭人均收入差距更为显著。

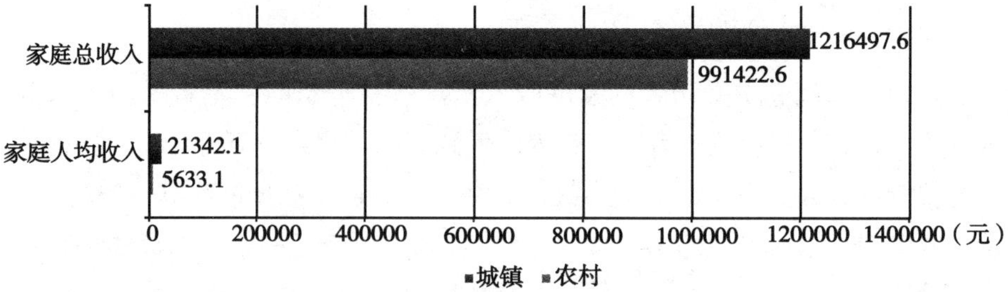

图3-1　受访者2015年家庭人均收入情况

从民族维度看，在汉族、苗族、土家族受访者中，城镇受访者的家庭人均收入均高于农业户口受访者（见图3-2）。其中，土家族受访者的城乡家庭人均收入差异最为显著，城镇受访者的家庭人均收入是农业户口受访者的2.24倍；汉族受访者的城乡家庭人均收入差距相对较小，城乡受访者家庭人均收入之比为1.7∶1。在农业户口受访者中，家庭人均收入存在差距，汉族受访者的家庭人均收入高于苗族和土家族受访者，而苗族受访者和土家族受访者家庭人均收入没有显著差异。而在城镇受访者中，土家族受访者家庭人均收入最高，苗族最低，土家族受访者的收入是苗族受访者的1.25倍，汉族受访者的家庭人均收入是苗族受访者的1.17倍，汉族和土家族受访者家庭人均收入差距较小。总的来说，民族维度下的家庭人均收入虽然存在差距，但差距较小，各民族的家庭人均收入无明显分化。

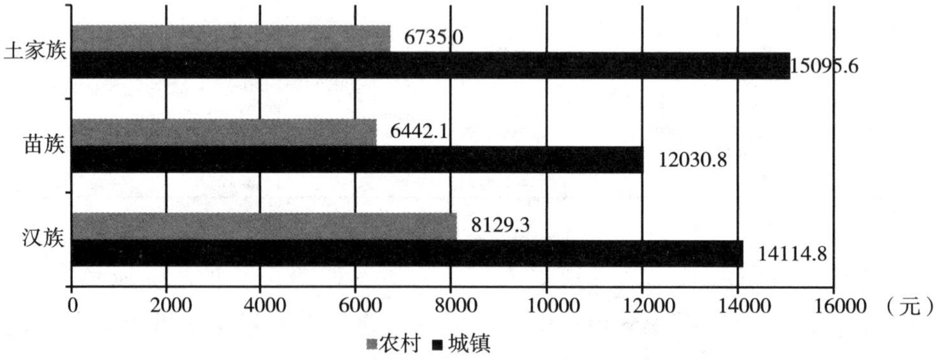

图3-2　城乡、民族维度下的2015年受访者家庭人均收入情况

对家庭问卷的数据分析显示，不同教育程度的受访者其收入水平有着明显的差异（见图3-3）。总的来说，从未上学、小学、初中、高职院校、大学专科，收入随着教育水平的提升而不断增长。小学受访者的个人年均收入是未上学受访者的1.62倍，初中受访者的个人平均年收入是未上学受访者的3.41倍，高职院校受访者的个人年均收入是未上学受访者的4.27倍，大学专科受访者的个人年均收入是未上学受访者的5.08倍，大学本科受访者的个人年均收入是未上学受访者的4.51倍。值得注意的是，在大学专科到大学本科阶段收入并未随着教育程度的提升而进一步增长。笔者认为，之所以出现这种现象，与凤凰县的旅游经济发展有一定的关系。在旅游业的带动下，凤凰县的职业教育快速发展，当地的职业院校为了更好地与旅游业发展衔接，为当地旅游业发展培养优质人才，开设了“旅游服务”“旅游管理”等相关专业特色课，这些职业院校毕业的学生因其所学专业与当地经济发展对口，往往会比本科毕业生有更多的就业优势，可以从事到与酒店管理、旅游策划等相关的行业中。相比之下，本科生的就业机会相对有限，而与旅游经济相关的行业在当地来讲工资报酬相对较高，因此出现了大学专科受访者的个人年均收入高于大学本科受访者的现象。

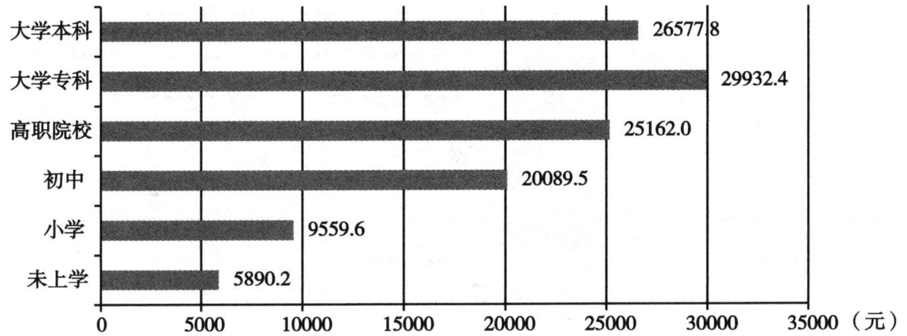

图3-3　不同受教育程度下2015年受访者的个人年均收入情况

据世界经济论坛发布的“2011年度全球性别收入差距报告”显示，2011年中国的男女收入比为1：0.65。凤凰县的调查数据显示，2015年男性受访者的个人年均收入是21749.2元（见图3-4），2015年女性受访者的个人年均收入是14042.2元，男女性的收入比为1：0.65。可见，当前在凤凰县收入存在性别差异，女性的工资只能达到男性工资的65%。收入的性别差异与社会经济发展、国家政策、社会观念、男女社会地位和角色分工有密切关系，收入性别差异问题的解决需要一个漫长的过程，也非一朝一夕的事。

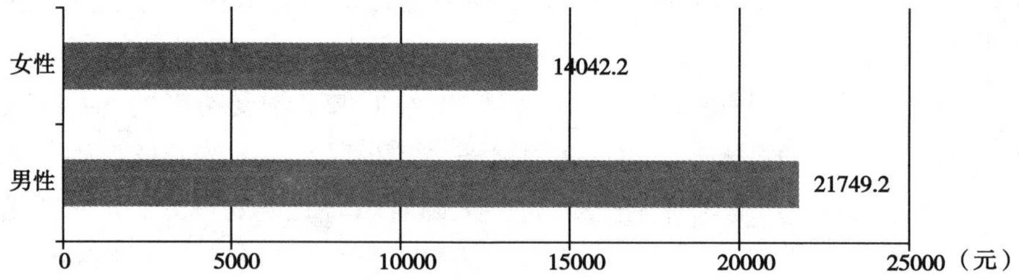

图3-4 性别维度下2015年受访者的个人年均收入情况

（三）受访者的住房状况

家庭问卷中，对受访者拥有的自有产权住房情况的调查如图3-5所示。超过半数的受访者都只拥有一套自有产权住房（81%），没有自有产权住房的受访者比例为9%，有8.3%的受访者拥有2套自有产权住房，1.7%的受访者拥有3套自有产权住房。

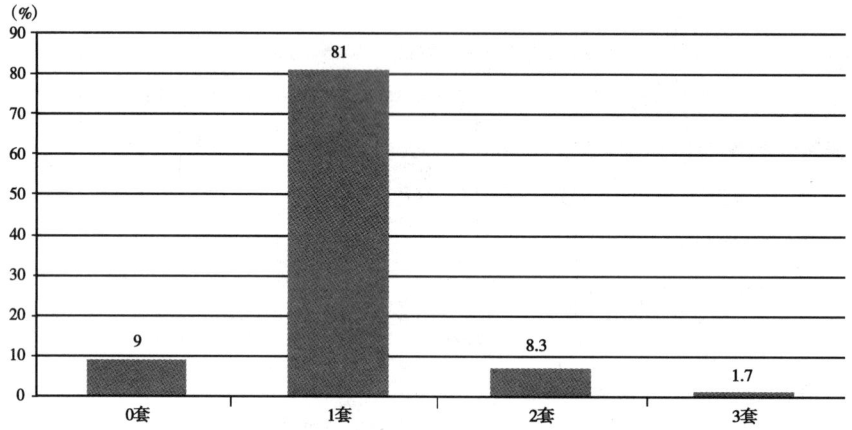

图3-5 受访者拥有自有产权住房情况

从户籍维度看，受访者拥有住房情况并无显著差异。在农业户口的受访者中，81.8%的受访者拥有1套自有产权住房（见表3-9），8.1%的受访者拥有2套自有产权住房，1.3%的受访者拥有3套自有产权住房，还有8.7%的受访者无自有产权住房；在非农业户口的受访者中，拥有1套自有产权住房的受访者占比为78.2%，拥有2套自有产权住房的受访者占比为2.8%，拥有3套自有产权住房的受访者占比为2.9%，另外有9.9%的受访者无自有产权住房。

表 3-9　户籍维度下受访者拥有自有产权住房情况　单位:%

户籍＼住房	0 套	1 套	2 套	3 套	样本量
农业	8.7	81.8	8.1	1.3	320
非农业	9.9	78.2	2.8	2.9	101
合计	9.0	81.0	8.3	1.7	421

从民族维度看，受访者拥有住房情况没有显著差异。拥有 1 套住房的受访者占大多数，占比均超过 78%（见表 3-10）；拥有 2 套、3 套住房以及没有住房的受访者占比较小。由此可见，各民族拥有自有产权住房的情况大同小异，不存在分化现象。

表 3-10　民族维度下受访者拥有自有产权住房情况　单位:%

民族＼住房	0 套	1 套	2 套	3 套	样本量
汉族	7.0	82.4	8.7	1.8	114
苗族	8.6	80.6	9.1	1.6	186
土家族	12.1	78.5	7.5	1.9	107
其他民族	7.1	92.8	—	—	14
总体	9.0	81.0	8.3	1.7	421

(四) 受访者对自己经济状况的主观评价

如图 3-6 所示，家庭问卷中的大部分受访者表示，与 5 年前相比，经济收入水平有所上升（11.9%的受访者认为上升很多，48.4%的受访者认为略有上升）；其次，有 22.8%的受访者认为与 5 年前相比，自己的经济收入水平没有变化；另有 16.9%的受访者表示，与5 年前相比，自己的经济收入水平有所下降（11.1%的受访者认为略有下降，5.8%的受访者认为下降很多）。

家庭问卷中，受访者对自己的经济收入水平的主观评价情况如图 3-7 所示。36.7%的受访者认为自己的经济收入处于中等水平，34.5%的受访者表示自己的经济收入处于中下等水平，22.4%的受访者认为自己的经济收入处于下等水平，5%的受访者认为自己的经济收入位于中上等水平，仅有 1.4%的受访者认为自己的经济收入处于上等水平。整体来看，受访

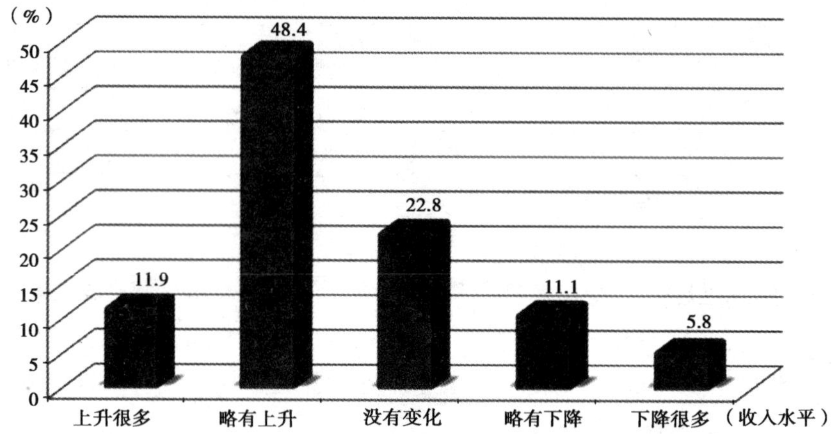

图 3-6 与 5 年前相比，受访者的经济收入水平变化情况

者对自己的经济收入水平的主观评价大都集中在中等及偏下水平。

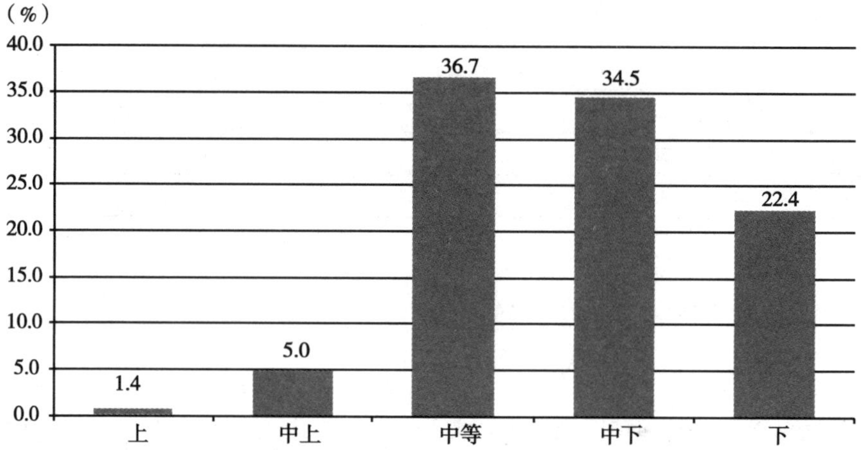

图 3-7 受访者对自己的经济收入水平的主观评价

从民族维度看，在汉族受访者中，认为自己的收入处于中等水平的占比最大，为 39%（见表 3-11），有 32.5%的受访者认为自己的经济收入处于中下等水平，19.2%的受访者认为自己的经济收入处于下等水平，认为自己的经济收入处于上等和中上等水平的受访者占比较小；在苗族受访者中，40.9%的受访者认为自己的经济收入水平处于中等水平，32.2%的受访者认为自己的经济收入处于中下等水平，22.6%的受访者认为自己的经济收入处于下等水平，将自己的经济收入水平归于上和中上等的受访者占比较小；在土家族受访者中，认为自己的经济收入水平处于中下等的受访者占比最大（40.6%），认为自己的经济收入水平处于中等的受访者占比为27.3%，有26.4%的受访者认为自己的经济收入处于下等水平，将自己的经济收入水平归于中上等的受访者占比为5.7%，没有人将自己的经济收入水平归入上等。总体来看，各民族的受访者对自己经济收入水平的主观评价较为趋同，并且主要集中在中等及以下水平。

表3-11　民族维度下受访者对经济收入水平的主观评价　单位：%

收入水平 / 民族	上	中上	中	中下	下	样本量
汉族	2.6	7.0	39.0	32.5	19.2	114
苗族	1.0	3.2	40.9	32.2	22.6	186
土家族	—	5.7	27.3	40.6	26.4	106
其他民族	7.1	7.1	35.7	35.7	14.2	14
合计	1.4	5.0	36.7	34.5	22.4	420

对家庭问卷受访者未来5年收入变化情况的调查如图3-8所示。64.6%的受访者认为未来5年，自己的收入水平有所上升（49%的受访者认为略有上升，15.6%的受访者认为上升很多）；26%的受访者认为未来5

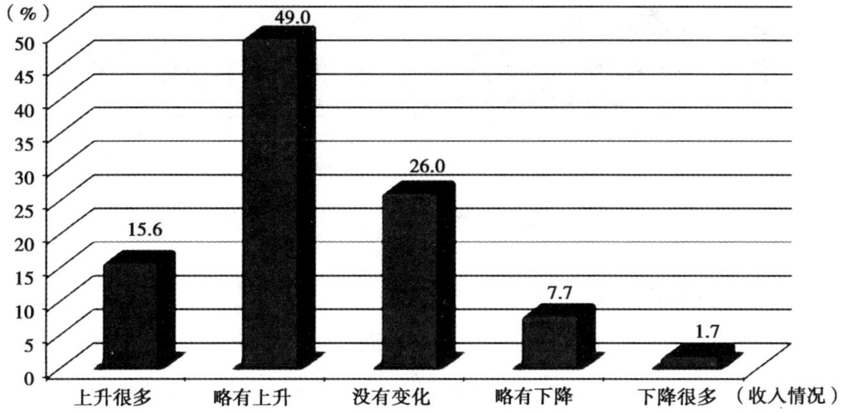

图3-8　受访者未来5年收入水平变化情况

年，自己的收入水平和当前一样，没有变化；认为未来5年，自己的收入水平会下降的受访者占比相对较低（7.7%的受访者认为略有下降，1.7%的受访者认为下降很多）。由此可见，凤凰县受访者对未来5年自己的收入水平变化大多持乐观态度，超过半数的受访者认为未来 5 年，自己的收入水平会有不同幅度的上升。

三　资源环境与生态保护

（一）政府采取的环保措施

图 3-9 所展示的是凤凰县政府近年来采取的主要环保政策。在干部问卷中，受访者认为当地政府采取的最主要的三项环保措施依次是垃圾处理（92.6%）、污水治理（88%）、退耕还林（82.4%）。此外受访者认为，当地政府还加大环境保护宣传力度（57.4%）、公益广告（45.4%）、加强环保制度建设（44.4%）、生态移民（38.9%）、限制外来企业进入（26%）、大气治理（20.4%）等措施。

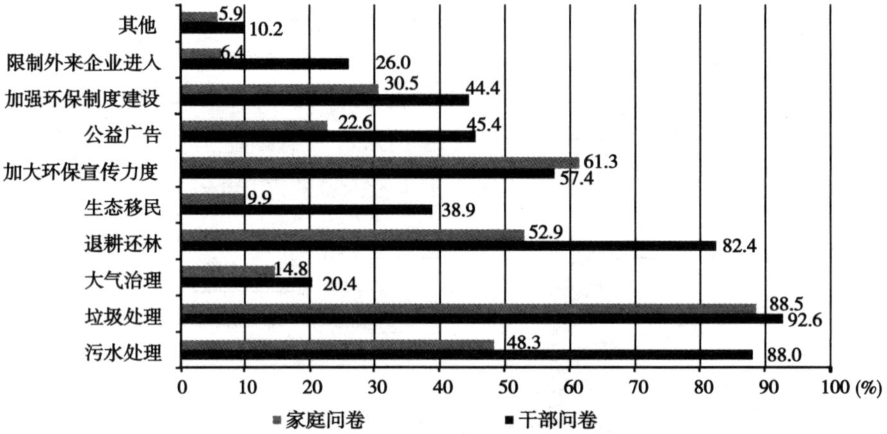

图 3-9　近年来当地政府采取的环保措施

在家庭问卷中，受访者对污水处理、垃圾处理、大气治理、退耕还林、生态移民、限制外来企业进入、公益广告、环保制度建设各项环保措施的选择占比均低于干部问卷中的受访者。尤其在对生态移民和限制外来企业进入这两项环保措施的选择上，干部问卷中受访者的选择比例明显高于家庭问卷的受访者，差值分别为 29%、19.6%。

可见，干部问卷中的受访者对政府在环保工作方面的认同度要高于家庭问卷中的受访者。造成干部认同度高于普通群众的原因，一方面可能是干部群体对政府工作的了解程度优于普通群众，政府的一些环保工作可能由于宣传不到位等原因，普通群众并未能充分了解；另一方面可能是由于干部群体的特殊身份所致，使他们在回答问题时会有较多的顾虑。

（二）对环保措施效果的评价

通过对家庭问卷与干部问卷的数据进行合并分析，我们发现，在凤凰县政府实施的各项环保措施中，受访者认为效果最好的前三项如表 3-12 所示，依次是垃圾处理（46.3%）、退耕还林（24.8%）、加大环境保护宣传力度（27.7%）。

具体来看，干部问卷中的受访者与家庭问卷中的受访者对效果最好的三项环保措施的评价存在明显差异。其中，在干部问卷中的受访者看来，效果最好的三项环保措施分别是污水处理（52.9%）、垃圾处理（46.6%）、退耕还林（27.2%）；在家庭问卷中的受访者看来，效果最好的三项环保措施分别是垃圾处理（54.2%）、加大环境保护宣传力度（26.9%）、加强环保制度建设（15%）。

表 3-12　受访者认为效果最好的三项环保措施　单位：%

项目＼环保措施		污水处理	垃圾处理	大气治理	退耕还林	生态移民	限制外来污染企业进入和外来投资	加大环保宣传力度	公益广告	加强环保制度建设	其他	样本量
总体	第一项	29.2	46.3	1.2	14.8	0.8	0.6	5.7	0.6	0.8	—	492
	第二项	10.7	30.5	1.9	24.8	2.1	1.4	21.9	2.3	3.7	0.4	475
	第三项	9.8	9.5	5.8	17.6	3.9	2.2	27.7	7.8	12.0	3.4	408
干部受访者	第一项	52.9	21.8	1.7	20.2	0.8	0.8	0.8	0.8	0.8	0.2	119
	第二项	12.7	46.6	0.8	23.7	3.4	1.7	6.8	2.5	1.7	0.1	118
	第三项	15.8	14.0	5.3	27.2	3.5	6.1	19.3	1.8	4.4	2.6	114
家庭受访者	第一项	21.7	54.2	1.1	13.1	0.8	0.5	7.2	0.5	0.8	0.1	373
	第二项	10.1	25.2	2.2	25.2	1.7	1.4	26.9	2.2	4.5	0.6	357
	第三项	7.5	7.8	6.1	13.9	4.1	0.7	31.0	10.2	15.0	3.7	294

注：此表是对家庭问卷与干部问卷数据的合并分析。

通过对家庭问卷与干部问卷的数据进行合并分析，我们发现，与 10 年前相比，83.8%的受访者认为当前的环境状况变好了（见图 3-10），12.5%的受访者认为当前的环境状况变坏了，还有 3.6%的受访者认为当前的环境状况并没有发生变化。从受访者对当前环境状况的评价可以看出，凤凰县近10年来环保工作取得了一定的成效，环境状况越来越好。

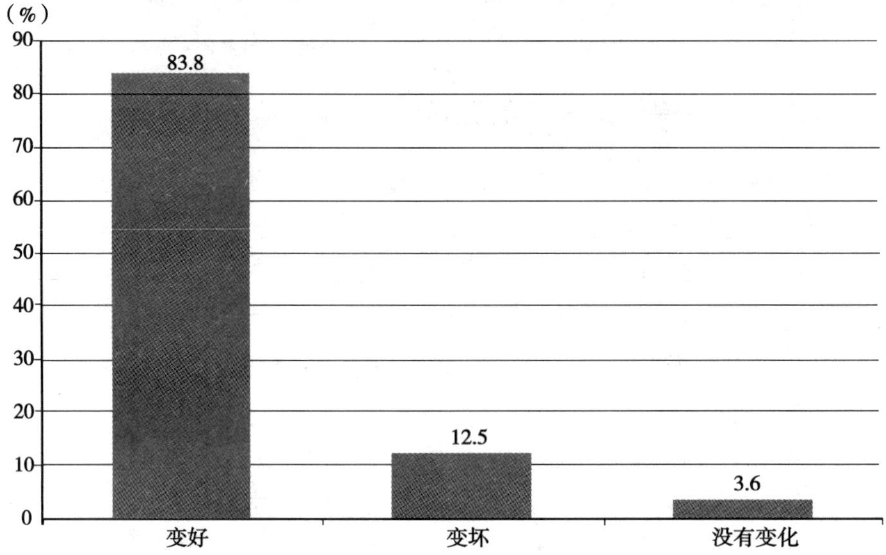

图3-10　受访者对当前环境与10年前环境的对比评价

家庭问卷中，受访者认为当前环境状况变好的原因的调查结果如图3-11所示。受访者认为导致环境状况变好的最主要的三项原因分别是环境宣传深入人心（74.7%）、民众环保意识增强（63.4%）、监管力度加大（59.2%）。同时，这也说明企业在参与环境治理方面做得还不够好，只有4.1%的受访者认为企业重视环境治理，而95.9%的受访者认为企业并没有重视环境治理。可以看出，凤凰县环境状况的改善，与企业重视环保治理、使用清洁能源、生态移民、产业结构调整并没有太大关系。这也说明了在今后的环保工作中，需要进一步促进企业重视环保治理、使用清洁能源和加大产业结构调整。

通过对家庭问卷与干部问卷的数据进行合并分析，我们发现，受访者对未来10年凤凰县环境状况变化的预期中，90%的受访者认为未来10年当地环境状况会变好（见图3-12）；5.7%的受访者对未来10年当地的环境变化持有悲观态度，认为未来10年当地环境状况会变坏；4.3%的受访者认为，未来10年当地环境状况没有变化。总的来看，绝大多数受访者对未来10年当地环境的变化持乐观态度，认为当地环境会不断得到改善。

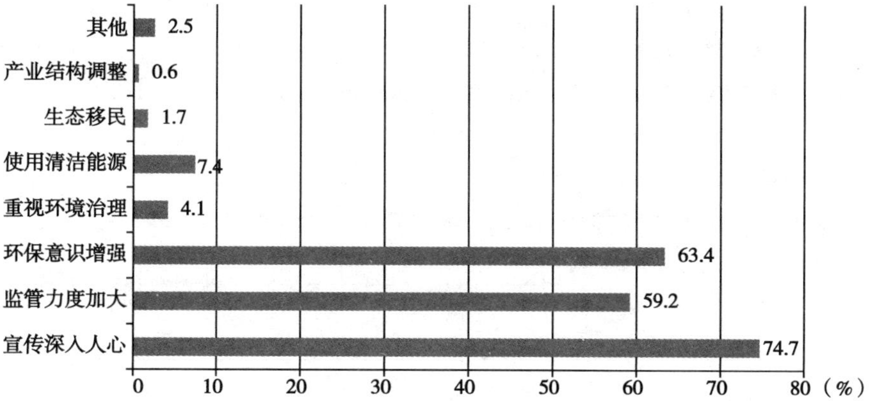

图 3-11　家庭问卷中受访者对环境状况变好原因的解释

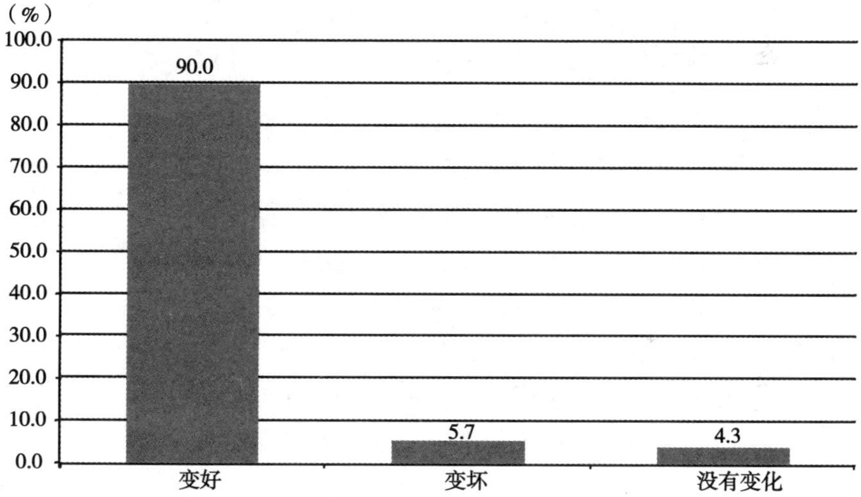

图 3-12　受访者对未来 10 年环境状况的预期

（三）当前环保政策存在的主要问题

对当地环保政策存在问题的调查中，通过对 131 份干部问卷进行统计，结果如图 3-13 所示。受访者认为当前环保政策存在的主要问题是政策执行力差（47.3%）、环保投入不足（42%）、环保人才缺乏（39.7%）、经济发展无法避免先污染后治理的怪圈（38.9%）。

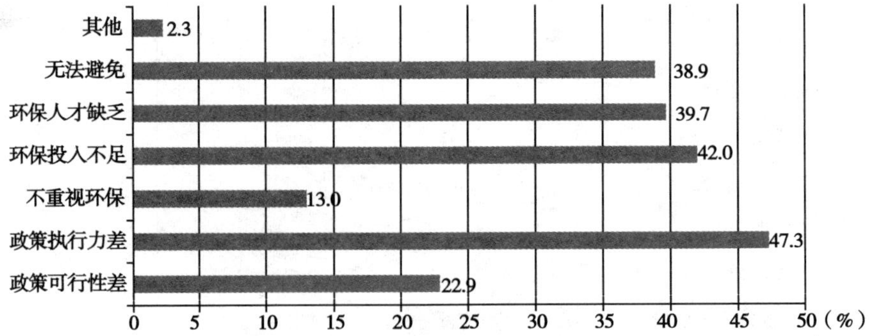

图 3-13 干部问卷中受访者认为环保政策存在的主要问题

四 公共服务与政府管理

（一）基础设施①

受访者住宅到公共基础设施距离的远近反映了受访者使用公共基础设施的便利程度，即受访者住宅距离公共基础设施距离越近，则使用的便利程度越高；距离越远，则使用的便利程度越低。通过对家庭问卷中受访者住宅到公共基础设施距离的调查数据进行分析发现，无论是城镇还是乡村，大部分基础设施距离受访者住宅的距离都相对集中在1—3公里（见表3-13）。其中农业户口受访者的住宅到幼儿园、治安设施、运动场所、农贸市场、邮电所、银行的距离都大于城镇受访者。可见，与城镇受访者相比，农业户口受访者使用公共基础设施的便利性较差。

表 3-13 受访者住宅到公共基础设施的距离 单位:%

公共基础设施 \ 距离		小于1公里	1—3公里	3—5公里	5—10公里	10公里以上
教育设施（幼儿园）	农村	45.0	39.9	7.7	2.3	5.1
	城镇	64.6	28.3	5.1	1.0	1.0
	合计	49.8	37.1	7.1	2.0	4.1
	样本量	202	154	29	8	17

① 此部分数据来源于对家庭问卷受访者的分析。

续表

公共基础设施 \ 距离		小于1公里	1—3公里	3—5公里	5—10公里	10公里以上
教育设施（小学）	农村	43.5	44.8	8.8	1.6	1.3
	城镇	43.3	46.4	9.3	1.0	0.0
	合计	43.5	45.2	8.9	1.5	1.0
	样本量	175	184	36	6	4
教育设施（中学）	农村	33.3	35.0	19.1	4.0	8.6
	城镇	13.8	44.7	34.0	6.4	1.1
	合计	28.7	37.3	22.7	4.5	6.8
	样本量	113	149	90	18	27
社区或乡卫生院或最近的医院	农村	40.6	41.	12.1	2.7	3.0
	城镇	48.7	46.1	5.3	—	—
	合计	42.2	42.5	10.7	2.1	2.4
	样本量	157	160	41	8	9
治安设施（派出所、警卫室等）	农村	41.1	37.6	13.1	2.5	5.7
	城镇	58.2	36.7	3.1	1.0	1.0
	合计	45.5	37.4	10.5	2.1	4.5
	样本量	171	143	41	8	17
活动中心（老年）	农村	52.8	34.0	11.3	0.6	1.3
	城镇	62.0	29.1	7.6	1.3	—
	合计	55.9	32.4	10.1	0.8	0.8
	样本量	134	77	25	2	2
运动场所及器材	农村	50.0	32.7	9.3	5.3	2.7
	城镇	60.8	22.8	8.9	6.3	1.3
	合计	53.7	29.3	9.2	5.7	2.2
	样本量	124	67	22	13	5
农贸市场	农村	43.0	43.3	10.3	1.9	1.5
	城镇	65.9	29.7	2.2	1.1	1.1
	合计	48.9	39.8	8.2	1.7	1.4
	样本量	171	142	30	6	5

续表

公共基础设施 \ 距离		小于1公里	1—3公里	3—5公里	5—10公里	10公里以上
车站（码头）	农村	40.3	36.0	15.5	4.3	3.9
	城镇	30.9	30.9	21.3	13.8	3.2
	合计	37.8	34.7	17.0	6.8	3.7
	样本量	132	123	59	24	13
邮电所	农村	42.9	39.3	11.8	1.8	4.3
	城镇	62.6	29.7	6.6	—	1.1
	合计	47.7	36.9	10.5	1.3	3.5
	样本量	175	138	40	5	13
银行（信用社）	农村	46.0	35.3	12.1	1.4	5.2
	城镇	70.2	32.4	10.4	1.0	4.2
	合计	52.0	32.4	10.4	1.0	4.2
	样本量	197	125	41	4	16

通过对家庭问卷中受访者对公共基础设施的满意度调查发现，受访者对各项公共基础设施的满意度占比均超过50%（见表3-14）。可以看出，凤凰县的公共基础设施建设情况较好。其中，城镇居民对各项公共基础设施的满意度占比均高于农村，说明，相对于城镇公共基础设施的建设情况，农村地区的公共基础设施相对较差，与城镇地区存在一定差距，每一项分值的差距都在2%—13.1%之间。从教育设施来看，农村居民对幼儿园的满意度占比为58.1%，城镇居民对幼儿园的满意度占比为67%，相差8.9%。农村居民对小学的满意度占比为59.4%，城镇居民对小学的满意度占比为70.5%，相差11.1%。农村居民对中学的满意度占比为56.3%，城镇居民对中学的满意度占比为69.9%，相差13.6%。可以看出，从幼儿园、小学到中学，农村和城镇的发展差距逐渐加大。这说明，农村地区的教育基础设施建设还有待加强；从医疗基础设施方面来看，农村居民对社区、卫生院等的满意度占比为63.6%，城镇居民的满意度占比为72.7%，相差9.1%，说明农村和城镇在医疗卫生基础设施建设方面还存在着一定差距；在运动场所及器材方面，城乡满意度占比差值为8.2%；此外，在治安设施、活动中心、邮电所等基础设施建设方面，农村和城镇的差距较大，满意度占比差值均超过10%，分别为13.1%、

11.9%、11.9%；在车站相关基础设施建设方面以及农贸市场建设方面，城乡差距较小，满意度占比差值均低于6%，分别为1.7%、5.5%。

另外，在幼儿园、小学、中学、社区卫生院、治安设施、活动中心、运动场所、农贸市场、车站码头、邮电所、银行等公共基础设施上，城乡均有不同程度的缺失，尤其是在活动中心、运动场所等基础设施上，农村地区缺失较多，比值均超过20%。这说明，无论是城镇还是农村，在基础设施建设方面都存在不同程度的欠缺，必须要进一步加强城镇和农村地区的公共基础设施建设。同时必须更加注重农村地区基础设施的建设，缩小城乡公共基础设施方面的差距。

表3-14　　受访者对公共基础设施的满意度占比　　单位:%

公共基础设施＼满意度		满意	一般	不满意	没有该设施
教育设施（幼儿园）	农村	58.1	31.9	10.0	1.0
	城镇	67.0	28.9	4.1	0.1
	总体	60.2	31.2	8.5	1.3
	样本量	245	127	35	5
教育设施（小学）	农村	59.4	34.7	5.8	1.6
	城镇	70.5	25.3	4.2	0.5
	总体	62.0	32.5	5.5	2.2
	样本量	254	131	22	8
教育设施（中学）	农村	56.3	35.7	8.0	2.9
	城镇	69.9	29.0	1.1	1.0
	总体	59.5	34.1	6.4	4.0
	样本量	234	134	25	15
社区或乡卫生院或最近的医院	农村	63.6	29.5	6.9	1.6
	城镇	72.7	22.8	5.1	3.1
	总体	65.4	28.1	6.5	4.7
	样本量	251	108	25	8
治安设施（派出所、警卫室等）	农村	64.9	29.1	6.1	4.2
	城镇	78.0	21.0	1.0	—
	总体	68.2	27.0	4.8	4.2
	样本量	270	107	19	12

续表

公共基础设施＼满意度		满意	一般	不满意	没有该设施
活动中心（老年）	农村	57.1	23.0	19.9	23.0
	城镇	69.0	25.0	6.0	3.4
	总体	60.7	23.6	15.6	26.7
	样本量	169	65	43	72
运动场所及器材	农村	59.3	22.0	18.7	23.0
	城镇	67.5	26.5	6.0	3.3
	总体	61.9	23.4	14.7	26.3
	样本量	166	62	39	69
农贸市场	农村	53.4	35.7	10.9	7.1
	城镇	58.9	25.3	15.8	1.0
	总体	54.8	33.0	12.2	8.2
	样本量	198	119	44	29
车站（码头）	农村	61.8	36.7	1.5	9.6
	城镇	63.5	25.0	11.5	0.7
	总体	62.3	33.5	4.2	10.4
	样本量	219	120	15	35
邮电所	农村	68.7	30.6	0.7	6.0
	城镇	80.6	19.4	—	1.4
	总体	71.7	27.8	0.5	7.5
	样本量	266	103	2	26
银行（信用社）	农村	72.5	26.1	1.4	4.5
	城镇	83.2	16.8	0.0	0.9
	总体	75.1	23.8	1.0	5.5
	样本量	290	92	4	19

（二）教育事业[①]

对家庭问卷中受访者教育程度的调查结果如表3-15所示。受访者中，未上学的占比为10.6%，小学的占比26%，初中的占比27.7%，高

① 此部分数据来源于对家庭问卷的分析。

中、中专的占比19.6%，专科及以上的占比15.9%。可以看出，受访者的教育程度普遍偏低，未上学、小学、初中的受访者占比超过60%。所以，凤凰县需要在教育工作方面加大力度，进一步提高当地居民的受教育水平。

从民族维度看，汉族、苗族、土家族受访者的受教育程度趋于一致，没有出现分化现象，其受教育程度主要集中在小学、初中、高中阶段，农村专科及以上受教育程度的受访者占比最低，未上学的受访者占比较低。

从城乡维度看，在农村汉族受访者中，首先小学受访者的占比最大（28.6%），其次是初中毕业（27.1%），再次是高中、中专或职高技校（22.9%）。未上学的受访者占比14.3%，专科及以上的受访者占比最小（7.1%）；城镇汉族受访者中，专科及以上受访者占比最大（31.1%），其次是高中、中专或职高技校以及初中受访者，占比同为26.7%，小学受访者占比15.6%，未上学的受访者占比0。可以看出，在汉族受访者中，农村中未上学的受访者占比明显高于城镇，城镇中专科及以上受教育程度的受访者占比明显高于农业户口受访者。可见，汉族农村地区的受教育程度低于城镇。同样的，此种情况也存在于苗族和土家族受访者中。所以说，无论是汉族、苗族还是土家族，其城镇地区的受教育程度均高于农村地区。

表3-15　　受访者受教育程度分布　　单位：%

民族 \ 受教育程度		未上学	小学	初中	高中、中专或职高技校	专科及以上	样本量
汉族	农村	14.3	28.6	27.1	22.9	7.1	70
	城镇	—	15.6	26.7	26.7	31.1	45
	总计	8.7	23.5	27.0	24.3	16.2	115
苗族	农村	13.2	34.0	30.2	13.2	8.8	159
	城镇	—	11.1	18.5	22.2	48.1	27
	总计	11.3	30.6	28.5	14.5	14.5	186
土家族	农村	13.9	29.1	29.1	15.2	12.7	79
	城镇	—	6.9	27.6	34.5	31.0	29
	总计	10.2	23.1	28.7	20.4	17.6	108
其他民族	农村	23.1	7.7	15.4	38.5	15.0	13
	城镇	—	—	—	100.0	—	1
	总计	21.4	7.1	14.3	42.9	14.2	14

续表

民族 \ 受教育程度		未上学	小学	初中	高中、中专或职高技校	专科及以上	样本量
总体	农村	14.0	30.5	28.7	16.8	9.6	321
	城镇	—	11.8	24.5	28.4	35.2	102
	总计	10.6	26.0	27.7	19.6	15.9	423

从性别维度看，女性受访者的文盲率明显高于男性（见图3-14）；男性受访者在小学、初中、高职院校的占比均高于女性受访者；而在接受高等教育方面的占比，女性受访者则高于男性受访者。

在对教育程度的公平感调查中，家庭问卷中超过半数（79.9%）的受访者认为当前的教育制度是公平的（见图3-15），20.1%的受访者认为当前的教育制度是不公平的。

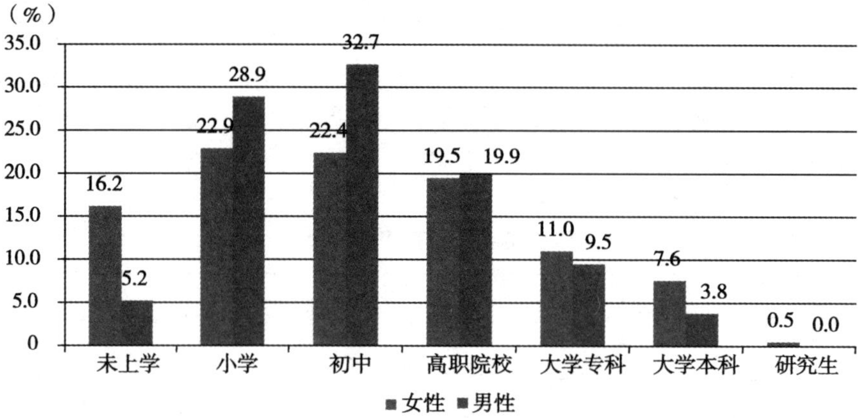

图3-14 男女受访者受教育情况的差异

从城乡维度看，在农村地区的受访者中，82.5%的受访者认为当前教育制度是公平的（见表3-16），17.5%的受访者认为当前的教育制度是不公平的；在城镇地区的受访者中，72.3%的受访者认为当前教育制度是公平的，27.7%的受访者认为当前的教育制度是不公平的。总体来看，农村地区的受访者对教育制度的认同程度高于城镇地区的受访者。从民族维度来看，汉族和苗族受访者对教育制度的认同程度相同，均有81.6%的受访者认为当前教育制度是公平的，18.4%的受访者认为当前的教育制度是不公平的；在土家族的受访者中，78.9%的受访者认为当前的教育制度是

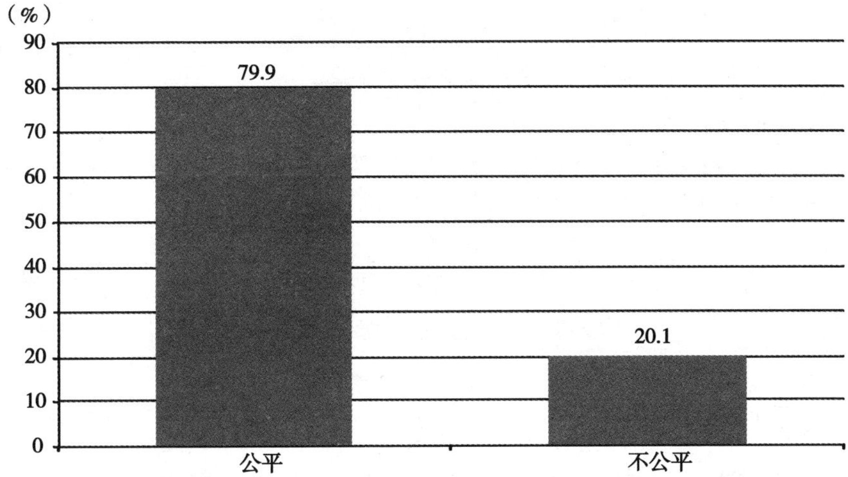

图 3-15　受访者对教育公平与否的评价

公平的，21.1%的受访者认为当前的教育制度是不公平的。总体来看，各民族对教育制度的评价趋同，没有明显差异，大部分受访者都认为当前教育制度是公平的。

表 3-16　分民族、城乡受访者对教育制度公平与否的评价　单位:%

评价 / 城乡、民族	公平	不公平	样本量
农村	82.5	17.5	297
城镇	72.3	27.7	94
总体	79.9	20.1	391
汉族	81.6	18.4	103
苗族	81.6	18.4	179
土家族	78.9	21.1	95

当我们对以上认为当前教育制度是不公平的受访者进行进一步的调查时发现，他们中 29.7%的人认为当前教育制度不公平的最主要的表现是城乡教育质量差别大（见图 3-16）；17.2%的人认为学校教学质量不高，必须依靠校外辅导提高成绩；17.2%的人认为不同地位家庭的孩子上好学校的机会不平等；14.1%的人认为不同家庭背景的孩子得到不同对待；10.9%的人认为重点学校和非重点学校得到的政府重视程度存在差别；10.9%的人认为不同学校教师水平参差不齐，缺少公平的教育举措。这些问题需要在未来教育事业的发展中给予足够的关注，以早日实现教育公平。

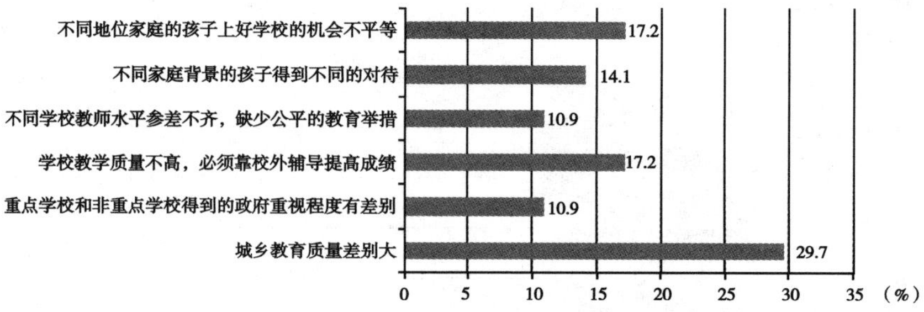

图 3-16　教育制度不公平的具体表现

（三）医疗卫生①

家庭问卷受访者对医疗卫生服务改革的满意度情况如图 3-17 所示。总体来看，86.3%的受访者对当前医疗卫生服务改革持满意态度，13.7%的受访者对当前医疗卫生服务改革不满意。

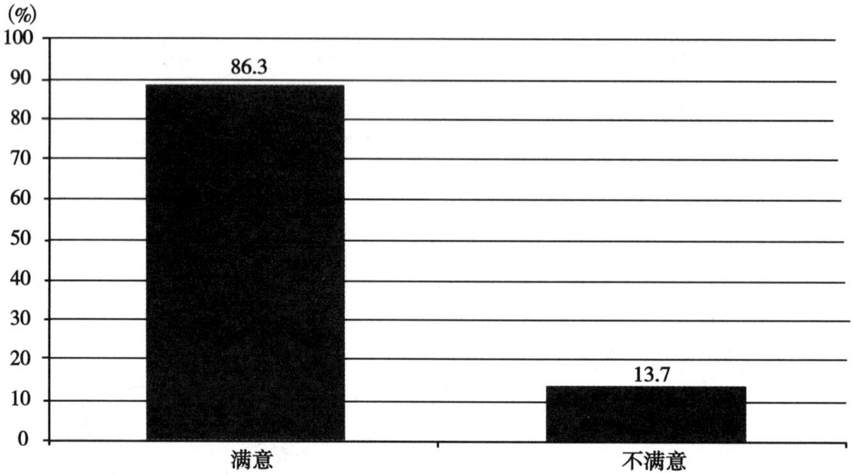

图 3-17　受访者对医疗卫生改革的满意度调查

在农村地区，总体来看，受访者对医疗卫生改革的满意度较高，其满意度为 86.8%（见表 3-17）。相比于汉族和土家族，苗族受访者对医疗卫生改革的满意度最高，但差异不明显，苗族、汉族、土家族满意度分别为 89.2%、86.6%、83.5%；在城镇地区，总体来看，受访者对医疗卫生

① 此部分数据来源于对家庭问卷的分析。

改革的满意度也相对较高（85%），相比于苗族和土家族（85.2%、81.5%），汉族受访者对医疗卫生改革的满意度最高（86.7%）。

表 3-17　城乡、民族维度下受访者对医疗卫生改革满意度的调查　单位：%

城乡 \ 满意度		满意	不满意	样本量
农村	汉族	86.6	13.4	67
	苗族	89.2	10.8	158
	土家族	83.5	16.5	79
	其他民族	76.9	23.1	13
	合计	86.8	13.2	317
城镇	汉族	86.7	13.3	45
	苗族	85.2	14.8	27
	土家族	81.5	18.5	27
	其他民族	100.0	—	1
	合计	85.0	15.0	100

注：此表是对家庭问卷数据的分析。

总的来说，城乡之间的受访者对医疗卫生服务改革的满意度并无明显差异，满意度占比均超过85%；各民族对医疗卫生服务改革的满意度也没有明显差异，满意度占比均在80%以上。这说明，近年来凤凰县较为重视医疗卫生服务的建设和发展，医疗改革效果较好，并且当前的医疗卫生发展基本上可以满足当地居民的需求。

总的来说，凤凰县的医疗卫生改革是成功的。在家庭问卷中，超过80%的受访者对医疗卫生改革持满意的态度，但是在医疗改革的过程中还存在一些问题，61.5%的受访者认为医疗改革并没有彻底解决看病费用高的问题（见图3-18）；21.2%的受访者认为，还存在医疗保险报销比例较低的问题；另外医疗卫生改革过程中还存在着到大医院看病难、基层医疗机构作用小、医生服务态度差等问题。所以，凤凰县在未来的医疗卫生事业发展过程中，应该对上述这些问题给予足够的重视，进一步解决这些问题，以更好地满足当地居民的医疗卫生服务需求。

在当前，在凤凰县医疗卫生事业发展的过程中，还存在一些问题，如表3-18所示。干部问卷中的受访者表示，凤凰县医疗卫生事业发展过程中面临的首要问题是医疗人才短缺，很难引进，其占比达37.2%；凤凰县医疗卫生事业发展中面临的第二大问题是公立医院公益性差，医疗改革

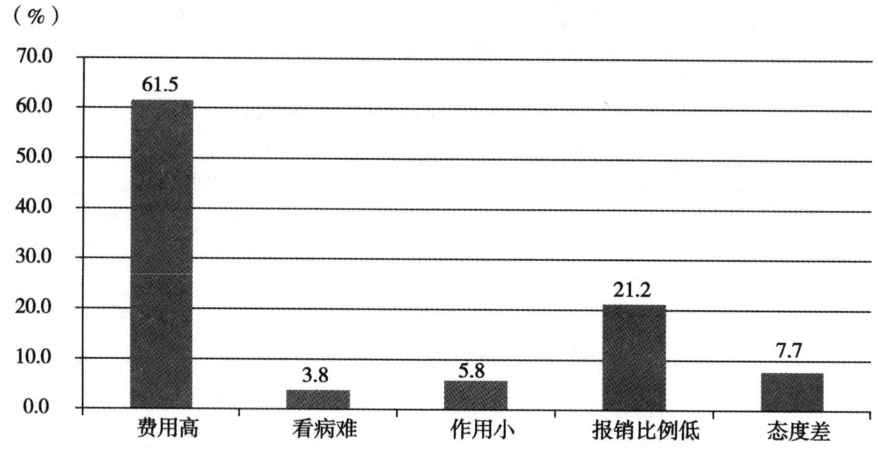

图 3-18　医疗改革中存在的问题

效果不明显；此外，有35.8%的受访者认为当前凤凰县医疗卫生事业发展过程中存在到好医院看好医生难、贵的问题。存在的这些问题，从某一角度反映了医疗改革的不彻底。在今后医疗卫生事业发展的过程中，还要进一步推进和落实医疗卫生改革，更好地解决当地居民看病难、看病贵的问题。

表 3-18　　凤凰县医疗卫生发展存在的问题　　单位：%

存在的问题 / 类型	医患关系紧张	社区医疗机构服务弱化，工作积极性下降	医疗人才短缺，很难引进	公立医院公益性差，医疗改革效果不明显	医疗保障水平低	医疗保障政策不科学	到好医院看好医生难、贵	样本量
第一	17.8	11.6	37.2	16.3	7.0	0.8	9.3	129
第二	3.1	7.8	15.5	20.9	20.2	13.2	19.4	129
第三	7.5	3.3	10.0	14.2	16.7	12.5	35.8	120

注：此表格是对干部问卷数据的分析。

(四) 社会保障①

对各项保险制度满意情况的调查结果如图3-19所示。整体来看，受访者对总体社会保险的满意度较低，刚刚超过50%；对其他各项保险制度的满意度也较低，满意度占比均在52%以下。从民族维度看，汉族、

① 此部分数据来源于对家庭问卷的分析。

苗族、土家族和其他少数民族受访者对各项保险制度的满意度水平也都较低，均未超过67%。可见，社会保险制度在凤凰县的实行还存在一定问题，受访者从各项社会保险中获益情况并不乐观，今后还应该进一步加强各项社会保险制度建设，使其充分发挥保障人民生产生活的功能，更好地服务凤凰当地居民。

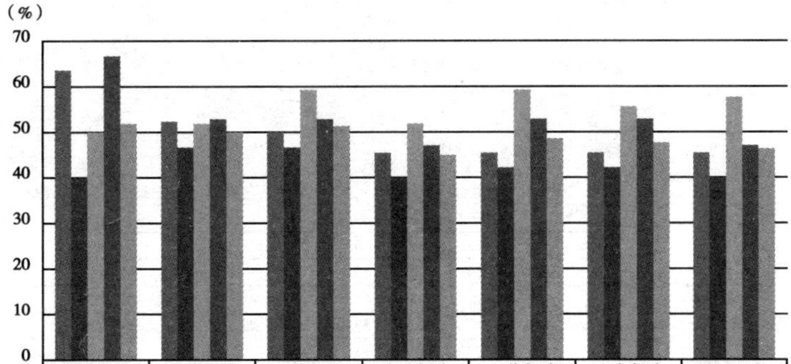

	总体社会保险	养老保险	医疗保险	失业保险	工伤保险	生育保险	死亡遗属保险
汉族（%）	63.6	52.4	50.0	45.5	45.5	45.5	45.5
苗族（%）	40.0	46.7	46.7	40.0	42.2	42.2	40.0
土家族（%）	50.0	51.9	59.3	51.9	59.3	55.6	57.7
其他少数民族（%）	66.7	52.9	52.9	47.1	52.9	52.9	47.1
总体（%）	51.9	50.0	51.4	45.0	48.6	47.7	46.4

图 3-19　受访者对各项保险制度的满意度

受访者对各项社会救助制度的满意度也并不高，对总体社会救助的满意度只有 51.7%（见图 3-20），对其他各项社会救助制度的满意度均在54%以下。从民族维度来看，汉族受访者对总体各项社会救助制度的满意度高于苗族和土家族受访者，但其满意度也只有 58.3%，对其他各项社会救助制度的满意度均在 60%以下；苗族受访者对总体社会救助制度的满意度最低，满意度只有 45%，对其他各项社会救助制度的满意度均在54%以下；土家族受访者对总体社会救助制度的满意度也只有 46.2%，与苗族和汉族受访者相比，土家族受访者对其他各项社会救助制度的满意度较高（66%以下）。可见，各项社会救助制度在凤凰县的实施情况并不乐观，居民从各项社会救助制度中尚未充分获益，对各项社会救助制度的满意度较低。因此，还必须进一步加强各项社会救助制度建设。

整体来看，受访者对各项社会补充保险的满意度较低，对总的社会补充保险、企业年金、职业年金、商业保险、慈善捐赠、集体福利的满意度分别为 50.8%、45.9%、45%、41%、42%、41%（见图 3-21）。从民族维度来看，汉族、苗族、土家族以及其他少数民族受访者对各项社会补充保险的满意度也都较低，满意度均在60%以下。

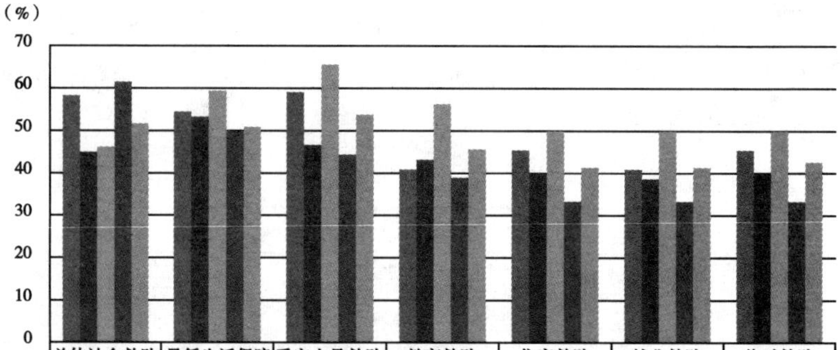

	总体社会救助	最低生活保障	受灾人员救助	教育救助	住房救助	就业救助	临时救助
汉族（%）	58.3	54.5	59.1	40.9	45.5	40.9	45.5
苗族（%）	45.0	53.3	46.7	43.2	40.0	38.6	40.0
土家族（%）	46.2	59.4	65.6	56.3	50.0	50.0	50.0
其他少数民族（%）	61.5	50.0	44.4	38.9	33.3	33.3	33.3
总体（%）	51.7	50.9	53.8	45.7	41.4	41.4	42.7

图3-20 受访者对各项社会救助制度的满意度

这说明，当前凤凰县的社会保障状况并不乐观，受访者在社会保障等方面总体上水平较低，对各项社会保障制度的认可度和满意度较低。因此，政府有必要加大投保力度，以提高凤凰县居民对各项社会保障制度的整体满意度。

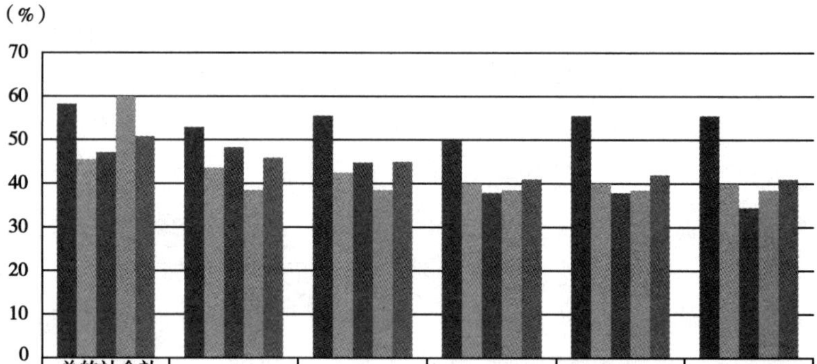

	总的社会补充保险	企业年金	职业年金	商业保险	慈善捐赠	集体福利
汉族（%）	58.3	52.9	55.6	50.0	55.6	55.6
苗族（%）	45.5	43.6	42.5	40.0	40.0	40.0
土家族（%）	47.1	48.3	44.8	37.9	37.9	34.5
其他少数民族（%）	60.0	38.5	38.5	38.5	38.5	38.5
总体（%）	50.8	45.9	45.0	41.0	42.0	41.0

图3-21 受访者对各项社会补充保险制度的满意度

（五）扶贫工作①

图 3-22 报告的是受访干部对 2015 年前凤凰实施的扶贫开发政策、措施的评价。从图中可以看出，受访干部对扶贫开发政策、措施的总体满意度均在 57%以下。与汉族和土家族受访者相比，苗族受访者对各项扶贫开发政策、

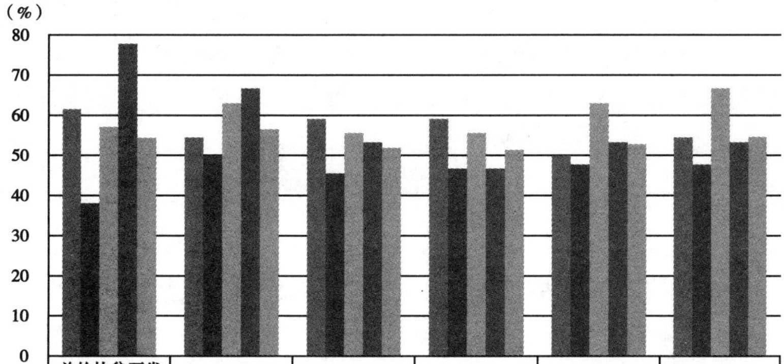

	总的扶贫开发制度	产业脱贫	易地搬迁	生态补偿	教育脱贫	社保兜底
汉族（%）	61.5	54.5	59.1	59.1	50.0	54.5
苗族（%）	38.1	50.0	45.5	46.7	47.7	47.7
土家族（%）	57.1	63.0	55.6	55.6	63.0	66.7
其他少数民族（%）	77.8	66.7	53.3	46.7	53.3	53.3
总体（%）	54.4	56.5	51.9	51.4	52.8	54.6

图 3-22　受访者对 2015 年前扶贫开发政策措施的满意度

措施的总体满意度相对较低，满意度均在 50%以下。相比之下，其他少数民族受访者对总的扶贫政策、措施的满意度相对较高（77.8%以下）。

从整体看来，各民族受访干部对包括产业脱贫、易地搬迁脱贫、生态补偿脱贫、教育脱贫、社保兜底的各项扶贫政策、措施的满意度均不太高。凤凰县作为全国扶贫开发的重点县，贫困人口多、扶贫任务重、攻坚难度大，需要政府及社会各界做出更多的努力，将每一项扶贫政策真正落实到位，惠及贫困群众。

（六）和谐社会②

1. 个人感受

整体来看，家庭问卷中的受访者对社会各领域的公平感均在 2.8 分以

① 此部分数据来源于对干部问卷的分析。

② 此部分数据来源于对家庭问卷的分析。

上（见表3-19），对社会的总体公平感为2.93分，接近比较公平。其中，在语言文字领域的公平感最强，分值为3分。在干部选拔任用领域的公平感相对较弱，分值为2.78分。从城乡维度来看，城镇受访者在除教育和就业领域外的其他领域的公平感均强于农村地区受访者，城镇受访者在就业领域的公平感相对较弱，为2.78分，农业户口受访者在干部选拔任用领域的公平感相对较弱，为2.76分；从民族维度来看，其他少数民族受访者对社会各领域的公平感相对较强，除司法领域外，对其他领域的公平感均在3分以上。汉族受访者对语言文字和投资经营领域的公平感最强，在住房领域和干部选拔任用领域的公平感相对较弱。苗族受访者对语言文字和投资经营领域的公平感相对较强，对干部选拔任用和社会保障领域的公平感相对较弱，分值均在2.8分以下。土家族受访者对语言文字和投资经营领域的公平感相对较强，分值均在2.9分以上，对干部选拔任用和就业领域的公平感相对较弱，分值均在2.8分以下。总的来看，受访者对语言文字、投资经营领域的公平感相对较强，对干部选拔任用、就业领域的公平感相对较弱。

表3-19　　受访者对社会各个领域公平感的体会　　单位：分

领域 城乡、民族	教育	语言文字	医疗卫生	住房	社会保障	司法	干部选拔任用	就业	信息	政府办事	投资经营	总体社会公平感
总体	2.86	3.00	2.85	2.84	2.82	2.90	2.78	2.82	2.90	2.85	2.94	2.93
农村	2.86	2.99	2.84	2.83	2.81	2.89	2.76	2.83	2.89	2.83	2.93	2.92
城镇	2.86	3.04	2.89	2.85	2.85	2.92	2.84	2.78	2.93	2.90	3.00	2.95
汉族	2.82	2.96	2.82	2.79	2.85	2.88	2.78	2.82	2.88	2.85	2.94	2.90
苗族	2.89	2.99	2.87	2.85	2.78	2.90	2.75	2.83	2.87	2.81	2.91	2.93
土家族	2.85	3.04	2.84	2.84	2.83	2.92	2.79	2.75	2.93	2.89	2.99	2.94
其他少数民族	3.00	3.15	3.00	3.00	3.15	2.92	3.08	3.15	3.15	3.00	3.15	3.08

注：本报告对“社会公平感”的评价标准进行量化的方法是：很不公平1分、不太公平2分、比较公平3分、很公平4分，分值越高，公平感越强。

整体来看，家庭问卷中的受访者对当前生活的满意度（非常满意与比较满意之和）为67%（见图3-23）。从民族维度来看，汉族受访者对当前生活的满意度最高（76.3%）；其次为土家族（73.8%）；苗族受访者对当前生活的满意度较低（58. 9%）；其他少数民族受访者对当前生活的满意度最低（46. 2%）。另外，从城乡维度看，城镇地区受访者对当前生活的满意度为 69. 1%，而农村地区受访者对当前生活的满意度为 66. 3%，城镇受访者对当前生活的满意度高出农村地区的受访者 2. 8 个百分点。无论是从民族维度还是城乡维度来看，受访者对当前生活的满意度并不高。

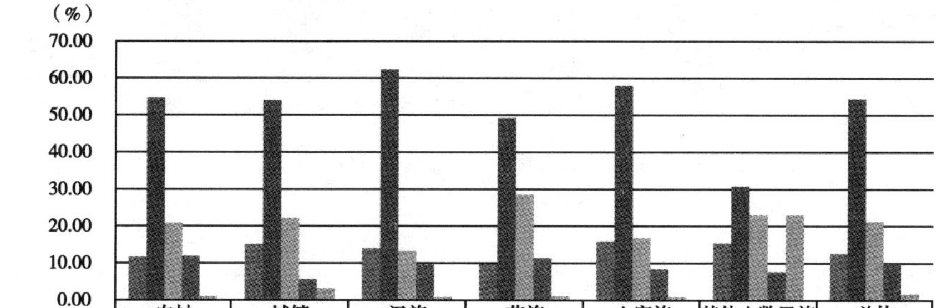

	农村	城镇	汉族	苗族	土家族	其他少数民族	总体
非常满意	11.6	15.1	14.0	9.7	15.9	15.4	12.6
比较满意	54.6	54.0	62.3	49.2	57.9	30.8	54.4
一般	20.8	22.2	13.2	28.6	16.8	23.1	21.2
不太满意	11.9	5.6	9.6	11.4	8.4	7.7	10.0
非常不满意	1.0	3.2	0.9	1.10	0.9	23.1	1.7

图 3-23　受访者对当前生活的满意程度

2. 小康社会

整体来看，家庭问卷中的受访者对凤凰县 2020 年建成小康社会的信心指数较高，82%的受访者认为，2020 年凤凰县可以完成建成小康社会的任务（见图 3-24）。其中，农村地区受访者的信心指数（83. 6%）低于城镇地区受访者（88. 7%）。从民族维度来看，汉族受访者对 2020 年凤凰县实现小康社会的目标信心指数最高（94. 3%）；其次为苗族受访者（84. 7%）；土家族受访者中有 84. 3%的人认为 2020 年凤凰县可以建成小康社会；其他少数民族对凤凰县 2020 年建成小康社会的信心指数相对较低（75. 7%）。

通过对家庭问卷中的数据分析显示，受访者认为，凤凰县 2020 年要实现建成小康社会的宏伟目标最应采取的三项措施分别是加大扶贫开发力度（45. 7%）、加快发展当地经济（25. 4%）、加快基础设施建设（8. 1%），见图 3-25。

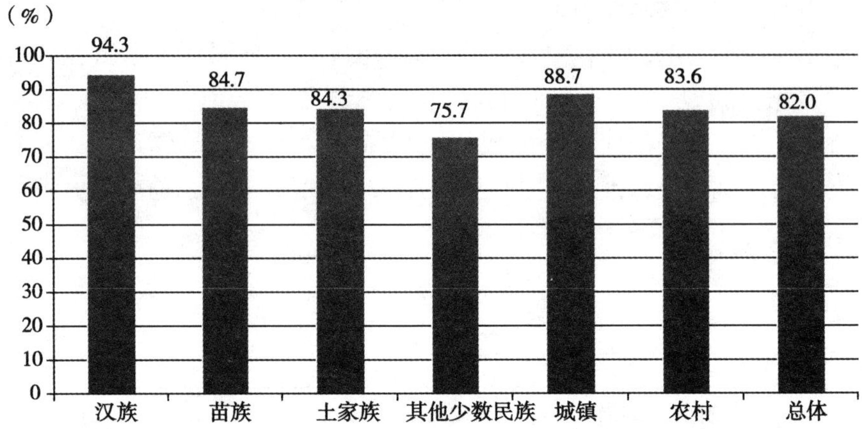

图 3-24　受访者对 2020 年所在县市建成小康社会的信心指数

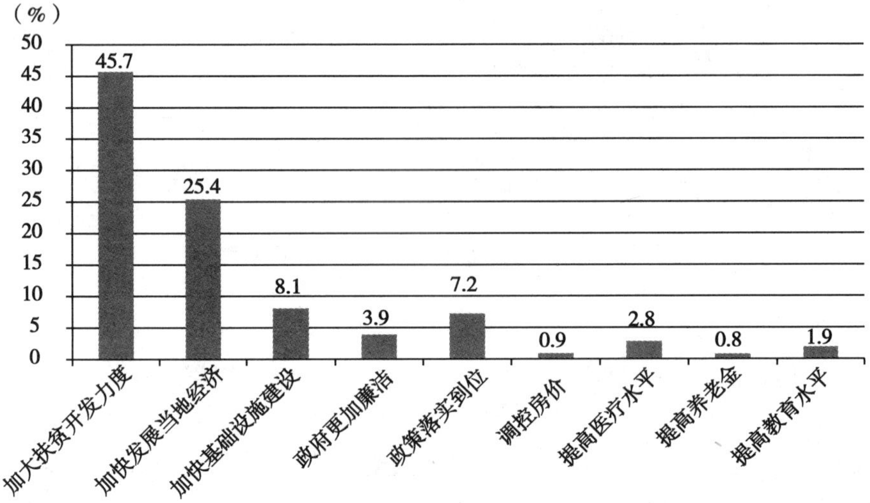

图 3-25　受访者对建成小康社会应采取措施的看法

五　民族文化与宗教信仰①

（一）语言文字

在家庭问卷中，受访者对普通话（语言）的掌握程度如表 3-20 所示。

① 此部分数据来源于对家庭问卷的分析。

53.8%的受访者可以熟练地听、说、读、写普通话，13.1%的受访者能熟练地听、说、读，但不会写，7.2%的受访者可以熟练地听、说，但不会读、写，10.9%的受访者会说一点，9.1%的受访者能听懂，但不会说普通话，5.9%的受访者完全不掌握普通话。其中，城镇受访者对普通话（语言）的掌握程度要好于农业户口受访者，城镇受访者中有81.8%的人可以熟练地听、说、读、写，而农业户口受访者中可以熟练地听、说、读、写普通话的人占比仅为44.8%。从民族维度来看，苗族受访者中，年龄在30岁及以下的受访者对普通话（语言）的掌握度较好，有79.2%的受访者可以熟练地听、说、读、写，其次为年龄在31—45岁的受访者，其中有53.8%的受访者可以熟练地听、说、读、写，61岁及以上的受访者对普通话（语言）的掌握情况最差；土家族中，年龄在31—45岁的受访者对普通话的掌握程度最好，可以熟练地听、说、读、写的受访者占比为80%，其次为年龄在30岁及以下的受访者，可以熟练地听、说、读、写的受访者占比为75%，同样的，61岁及以上的受访者对普通话（语言）的掌握情况最差；其他少数民族中，30岁及以下的受访者100%可以熟练地听、说、读、写，31—45岁的受访者有66.7%可以熟练地听、说、读、写。

表3-20　受访者对普通话（语言）的掌握程度　单位:%

城镇、民族 \ 掌握程度		能熟练地听、说、读、写	能熟练地听、说、读，但不会写	能熟练地听、说，但不会读、写	会说一点	能听懂，但不会说	完全不掌握
总体		53.8	13.1	7.2	10.9	9.1	5.9
农村		44.8	15.4	8.5	13.1	10.8	7.5
城镇		81.8	6.1	3.0	4.0	4.0	1.0
苗族	30岁及以下	79.2	11.3	3.8	5.7	—	—
	31—45岁	53.8	21.2	9.6	7.7	1.9	5.8
	46—60岁	32.4	8.1	16.2	24.3	18.9	—
	61岁及以上	22.0	9.8	9.8	19.5	19.5	19.5
土家族	30岁及以下	75.0	18.8	—	6.3	—	—
	31—45岁	80.0	12.0	8.0	—	—	—
	46—60岁	47.1	20.6	8.8	8.8	8.8	5.9
	61岁及以上	32.0	12.0	4.0	20.0	20.0	12.0

续表

城镇、民族 \ 掌握程度		能熟练地听、说、读、写	能熟练地听、说、读，但不会写	能熟练地听、说，但不会读、写	会说一点	能听懂，但不会说	完全不掌握
其他少数民族	30岁及以下	100.0	—	—	—	—	—
	31—45岁	66.7	—	—	—	—	33.3
	46—60岁	33.3	33.3	—	—	—	33.3
	61岁及以上	—	50.0	—	—	—	50.0
样本量		218	52	29	43	37	24

可见看出，就年龄来讲，年龄在30岁及以下、31—45岁的受访者对普通话（语言）的掌握程度较好。其原因一方面可能是该年龄段的受访者受教育程度较高，另一方面可能是45岁及以下的中青年群体外出打工的人较多，有更多的使用普通话的机会，所以对普通话的掌握程度优于年长者。

在家庭问卷中，受访者对普通话（文字）的掌握情况如表3-21所示。有42%的受访者掌握足够的文字，能流利的书写，14.6%的受访者掌握较多文字，能写书信，13.6%的受访者掌握文字量不够，书写不流利，15.6%的受访者掌握文字量太少，只能写点简单的字句，另有14.3%的受访者完全不能用文字书写。相比于受访者对普通话（语言）的掌握程度，他们对普通话（文字）的掌握情况较差。

其中，城镇受访者对普通话（文字）的掌握程度优于农业户口受访者，城镇受访者中有69.7%的受访者掌握足够的文字，能流利书写；而农业户口受访者中，掌握足够的文字，能够流利书写的受访者占比还不到城镇的一半，仅有33%。

在苗族受访者中，30岁及以下的受访者对普通话（文字）的掌握程度最好，能流利书写的受访者占比高达86.7%，其次为31—45岁的受访者，61岁及以下的受访者对普通话（文字）的掌握情况最差；土家族受访者中，存在同样的情况，对普通话（文字）的掌握程度随着年龄的增长而下降。

可以看出，受访者对普通话（文字）的掌握程度随着年龄增长越来越差。其原因，一方面是年轻群体的受教育程度要好于年长者，另一方面越来越多的年轻人外出务工，有更多的机会与汉族人互相交流和学习，因此对普通话（文字）的掌握程度好于年长者。

表 3-21　受访者对普通话（文字）的掌握程度　单位：%

城乡、民族 \ 掌握程度		掌握足够文字，能流利书写	掌握较多文字，能写书信	掌握文字数量不够，书写不流利	掌握文字数量太少，只能写点简单字句	完全不能用文字书写
总体		42.0	14.6	13.6	15.6	14.3
农村		33.0	15.7	15.4	17.6	18.3
城镇		69.7	11.1	8.1	9.1	2.0
苗族	30岁及以下	86.7	6.7	—	6.7	—
	31—45岁	52.6	15.8	10.5	10.5	10.5
	46—60岁	38.5	12.8	17.9	17.9	12.8
	61岁及以上	40.0	5.7	17.1	20.0	17.1
土家族	30岁及以下	69.9	19.2	6.8	2.7	1.4
	31—45岁	52.5	18.8	12.5	7.5	8.8
	46—60岁	19.2	15.1	20.5	30.1	15.1
	61岁及以上	14.5	11.6	13.0	23.2	37.7
样本量		171	59	53	62	58

在家庭问卷中，有25.3%的受访者表示能熟练地听、说、读、写本民族语言（见表3-22），40.8%的受访者能熟练地听、说、读，但不会写。其中，城镇受访者中，有32.9%的受访者可以熟练地听、说、读、写，32.9%的受访者能熟练地听、说、读，但不会写；农业户口受访者中，有23.3%的受访者可以熟练地听、说、读、写，有42.9%的受访者可以熟练地听、说、读，但不会写。从不同年龄段来看，他们对本民族语言的掌握程度并没有出现太大差异，没有出现随着年龄增长对本民族语言掌握越来越差的情况。这主要是因为，年轻人大部分出去打工，他们常年在外，大部分时间使用普通话进行交流，而年长者常年生活在当地，平时生活中基本都用本民族语言进行交流。所以随着年龄的增长，可以熟练地说本民族语言的受访者占比越来越高。

表 3-22　受访者对本民族语言的掌握程度　单位：%

城乡、年龄 \ 掌握程度	能熟练地听、说、读、写	能熟练地听、说、读，但不会写	能熟练地听、说，但不会读、写	会说一点	能听懂，但不会说	完全不掌握
总体	25.3	40.8	11.3	3.0	3.0	16.7

续表

城乡、年龄 \ 掌握程度	能熟练地听、说、读、写	能熟练地听、说、读，但不会写	能熟练地听、说，但不会读、写	会说一点	能听懂，但不会说	完全不掌握
农村	23.3	42.9	11.3	3.0	3.0	16.5
城镇	32.9	32.9	11.4	2.9	2.9	17.1
30岁及以下	29.3	42.7	8.0	6.7	2.7	10.7
31—45岁	24.1	42.2	7.2	1.2	4.8	20.5
46—60岁	22.2	40.0	15.6	2.2	3.3	16.7
61岁及以上	25.6	39.5	12.8	2.3	1.2	18.6
样本量	83	136	37	10	10	56

家庭问卷中的受访者对于增加民族语言或民语、双语出版物的态度如图3-26所示。支持的受访者占比92%，不支持的受访者占比仅有8%。从民族维度看，苗族、土家族、其他少数民族受访者中，有90%以上的受访者都支持增加民族语言或民语、双语出版物；汉族受访者中，支持增加民族语言或民语、双语出版物的受访者占比也达到81.8%。可见，凤凰县受访者对增加民族语言或民语、双语出版物的支持度都比较高。

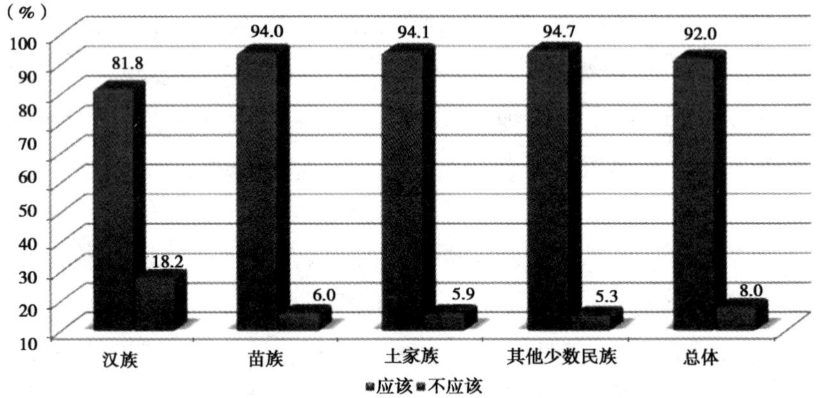

图3-26　受访者对增加民族语言或民语、双语出版物的态度

（二）民族文化

在家庭问卷中，73.3%的受访者认为凤凰县民族文化的主要特色是少数民族特色文化为主（见图3-27），12.2%的受访者认为凤凰县民族文化的主要特色是区域文化特色鲜明，另有 12. 2%的受访者认为凤凰县民族文化的主要特色是多元文化特色，2. 3%的受访者认为凤凰县民族文化的主要特色是现代流行文化。可以看出，凤凰县民族文化的主要特色还是少数民族文化，因为凤凰县是以苗族、土家族为主的少数民族地区，民族构成具有多元性，其文化特色也必然是具有各个民族特点的少数民族文化。

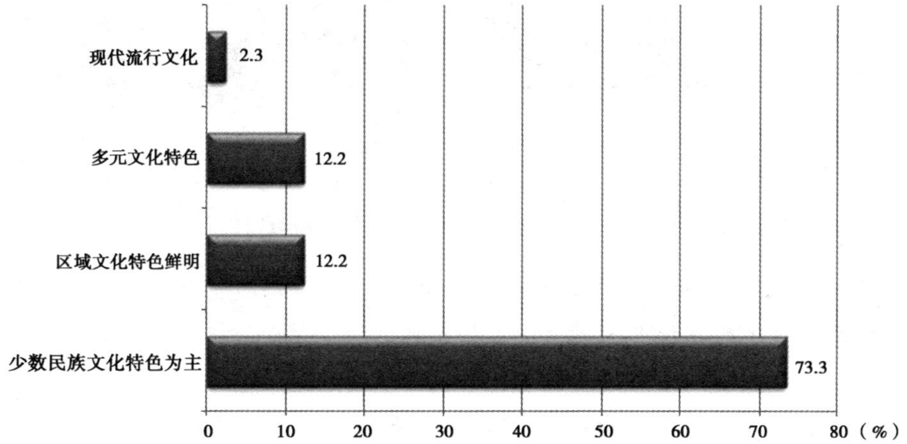

图 3-27　受访者认为的当地民族文化的主要特色

家庭问卷中的受访者接受本民族语言、文字和风俗习惯的意愿占比如图 3-28 所示。苗族受访者中，对民族语言的接受程度最高（90. 2%），其次为对民族生活习俗的接受意愿占比（87. 9%），对民族文字的接受意愿占比为 79. 2%，对特色手工的接受意愿占比为 78. 9%，相比之下，对民族宗教信仰的接受意愿占比较低（70. 2%）；在土家族受访者中，对民族语言接受意愿占比最高（81%），对特色手工的接受意愿占比次之（80. 7%），对生活习俗的接受意愿占比仅次为特色手工（80. 6%），对民族文字和宗教信仰的接受意愿占比较低；在其他少数民族受访者中，对本民族生活习俗的接受意愿占比最高（78. 6%），对民族语言、民族文字的接受意愿占比刚刚超过 50%，对宗教信仰和本民族特色手工的接受意愿占比较低，均在 30%以下。

在对当地民族文化、地域文化保护工作的评价方面，家庭问卷中有 50. 4%的受访者认为做得好（见图 3-29），47. 3%的受访者认为做得一般，另有 2. 3%的受访者认为做得不好。其中，城镇受访者中，有 54. 1%的受访者认为民族文化、地域文化保护工作做得好，42. 4%的受访者认为

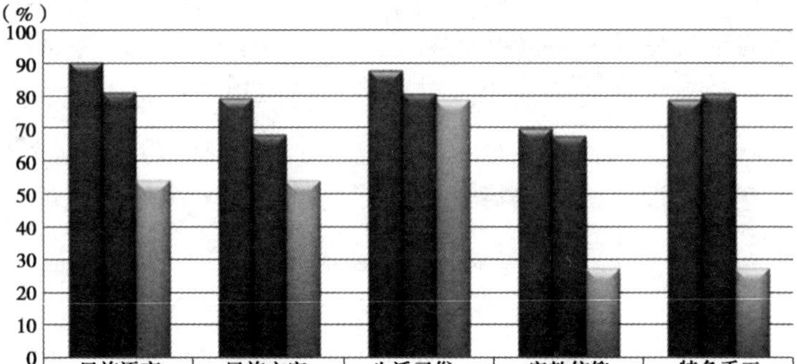

	民族语言	民族文字	生活习俗	宗教信仰	特色手工
苗族（%）	90.2	79.2	87.9	70.2	78.9
土家族（%）	81.0	68.1	80.6	67.9	80.7
其他少数民族（%）	54.5	54.5	78.6	27.3	27.3

图 3-28　受访者接受本民族语言、文字和风俗习惯的意愿占比

做得一般，3.5%的受访者认为做得不好。农业户口受访者中，43.2%的受访者认为民族文化、地域文化保护工作做得好，56.8%的受访者认为做得一般，认为做的不好的受访者比例为0；从民族维度来看，汉族受访者对民族文化、地域文化保护工作的评价最高，其中有56.5%的受访者认为做得好，苗族受访者中有50%的受访者认为做得好，土家族受访者中有51.4%的受访者认为工作做得好，其他少数民族中有42.9%的受访者认为做得好。所以，总体看来，凤凰县民族文化、地域文化保护工作做的并不到位，尤其在凤凰县旅游业迅速发展的情况下，很可能会出现一些过度商业化而不注重民族文化保护的现象。在今后的发展中，凤凰县需要更加重视民族、地域文化的保护工作。

在家庭问卷中，各民族受访者对最需要开发的少数民族文化类型的看法如表3-23所示。苗族受访者中，认为第一位需要开发的少数民族文化是服饰，第二位需要开发的少数民族文化是传统节日，第三位是文娱活动和饮食；土家族受访者中，认为第一位需要开发的少数民族文化是传统节日，第二位需要开发的少数民族文化是服饰，第三位是文娱活动；其他少数民族对最需要开发的少数民族文化的排序分别是传统节日、服饰、饮食。从户籍维度看，农业户口受访者中，苗族受访者对最需要开发的少数民族文化的排序是民居、传统节日、宗教信仰；土家族的受访者对最需要开发的少数民族文化的排序是民居、服饰、日常礼仪并列第一，传统节日第二，传统生产方式第三；其他少数民族对最需要开发的少数民族文化的排序是传统节日、日常礼仪、服饰。在非农业户口受访者中，苗族受访者

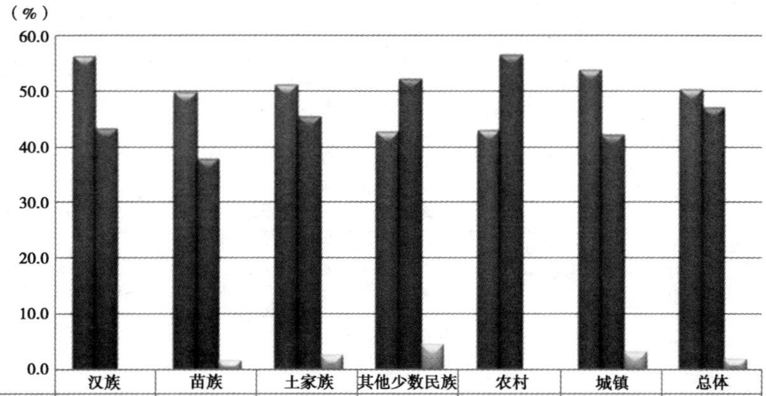

	汉族	苗族	土家族	其他少数民族	农村	城镇	总体
好（%）	56.5	50.0	51.4	42.9	43.2	54.1	50.4
一般（%）	43.5	38.0	45.7	52.4	56.8	42.4	47.3
不好（%）	—	2.0	2.9	4.8	—	3.5	2.3

图 3-29　受访者当地民族文化、地域文化保护工作的评价

对最需要开发的少数民族文化排序为服饰、传统节日、饮食；土家族受访者对最需要开发的少数民族文化的排序是民居、服饰、传统节日、日常礼仪并列第一，文娱活动和饮食并列第二，宗教信仰等相关活动第三；其他少数民族受访者认为第一位应该开发的少数民族文化是传统节日，第二位是服饰，第三位是日常礼仪。

表 3-23　受访者对最需要开发的少数民族文化类型的看法　单位：%

文化类型＼民族		农业户口 苗族	农业户口 土家族	农业户口 其他少数民族	非农户口 苗族	非农户口 土家族	非农户口 其他少数民族	苗族	土家族	其他少数民族
第一位	民居	42.1	22.2	33.3	15.6	19.2	27.3	25.5	20.0	30.0
	服饰	31.6	22.2	22.2	34.4	19.2	27.3	33.3	20.0	25.0
	传统节日	21.1	22.2	44.4	25.0	30.8	36.4	23.5	28.6	40.0
	日常礼仪	5.3	22.2	—	6.3	15.4	9.1	5.9	17.1	5.0
	文娱活动	—	—	—	3.1	3.8	—	2.0	2.9	—
	饮食	—	—	—	6.3	3.8	—	3.9	2.9	—
	传统生产方式	—	11.1	—	3.1	—	—	2.0	2.9	—
	宗教信仰等相关活动	—	—	—	6.3	7.7	—	3.9	5.7	—

续表

民族 文化类型		农业户口			非农户口			苗族	土家族	其他少数民族
		苗族	土家族	其他少数民族	苗族	土家族	其他少数民族			
第二位	民居	5. 3	11. 1	11. 1	9. 4	12. 0	9. 1	7. 8	11. 8	—
	服饰	26. 3	22. 2	33. 3	6. 3	32. 0	27. 3	13. 0	29. 4	30. 0
	传统节日	42. 1	44. 4	22. 2	40. 6	28. 0	9. 1	41. 2	32. 4	15. 0
	日常礼仪	5. 3	—	33. 3	9. 4	8. 0	9. 1	7. 8	5. 9	20. 0
	文娱活动	5. 3	11. 0	—	15. 6	4. 0	—	11. 8	5. 9	—
	饮食	5. 3	11. 0	—	3. 1	8. 0	—	3. 9	8. 8	—
	传统生产方式	5. 3	—	—	9. 4	8. 0	18. 2	7. 8	5. 9	10. 0
	宗教信仰等相关活动	5. 3	—	—	6. 3	—	27. 3	5. 9	—	15. 0
第三位	民居	—	—	11. 1	6. 3	8. 7	9. 1	3. 9	6. 5	10. 0
	服饰	10. 5	—	33. 3	6. 3	13. 0	9. 1	7. 8	9. 7	20. 0
	传统节日	5. 3	—	22. 2	6. 3	26. 1	18. 2	5. 9	19. 4	20. 0
	日常礼仪	10. 5	—	—	12. 5	8. 7	27. 3	11. 8	6. 5	15. 0
	文娱活动	26. 3	25. 0	11. 1	18. 8	17. 4	—	21. 6	19. 4	5. 0
	饮食	10. 5	25. 0	11. 1	28. 1	13. 0	18. 2	21. 6	16. 1	15. 0
	传统生产方式	5. 3	37. 5	—	—	—	9. 1	2. 0	9. 7	5. 0
	宗教信仰等相关活动	31. 6	12. 5	11. 1	21. 9	13. 0	9. 1	25. 5	12. 9	10. 0

家庭问卷的受访者关于少数民族特色或本地风俗特色对本地文化产业发展促进作用的看法如图 3-30 所示。52. 5%的受访者认为少数民族特色或本地风俗特色对本地文化产业发展促进作用大，42. 9%的受访者认为作用不大，4. 7%的受访者认为没有作用。其中，城镇受访者中，有 69. 3%的受访者认为少数民族特色或本地风俗特色对本地文化产业发展促进作用大，29. 1%的受访者认为作用不大，1. 6%的受访者认为没有促进作用；农业户口受访者中，有 44. 8%的受访者认为少数民族特色或本地风俗特色对本地文化产业发展促进作用大，49. 1%的受访者认为作用不大，6%的受访者认为没作用。从民族维度来看，汉族受访者中，有 48. 2%的受

访者认为少数民族特色或本地风俗特色对本地文化产业发展促进作用大，认为作用不大的受访者比例为44.6%，有7.1%的受访者认为没作用；苗族受访者中，有57.1%的受访者认为促进作用大，39.6%的受访者认为作用不大，3.3%的受访者认为没有作用；土家族受访者中，48%的受访者认为促进作用大，49%的受访者认为作用不大，3%的受访者认为没有作用；其他少数民族受访者中，57.1%的受访者认为促进作用大，28.6%的受访者认为促进作用不大，14.3%的受访者认为少数民族特色或本地风俗特色对本地文化产业发展没有作用。

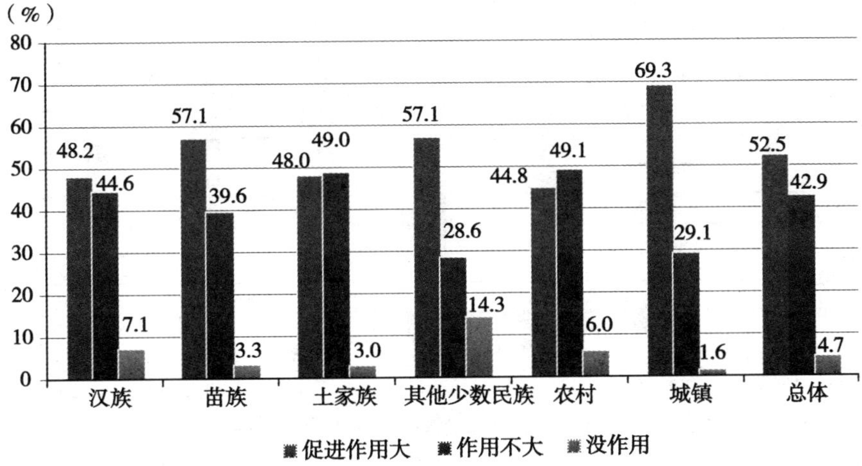

图3-30　受访者对少数民族特色或本地风俗特色对本地文化产业发展促进作用的看法

家庭问卷中的受访者对开发旅游资源和保护民族文化遗产发生冲突时的态度如图3-31所示。当开发旅游资源和保护民族文化遗产发生冲突时，80%的受访者认为应该优先保护民族文化，19.2%的受访者认为应该以发展经济、提高现代生活水平为主，0.8%的受访者认为应该先开发，有钱再保护民族文化。其中，农业户口受访者中，有79.5%的受访者认为应该优先保护民族文化，18.2%的受访者认为应该以发展经济、提高现代生活水平为主，2.3%的受访者认为应该先开发，有钱再保护；城镇受访者中，有80.2%的受访者认为应该优先保护民族文化，19.8%的受访者认为应该以发展经济、提高现代生活水平为主，认为应该先开发，有钱再保护的受访者占比为0。从民族维度来看，苗族受访者中，75%的受访者认为应该优先保护民族文化，25%的受访者认为应该以发展经济、提高现代生活水平为主；土家族受访者中，82.4%的受访者认为应该优先保护民族文化，14.7%的受访者认为应该以发展经济、提高现代生活水平为主，2.9%的受访者认为应该先开发，有钱再保护；其他少数民族受访者中，有81%的受访者认为应该优先保护民族文化，19%的受访者认为应该以发展经济、提高现代生活水平为主。总的来看，当开发旅游资源和保护民族文化遗产发生冲突时，超过75%的受访者认为应当优先保护民族文化，以发展经济、提高现代生活水平为主次之，而认为应该先开发，有钱再保护的受访者占比很低。这说明，凤凰县的受访者对民族文化保护与开发民族文化发展经济之间的关系有着比较正确和科学的认识。

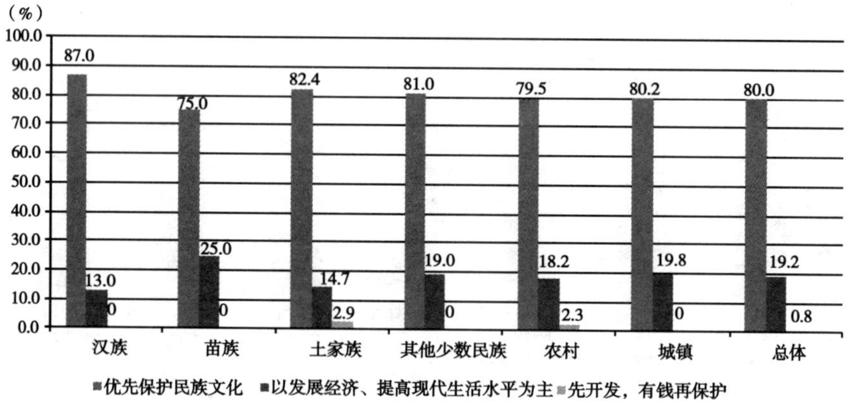

图3-31　受访者对开发旅游资源和保护民族文化遗产发生冲突时的态度

（三）宗教信仰

在家庭问卷中，对“宗教信仰是每个人的自由”这一观点，78.4%的受访者表示同意（见图3-32），21.6%的受访者表示不同意。其中，苗族受访者中同意该观点的占比最高，为84.7%；其次为土家族受访者，同意率为75.6%；汉族受访者同意该观点的占比为71.7%；其他少数民族受访者同意该观点的占比为69.2%。可见，大部分的受访者都同意宗教信仰是每个人的自由，政府不应该干预个人的宗教信仰。对“更喜欢有宗教信仰的人”这一观点，69.9%的受访者表示不同意，30.4%的受访者同意该观点。其中，汉族受访者中同意此种观点的占比为28.9%，不同意此种观点的受访者占比为71.1%；苗族受访者中，同意此观点的受访者占比为30.5%，不同意此种观点的受访者占比为69.5%；土家族受访者中，同意此种观点的受访者占比相对较小，仅为20.6%，不同意此种观点的受访者占比为79.4%；其他少数民族受访者同意此种观点的占比较高，为55.1%，不同意此种观点的受访者占比为44.9%。可见，汉族、苗族、土家族受访者大部分都不认同“跟喜欢有宗教信仰的人”的观点，而除苗族、土家族外的其他少数民族相对来说，赞同此种观点的人数更多。对“世界上不存在所谓的神灵”这一观点，79.2%的受访者都表示同意。其中其他少数民族受访者中同意此种观点的受访者占比最高，为82%；其次为汉族受访者，有80.9%的受访者认同世界上并不存在神灵这一观点；苗族受访者中，有79.2%的受访者认同世界上并不存在所谓的神灵，有20.8%的受访者不同意这一观点；土家族受访者中认同此种观点的受访者占比为79.7%，不同意此种观点的受访者占比为20.3%。可见，超过70%的受访者都认为世界上并不存在所谓的神灵。

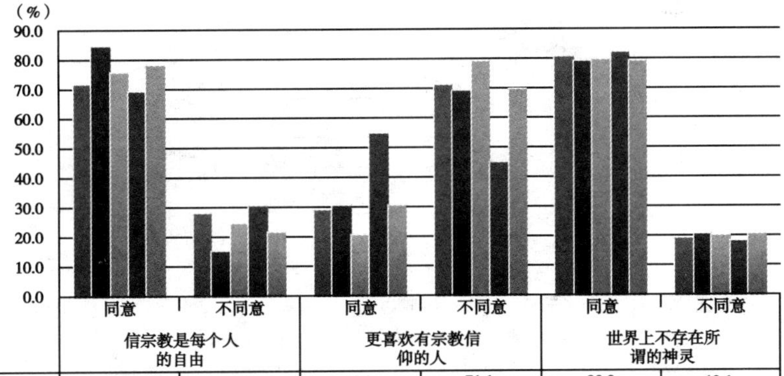

	信宗教是每个人的自由		更喜欢有宗教信仰的人		世界上不存在所谓的神灵	
	同意	不同意	同意	不同意	同意	不同意
汉族（%）	71.7	28.3	28.9	71.1	80.9	19.1
苗族（%）	84.7	15.3	30.5	69.5	79.2	20.8
土家族（%）	75.6	24.4	20.6	79.4	79.7	20.3
其他少数民族（%）	69.2	30.8	55.1	44.9	82.0	18.0
总体（%）	78.4	21.6	30.4	69.6	79.2	20.8

图3-32　受访者对宗教信仰的看法（1）

在家庭问卷中，对“不同时期（或不同情境下）可以有不同的宗教信仰”这一观点，76%的受访者表示同意（见图3-33）。其中，汉族受访者中，有65%的受访者同意此种观点，有35%的受访者不同意此种观点；苗族受访者中，有79.4%的受访者同意“不同时期（或不同情境下）可以有不同的宗教信仰”这一观点，20.6%的受访者不同意此种观点；土家族受访者中同意此种观点的受访者占比为76.1%；其他少数民族受访者中，同意此种观点的受访者占比为69.8%。对“人不应该同时信仰多种宗教”这一观点，有 39.6%的受访者同意，60.4%的受访者不同意。其中，汉族受访者中，有 41.5%的受访者认为人不应该同时信仰多种宗教，而有 58.5%的受访者认为可以同时信仰多种宗教；苗族受访者中，同意此种观点的受访者占比为 40.6%；土家族受访者中，有 31.9%的受访者同意此种观点；其他少数民族受访者中，有 50%的受访者同意此种观点。可见，除其他少数民族受访者外，汉族、苗族、土家族受访者中大多数受访者不同意“不应该同时信仰多种宗教”这一观点，即他们都认为人可以同时信仰多种宗教。对“人活着应该有宗教信仰”这一观点，46.2%的受访者表示同意，其中，其他少数民族受访者同意的占比最高，为 53.6%，苗族受访者为 52.4%，汉族、土家族受访者在 40%以下。

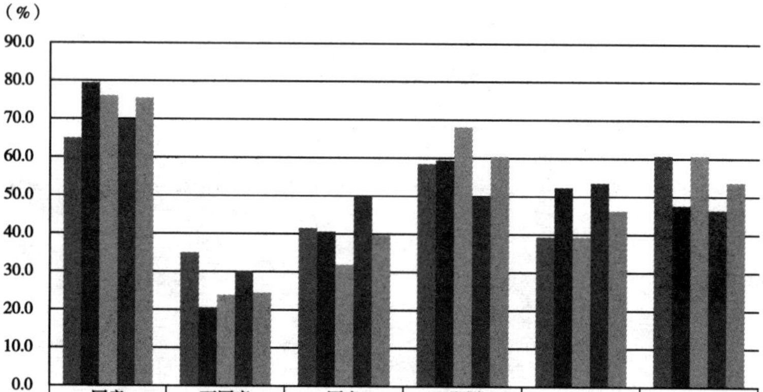

	不同时期（或不同情境下）可以有不同的宗教信仰		不应该同时信仰多种宗教		人活着应该有宗教信仰	
	同意	不同意	同意	不同意	同意	不同意
汉族（%）	65.0	35.0	41.5	58.5	39.3	60.7
苗族（%）	79.4	20.6	40.6	59.4	52.4	47.6
土家族（%）	76.1	23.9	31.9	68.1	39.3	60.7
其他少数民族（%）	69.8	30.2	50.0	50.0	53.6	46.4
总体（%）	76.0	25.0	39.6	60.4	46.2	53.8

图 3-33　受访者对宗教信仰的看法（2）

在家庭问卷中，受访者对科学与宗教之间关系的看法如图 3-34 所示。82.2%的受访者认为科学与宗教相辅相成。汉族、苗族、土家族、其他少数民族受访者对“科学与宗教相辅相成”这一观点的同意占比均在 80%以上。29.3%的受访者认为宗教都是迷信，其中各个民族对“所有的宗教都是迷信”这一观点的同意占比均在 20%以下。对宗教与民间信仰之间的关系，62.3%的受访者同意“民间信仰是一种宗教”这一观点，其中汉族、苗族、土家族、其他少数民族受访者对“民间信仰是一种宗教”的同意占比均超过了58%。

总的来看，凤凰县受访者对宗教信仰抱有一种自由、宽容、科学的态度，他们大部分人都认为宗教信仰是个人的自由，不应该受到干涉，并且认为人在不同时期或不同情境下可以信仰不同宗教，宗教并不完全是迷信，它与科学是相辅相成的，民间信仰也是一种宗教。

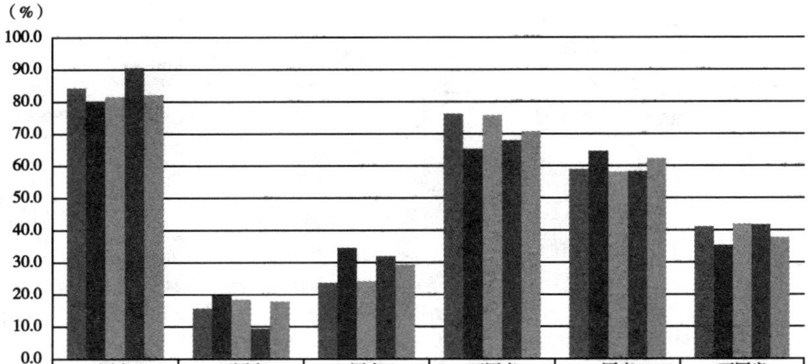

	科学与宗教相辅相成		所有的宗教都是迷信		民间信仰也是一种宗教	
	同意	不同意	同意	不同意	同意	不同意
汉族（%）	84.3	15.7	23.7	76.3	58.9	41.1
苗族（%）	80.2	19.8	34.6	65.4	64.7	35.3
土家族（%）	81.6	18.4	24.2	75.8	58.1	41.9
其他少数民族（%）	90.6	9.4	32.0	68.0	58.3	41.7
总体（%）	82.2	17.8	29.3	70.7	62.3	37.7

图3-34　受访者对宗教信仰的看法（3）

六　民族政策与民族关系

（一）民族政策

1. 干部培养政策

干部问卷受访者对少数民族干部培养政策执行情况的评价如图3-35所示。认为该政策效果好的受访者占比57.4%，认为该政策效果一般的受访者占比40.7%，另有1.9%的受访者认为该政策的效果不好。从民族维度看，土家族受访者对少数民族干部培养政策的好评占比最高（69.2%）；其次为汉族受访者（56.5%）；苗族受访者占比最低（53.7%）；其他少数民族受访者对该政策执行情况的好评占比仅有50%。干部问卷中的受访者是少数民族干部培养政策的直接受惠对象，但是无论从整体还是从民族维度来看，受访者对少数民族干部培养政策执行情况的好评占比并不是太高，除了土家族之外，其他民族的好评占比都在 60% 以下。出现这种情况的原因，可能是对该政策的宣传并不到位，导致受访者对该政策的了解受到限制。这也说明，少数民族干部从这一政策中的受惠情况并不乐观，少数民族干部培养政策在执行过程中还存在问题。

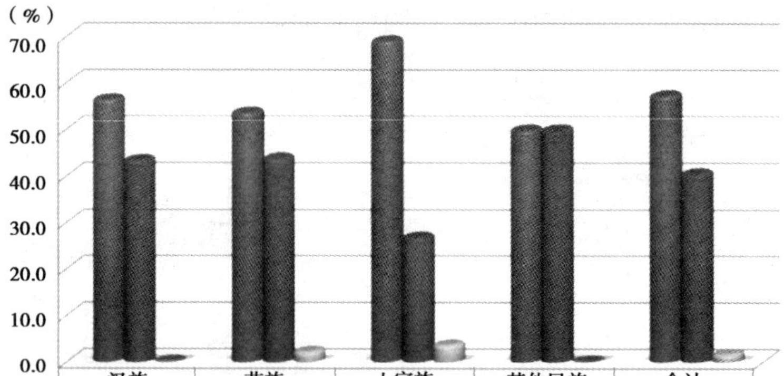

	汉族	苗族	土家族	其他民族	合计
好(%)	56.5	53.7	69.2	50.0	57.4
一般(%)	43.5	43.9	26.9	50.0	40.7
不好(%)	—	2.4	3.8	—	1.9

图 3-35　受访者对少数民族干部培养政策执行情况的评价（1）

在家庭问卷中，整体来看，受访者对少数民族干部培养政策执行情况的好评占比较低，并未超过 50%，仅为 48.3%（见图 3-36），整体评价低于干部问卷中的受访者。从民族维度来看，土家族受访者对少数民族干部培养政策执行情况的好评占比最高，为 63.2%；其次为其他少数民族受访者，好评占比为 57.1%；苗族受访者对该政策的好评占比为 51.3%；汉族受访者对对少数民族干部培养政策执行情况的好评占比最低，仅为 47.4%。

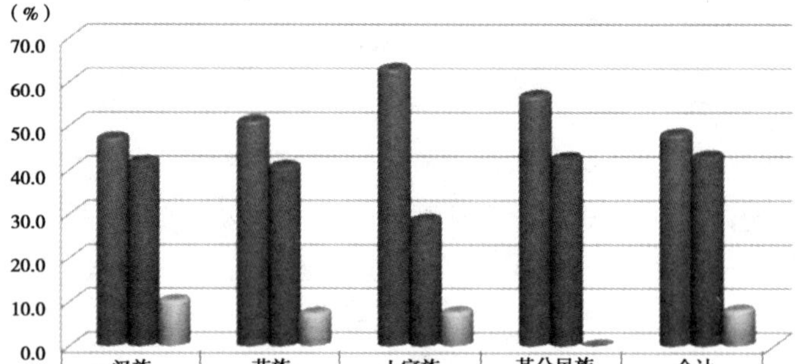

	汉族	苗族	土家族	其分民族	合计
好(%)	47.4	51.3	63.2	57.1	48.3
一般(%)	42.1	41.0	28.9	42.9	43.3
不好(%)	10.5	7.7	7.9	—	8.3

图 3-36　受访者对少数民族干部培养政策执行情况的评价（2）

与干部问卷相比，家庭问卷中的受访者对该政策的好评占比普遍较低。这是因为，干部是该政策的主要惠及对象，而普通百姓在该政策中受惠较少，因此对该政策的好评占比低于干部问卷中的受访者。

2. 高考加分政策

在干部问卷中，整体来看，受访者对少数民族高考加分政策执行情况的好评占比为 73.1%（见图 3-37）；从民族维度来看，各民族对少数民族高考加分政策执行情况的好评占比都在 60%以上。其中，汉族受访者对该政策执行情况的好评占比最高（78.3%）；土家族受访者对该政策执行情况的好评占比次之（77.4%）；苗族受访者对少数民族高考加分政策执行情况的好评占比较低（70.2%）；其他少数民族受访者对该政策执行情况的好评占比最低（66.7%）。与少数民族干部培养政策相比，干部受访者对少数民族高考加分政策执行情况的好评占比普遍高于前者，这说明，干部受访者从少数民族高考加分政策中受惠较多，也说明该政策的执行情况好于少数民族干部培养政策。

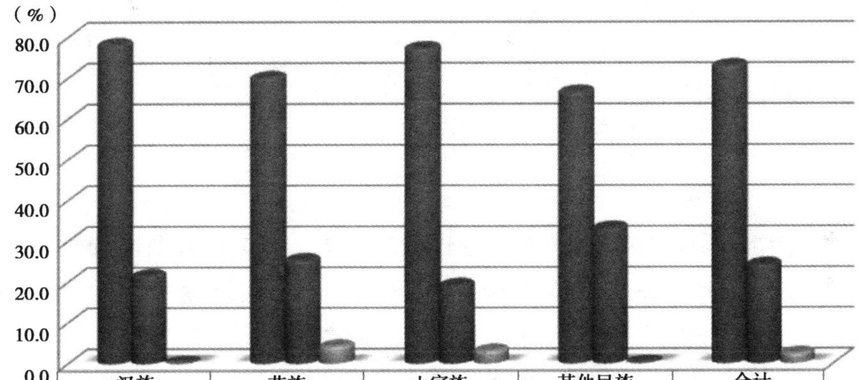

	汉族	苗族	土家族	其他民族	合计
好	78.3	70.2	77.4	66.7	73.1
一般	21.7	25.5	19.4	33.3	24.4
不好	—	4.3	3.2	—	2.5

图 3-37　受访者对高考加分政策执行情况的评价（1）

家庭问卷中，受访者整体对少数民族高考加分政策执行情况的好评占比为 74%（见图 3-38）。从民族维度看，土家族受访者对该政策的好评占比最高（78.4%）；其次为汉族受访者（73.1%）；苗族受访者对该政策执行情况的好评占比为 72.5%；其他少数民族受访者对该政策执行情况的好评占比最低（66.7%）。这一方面说明了土家族受访者从少数民族高考加分政策中受惠较多。另一方面，汉族受访者不是该政策的惠及对象，但是对该政策执行情况的好评占比却并不低，这说明，少数民族高考加分政策在凤凰县的执行情况较好，受访者对该政策的认可度较高。

通过干部问卷和家庭问卷的对比分析，我们发现，二者对高考加分政策的评价情况比较一致，没有出现明显的差别。

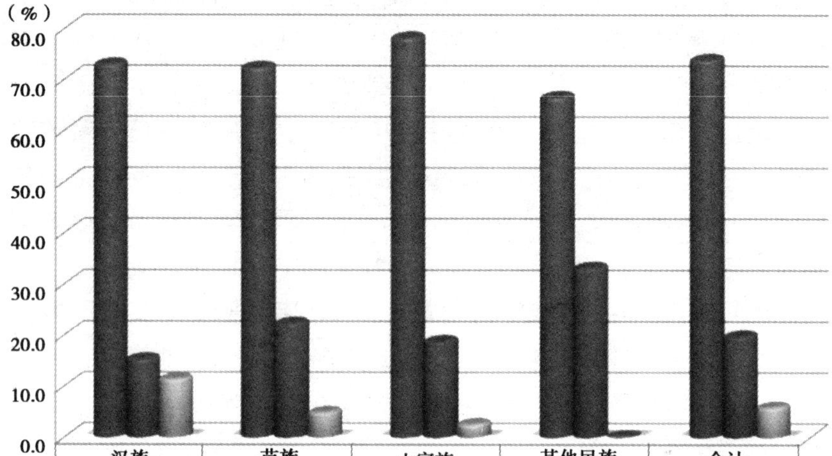

	汉族	苗族	土家族	其他民族	合计
好	73.1	72.5	78.4	66.7	74.0
一般	15.4	22.5	18.9	33.3	19.9
不好	11.5	5.0	2.7	—	6.0

图3-38　受访者对高考加分政策执行情况的评价（2）

3. 经济援助

干部问卷中，受访者对少数民族经济援助政策执行情况的好评占比偏低，好评占比仅为56.3%（见图3-39）。从民族维度来看，土家族受访者对该政策执行情况的好评占比最高（63%）；汉族受访者次之（56.5%）；苗族受访者对少数民族经济援助政策执行情况的好评占比为54.5%；其他少数民族受访者对该政策执行情况的好评占比最低（50%）。这说明，少数民族经济援助政策的执行效果并不理想，还存在一些问题。

在家庭问卷中，受访者整体对少数民族经济援助政策执行情况的好评占比也普遍偏低，其好评占比刚刚超过50%，仅为52.4%（见图3-40）。从民族维度来看，土家族受访者对该政策执行情况的好评占比最高（62.5%）；汉族受访者对少数民族经济援助政策执行情况的好评占比为53.6%；苗族受访者对少数民族经济援助政策执行情况的好评占比最低（46.5%）；其他少数民族对该政策执行情况的好评占比为57.1%。可以看出，无论是干部问卷中的受访者，还是家庭问卷中的受访者，对该政策

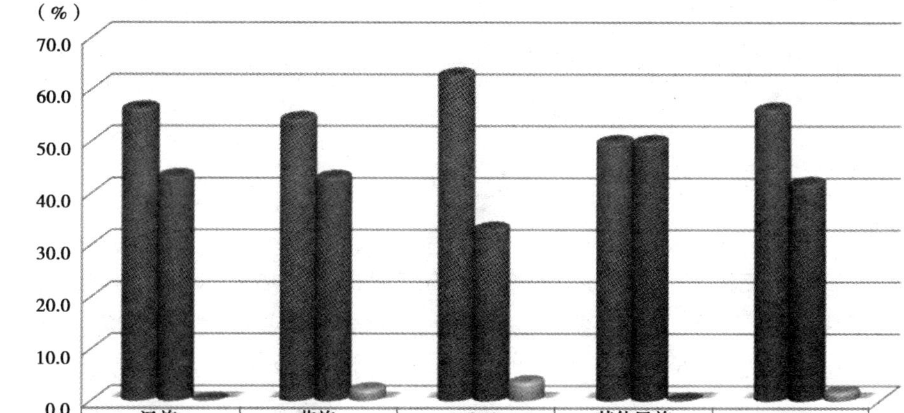

	汉族	苗族	土家族	其他民族	合计
好	56.5	54.5	63.0	50.0	56.3
一般	43.5	43.2	33.3	50.0	42
不好	—	2.3	3.7	—	1.8

图 3-39　受访者对少数民族经济援助政策执行情况的评价（1）

执行情况的好评占比都并不高，说明受访者从该政策中的获益情况并不乐观，少数民族经济援助政策的执行效果也并不理想，在今后，对该政策的执行还需要进一步完善。

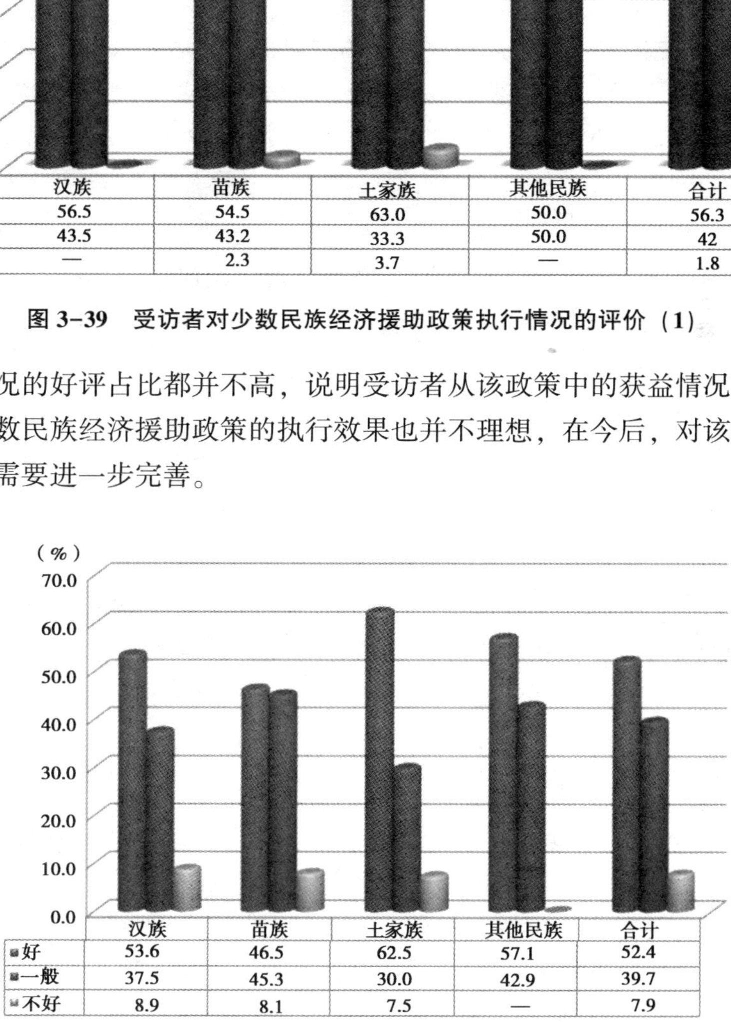

	汉族	苗族	土家族	其他民族	合计
好	53.6	46.5	62.5	57.1	52.4
一般	37.5	45.3	30.0	42.9	39.7
不好	8.9	8.1	7.5	—	7.9

图 3-40　受访者对少数民族经济援助政策执行情况的评价（2）

干部问卷受访者和家庭问卷受访者对经济援助政策的好评占比均较低，尚未超过60%。说明无论是干部群体还是普通群众从该政策中的获益情况都不够乐观，需要在今后的工作中进一步落实好经济援助政策。

（二）民族关系[①]

对于改革开放前至今的民族关系，凤凰县的受访者认为，全国的民族关系是不断改善的。其对民族关系的好评占比从改革开放前的50.9%（见图3-41），提升到改革开放以来的71.6%，再到21世纪以来的83.6%，对党的十八大以来民族关系的好评占比高达87.8%，好评占比上升了36.9个百分点。从民族维度来看，汉族受访者对改革开放以前至今的全国民族关系的评价占比不断提升，对改革开放前的全国民族关系好评占比为51.4%，改革开放以来的全国民族关系好评占比为67.5%，21世纪以来的民族关系好评占比上升至81.2%，党的十八大以来的全国民族关系好评占比达到了84.3%；苗族受访者对全国民族关系好评占比提升的百分点最多，从改革开放前的50.2%，提升到党的十八大以来的91.7%，其好评占比上升了41.5个百分点；土家族受访者对全国民族关系的好评占比也是不断提升，改革开放前对全国民族关系的好评占比为56.1%，对改革开放以来全国民族关系好评占比为79.5%，其对21世纪以来全国民族关系的好评占比达到了87.6%，对党的十八大以来民族关系的好评占比高达89%，对全国民族关系的好评占比从改革开放前至党的十八大以来，提升了32.9个百分点；其他少数民族受访者对全国不同时期的好评占比也是不断上升，从改革开放前的47.1%上升至党的十八大以来的75.9%的好评占比，其好评占比上升了28.8个百分点。可以看出，无论是从整体角度，还是从民族维度来看，全国的民族关系都是不断改善的。

受访者认为，从改革开放前到党的十八大以来，凤凰县本地民族关系也是不断改善的，民族关系呈现和谐发展的态势。整体来看，受访者对改革开放以前到党的十八大以来凤凰县本地民族关系的好评占比不断提升，其好评占比从改革开放前的50.7%提升到党的党的十八大以来的88.3%（见图3-42），对凤凰县本地民族关系的好评占比上升了37.6个百分点。从民族维度来看，苗族受访者对凤凰县本地民族关系的好评占比提升最多，其对改革开放前凤凰县本地民族关系的好评占比为47.7%，对党的

---

① 此部分数据来源于对干部问卷与家庭问卷的合并分析。

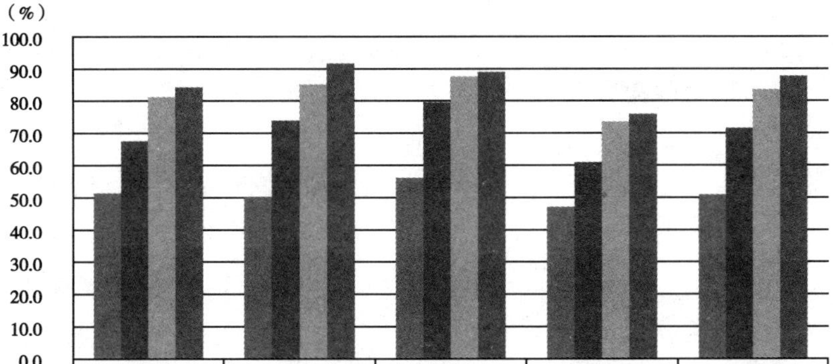

	汉族	苗族	土家族	其他民族	总体
改革开放前	51.4	50.2	56.1	47.1	50.9
改革开放以来	67.5	73.9	79.5	60.9	71.6
21世纪以来	81.2	85.2	87.6	73.5	83.6
党的十八大以来	84.3	91.7	89.0	75.9	87.8

图 3-41　对全国不同历史时期民族关系的好评占比

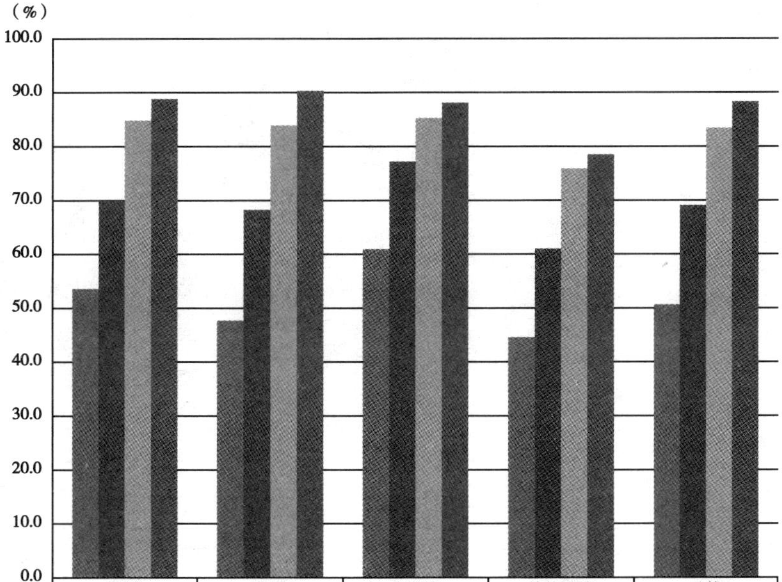

	汉族	苗族	土家族	其他民族	总体
改革开放前	53.6	47.7	60.9	44.6	50.7
改革开放以来	70.0	68.2	77.2	61.0	69.1
21世纪以来	84.8	83.9	85.3	75.9	83.4
党的十八大以来	88.8	90.3	88.1	78.5	88.3

图 3-42　受访对象对本地不同历史时期民族关系的好评占比

十八大以来本地民族关系的好评占比高达 90.3%，好评占比从改革开放以前到党的十八大以来上升了 42.6 个百分点；汉族受访者对凤凰县本地民族关系的好评占比由改革开放前的53.6%上升至党的十八大以来的88.8%，好评占比上升了35.2个百分点；土家族对凤凰县本地民族关系的好评占比由改革开放前的60.9%上升到党的十八大以来的88.1%，好评占比上升了27.2个百分点；其他少数民族受访者对凤凰县本地民族关系的好评占比也是不断上升，好评占比从改革开放前的44.6%上升到党的十八大以来的78.5%，对本地民族关系的好评占比上升了33.9个百分点。可以看出，从改革开放前到党的十八大以来，凤凰县本地的民族关系不断改善，民族关系越来越和谐。

（三）民族交往[①]

凤凰县的汉族受访者族际间的交往意愿较强。整体来看，汉族受访者与其他少数民族居民在聊天、成为邻居、一起工作方面的交往意愿占比都达到了100%（见图3-43），在成为亲密朋友、结为亲家、诉说心事、借

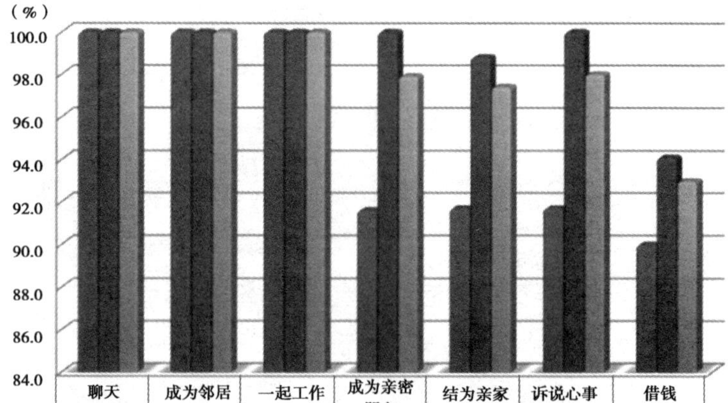

	聊天	成为邻居	一起工作	成为亲密朋友	结为亲家	诉说心事	借钱
农业户口受访者	100	100	100	91.6	91.7	91.7	90.0
非农业户口受访者	100	100	100	100	98.8	100	94.1
总体	100	100	100	97.9	97.4	98.0	93.0

图3-43　汉族受访者与少数民族居民不同交往类型的意愿占比

钱等稍显私密和敏感的交往领域中的交往意愿占比也都在90%以上。从户籍维度看，农业户口受访者与其他少数民族在聊天、成为邻居、一起工作方面的交往意愿占比也都达到了100%，在成为亲密朋友、结为亲家、诉说心事、借钱方面的交往意愿占比分别为91.6%、91.7%、91.7%、

① 此部分数据来源于对干部问卷与家庭问卷的合并分析。

90%，在上述方面的交往意愿占比低于整体水平。非农业户口受访者与其他少数民族居民在聊天、成为邻居、一起工作、成为亲密朋友、诉说心事方面的交往意愿占比都高达100%，即使在结为亲家、借钱这两个更为私密和敏感的领域，交往意愿占比也都相对较高，分别为98.8%、94.1%。可以看出，相比于农业户口受访者，非农业户口受访者在与其他少数民族居民交往方面有着更为开放的心态。

与汉族受访者相比，少数民族受访者与汉族居民的交往意愿占比低于前者，但整体水平仍然较高，都在89%以上（见图3-44）。整体来看，

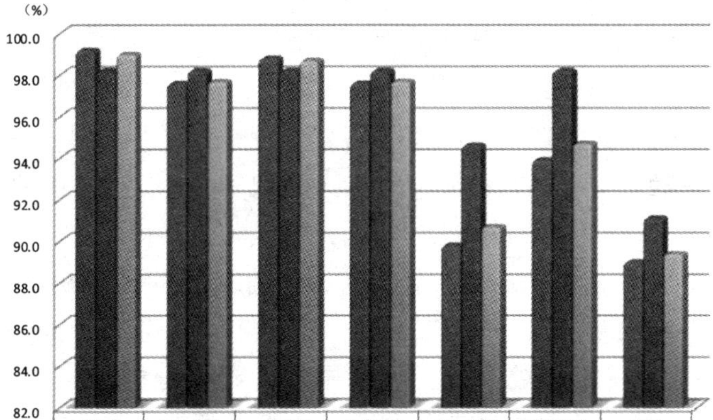

	聊天	成为邻居	一起工作	成为亲密朋友	结为亲家	诉说心事	借钱
农业户口受访者	99.2	97.6	98.8	97.6	89.8	93.9	89.0
非农业户口受访者	98.2	98.2	98.2	98.2	94.6	98.2	91.1
总体	99.0	97.7	98.7	97.7	90.7	94.7	89.4

图3-44　少数民族受访者与汉族居民不同交往类型的意愿率

少数民族受访者与汉族受访者在聊天、成为邻居、一起工作、成为亲密朋友、结为亲家、诉说心事、借钱方面的交往意愿占比分别为99%、97.7%、98.7%、97.7%、90.7%、94.7%、89.4%。从户籍维度来看，农业户口受访者与汉族居民在聊天、成为邻居、一起工作、成为亲密朋友、结为亲家、诉说心事、借钱方面的交往意愿占比分别为99.2%、97.6%、98.8%、97.6%、89.8%、93.9%、89%，在结为亲家、借钱两方面的交往意愿占比都低于90%；非农业户口受访者与汉族居民在聊天、成为邻居、一起工作、成为亲密朋友、结为亲家、诉说心事、借钱方面的交往意愿占比分别为98.2%、98.2%、98.2%、98.2%、94.6%、98.2%、91.1%，他们在与汉族居民结为亲家、借钱方面的交往意愿占比高于农业户口受访者，意愿占比均在90%以上。

总的来说，少数民族受访者与汉族居民的交往意愿同样较为强烈和开放，其中，与农业户口受访者相比，非农业户口受访者与汉族居民在交往方面的心态更为开放，这可能与城镇社会经济的发展水平有关，少数民族居民在城镇里的交往机会也相对较多，因此形成了他们更为强烈的交往意愿和更为包容、开放的交往心态。

（四）民族意识和国家意识①

在面对外国人询问时，家庭问卷中的受访者对所回答身份的排序如表3-24所示。80%的受访者认为中华民族（中国人）身份排在第一位，17.1%的受访者认为中华民族（中国人）身份和本民族身份不分先后，另有占比2.9%的受访者认为本民族身份优先于中华民族（中国人）的身份。从民族维度来看，汉族受访者中，认为中华民族（中国人）身份更加重要的受访者占比80.7%，认为民族身份更加重要的受访者占比1.8%，认为两种身份不分先后的受访者占比17.5%；在苗族受访者中，认为中华民族身份优先于本民族身份的受访者占比81.6%，认为本民族身份优先的受访者占比3.8%，认为两种身份不分先后的受访者占比14.6%；土家族受访者中，认为中华民族身份排在第一位的受访者占比73.6%，认为本民族身份优先的受访者占比1.9%，认为两种身份不分先后的受访者占比24.5%；在其他少数民族受访者中，认为中华民族身份优先的受访者占比64.3%，认为民族身份优先的受访者占比0，认为中华民族身份和本民族身份同样重要的受访者占比35.7%。

表3-24　受访者面对外国人询问时，受访者对所回答身份的排序　单位：%

民族＼身份排序		中华民族（中国人）、本民族	本民族、中华民族（中国人）	中华民族（中国人）和本民族不分先后
汉族	农业	79.7	1.4	18.8
	非农业	82.2	2.2	15.6
	合计	80.7	1.8	17.5
苗族	农业	84.2	4.4	11.4
	非农业	66.7	—	33.3
	合计	81.6	3.8	14.6

① 此部分是对家庭问卷的分析。

续表

民族＼身份排序		中华民族（中国人）、本民族	本民族、中华民族（中国人）	中华民族（中国人）和本民族不分先后
土家族	农业	70.5	2.6	26.9
	非农业	82.1	0.0	17.9
	合计	73.6	1.9	24.5
其他民族	农业	61.5	0.0	38.5
	非农业	100	—	—
	合计	64.3	—	35.7
总计		80.0	2.9	17.1
样本量		168	6	36

可以看出，苗族和汉族受访者的国家意识更为强烈。从户籍维度看，在汉族、土家族、其他少数民族中，非农业户口受访者回答的中华民族身份优先的占比均高于农业户口受访者。但是苗族受访者例外。在苗族受访者中，农业户口受访者回答的中华民族身份优先的占比高于非农业户口受访者。但总的来看，非农业户籍受访者的国家意识要强于农业户籍受访者的国家意识。

家庭问卷中，受访者对民族身份和本地人身份的态度如表3－25所示。71%的受访者认为本地人身份和民族身份同样重要，17.6%的受访者认为本地人身份更加重要，11.4%的受访者认为民族身份更加重要。从民族维度来看，在汉族受访者中，认为民族身份重要的占比7%，认为本地人身份重要的受访者占比26.3%，认为民族身份和本地人身份一样重要的占比66.7%；在苗族受访者中，回答民族身份重要的占比10.3%，回答本地人身份重要的占比15.7%，回答民族身份和本地人身份一样重要的占比74.1%；在土家族受访者中，回答民族身份重要的占比6.6%，回答本地人身份重要的占比17%，回答民族身份和本地人身份同样重要的占比76.4%；在其他少数民族受访者中，认为民族身份重要的占比7.1%，认为本地人身份重要的占比28.6%。认为两种身份同样重要占比64.3%。从户籍维度看，汉族中，非农业户口受访者的民族认同和地域认同高于农业户口受访者；苗族中，农业户口受访者的民族认同和地域认同高于非农业户口受访者；土家族中，非农业户口受访者的民族认同和地域认同高于农业户口受访者。

表 3-25　受访者对民族身份和本地人身份的态度　单位:%

民族 \ 态度		民族身份	本地人身份	民族身份和本地人身份一样重要
汉族	农业	5.8	26.1	68.1
	非农业	8.9	26.7	64.4
	总计	7.0	26.3	66.7
苗族	农业	11.4	16.5	72.2
	非农业	3.7	11.1	85.2
	总计	10.3	15.7	74.1
土家族	农业	6.4	15.4	78.2
	非农业	7.1	21.4	71.4
	总计	6.6	17.0	76.4
其他民族	农业	7.7	30.8	61.5
	非农业	—	—	100
	总计	7.1	28.6	64.3
合计		11.4	17.6	71.0
样本量		24	314	103

家庭问卷中，受访者对民族身份和公民身份的态度如表 3-26 所示。大部分受访者认为民族身份和公民身份同样重要（69.5%）。认为民族身份更加重要的受访者占比 3.3%，认为公民身份更加重要的受访者占比 27.1%。从民族和户籍维度看，在汉族受访者中，非农业户口受访者的民族认同和国家认同高于农业户口受访者；在苗族受访者中，农业户口受访者的民族认同要高于非农业户口受访者，而非农业户口受访者的国家认同要高于农业户口受访者；在土家族中，非农业户口受访者的民族认同和国家认同均高于农业户口受访者。总的来看，土家族受访者的民族认同度最高（5.7%），其次是苗族受访者（4.3%），汉族受访者的民族认同感相对较低（0.9%）。而其他民族受访者的国家认同感最强（42.9%），高于汉族（29.8%）、苗族（22.2%）和土家族（22.6%）受访者。

表 3-26　受访者对民族身份和公民身份的态度　单位:%

民族 \ 身份		民族身份	公民身份	民族身份和公民身份一样重要
汉族	农业	—	27.5	72.5
	非农业	2.2	33.3	64.4
	合计	0.9	29.8	69.3

续表

民族＼身份		民族身份	公民身份	民族身份和公民身份一样重要
苗族	农业	4.4	20.3	75.3
	非农业	3.7	33.3	63.0
	合计	4.3	22.2	73.5
土家族	农业	5.1	19.2	75.6
	非农业	7.1	32.1	60.7
	合计	5.7	22.6	71.7
其他民族	农业	—	46.2	53.8
	非农业	—	—	100
	合计	—	42.9	57.1
总计		3.3	27.1	69.5
样本量		7	57	146

（五）民族身份平等①

在家庭问卷中，94.1%的受访者认为民族身份在外出旅游、出国时没有障碍（见表3-27），2%的受访者认为民族身份在外出旅游、出国时经常有障碍，3.4%的受访者认为偶尔有障碍，0.5%的受访者认为很少有障碍。从民族维度来看，苗族受访者中，有2.2%的受访者认为民族身份在外出旅游、出国时经常有障碍、5.5%的受访者认为偶尔存在障碍，1.1%的受访者认为甚少有障碍，91.2%的受访者认为没有障碍；在土家族受访者中，3.9%的受访者认为偶尔有障碍，1%的受访者认为很少有障碍，95.1%的受访者认为民族身份在外出旅游、出国时没有障碍；其他少数民族中，100%的受访者认为民族身份在外出旅游、出国时没有障碍。从户籍维度看，城镇户籍受访者中，有94.7%的受访者认为没有障碍，农村户籍受访者中，有93.5%的受访者认为没有障碍。整体来看，民族身份对凤凰县受访者在外出旅游、出国时的影响并不大。

① 此部分是对家庭问卷的分析。

表 3-27　受访者在对民族身份在外出旅游、出国时存在障碍的态度　单位：%

障碍 民族、城乡	经常有	偶尔有	很少	没有
苗族	2.2	5.5	1.1	91.2
土家族	—	3.9	1.0	95.1
其他少数民族	—	—	—	100
总体	1.2	3.7	1.2	93.8
农村	1.6	3.2	1.6	93.5
城镇	—	5.3	—	94.7
总体	2.0	3.4	0.5	94.1
样本量	4	7	1	191

民族身份对工作的影响如图 3-45 所示。在民族身份对就业岗位的影响方面，苗族受访者中，有 10.4%的受访者受到过歧视，89.6%的受访者并未受到过歧视；土家族受访者中，5%的受访者表示受到过歧视，95%的受访者表示并未受到过歧视；其他少数民族受访者中，7.7%的受访者表示受到过歧视，92.3%的受访者表示并未受到歧视。在职位升迁方面，苗族受访者中，有 5%的受访者表示受到过歧视，95%的受访者表示并未受到歧视；土家族受访者中，有 7.7%的受访者表示受到过歧视，92.3%的人表示并未受到过歧视；在其他少数民族受访者中，有 5.5%的受访者表示受到过职位升迁方面的歧视，94.5%的受访者表示未受歧视。在收入水平方面，苗族受访者中，7.7%的受访者认为自己受到过歧视，92.3%的受访者认为未受歧视；土家族受访者中，5%的受访者认为受到过歧视，95%的受访者认为自己未受歧视；其他少数民族受访者中，有 7.7%的受访者认为自己受到过歧视，92.3%的受访者认为在收入水平方面未受歧视。

总的来看，少数民族身份在就业岗位、职位升迁、收入水平方面还存在着少数的歧视现象，但并不严重，超过 90%的受访者都认为没有在这些方面受到过歧视。可以说，凤凰县地区民族身份平等基本实现，但还存在着完善和提升的空间。

七　结论与建议

中国社会科学院民族学与人类学研究所支持的中国社会科学院创新工

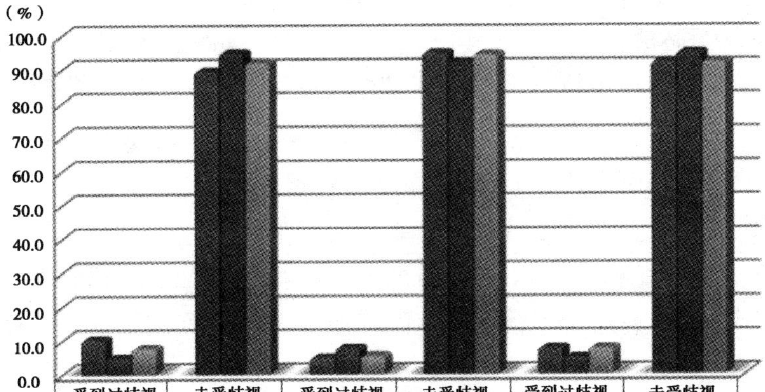

	就业岗位		职位升迁		收入水平	
	受到过歧视	未受歧视	受到过歧视	未受歧视	受到过歧视	未受歧视
苗族	10.4	89.6	5.0	95.0	7.7	92.3
土家族	5.0	95.0	7.7	92.3	5.0	95.0
其他少数民族	7.7	92.3	5.5	94.5	7.7	92.3

图 3-45　受访者对民族身份在就业、职位升迁、收入方面歧视情况的态度

程重大专项《21 世纪初中国少数民族地区经济社会发展综合调查》，于 2016 年在湘西土家族苗族自治州凤凰县进行了家庭问卷和干部问卷的抽样调查，代表性描述凤凰县的经济社会全貌，并在详细描述中发现凤凰县在 21 世纪以来出现的新发展与新问题。

（一）结论

1. 21 世纪以来，随着凤凰县申报国家历史文化名城的成功，凤凰县的经济在旅游产业的带动下迅速发展，逐渐摆脱了以农业为主导产业的经济发展格局。随着旅游业的发展，凤凰县出现了人口的加速流动，越来越多的外地人来到凤凰，从事起与旅游业相关的餐饮、住宿、酒吧等旅游服务行业。同时，凤凰本地到外地打工的人数逐渐增加。外出务工增加了他们的经济收入，改善了他们的生活水平。调查中发现，年收入集中在 10000—30000 元之间的群体规模不断扩大，收入在 10000 元以下的群体规模较小。60%的受访者都表示与 5 年前相比，自己的经济收入水平上升了。可以说，凤凰县旅游业的发展和外出务工人员的增加不仅提高了居民的经济收入和当地经济发展水平，同时也使凤凰县与外界的联系更加密切和频繁。

2. 在以旅游业带动凤凰县经济发展的同时，凤凰县也十分重视环境保护工作。95%的受访者认为，近年来凤凰县政府实施的环保政策取得效果较好。其中效果最好的三项环保措施分别是垃圾处理、退耕还林、提高环境保护和宣传力度。但同时，凤凰县的环境保护工作还存在着一些问题，比如环保政策执行力差、环保投入不足、环保人才缺乏等。

3. 近年来，凤凰县的公共基础设施建设取得了明显的成效。受访者对各项公共基础设施建设的满意占比均超过了50%。但是，农村地区的基础设施建设与城镇地区还存在着一定差距。农村地区的教育设施、医疗设施、治安设施、活动中心等方面的建设和发展均滞后于城镇。另外，在幼儿园、小学、中学、社区卫生院、治安设施、活动中心、运动场所、农贸市场、车站码头、邮电所、银行等公共基础设施方面，城乡均有不同程度的缺失，尤其是在活动中心、运动场所等相关基础设施方面，农村地区缺失较多，比值均超过20%。这说明，无论是城镇还是农村，在基础设施建设方面都存在不同程度的欠缺，必须要进一步加强城镇地区和农村地区的公共基础设施建设。

4. 在凤凰县居民的受教育程度方面，总的来说，汉族、苗族、土家族的受教育程度趋于一致，没有出现分化现象。受教育程度主要集中在小学、初中、高中阶段，专科及以上受教育程度的受访者占比相对较低，未上学的受访者比例最低。同时，无论是汉族、苗族还是土家族，城镇地区的受教育程度均高于农村地区。

5. 在医疗卫生方面，可以说，凤凰县的医疗卫生改革是成功的，并且超过80%的受访者对医疗卫生改革持满意的态度，但是在医疗改革的过程中还存在一些问题。61.5%的受访者认为医疗改革并没有彻底解决看病费用高的问题，21.2%的受访者认为，还存在着医疗保险报销占比较低的问题，另外还存在着到大医院看病难、基层医疗机构作用小、医生服务态度不好等问题。所以，凤凰县在未来的医疗卫生事业发展过程中应该对这些问题给予足够的重视，进一步解决这些问题，更好地满足当地百姓的医疗卫生服务需求。

6. 在民族文化方面，凤凰县居民对普通话的掌握程度较好。其中0-45岁的居民对普通话的掌握程度最好。其原因可能是因为旅游业的发展，加速了外地人口的流入和本地人口的流出，增加了他们与外界交往的机会；另一方面，教育事业的发展，人民受教育水平的提升也可能是导致其普通话掌握程度越来越好的原因之一。在民族关系方面，无论是对全国不同历史时期的民族关系，还是对凤凰本地不同时期的民族关系，凤凰县居民的感受都是民族关系越来越和谐，各民族之间越来越团结友爱。对于不同民族之间的相互交往，也都表现出了很强烈的族际间的交往意愿，甚至在结为亲家、借钱等比较敏感的领域，各民族人民之间的交往意愿也都很强。

（二）建议

1. 在未来的发展中，凤凰县应该在保护本民族文化的基础上，不断地挖掘本民族的优秀文化遗产，以进一步丰富凤凰县旅游业的发展内涵，增加凤凰县旅游业发展的可持续性。在发展旅游业的同时，还应该进一步优化产业结构，带动与旅游业相关的服务行业的发展。另一方面，要充分利用当地独特的自然资源，发展适合本地实情的现代农业，增加凤凰县经济发展的多样性，提高当地的经济发展水平和居民的经济收入水平。

2. 在发展旅游业的同时，要注重环境保护和本民族优秀文化遗产的保护。应该深刻认识到，凤凰县独特的民族文化是其旅游业发展的长远所在，应该避免旅游业发展的过度商业化，增加其文化内涵，重视挖掘民族文化，将民族文化丰富到旅游业的发展中去，提高凤凰县旅游业发展的可持续性。同时，还要进一步加大对环境保护的资金投入力度，重视整治在发展旅游业过程中产生的垃圾污染、水污染、餐饮污染等问题。

3. 要加快凤凰县的公共基础设施建设，尤其是农村地区的基础设施建设。应该认识到，基础设施既是完善城市功能、提升城市环境的必然要求，也是拉动投资、扩大内需、促进消费的重要手段。因此，必须加快发展基础设施建设，努力改善农村地区医疗卫生等基础设施薄弱的现状，完善城镇的各项基础设施，进一步丰富居民的文化生活，提升居民的生活质量。

4. 加快教育事业的发展。鉴于目前凤凰县农村学校基础设施落后的现状，必须要加强农村学校基础设施建设，在现有基础上，继续扩大投资力度，尽快改变农村学校基础设施落后的现状。继续深入实施农村学校危房改造工程、农村寄宿制学校建设、农村中小学教育信息化工程。努力为农村师生提供一个安全、舒适的教育教学环境，缩小城乡教育差距，促进教育公平。

5. 必须要多渠道加大对凤凰县少数民族地区医疗卫生事业的资金投入力度。要在政策和资金上加大对乡村医疗卫生的投入，国家要实行中央和地方的财政向农村基层医疗卫生倾斜的政策，特别是县—乡—村三级医疗卫生机构，提高基层医疗服务水平。除了必要的资金支持以外，国家还应配套出台一些农村税费改革措施，支持农村地区医疗卫生事业的发展。要逐步提高政府卫生投入占卫生总费用的比重，使居民个人基本医疗卫生费用负担有效减轻，解决居民的看病难、看病贵问题。

第四章

广西环江毛南族自治县经济社会发展综合调查报告

广西环江毛南族自治县位于广西西北部，云贵高原东南麓，九万大山山麓，东经107°51′—108°43′，北纬24°44′—25°33′，隶属河池市。环江东邻罗城县、柳州市融水县，南接宜州市、河池市金城江区，西隔打狗河与南丹县相望，北与贵州荔波、从江两县毗连，距广西首府南宁市331公里，距桂林340公里，距金城江48公里，距宜州67公里。

环江地处桂西北云贵高原与桂中岩溶平原过渡的斜坡地带，属高丘石山地区，总的地势北高南低，四周山岭绵延，中部偏南为丘陵，略呈盆地；西与西北多为石山；东北多为土山。北与东北部属侵蚀的中低山地貌，是苗岭山脉九万大山的一部分，山体庞大，沟谷纵横，全县森林资源主要分布在此区域；中北部为低山峰丛地貌区；中南部为中高丘侵蚀地貌区；西南部为喀斯特地貌区。

环江境内主要有大环江、小环江、中洲河和打狗河四条河，均发源于贵州省，从北向南贯穿县境，汇入龙江。大环江全长164.8公里，县境内147.2公里，流域面积8850平方公里，年均流量62.4立方米/秒。小环江全长136.5公里，境内长94.1公里，流域面积2338平方公里，年均流量39.3立方米/秒。加上各支流，全县河流总长631.3公里。

环江境内自然土壤有红壤、黄红壤、黄壤、棕色石灰土、黑色石灰土五个土壤亚类。成土母岩以砂页岩、石灰岩为主，砂岩、页岩次之。其中，黄壤分布在海拔800米以上的中低山地；黄红壤分布在海拔500—800米低山；红壤分布在海拔500米以下的丘陵地或低山中下部；石灰土主要分布在石灰岩地区。

环江矿产资源丰富，具有分布广、种类多、储量大和品位高等特点。已发现可供开发矿种有20多种，矿产地30多处，已探明矿藏达1161万吨，矿产潜在价值80.95亿元。主要有煤、褐铁矿、黄铁矿、铜、铅、锌、磷、石膏、石棉、滑石、白云石、水晶、锰、雄黄矿、锡、银、硫、铀、瓷土、方解石、大理石、冰洲石和汞等28种矿产。其中铅锌矿的储量、品位均属广西之首。

环江县下辖12个乡镇、148个行政村（社区），居住着壮、毛南、苗、瑶等多个少数民族，总人口37.82万人。环江有六大特点：一是全国唯一的毛南族自治县。全县毛南族人口5.8万多人，占全县总人口14.38%。二是广西国土面积大县。全县面积4572平方公里，居广西县级第三位。三是物产丰富。环江的“菜牛”和“五香”（香猪、香牛、香米、香鸭、香菇）等特产名扬区内外，环江是全国菜牛之乡，同时境内有丰富的煤、铅、锌等矿产资源。四是生态环境良好。环江是广西第三林业大县，国家级生态示范区和全国绿化模范县，境内有九万山久仁和木论喀斯特两个国家级自然保护区，环江喀斯特目前正在申报世界自然遗产，环江还是“全国兰花之乡”。五是全国最大的贫困人口接收安置县之一，自20世纪90年代以来，共接收安置了都安、大化、东兰三县近6万贫困人口以及原大型国有采煤企业——红茂矿务局政策性关闭破产后2万多职工及家属。六是国家重点扶持贫困县，全县经济发展滞后，基础设施较为薄弱，目前还有85个村是贫困村。①

一　调查对象基本情况

“广西环江毛南族自治县经济社会发展综合调查”的分析数据来源于中国社会科学院民族学与人类学研究所主持的中国社会科学院创新工程重大课题“21世纪初中国少数民族地区经济社会发展综合调查”之2016年在广西壮族自治区环江县所做的家庭问卷抽样调查。环江县回收样本为421份，问卷回收整理录入后，主要使用SPSS软件进行统计分析，调查对象基本情况见表4-1。

根据表4-1数据，男性受访者样本占比为53%，女性样本占比47%，男性样本偏多。户籍状况：农业户口比为75.5%，非农业户口占比为24.5%；民族占比为：壮族受访者最多，占比为79.6%；毛南族受访者占比

① 广西环江毛南族自治县人民政府门户网站，2015年10月23日。网址 http://www.hjzf.gov.cn/LzIwMTUtMTAtMjMvNzM5NDM，检索日期2017年1月20日。

为 16. 3%；汉族受访者占比为 3. 1%；而苗族、布依族、瑶族、水族受访者各 1 人，各占比为 0. 2%。年龄状况：18 岁及以下受访者占比为 2. 2%，19—30 岁的受访者占比为 22. 9%，31—45 岁受访者占比最高，为 32. 1%，其次是 46—60 岁的受访者，占比为 29. 4%，61 岁及以上受访者占比 13. 4%。受教育状况：在受访者中未上学的占比为 4%，受过小学教育的占比为 23. 1%，受过初中教育的占 36. 4%，接受过高中、中专或职高技校教育的占比为 18. 7%，大学专科、本科的占比为 18. 1%，研究生有 1 名，占 0. 2%。宗教信仰状况：受访者没有宗教信仰者占 98. 1%，有民间信仰者占比为 1. 2%，其他宗教信仰者占比为 0. 2%。职业状况：受访者中从事农牧业的农牧民占比为 48. 4%，从事商业服务业的普通人员占比为 11%，公务员和领导干部各占比为 1%，企事业管理人员占比为 1%，技术人员占比为 0. 2%，两种以上职业身份的占比为 1. 2%，其他职业的占比为 34. 1%。

表 4-1　调查对象人口特征及社会地位特征基本描述　单位:%

类别	基本情况	样本量	占比
性别	男性	223	53. 0
	女性	198	47. 0
户籍	农业	317	75. 5
	非农业	103	24. 5
民族	汉族	13	3. 1
	苗族	1	0. 2
	壮族	332	79. 6
	毛南族	68	16. 3
	布依族	1	0. 2
	瑶族	1	0. 2
	水族	1	0. 2
年龄	18 岁及以下	9	2. 2
	19—30 岁	96	22. 9
	31—45 岁	134	32. 1
	46—60 岁	123	29. 4
	61 岁及以上	56	13. 4

类别	基本情况	样本量	占比
教育程度	未上学	17	4. 0
	小学	97	23. 1
	初中	153	36. 4
	高中、中专或职高技校	76	18. 7
	大学专科	20	4. 8
	大学本科	56	13. 3
	研究生	1	0. 2
宗教信仰	佛教	2	0. 5
	民间信仰	5	1. 2
	其他宗教信仰	1	0. 2
	没有宗教信仰	412	98. 1
职业	公务员	4	1. 0
	领导干部	4	1. 0
	企事业管理人员	4	1. 0
	技术人员	1	0. 2
	农牧民	202	48. 4
	制造业、矿业、建筑业工人	9	2. 2
	商业服务业普通人员	46	11. 0
	两种及以上职业身份	5	1. 2
	其他	142	34. 1

注：户口中的城镇户口包括由农业户口转为居民户口的人数。

二　经济生活

由于在本次调研的样本中，苗族、布依族、瑶族、水族分别只有一个样本，所以代表性有限，因此在分析数据中，以壮族、毛南族和汉族的数据为主。但在表中还是把苗族、布依族、瑶族、水族的数据列上，以供参考。

（一）受访者的就业情况

关于受访者的职业类型分布（见表 4-2），大部分还是从事农牧业，其次为其他职业，第三位为商业服务业，从事制造业、矿业、建筑业的非常少。以壮族为例，在 328 份调查样本中，有 162 位被调查者从事农牧业农牧民，占本民族受访者的 49.4%；8 位受访者为制造业、矿业和建筑业工人，占本民族受访者的 2.4%；37 位受访者从事商业服务业普通人员，占本民族受访者的 11.3%；4 位受访者从事两种及以上职业身份，占本民族受访者的 1.2%；其他 105 位为从事其他职业者，占本民族受访者的 32%。毛南族中，有 35 位受访者从事农牧业农牧民，占本民族受访者的 51.5%；另有 5 位从事商业服务业普通人员，占本民族受访者的 7.4%；从事制造业、矿业建筑业工人和两种及以上职业身份的各 1 人，各占本民族受访者的 1.5%；有 25 位从事其他行业，占本民族受访者的 36.8%。汉族中，有 2 位从事农牧业的农牧民，占本民族受访者的 16.7%；3 位受访者从事商业服务业普通人员，占本民族受访者的 25%；7 位受访者从事其他职业，占本民族受访者的 58.3%。

表 4-2　　受访者职业分布类型　　单位：%

民族 \ 职业类型		当前主要从事的职业身份									
		公务员	领导干部	企事业管理人员	技术人员	农牧民	制造业、矿业、建筑业工人	商业服务业普通人员	两种及以上职业身份	其他	总计
汉族	标本量	—	—	—	—	2	—	3	—	7	12
	占比	—	—	—	—	16.7	—	25.0	—	58.3	100
苗族	标本量	—	—	—	—	—	—	—	—	1	1
	占比	—	—	—	—	—	—	—	—	100	100

续表

民族 \ 职业类型		公务员	领导干部	企事业管理人员	技术人员	农牧民	制造业、矿业、建筑业工人	商业服务业普通人员	两种及以上职业身份	其他	总计
		当前主要从事的职业身份									
壮族	标本量	4	4	3	1	162	8	37	4	105	328
	占比	1.2	1.2	0.9	0.3	49.4	2.4	11.3	1.2	32.0	100
布依族	标本量	—	—	—	—	1	—	—	—	—	1
	占比	—	—	—	—	100	—	—	—	—	100
瑶族	标本量	—	—	—	—	—	—	—	—	1	1
	占比	—	—	—	—	—	—	—	—	100	100
水族	标本量	—	—	—	—	1	—	—	—	—	1
	占比	—	—	—	—	100	—	—	—	—	100
毛南族	标本量	—	—	1	—	35	1	5	1	25	68
	占比	—	—	1.5	—	51.5	1.5	7.4	1.5	36.8	100
总计	标本量	4	4	4	1	201	9	45	5	139	412
	占比	1	1	1	0.2	48.8	2.2	10.9	1.2	33.7	100

根据表 4-2 的数据，可以间接推断出目前环江县的经济发展还是以农牧业为主，商业服务业为辅，制造业等非常少，另外从事其他行业或外出打工的人较多，至少占本民族比例的 1/3。而当地汉族中，更有将近 60%的受访者外出打工。

从表 4-3 数据可见，当地居民对于外出就业考量时，各个民族及城乡之间有很大区别。从民族维度上看，壮族农业和非农业人口，和毛南族的农业人口，近 85%愿意留在省会内寻求打工机会。不超过 15%的人口愿意去直辖市、东部一线城市、国外或境外打工。毛南族非农业人口中，有超过 30%愿意到直辖市、东部一线城市或国外或境外打工。而汉族出外打工的意愿更为强烈。在汉族非农业人口中，有 66.6%的人选择到直辖市、东部一线城市以及国外或境外打工。总体来说，汉族更愿意到外地去寻求发展机会。而毛南族的非农业人口比农业人口更愿意外出打工。而壮族无论城乡的流动意愿都较低，更愿意留在家乡发展。

表 4-3 受访者外出就业意愿范围 单位:%

民族	就业范围	样本量	本地县城	地级市	省会城市	直辖市或东部一线城市	国外或境外
全体	农业	244	61.9	10.7	11.1	13.5	2.9
	非农业	76	48.7	9.2	21.1	14.5	6.6
	总体	320	58.8	10.3	13.4	13.8	3.8
汉族	农业	5	60.0	—	—	40.0	—
	非农业	3	33.3	—	—	33.3	33.3
	总体	8	50.0	—	—	37.5	12.5
壮族	农业	203	61.6	10.8	11.3	13.3	3.0
	非农业	56	51.8	12.5	21.4	12.5	1.8
	总体	259	59.5	11.2	13.5	13.1	2.7
布依族	农业	1	—	100	—	—	—
	总体	1	—	100	—	—	—
瑶族	非农业	1	—	—	—	—	100
	总体	1	—	—	—	—	100
水族	农业	1	100	—	—	—	—
	总体	1	100	—	—	—	—
毛南族	农业	34	64.7	8.8	11.8	11.8	2.9
	非农业	16	43.8	—	25.0	18.8	12.5
	总体	50	58.0	6.0	16.0	14.0	6.0

（二）生活水平评价

据表4-4的数据可见，对近5年的整体生活水平变化，总体来说超过60%的受访者认为生活水平上升很多和略有上升。各个民族的评价不同。其中汉族受访者评价最差，只有40%的受访者认为略有上升，30%的受访者认为没有变化，30%的人认为略有下降或下降很多。而壮族有超过60%的受访者近5年的整体生活水平认为上升很多或略有上升。说明汉族尤其是非农业人口对于地区这5年整体的经济发展成果最不满意。

表 4-4 受访者5年的生活水平变化 单位:%

民族	评价	样本量	上升很多	略有上升	没有变化	略有下降	下降很多
全体	农业	300	7.0	52.7	26.7	10.3	3.3
	非农业	89	10.1	52.8	23.6	7.9	5.6
	总体	389	7.7	52.7	26.0	9.8	3.9

续表

民族 \ 评价		样本量	上升很多	略有上升	没有变化	略有下降	下降很多
汉族	农业	5	—	60.0	20.0	20.0	—
	非农业	5	—	20.0	40.0	20.0	20.0
	总体	10	—	40.0	30.0	20.0	10.0
壮族	农业	244	6.6	53.7	25.8	9.8	4.1
	非农业	70	12.9	54.3	20.0	7.1	5.7
	总体	314	8.0	53.8	24.5	9.2	4.5
布依族	农业	1	—	—	100	—	—
	总体	1	—	—	100	—	—
瑶族	非农业	1	—	—	100	—	—
	总体	1	—	—	100	—	—
水族	农业	1	—	100	—	—	—
	总体	1	—	100	—	—	—
毛南族	农业	49	10.2	46.9	30.6	12.2	—
	非农业	13	—	61.5	30.8	7.7	—
	总体	62	8.1	50.0	30.6	11.3	—

据表4-5的数据可见，只有5.3%的受访者认为自己的生活水平为上或中上。而超过50%受访者认为自己的生活水平为中等，超过40%的被访者认为是中下或下。总的来看，非农业户口的受访者一般比农业户口的评价高。从民族维度上来看，汉族和毛南族被访者中没有人对自己生活水平的评价为上和中上，而壮族也仅有6.7%认为自己的生活水平为上和中上。因此从整体来说，环江县的居民对自己的经济生活水平评价并不高，从而可以看出环江县居民对当地整体的经济发展状况并不十分满意。

表4-5　　受访者对自己生活水平的评价　　单位：%

民族 \ 评价		样本量	上	中上	中	中下	下
全体	农业	313	—	3.2	51.1	29.1	16.6
	非农业	101	2.0	9.9	63.4	17.8	6.9
	总体	414	0.5	4.8	54.1	26.3	14.3
汉族	农业	6	—	—	66.7	16.7	16.7
	非农业	6	—	—	66.7	—	33.3
	总体	12	—	—	66.7	8.3	25.0

续表

民族 \ 评价		样本量	上	中上	中	中下	下
苗族	非农业	1	—	—	100	—	—
	总体	1	—	—	100	—	—
壮族	农业	255	—	3.9	51.0	29.4	15.7
	非农业	75	2.7	13.3	60.0	18.7	5.3
	总体	330	0.6	6.1	53.0	27.0	13.3
布依族	农业	1	—	—	—	100	—
	总体	1	—	—	—	100	—
瑶族	非农业	1	—	—	—	100	—
	总体	1	—	—	—	100	—
水族	农业	1	—	—	—	100	—
	总体	1	—	—	—	100	—
毛南族	农业	50	—	—	52.0	26.0	22.0
	非农业	18	—	—	77.8	16.7	5.6
	总体	68	—	—	58.8	23.5	17.6

三　民族文化与教育

(一) 语言文字

根据表4-6的数据可见，官方普通话在日常生活中的使用率不高，58.2%的受访者更愿意使用本族语（方言），20.6%受访者认为本族语和汉语方言同等重要。从城乡维度上看，非农业人口比农业人口的普通话使用率高。从民族维度上看，汉族使用普通话率最高，占比为63.6%，而壮族和毛南族仅有不足20%的人使用普通话，20%左右的人同时使用本族语和汉语方言，这说明，各族群众之间的交流并不充分。

表4-6　受访者与人交谈时语言使用情况　单位：%

民族 \ 语言	样本量	本族语（方言）	本族语和汉语方言同等程度	普通话	外语
汉族	11	36.4	—	63.6	—
苗族	1	—	100	—	—
壮族	292	59.6	20.9	18.8	0.7
布依族	1	—	—	100	—

续表

民族＼语言	样本量	本族语（方言）	本族语和汉语方言同等程度	普通话	外语
瑶族	1	—	—	100	—
水族	1	100	—	—	—
毛南族	63	58.7	22.2	19.0	—
总体	370	58.4	20.5	20.5	0.5
农业	273	63.0	19.4	17.6	—
非农业	100	45.0	24.0	29.0	2.0
总体	373	58.2	20.6	20.6	0.5

根据表4-7数据可见，受访者掌握普通话的能力还是相当高的，总体来说57.1%的人能熟练地听、说、读、写，完全不掌握的人仅为7.7%。结合表4-6数据可看出，虽然受访者在日常生活中的普通话使用率不高，但实际上掌握普通话的能力和水平并不低。

表4-7　　受访者普通话掌握情况　　单位：%

民族＼掌握程度		样本量	能熟练地听、说、读、写	能熟练地听、说、读，但不会写	能熟练地听、说，但不会读、写	会说一点	能听懂，但不会说	完全不掌握
全体	农业	283	54.1	11.3	6.0	15.5	4.6	8.5
	非农业	95	66.3	8.4	1.1	12.6	6.3	5.3
	总体	378	57.1	10.6	4.8	14.8	5.0	7.7
汉族	农业	6	100.0	—	—	—	—	—
	非农业	4	50.0	25.0	—	25.0	—	—
	总体	10	80.0	10.0	—	10.0	—	—
苗族	非农业	1	100.0	—	—	—	—	—
	总体	1	100	—	—	—	—	—
壮族	农业	227	54.6	10.6	6.2	15.9	4.0	8.8
	非农业	71	64.8	8.5	1.4	14.1	5.6	5.6
	总体	298	57.0	10.1	5.0	15.4	4.4	8.1
布依族	农业	1	100	—	—	—	—	—
	总体	1	100	—	—	—	—	—
瑶族	非农业	1	100	—	—	—	—	—
	总体	1	100	—	—	—	—	—
水族	农业	1	100	—	—	—	—	—
	总体	1	100	—	—	—	—	—

续表

民族 \ 掌握程度		样本量	能熟练地听、说、读、写	能熟练地听、说、读，但不会写	能熟练地听、说，但不会读、写	会说一点	能听懂，但不会说	完全不掌握
毛南族	农业	48	43.8	16.7	6.3	16.7	8.3	8.3
	非农业	18	72.2	5.6	—	5.6	11.1	5.6
	总体	66	51.5	13.6	4.5	13.6	9.1	7.6

根据表4-8数据可见，非农业户口一般比农业户口掌握普通话的水平高一些。而越年轻掌握普通话程度越高，19—30岁，90.3%的受访者能熟练地听、说、读、写。31—45岁的有58.5%的受访者能熟练地听、说、读、写。各个民族的数据基本一致。

表4-8　　不同年龄段各族受访者普通话掌握程度　　单位：%

民族 \ 掌握程度			样本量	能熟练地听、说、读、写	能熟练地听、说、读，但不会写	能熟练地听、说，但不会读、写	会说一点	能听懂，但不会说	完全不掌握
全体	农业	18岁及以下	3	100	—	—	—	—	—
		19—30岁	54	88.9	—	3.7	5.6	—	1.9
		31—45岁	97	58.8	16.5	3.1	11.3	4.1	6.2
		46—60岁	91	40.7	16.5	11.0	18.7	6.6	6.6
		61岁及以上	35	14.3	2.9	5.7	37.1	8.6	31.4
		总体	280	53.6	11.4	6.1	15.7	4.6	8.6
	非农业	18岁及以下	4	100	—	—	—	—	—
		19—30岁	39	92.3	7.7	—	—	—	—
		31—45岁	26	57.7	7.7	3.8	26.9	—	3.8
		46—60岁	17	17.6	11.8	—	17.6	29.4	23.5
		61岁及以上	9	55.6	11.1	—	22.2	11.1	—
		总体	95	66.3	8.4	1.1	12.6	6.3	5.3
	总体	18岁及以下	7	100	—	—	—	—	—
		19—30岁	93	90.3	3.2	2.2	3.2	—	1.1
		31—45岁	123	58.5	14.6	3.3	14.6	3.3	5.7
		46—60岁	108	37.0	15.7	9.3	18.5	10.2	9.3
		61岁及以上	44	22.7	4.5	4.5	34.1	9.1	25.0
		总体	375	56.8	10.7	4.8	14.9	5.1	7.7

续表

民族		掌握程度	样本量	能熟练地听、说、读、写	能熟练地听、说、读，但不会写	能熟练地听、说，但不会读、写	会说一点	能听懂，但不会说	完全不掌握
汉族	农业	19—30 岁	3	100	—	—	—	—	—
		31—45 岁	3	100	—	—	—	—	—
		总体	6	100	—	—	—	—	—
	非农业	19—30 岁	1	100	—	—	—	—	—
		31—45 岁	1	—	100	—	—	—	—
		61 岁及以上	2	50. 0	—	—	50. 0	—	—
		总体	4	50. 0	25. 0	—	25. 0	—	—
	总体	19—30 岁	4	100	—	—	—	—	—
		31—45 岁	4	75. 0	25. 0	—	—	—	—
		61 岁及以上	2	50. 0	—	—	50. 0	—	—
		总体	10	80. 0	10. 0	—	10. 0	—	—
苗族	非农业	19—30 岁	1	100	—	—	—	—	—
		总体	1	100	—	—	—	—	—
	总体	19—30 岁	1	100	—	—	—	—	—
		总体	1	100	—	—	—	—	—
壮族	农业	18 岁及以下	3	100	—	—	—	—	—
		19—30 岁	44	86. 4	—	4. 5	6. 8	—	2. 3
		31—45 岁	79	58. 2	15. 2	3. 8	11. 4	5. 1	6. 3
		46—60 岁	71	42. 3	15. 5	11. 3	19. 7	2. 8	8. 5
		61 岁及以上	27	14. 8	3. 7	3. 7	37. 0	11. 1	29. 6
		总体	224	54. 0	10. 7	6. 3	16. 1	4. 0	8. 9
	非农业	18 岁及以下	1	100	—	—	—	—	—
		19—30 岁	29	89. 7	10. 3	—	—	—	—
		31—45 岁	22	59. 1	—	4. 5	31. 8	—	4. 5
		46—60 岁	13	15. 4	15. 4	—	23. 1	23. 1	23. 1
		61 岁及以上	6	66. 7	16. 7	—	—	16. 7	—
		总体	71	64. 8	8. 5	1. 4	14. 1	5. 6	5. 6
	总体	18 岁及以下	4	100	—	—	—	—	—
		19—30 岁	73	87. 7	4. 1	2. 7	4. 1	—	1. 4
		31—45 岁	101	58. 4	11. 9	4. 0	15. 8	4. 0	5. 9
		46—60 岁	84	38. 1	15. 5	9. 5	20. 2	6. 0	10. 7
		61 岁及以上	33	24. 2	6. 1	3. 0	30. 3	12. 1	24. 2
		总体	295	56. 6	10. 2	5. 1	15. 6	4. 4	8. 1

续表

民族		掌握程度	样本量	能熟练地听、说、读、写	能熟练地听、说、读，但不会写	能熟练地听、说，但不会读、写	会说一点	能听懂，但不会说	完全不掌握
布依族	农业	31—45岁	1	100	—	—	—	—	—
		总体	1	100	—	—	—	—	—
	总体	31—45岁	1	100	—	—	—	—	—
		总体	1	100	—	—	—	—	—
瑶族	非农业	19—30岁	1	100	—	—	—	—	—
		总体	1	100	—	—	—	—	—
	总体	19—30岁	1	100	—	—	—	—	—
		总体	1	100	—	—	—	—	—
水族	农业	31—45岁	1	100	—	—	—	—	—
		总体	1	100	—	—	—	—	—
	总体	31—45岁	1	100	—	—	—	—	—
		总体	1	100	—	—	—	—	—

表4-9数据可见，57.6%的受访者能用汉字写信，非农业人口的水平超过农业人口。其中72.2%的毛南族非农业户口能写信。而在使用本民族文字方面，即使是占比最高的壮族农业户口，也只有7.4%可以用民族文字写信。而壮族非农业户口中竟有97.2%完全不能用民族文字书写。这说明环江当地的民族文字文化的使用已接近消亡。

表4-9　　受访者文字使用情况　　单位：%

民族	使用情况	文字掌握程度——普通话						文字掌握程度——本民族语言					
		样本量	掌握足够文字，能流利书写	掌握较多文字，能写信	掌握文字数量不够，书写不流利	掌握文字数量太少，只能写点简单字句	完全不能用文字书写	样本量	掌握足够文字，能流利书写	掌握较多文字，能写信	掌握文字数量不够，书写不流利	掌握文字数量太少，只能写点简单字句	完全不能用文字书写
全体	农业	280	32.5	21.1	17.5	17.1	11.8	296	3.7	3.7	2.4	0.7	89.5
	非农业	95	53.7	15.8	10.5	9.5	10.5	96	3.1	1.0	1.0	—	94.8
	总体	375	37.9	19.7	15.7	15.2	11.5	392	3.6	3.1	2.0	0.5	90.8
汉族	农业	6	50.0	16.7	33.3	—	—	6	—	16.7	—	—	83.3
	非农业	4	50.0	—	25.0	—	25.0	4	25.0	—	—	—	75.0
	总体	10	50.0	10.0	30.0	—	10.0	10	10.0	10.0	—	—	80.0

续表

民族	使用情况	文字掌握程度——普通话						文字掌握程度——本民族语言					
		样本量	掌握足够文字，能流利书写	掌握较多文字，能写信	掌握文字数量不够，书写不流利	掌握文字数量太少，只能写点简单字句	完全不能用文字书写	样本量	掌握足够文字，能流利书写	掌握较多文字，能写信	掌握文字数量不够，书写不流利	掌握文字数量太少，只能写点简单字句	完全不能用文字书写
苗族	非农业	1	100	—	—	—	—	1	—	—	100	—	—
	总体	1	100	—	—	—	—	1	—	—	100	—	—
壮族	农业	225	33.3	21.8	16.0	17.3	11.6	243	3.7	3.7	2.9	0.8	88.9
	非农业	71	50.7	18.3	12.7	8.5	9.9	72	1.4	1.4	—	—	97.2
	总体	296	37.5	20.9	15.2	15.2	11.1	315	3.2	3.2	2.2	0.6	90.8
布依族	农业	1	—	—	—	100	—		—	—	—	—	—
	总体	1	—	—	—	100	—		—	—	—	—	—
瑶族	非农业	1	100	—	—	—	—	1	—	—	—	—	100
	总体	1	100	—	—	—	—	1	—	—	—	—	100
水族	农业	1	—	100	—	—	—	1	—	—	—	—	100
	总体	1	—	100	—	—	—	1	—	—	—	—	100
毛南族	农业	47	27.7	17.0	23.4	17.0	14.9	46	4.3	2.2	—	—	93.5
	非农业	18	61.1	11.1	—	16.7	11.1	18	5.6	—	—	—	94.4
	总体	65	36.9	15.4	16.9	16.9	13.8	64	4.7	1.6	—	—	93.8

（二）宗教信仰

根据表4-10数据所见，98.1%的受访者没有宗教信仰，农业人口该占比非农业人口稍微低一些。从整体上看，宗教问题并不是当地的主要问题，在当地政府的社会管理体系中也不占主要地位。

表4-10　　受访者宗教信仰情况　　单位：%

民族	样本量	佛教	民间信仰	其他	没有宗教信仰
汉族	13	—	—	—	100
苗族	1	—	—	—	100
壮族	331	0.3	0.6	—	99.1
布依族	1	—	—	—	100

续表

信仰 民族	样本量	佛教	民间信仰	其他	没有宗教信仰
瑶族	1	—	—	—	100
水族	1	—	—	—	100
毛南族	68	1.5	4.4	1.5	92.6
总体	416	0.5	1.2	0.2	98.1
农业	316	0.6	1.6	—	97.8
非农业	103	—	—	1.0	99.0
总体	419	0.5	1.2	0.2	98.1

（三）民族文化

根据表4-11数据所见，当地少数民族认为最具特色的少数民族文化类型主要为传统节日、服饰、饮食三个方面。从户籍维度上看，农业人口比非农业人口更重视参与包括传统节日和日常礼仪的活动。

表4-11　受访者认为最具特色的少数民族文化类型　单位：%

民族		排序	民族文化类型	样本量	占比
汉族		第一位	传统节日	13	84.6
		第二位	服饰	13	46.2
		第三位	饮食	13	23.1
壮族		第一位	传统节日	317	72.2
		第二位	服饰	317	46.1
		第三位	文娱活动	317	35.3
毛南族		第一位	传统节日	67	64.2
		第二位	服饰	67	37.3
		第三位	饮食	67	20.9
户籍	农业	第一位	传统节日	302	73.2
		第二位	服饰	302	47.4
		第三位	文娱活动	302	34.8
	非农业	第一位	传统节日	102	67.6
		第二位	服饰	102	38.2
		第三位	文娱活动	102	27.5

据表 4-12 数据所显示，受访者了解和学习本民族文化主要通过广播电视、手机及人际交流等渠道。从民族维度来看，壮族和毛南族受访者选择基本一致，学习传统文化更倾向于广播电视和人际交流。而汉族获取信息的渠道是手机，这说明壮族和毛南族更倾向于面对面与人交往来获取相应的资讯，并愿意与家人朋友进行交往交流。值得深思的是，在影响受访者学习本民族以及其他民族文化中，学校教育等因素仿佛未起到应有的作用，电子产品的影响力却是决定性的。学校和社区教育在民族文化交流中的缺失值得深思。

表 4-12　　当地居民了解和学习本民族文化的渠道　　单位：%

民族		排序	渠道	样本量	占比
汉族		第一位	手机	13	76.9
		第二位	广播电视	13	69.2
		第三位	人际交流	13	53.8
壮族		第一位	广播电视	326	81.9
		第二位	人际交流	326	61.0
		第三位	手机	326	58.0
毛南族		第一位	广播电视	68	80.9
		第二位	人际交流	68	67.6
		第三位	手机	68	60.3
户籍	农业	第一位	广播电视	312	82.7
		第二位	人际交流	312	62.8
		第三位	手机	312	54.8
	非农业	第一位	广播电视	102	78.4
		第二位	手机	102	69.6
		第三位	人际交流	102	56.9

据表 4-13 数据可见，受访者在面对资源开发和保护传统文化发生冲突时，认为应发展经济与优先保护民族文化占比基本一致，分别为 46.4%和 43.4%，说明当地民众渴望资源开发和保护民族文化达到平衡，而不因一方面而荒废另一方面。从城乡和民族维度上看，汉族的非农业户口更倾向于以发展经济、提高现代生活水平为主，占 83.3%；而汉族的农业户口却更倾向于优先保护民族文化，占 50%，也高于壮族和毛南族

的农业户口。而毛南族则相反，非农业人口更注重优先保护民族文化。总的来说，不同民族、不同户籍所处地位不同，对于社会经济发展的远景选择不同，体现了在国家经济的转型期间，民众的矛盾心理和选择。

表4-13　受访者对资源开发和保护文化冲突时的态度　单位：%

民族	态度	样本量	以发展经济、提高现代生活水平为主	优先保护民族文化	当前先开发有钱再保护
户籍	农业	311	42.4	45.3	12.2
	非农业	101	58.4	37.6	4.0
	总体	412	46.4	43.4	10.2
汉族	农业	6	33.3	50.0	16.7
	非农业	6	83.3	16.7	—
	总体	12	58.3	33.3	8.3
苗族	非农业	1	—	100	—
	总体	1	—	100	—
壮族	农业	253	43.9	44.7	11.5
	非农业	75	64.0	32.0	4.0
	总体	328	48.5	41.8	9.8
布依族	农业	1	—	100	—
	总体	1	—	100	—
瑶族	非农业	1	—	100	—
	总体	1	—	100	—
水族	农业	1	—	100	—
	总体	1	—	100	—
毛南族	农业	50	38.0	46.0	16.0
	非农业	18	33.3	61.1	5.6
	总体	68	36.8	50.0	13.2

环江县受访者对于生态环境的保护意识还是很强的。据表4-14数据可见，当公共生态环境受到损害时，超过80%的受访者表示会采取行动应对。而农业人口对于环境受损反应更为强烈，有高达83.8%的受访者表示会采取行动，超过了非农业户口的72.3%。从民族维度上看，汉族中非农业户口对参与环保活动相对消极，仅有50%会采取行动，有25%不采取行动，另外25%表示随大流。根据数据可从侧面推测出汉族非农

业户口认为在经济发展过程中，做出某种环境上的牺牲是必要的。

表 4-14　　受访者对公共生态环境受到损害举动的态度　　单位：%

民族＼态度		样本量	会采取行动	不采取行动	随大流	漠不关心
户籍	农业	272	83.8	3.7	11.4	1.1
	非农业	94	72.3	8.5	17.0	2.1
	总体	366	80.9	4.9	12.8	1.4
汉族	农业	5	80.0	—	20.0	—
	非农业	4	50.0	25.0	25.0	—
	总体	9	66.7	11.1	22.2	—
苗族	非农业	1	100	—	—	—
	总体	1	100	—	—	—
壮族	农业	219	84.5	4.1	11.4	—
	非农业	70	75.7	5.7	17.1	1.4
	总体	289	82.4	4.5	12.8	0.3
布依族	农业	1	100	—	—	—
	总体	1	100	—	—	—
瑶族	非农业	1	100	—	—	—
	总体	1	100	—	—	—
水族	农业	1	100	—	—	—
	总体	1	100	—	—	—
毛南族	农业	46	80.4	2.2	10.9	6.5
	非农业	18	61.1	16.7	16.7	5.6
	总体	64	75.0	6.3	12.5	6.3

（四）民族教育

根据表 4-15 数据可见，环江县受访者中有 73%完成了九年义务教育（初中毕业），有 22.9%完成小学教育，未接受过教育的只有 4.1%。其中，一般农业户口中未接受过教育的占比高于非农业户口。但汉族在这个方面是个特例，汉族的农业户口受访者中 100%完成了义务教育，而汉族非农业户口中却有 16.7%未上过学。这恐怕是由于汉族非农业户口中外出打工的家庭较多，从而对于下一代的教育是有消极影响的，这是值得重视和深思的。在当地接受过大学本科教育最高的是壮族的非农业人口，达到28%。

表4-15　　各民族受访者受教育情况　　单位：%

民族	教育情况	样本量	未上学	小学	初中	高中、中专或职高技校	大学专科	大学本科	研究生
户籍	农业	315	4.4	25.7	39.4	18.4	4.1	7.6	0.3
	非农业	100	3.0	14.0	29.0	16.0	7.0	31.0	—
	总体	415	4.1	22.9	36.9	17.8	4.8	13.3	0.2
汉族	农业	6	—	—	66.7	—	16.7	16.7	—
	非农业	6	16.7	16.7	16.7	33.3	—	16.7	—
	总体	12	8.3	8.3	41.7	16.7	8.3	16.7	—
苗族	非农业	1	—	—	—	—	—	100	—
	总体	1	—	—	—	—	—	100	—
壮族	农业	257	4.3	27.6	38.5	18.7	3.1	7.4	0.4
	非农业	75	2.7	14.7	30.7	14.7	9.3	28.0	—
	总体	332	3.9	24.7	36.7	17.8	4.5	12.0	0.3
布依族	农业	1	—	—	100	—	—	—	—
	总体	1	—	—	100	—	—	—	—
瑶族	非农业	1	—	—	—	—	—	100	—
	总体	1	—	—	—	—	—	100	—
水族	农业	1	—	—	—	100	—	—	—
	总体	1	—	—	—	100	—	—	—
毛南族	农业	50	6.0	20.0	40.0	18.0	8.0	8.0	—
	非农业	17	—	11.8	29.4	17.6	—	41.2	—
	总体	67	4.5	17.9	37.3	17.9	6.0	16.4	—

四　民族关系

（一）民族关系

1. 族际交往

根据表4-16数据可见，从汉族对少数民族来看，无论聊天、成为邻居和亲密朋友占比都超过90%。但当在结为亲家一项，农业户口的汉族更趋于保守，愿意结为亲家的占比仅为 50%，而非农业户口的汉族占比则为 100%。从少数民族对汉族来看，无论是壮族还是毛南族的占比都大大降低。尤其是壮族对于与汉族结为亲家的占比仅为 17.9%。从少数民族对少数民族来看，壮族对于与其他少数民族结为亲家的意愿也不高，仅为 37.6%。这说明少数民族与汉族，少数民族与少数民族的交往仅限于一般交流，对于可能成为一家人的结亲，均持有保守态度。

表 4-16　受访者民族交往情况　单位：%

交往方式/民族	汉族对少数民族						少数民族对汉族						少数民族对少数民族					
	样本量	聊天	成为邻居	成为亲密朋友	结为亲家	借钱	样本量	聊天	成为邻居	成为亲密朋友	结为亲家	借钱	样本量	聊天	成为邻居	成为亲密朋友	结为亲家	借钱
汉族	12	100	91.7	100	66.7	75.0	12	—	—	—	—	—	12	—	—	—	—	—
苗族		—	—	—	—	—	1	100	100	100	100	100	1	100	100	100	100	100
壮族		—	—	—	—	—	214	64.8	40.9	40.0	17.9	27.7	327	80.1	65.7	65.4	37.6	47.1
布依族		—	—	—	—	—	1	100	—	—	—	—	1	100	100	100	100	100
瑶族		—	—	—	—	—	1	100	100	100	100	100	1	100	100	100	100	100
水族		—	—	—	—	—	1	100	100	100	—	—	1	100	100	100	—	—
毛南族		—	—	—	—	—	48	70.6	48.5	48.5	27.9	26.5	68	91.2	82.4	70.6	52.9	57.4
总计							266	66.2	42.5	41.8	20.0	27.7	399	82.2	68.9	66.7	40.6	49.1
农业	6	100	83.3	100	50.0	66.7	308	62.0	60.7	85.6	50.4	76.9	305	78.9	66.2	63.6	42.0	48.2
非农业	5	100	100	100	100	80.0	94	79.8	73.3	100	40.8	70.5	94	92.6	77.7	76.6	36.2	52.1
总计	11	100	90.0	100	72.7	75.0	402	66.2	64.3	89.4	47.6	75.0	399	82.2	68.9	66.7	40.6	49.1

根据表 4-17 数据可见，近 60%的汉族外出时信任的对象不以民族、地域为差别，而壮族更信任同乡的人，毛南族居中。普遍来说，各族都不以民族为更信任的标准，说明当地受访者外出时会更愿意信任同乡。

表 4-17　受访者外出时信任的对象　单位：%

民族	信任对象	样本量	本民族的人（不管是否同乡）	同乡（不管是否本民族的人）	本民族的人和同乡同等交往、信任	不存在民族、地域差别
户籍	农业	310	1.6	43.5	12.6	42.3
	非农业	101	3.0	48.5	6.9	41.6
	总体	411	1.9	44.8	11.2	42.1

续表

民族 \ 信任对象		样本量	本民族的人（不管是否同乡）	同乡（不管是否本民族的人）	本民族的人和同乡同等交往、信任	不存在民族、地域差别
汉族	农业	6	—	33.3	—	66.7
	非农业	6	—	33.3	16.7	50.0
	总体	12	—	33.3	8.3	58.3
苗族	非农业	1	—	—	—	100
	总体	1	—	—	—	100
壮族	农业	252	1.6	44.8	14.3	39.3
	非农业	75	4.0	53.3	8.0	34.7
	总体	327	2.1	46.8	12.8	38.2
布依族	农业	1	—	—	—	100
	总体	1	—	—	—	100
瑶族	非农业	1	—	—	—	100
	总体	1	—	—	—	100
水族	农业	1	—	—	—	100
	总体	1	—	—	—	100
毛南族	农业	50	2.0	40.0	6.0	52.0
	非农业	18	—	38.9	—	61.1
	总体	68	1.5	39.7	4.4	54.4

2. 受访者的通婚情况

根据表4-18数据可见，随着社会的发展，当地各族民众的通婚更趋普遍，无论哪个民族兄弟姐妹辈的跨族通婚都比父母辈的跨族通婚要高很多。汉族中兄弟姐妹辈与外族通婚的占比高达76.92%，壮族较低，仅为44.44%。从城乡维度上看，非农业人口比农业人口对跨族通婚抱有更加开放的态度。

表4-18　　受访者家族中与其他民族通婚的人数　　单位:%

民族 \ 通婚	样本量	你父母亲这一辈的长辈中有跨族通婚情况	样本量	你和你的兄弟姐妹（堂兄弟姐妹/表兄弟姐妹）中，有跨族通婚
汉族	13	61.54	13	76.92
苗族	1	100	1	—

续表

民族＼通婚		样本量	你父母亲这一辈的长辈中有跨族通婚情况	样本量	你和你的兄弟姐妹（堂兄弟姐妹/表兄弟姐妹）中，有跨族通婚
壮族		325	24.62	324	44.44
布依族		1	—	1	100
瑶族		1	100	1	100
水族		1	100	1	—
毛南族		66	46.97	68	63.24
总体		408	29.90	409	48.66
户籍	农业	309	29.13	309	47.76
	非农业	102	32.35	102	53.00
	总体	411	29.93	411	49.03

3. 民族关系的变化

据表4-19数据可见，从总的趋势上说，各族受访者对于全国民族关系总体向好的趋势都非常赞同。认为民族关系好的从改革开放前的46.8%，到党的十八大以来的90.9%。从民族维度上看，党的十八大以来，壮族和毛南族认为民族关系好的分别为91.1%和90.8%，而汉族认为民族关系好的为83.3%。从城乡维度上看，农业户口比非农业户口更看好全国的民族关系。

表4-19　　受访者对民族关系变化情况的评价（全国）　　单位：%

民族＼时期	改革开放前				改革开放至2000年			21世纪以来（2001年以来）至2012年10月			党的十八大以来（2012年10月以来）		
	样本量	好	一般	不好	好	一般	不好	好	一般	不好	好	一般	不好
汉族	12	25.0	58.3	16.7	33.3	66.7	—	83.3	16.7	—	83.3	16.7	—
苗族	1	100	—	—	100	—	—	100	—	—	100	—	—
壮族	325	46.5	36.9	16.6	67.1	32.3	0.6	77.5	22.2	0.3	91.1	8.3	0.6
布依族	1	100	—	—	100	—	—	100	—	—	100	—	—
瑶族	1	—	—	100	—	100	—	100	—	—	100	—	—
水族	1	—	100	—	—	100	—	100	—	—	100	—	—
毛南族	65	52.3	35.4	12.3	69.2	30.8	—	81.5	18.5	—	90.8	9.2	—
总体	406	46.8	37.2	16.0	66.3	33.3	0.5	78.6	21.2	0.2	90.9	8.6	0.5

续表

民族＼时期		改革开放前				改革开放至2000年			21世纪以来（2001年以来）至2012年10月			党的十八大以来（2012年10月以来）		
		样本量	好	一般	不好	好	一般	不好	好	一般	不好	好	一般	不好
户籍	农业	307	52.1	34.2	13.7	69.4	30.0	0.7	78.8	21.2	—	91.6	8.1	0.3
	非农业	102	30.4	47.1	22.5	58.8	41.2	—	78.4	20.6	1.0	89.2	9.8	1.0
	总体	409	46.7	37.4	15.9	66.7	32.8	0.5	78.7	21.0	0.2	91.0	8.5	0.5

根据表4-20的数据可见，受访者对本地的民族关系看法与全国的看法基本一致，认为民族关系好的甚至高达91.4%。

表4-20　受访者对民族关系变化情况的评价（本地）　单位：%

民族＼时期	改革开放前				改革开放至2000年			21世纪以来（2001年以来）至2012年10月			党的十八大以来（2012年10月以来）		
	样本量	好	一般	不好	好	一般	不好	好	一般	不好	好	一般	不好
汉族	12	33.3	66.7	—	58.3	41.7	—	83.3	16.7	—	83.3	16.7	—
苗族	1	100	—	—	100	—	—	100	—	—	100	—	—
壮族	325	52.9	33.8	13.2	69.2	30.2	0.6	79.4	20.0	0.6	91.1	8.3	0.6
布依族	1	100	—	—	100	—	—	100	—	—	100	—	—
瑶族	1	100	—	—	100	—	—	100	—	—	100	—	—
水族	1	—	100	—	—	100	—	100	—	—	100	—	—
毛南族	65	60.0	29.2	10.8	70.8	29.2	—	83.1	16.9	—	93.8	6.2	—
总体	406	53.7	34.0	12.3	69.2	30.3	0.5	80.3	19.2	0.5	91.4	8.1	0.5
农业	307	55.4	32.6	12.1	71.0	28.3	0.7	79.2	20.5	0.3	91.6	8.1	0.3
非农业	102	48.0	39.2	12.7	65.7	34.3	—	84.3	14.7	1.0	91.2	7.8	1.0
总体	409	53.5	34.2	12.2	69.7	29.8	0.5	80.4	19.1	0.5	91.5	8.0	0.5

（二）受访者的民族意识和国家意识

根据表4-21数据可见，无论从民族维度还是城乡维度，超过80%的受访者认定先中华民族（中国人）后本民族这个顺序。说明在当地受访者的国家意识非常强烈。无论哪个民族，住在城市或乡村，认同国家意识是第一位的占绝大多数。

表 4-21　受访者对外的民族意识和国家意识情况　单位:%

民族 \ 对外意识		样本量	中华民族（中国人）、本民族	本民族、中华民族（中国人）	中华民族（中国人）和本民族不分先后
户籍	农业	311	83.9	6.8	9.3
	非农业	101	88.1	2.0	9.9
	总体	412	85.0	5.6	9.5
汉族	农业	6	83.3	16.7	—
	非农业	6	100	—	—
	总体	12	91.7	8.3	—
苗族	非农业	1	100	—	—
	总体	1	100	—	—
壮族	农业	253	83.8	6.3	9.9
	非农业	75	88.0	2.7	9.3
	总体	328	84.8	5.5	9.8
布依族	农业	1	100	—	—
	总体	1	100	—	—
瑶族	非农业	1	100	—	—
	总体	1	100	—	—
水族	农业	1	100	—	—
	总体	1	100	—	—
毛南族	农业	50	84.0	8.0	8.0
	非农业	18	83.3	—	16.7
	总体	68	83.8	5.9	10.3

根据表 4-22 数据可见，当地超过 50%受访者认为民族身份与公民身份同样重要。认为民族身份更重要的农业人口超过非农业户口，分别占 15.9%和 12.9%。但在汉族中，有 33.3%的非农业人口认为民族身份更重要，而壮族的农业人口中高达 34%更认同公民身份。

表 4-22　受访者对民族身份和公民身份的态度　单位:%

民族 \ 态度		样本量	民族身份	公民身份	民族身份和公民身份一样重要
户籍	农业	308	15.9	31.8	52.3
	非农业	101	12.9	25.7	61.4
	总体	409	15.2	30.3	54.5

续表

民族＼态度		样本量	民族身份	公民身份	民族身份和公民身份一样重要
汉族	农业	6	16.7	33.3	50.0
	非农业	6	33.3	16.7	50.0
	总体	12	25.0	25.0	50.0
苗族	非农业	1	—	—	100
	总体	1	—	—	100
壮族	农业	253	16.6	34.0	49.4
	非农业	75	9.3	25.3	65.3
	总体	328	14.9	32.0	53.0
布依族	农业	1	—	—	100
	总体	1	—	—	100
瑶族	非农业	1	—	100	—
	总体	1	—	100	—
水族	农业	1	—	—	100
	总体	1	—	—	100
毛南族	农业	47	12.8	21.3	66.0
	非农业	18	22.2	27.8	50.0
	总体	65	15.4	23.1	61.5

根据表4-23数据表明，有57.32%的当地受访者认为民族身份和地域身份一样重要。有23.9%的受访者认同本地人身份，超过认同民族身份的18.78%。其中汉族对于民族身份的认同更为淡薄，为0。相对来说，壮族对于民族身份认同较为重视，为20.8%。但总体来说，当地受访者更注重地域认同而非民族认同。

表4-23　　受访者对民族身份与地域身份的态度　　单位：%

民族＼态度		样本量	民族身份	本地人身份	民族身份和本地人身份一样重要
户籍	农业	309	18.77	22.98	58.25
	非农业	101	18.81	26.73	54.46
	总体	410	18.78	23.90	57.32

续表

民族	态度	样本量	民族身份	本地人身份	民族身份和本地人身份一样重要
汉族	农业	6	—	33.33	66.67
	非农业	6	—	16.67	83.33
	总体	12	—	25.00	75.00
苗族	非农业	1	—	—	100
	总体	1	—	—	100
壮族	农业	252	20.63	24.60	54.76
	非农业	75	21.33	32.00	46.67
	总体	327	20.80	26.30	52.91
布依族	农业	1	—	—	100
	总体	1	—	—	100
瑶族	非农业	1	—	100	—
	总体	1	—	100	—
水族	农业	1	—	—	100
	总体	1	—	—	100
毛南族	农业	49	12.24	14.29	73.47
	非农业	18	16.67	5.56	77.78
	总体	67	13.43	11.94	74.63

（三）民族身份平等

根据表 4-24 数据可见，大部分受访者认为民族身份对外出旅行没有影响。其中壮族占比为 73.4%，而毛南族占比为 68.8%。而非农业人口认为外出旅游时受身份影响的更少。

表 4-24　　受访者民族身份在外出旅行时有影响的态度　　单位:%

民族＼影响	样本量	经常有	偶尔有	很少	没有
汉族	13	—	7.7	7.7	84.6
苗族	1	—	—	—	100
壮族	319	0.3	10.3	16.0	73.4
布依族	1	—	—	—	100
瑶族	1	—	—	—	100

续表

民族＼影响		样本量	经常有	偶尔有	很少	没有
水族		1	—	—	—	100
毛南族		64	3.1	17.2	10.9	68.8
总体		400	0.8	11.3	14.8	73.3
户籍	农业	306	0.7	11.4	17.6	70.3
	非农业	97	1.0	10.3	6.2	82.5
	总体	403	0.7	11.2	14.9	73.2

五　公共服务

（一）公共服务

1. 公共基础设施

根据表4-25数据可见，总体来说不论是在教育设施、医疗服务、治安保障、农贸市场、交通出行、邮政银行等方面，非农业人口都比农业人口享受更快捷方便的服务。

表4-25　受访者住宅到公共基础设施的距离　单位:%

公共基础设施＼距离		小于1公里	1—3公里	3—5公里	5—10公里	10公里以上
教育设施（幼儿园）	农业	48.8	33.1	14.4	2.0	1.7
	非农业	62.0	25.0	12.0	1.0	—
	合计	52.1	31.1	13.8	1.8	1.3
教育设施（小学）	农业	51.2	33.3	12.5	1.7	1.3
	非农业	61.0	21.0	18.0	—	—
	合计	53.6	30.3	13.9	1.2	1.0
教育设施（中学）	农业	31.8	31.8	24.5	5.1	6.9
	非农业	53.5	16.2	22.2	—	8.1
	合计	37.5	27.6	23.9	3.8	7.2
社区或乡卫生院或最近的医院	农业	45.4	31.0	17.6	4.9	1.0
	非农业	57.0	22.0	19.0	2.0	—
	合计	48.3	28.8	18.0	4.2	0.7

续表

公共基础设施＼距离		小于 1 公里	1—3 公里	3—5 公里	5—10 公里	10 公里以上
治安设施（派出所、警卫室等）	农业	38.0	28.8	26.0	5.1	2.1
	非农业	54.5	20.2	23.2	2.0	—
	合计	42.2	26.6	25.3	4.3	1.5
活动中心（老年）	农业	62.6	21.2	9.6	2.0	4.5
	非农业	67.9	21.0	7.4	1.2	2.5
	合计	64.2	21.1	9.0	1.8	3.9
运动场所及器材	农业	64.0	20.1	9.5	1.6	4.8
	非农业	68.8	18.2	9.1	1.3	2.6
	合计	65.4	19.5	9.4	1.5	4.1
农贸市场	农业	38.7	32.8	21.0	5.2	2.2
	非农业	57.7	22.7	16.5	3.1	—
	合计	43.8	30.2	19.8	4.6	1.6
车站（码头）	农业	42.3	28.5	23.3	3.2	2.8
	非农业	52.6	24.2	18.9	4.2	—
	合计	45.1	27.3	22.1	3.4	2.0
邮电所	农业	36.4	32.2	24.4	4.9	2.1
	非农业	53.6	24.7	17.5	4.1	—
	合计	40.8	30.3	22.6	4.7	1.6
银行（信用社）	农业	36.4	33.3	22.7	5.2	2.4
	非农业	58.4	20.8	17.8	3.0	—
	合计	42.1	30.1	21.4	4.6	1.8
其他	农业	25.0	50.0	25.0	—	—
	非农业	33.3	—	66.7	—	—
	合计	28.6	28.6	42.9	—	—

根据表 4-26 数据可见，受访者对公共基础设施大部分满意占比很高，但仍有部分满意占比不太高。对于幼儿园、银行设施满意占比较高，超过 70%，对于老年活动中心和运动场所及器材满意占比较低，分别为 50%和 44.5%，说明当地对于体育运动等方面的管理还有许多改进的空间。另外，近些年，在农村的幼儿教育、医疗卫生、交通和邮政服务满意占比都有很大的提高，因此农业人口的满意占比超过了非农业人口。

表 4-26　　受访者对公共基础设施的评价　　单位:%

公共基础设施＼评价		满意	一般	不满意	没有该设施
教育设施(幼儿园)	农业	73.1	20.4	2.6	3.9
	非农业	65.3	28.7	5.0	1.0
	合计	71.2	22.4	3.2	3.2
教育设施(小学)	农业	67.9	26.0	2.9	3.2
	非农业	68.3	25.7	5.0	1.0
	合计	68.0	25.9	3.4	2.7
教育设施(中学)	农业	58.7	25.8	4.0	11.5
	非农业	71.6	22.5	3.9	2.0
	合计	61.8	25.0	4.0	9.2
社区或乡卫生院或最近的医院	农业	62.9	31.0	4.5	1.6
	非农业	58.8	33.3	6.9	1.0
	合计	61.9	31.6	5.1	1.4
治安设施(派出所、警卫室等)	农业	63.9	27.4	2.9	5.8
	非农业	66.0	27.0	7.0	—
	合计	64.4	27.3	3.9	4.4
活动中心(老年)	农业	47.4	16.0	3.9	32.7
	非农业	58.7	23.9	6.5	10.9
	合计	50.0	17.8	4.5	27.6
运动场所及器材	农业	42.9	17.3	5.4	34.3
	非农业	50.0	27.8	11.1	11.1
	合计	44.5	19.7	6.7	29.1
农贸市场	农业	57.7	24.1	5.0	13.2
	非农业	47.1	39.2	9.8	3.9
	合计	55.1	27.8	6.2	10.9
车站(码头)	农业	54.8	20.9	5.9	18.4
	非农业	51.5	35.4	10.1	3.0
	合计	54.0	24.3	6.9	14.8
邮电所	农业	66.7	21.6	2.9	8.9
	非农业	62.2	34.7	2.0	1.0
	合计	65.6	24.7	2.7	7.0
银行(信用社)	农业	70.3	20.2	2.8	6.6
	非农业	74.3	22.8	3.0	—
	合计	71.3	20.8	2.9	5.0

续表

公共基础设施 \ 评价		满意	一般	不满意	没有该设施
其他	农业	77.8	11.1		11.1
	非农业	66.7	33.3		—
	合计	75.0	16.7		8.3

2. 社会保障

据表4-27数据可见，在农村社会保险参与率方面，59.9%的农业户口受访者参加了社会保险。从民族维度看，毛南族受访者参与率最高，其占比为66.2%；其次汉族受访者占比为61.5%，而壮族受访者占比为58.3%。

表4-27　　农业户口受访者参加社会保险的情况　　单位：%

民族 \ 参与情况	样本量	社会保险	社会补充保险	社会救助	社会福利	住房保障
汉族	13	61.5	—	—	15.4	—
苗族	1	100	—	—	—	—
壮族	331	58.3	20.8	6.6	12.1	15.5
布依族	1	100	—	—	100	—
瑶族	1	100	—	—	—	100
水族	1	—	—	—	—	—
毛南族	68	66.2	17.6	5.9	13.2	7.4
总体	416	59.9	19.5	6.3	12.5	13.8

根据表4-28数据可见，对社会保险满意度占比最高，为94.4%；对社会救助的满意度占比最低，仅有50%。

表4-28　　受访者对社会保障的满意度占比　　单位：%

民族 \ 社会保障	样本量	社会保险	社会补充保险	社会救助	社会福利	住房保障
汉族	13	100	50.0	50.0	100	50.0
苗族	1	100	—	—	—	—
壮族	192	94.3	69.6	48.8	57.6	74.2
布依族	1	100	—	—	100	—
瑶族	1	100	—	—	—	100
水族	1	—	—	—	—	—

续表

民族 \ 社会保障	样本量	社会保险	社会补充保险	社会救助	社会福利	住房保障
毛南族	46	95.6	83.3	63.6	87.5	66.7
总体	255	94.4	70.7	50.0	62.8	72.4

3. 受访者对扶贫项目的整体评价较高

据表4-29可见，从民族维度看，汉族对扶贫效果的评价最为负面，满意度占比仅为40%，而壮族和毛南族对扶贫项目的满意度占比均超过50%，分别为66.3%和55.9%；从户籍维度看，非农业受访者对扶贫项目的整体满意度占比为70.5%，超过农业受访者的满意度（61.9%）。

表4-29　受访者对扶贫效果的评价　单位：%

民族 \ 评价		样本量	好	不好
汉族		10	40.0	60.0
苗族		1	100	—
壮族		285	66.3	33.7
布依族		1	100	—
瑶族		1	—	100
水族		1	100	—
毛南族		59	55.9	44.1
总体		358	64.0	36.0
户籍	农业	273	61.9	38.1
	非农业	88	70.5	29.5
	总体	361	64.0	36.0

（二）社会预期情况

据表4-30数据可见，受访者中，认为当地未来5年生活水平将会上升很多或略有上升的占63.5%，没有变化的为29.1%，认为略有下降或下降很多的占7.5%，总体看受访者对未来生活的改善态度较乐观。从民族维度看，壮族和毛南族受访者对生活改善最为乐观，分别为63.3%和62.6%，认为未来5年生活水平上升很多或略有上升。而汉族受访者对未来生活改善信心较弱，仅为 50%。从城乡维度看，从户籍维度非农业户口与农业户口城乡受访者认为未来 5 年生活会上升的占比分别为 71%和 61%，非农业户口受访者对未来生活改善的信心强于农业户口受访者。

表 4-30　**受访者对未来 5 年的生活水平预期**　单位：%

民族＼预期		样本量	上升很多	略有上升	没有变化	略有下降	下降很多
汉族		10	—	50.0	50.0	—	—
苗族		1	100	—	—	—	—
壮族		297	9.4	53.9	29.3	5.4	2.0
布依族		1	—	—	100	—	—
瑶族		1	100	—	—	—	—
水族		1	—	100	—	—	—
毛南族		64	18.8	43.8	28.1	7.8	1.6
总体		375	11.2	51.7	29.6	5.6	1.9
户籍	农业	285	8.4	52.6	30.2	6.7	2.1
	非农业	93	19.4	51.6	25.8	2.2	1.1
	总体	378	11.1	52.4	29.1	5.6	1.9

据表 4-31 数据可见，82%受访者对所在地区 2020 年建成小康社会有信心。从民族维度看，毛南族和壮族受访者对所在地区 2020 年建成小康社会的信心都很强，认为有信心的占比为 82.4%和 82%，而汉族受访者占比为 76.9%。从户籍维度看，农业户口受访者对所在地区 2020 年全面建成小康社会有信心占比为 83.3%，非农户口受访者占比为 79.6%，农业户口受访者高于非农业户口受访者。

表 4-31　**受访者对所在地区 2020 年建成小康社会的态度**　单位：%

民族＼态度	样本量	有信心	没有信心
汉族	13	76.9	23.1
苗族	1	100	—
壮族	327	82.0	18.0
布依族	1	100	—
瑶族	1	100	—
水族	1	100	—

续表

民族＼态度		样本量	有信心	没有信心
毛南族		68	82.4	17.6
总体		412	82.0	18.0
户籍	农业	312	83.3	16.7
	非农业	103	79.6	20.4
	总体	415	82.4	17.6

六　简要结论和建议

（一）结论

1. 目前环江县的经济发展还是以农牧业为主，商业服务业为辅，制造业等非常少。另外从事其他行业或外出打工的人较多，至少占各自民族的1/3。从民族维度上看，汉族更愿意到外地去寻求发展机会。而毛南族的非农业户口比农业户口更愿意外出打工。而壮族无论农业户口或非农业户口的流动意愿都较低，更愿意留在家乡发展。

从对于自身生活水平的评价上看，只有5.4%的被访者认为自己的生活水平为上或中上。而超过50%受访者认为自己的生活水平为中等，超过40%的被访者认为是中下等或下等。总的来看，非农业户口的受访者一般比农业户口的受访者评价高。从民族维度上来看，汉族和毛南族受访者中没有人对于自己生活水平的评价为上等和中上等，而壮族也仅有6.7%的受访者认为自己的生活水平为上等和中上等。因此从整体来说，环江县的居民对自己的经济生活水平评价并不高，从而可以看出环江县居民对当地整体的经济发展状况并不十分满意。

2. 环江县少数民族的汉族普通话及汉字的掌握程度较高。但在日常生活的交谈过程中，还是愿意用本族语言进行交谈。这表明受访者对民族语言保护得较好，但各族间的交往并不充分。而对于少数民族文字的掌握，却仅限于极少数，文字濒临灭绝。

3. 受访者了解和学习本民族文化主要通过手机、广播电视及人际交流等渠道。从民族维度来看，壮族和毛南族受访者选择基本一致，学习传统文化更倾向于广播电视和人际交流。而汉族获取信息的渠道是手机，这说明壮族和毛南族更倾向于面对面与人交往来获取相应的资讯，并愿意与家人朋友进行交往交流。值得深思的是，在影响受访者学习本民族以及其他民族文化中，学校教育等因素仿佛不起太大作用，电子产品的影响力却似乎是决定性的。学校和社区教育在民族文化交流中的缺失值得深思。

4. 从宗教信仰方面来看，由于98.1%的受访者没有宗教信仰，可以推测宗教问题并不是当地的主要社会矛盾，在当地政府的社会管理体系中也不占主要地位。

5. 目前民族关系稳定，但民族间交流和融合则有待加强。从总的趋势上说，各族受访者对于全国和本地民族关系总体向好的趋势都非常赞同。认为民族关系好的从改革开放前的50%以上，到党的十八大以来的超过90%。从城乡维度上看，农业户口比非农业户口更看好全国的民族关系。

6. 当地受访者的国家意识非常强烈，无论哪个民族，住在城市或乡村，认同国家意识是第一位的占绝大多数。另外，在当地受访者中超过50%认为民族身份与公民身份同样重要，且大多数受访者更注重地域认同而非民族认同。

7. 公共基础设施建设仍有不足，从数据可以看出，不论是在教育设施、医疗服务、治安保障、农贸市场、交通出行、邮政银行等方面，非农业户口都比农业户口享受更快捷方便的服务。当然，在农村的幼儿教育、医疗卫生、交通和邮政服务水平都有很大的提高，因此在这几方面农业户口的满意度超过了非农业户口。但不论城或乡受访者对于老年活动中心和运动场所及器材满意度占比较低，分别为50%和44.5%，说明当地对于体育运动等方面的管理还有许多改进的空间。

8. 尽管目前环江县的经济发展还面临许多问题，生活水平一般，但高达80%受访者对当地未来5年的生活改善和2020年建成小康社会有信心。其中农业户口比非农业户口的信心占比很高。这体现了当地人民对本县经济的发展和当地政府的管理有一定的信心。

（二）建议

1. 加大经济方面的扶持力度，加快经济多样性的发展，确实提高居民生活水平。经济发展是地区稳定、民族团结的基础之一，环江县居民生活水平不高，建议加大经济扶持力度，加强当地各项产业的发展，并且提高人口流动率，形成经济发展多样化，为当地居民提供更多就业机会，提高居民收入水平。

2. 采取措施，继承、加强和保护各民族独特的文化和语言，促进不同民族文化交往、交流、交融。

3. 在发展经济的同时，提高环境保护意识，保护当地生态资源，为当地留下青山绿水。

4. 加快改善当地的公共基础设施建设，缩小城乡公共服务的差距。

5. 落实民族政策的实施，更好地履行政府公共管理和公共服务职能，提高党员干部的综合素质，充分调动各方面积极因素，以期使环江毛南族自治县经济社会得到又快又好的发展。

第五章

新疆察布查尔锡伯自治县经济社会发展综合调查报告

察布查尔锡伯自治县隶属新疆维吾尔自治区伊犁哈萨克自治州，地处新疆西天山支脉乌孙山北麓，伊犁河以南，与伊犁哈萨克自治州首府伊宁市隔河相望，西与哈萨克斯坦共和国接壤。察布查尔县成立于1954年，是全国唯一以锡伯族为主体的多民族聚居的自治县。县辖13个乡镇、1个国有农场、1个农村经济管理中心，驻县有伊犁州奶牛场和兵团农四师67团、68团、69团等单位。截至2016年年末，全县总面积4485平方公里，人口19.6万人，由25个民族组成，少数民族占72%。[①]

察布查尔锡伯自治县旅游资源丰富。伊犁素有“塞外江南”之美称，而察布查尔又是伊犁河谷一颗璀璨的明珠。目前以一山（乌孙山白石峰景区）、一边（口岸边境旅游）、一园（锡伯族民俗风情园）（国家AAAA级景区）、一水（伊犁河清水湾风景区）为依托的一主（以孙扎齐牛录乡锡伯民俗文化旅游名村）、四片（东部以米粮泉乡为重点的特色农家美食区、南部以白石峰为重点的森林生态休闲区、西部以都拉塔口岸为重点的边境旅游区、北部以伊犁河谷风光为重点的次生林风景区）的旅游发展大格局已经形成。

土地和光热资源丰富，农业和畜牧业发达。自治县土地，土壤肥沃，地势平坦。全县现有灌溉面积138.83万亩，伊犁河流域水土开发后还将新增灌溉面积150万亩。地处亚欧大陆中心，属大陆性北温带温和干旱气候，热量丰富，光照充足，四季分明，是全疆优质粮、棉、油及特色农业基地。常年种植小麦稳定在25万亩，水稻20万亩，棉花20万亩左右，

---

① 来源于察布查尔县公众信息网。

蔬菜4万亩。全县天然草场面积300万亩，人工草场面积4.57万亩，牲畜存栏数40.35万头（只），其中牛存栏5.59万头，羊存栏30.17万只，马、猪等存栏4.59万匹（头）。畜牧业以养牛业为核心，全县有优质奶牛2.5万头，奶牛良种率达70%。现有千头奶牛乡4个，百头奶牛村45个，千头奶牛场2个，百头奶牛场3个，年育肥牛1.5万头，育肥羊10万只。马鹿是这里的特色养殖业，被自治区定为新疆天山马鹿基地县，2008年马鹿存栏3217头（只）。

自治县区位优势明显，交通便捷。自治县与哈萨克斯坦边境线长72公里，沿边有都拉塔、霍尔果斯两个国家一级陆路口岸，2008年都拉塔口岸进出口贸易总额突破10亿美元，霍尔果斯口岸年进出口货物200万吨、出入境人员300万人次，是国家向西开放的最前沿。县城距伊宁机场15公里，伊宁铁路12公里，距都拉塔口岸47公里，霍尔果斯口岸70公里，哈萨克斯坦阿拉木图市260公里。全县公路总长1219.16公里，以省道313线为主通道轴线的“四横四纵”的县域公路网已经形成，省道313线东起伊犁州首府伊宁市，西至与哈萨克斯坦接壤的都拉塔口岸，贯穿全境，省道237线横穿南北，伊犁河特大桥和伊犁河三桥已建成通车。①

《察布查尔锡伯自治县2016年国民经济和社会发展统计公报》显示，自治县全年实现地县生产总值（GDP）519762万元，增长7.4%。其中：第一产业增加值249605万元，增长5.8%；第二产业增加值104367万元，增长9.5%；第三产业增加值165790万元，增长8.6%；三次产业结构比例为48.0∶20.1∶31.9。2016年年末，经农经局测算，全县农牧民人均纯收入达到12908元，比上年增加896元，增长7.5%；经统计局抽样调查初步测算后，城镇居民人均可支配收入为21604元，增长8%。农村居民可支配收入11448元，增长7.4%。②

一 调查对象基本情况

本报告基于2016年“察布查尔锡伯自治县经济社会发展综合调查”课题，由家庭问卷抽样调查所得，包括居民经济生活情况、民族文化与民族教育、民族关系与民族政策和公共服务等方面。本调查是中国社会科学

① 来源于察布查尔县公众信息网。

② 来源于《察布查尔锡伯自治县2016年国民经济和社会发展统计公报》。

院民族学与人类学研究所主持的国家社科基金重大项目、中国社会科学院创新工程重大专项“21 世纪初中国少数民族地区经济社会发展综合调查”的重要组成部分。

察布查尔锡伯自治县的样本回收数为 402 份，调查对象包括察布查尔锡伯自治县城乡各民族成员。问卷回收整理录入后，主要使用社会统计软件 SPSS 加以统计分析。

表 5-1 显示，调查对象中，在性别维度，男性占比为 46.5%，女性占比为 53.5%，女性所占比略高。从户籍维度农业户口占比为 52.1%，非农业户口占比为 47.9%，农业户口占比略高。在年龄维度，31—60 岁的受访者占比最高，为 77.9%，30 岁及以下的受访者年轻人占比为 15.2%，61 岁及以上占比为 7%。从民族维度看，锡伯族人口最多，受访者占比为 62.4%；其次是汉族，占比为 15.2%，哈斯克族占比为 12.4%，维吾尔族占比 6%，回族占比 2.5%，其他还有蒙古族、藏族、乌孜别克族等，各占比 0.2%。在受教育程度维度，接受了本科及以上教育的占比为 9.9%，大专教育的占比为 14.4%，高中教育的占比为 30.8%，初中教育的占比为 34.8%，小学及文盲的占比为 9.5%。总体来看，高中及以上受访者占比为 55.1%。在职业类型维度，农牧民占比最大，为 48.7%；企事业管理人员占比为 8.5%，技术人员占比为 4.7%，公务员占比为 5.2%，领导干部占比为 3.4%，其他占比为 24.9%。在政治面貌维度，中共党员占比为 29.9%，团员占比为 12.7%，民主党派人士占比为 0.5%，群众占比为 57%。在宗教信仰方面，100%的受访者均信仰萨满教。在语言方面，懂两种语言（普通话和一种民族语言）的占比为 55.4%，懂普通话和两种以上民族语言的占比为 23.7%，只懂一种语言（普通话或一种民族语言）的占比为 20.9%。总体上，懂多种语言的占比近 80%。会两种语言以上的受访者中，认为本族语掌握得更好的占比为 42.2%，认为本族语和汉语相同程度的占比为 36.9%，认为普通话或汉语方言掌握得更好的占比为 18.3%。总体上看，受访者非农业、农业户口各占一半，农业户口稍多；锡伯族为主体，还有汉族和其他少数民族；80%的受访者懂普通话；受访者党员比例较高，占 29.9%；受访者教育程度较高，一半以上为高中及以上学历；接近一半的受访者为农牧民。

表 5-1　　调查对象基本情况　　单位：%

类别	基本情况	占比	样本量
性别	男性	46.5	187
	女性	53.5	215
民族	汉族	15.2	61
	蒙古族	0.2	1
	回族	2.5	10
	藏族	0.2	1
	维吾尔族	6.0	24
	壮族	0.2	1
	哈萨克族	12.4	50
	柯尔克孜族	0.2	1
	达斡尔族	0.2	1
	锡伯族	62.4	251
	乌孜别克族	0.2	1

类别	基本情况	占比	样本量
户籍	农业户口	52.1	209
	城镇户口	47.9	192
教育程度	未上学	1.5	6
	小学	8.0	32
	初中	34.8	140
	高中、中专或职高技校	30.8	124
	大学专科	14.4	58
	大学本科	9.7	39
	研究生	0.2	1
年龄	30岁及以下	15.2	61
	31—45岁	43.3	174
	46—60岁	34.6	139
	61岁及以上	7.0	28

类别	基本情况	占比	样本量
职业	公务员	5.2	20
	领导干部	3.4	13
	企事业管理人员	8.5	33
	技术人员	4.7	18
	农牧民	48.7	188
	制造业、矿业、建筑业工人	1.0	4
	商业服务业普通人员	2.8	11
	两种及以上职业身份	0.8	3
	其他	24.9	96

注：户口中的非农业户口包括由农业户口转为居民户口的人数。

二　经济生活

（一）受访者的就业类型情况

从表5-2、表5-3的数据可见察布查尔锡伯自治县受访者中，农业户口73.5%的受访者从事农牧业农牧民，其他灵活就业占15.7%；非农户口21%的居民从事农牧业农牧民，其他灵活就业占35.4%，职业类型为公务员、领导干部、企事业管理人员、技术人员的占非农业户口的36.5%。在受访者中的农业户口就业者中，只是务农的受访者占45.7%，以务农工作为主同时从事非农工作的占26.6%，以非农工作为主和只从事非农工作的占27.7%。总体来看，农业户口以农牧业为主，非农业户口以工商业就业为主。在农业户口就业人员中，从事非农工作或兼业的已占54.3%，其中只从事非农工作的占20.5%。可见，农业就业人员向非农部门的转移比例已在一半以上。

表 5-2　　受访者职业分布类型

职业类型	公务员	领导干部	企事业管理人员	技术人员	农牧民	制造业、矿业、建筑业工人	商业服务业普通人员	两种及以上职业身份	其他	样本量总计
农业户口	1	5	6	5	150	1	3	1	32	204
非农业户口	19	8	27	12	38	3	8	2	64	181

表 5-3　　受访者中农业就业人员的非农工作概况　　单位:%

工作类型 就业情况	只是务农	以务农为主，同时也从事非农工作	以非农工作为主，同时也务农	只从事非农工作	总计
样本量	134	78	21	60	293
占比	45.7	26.6	7.2	20.5	100

（二）受访者外出就业概况

受访者外出就业意愿维度看（见表 5-4），83.5%的受访者希望在本地县城工作，到省会城市，占 6.8%，到地级市，占 5.8%，愿意到直辖市和东部一线大城市工作的仅占 2.8%。说明察布查尔锡伯自治县受访者外出就业意愿较低，就业范围在本区域的占绝大多数。从民族维度看，锡伯族受访者愿意在本地县城就业的占全部受访者的 88%，汉族居民愿意在本地县城就业的占全部受访者的 76.7%，哈萨克族占 82%，维吾尔族占 62.5%。相对而言，汉族居民在本地就业意愿明显低于锡伯族和哈萨克族，总体上少数民族居民外出流动意愿低于汉族居民。在外出的原因选择上（见表 5-5），孩子上学问题解决不了所以只能自己处出占 25.1%，其次是节约外面生活成本的占 24.6%，家里需要丈夫或孩子留在家占 21.8%，没有住房只能自己去占 16.8%。同样，在受访者或家人外出就业的主要原因（见表 5-6）排在前三位的是得到更高收入（43%）、有更多的发展机会（25.1%）和有利于孩子教育（16.7%）。可见，影响受访者或家人外出变业的主要原因是得到更高收入、有更多的发展机会和有利于孩子教育。

在只考虑收入情况下，调查显示，受访者认为外出收入比较高的情况下才愿意外出就业，外出收入至少是本乡镇平均收入的 2 倍时才愿意外出的占36.6%，外出收入是本乡镇平均收入的2.5倍的占24.9%。在自己或家人外出就业的最主要障碍因素选择上，“得不到相关就业信息”占比最高，为45.2%，其次是“工作辛苦收入低”，为18.5%，再次是“孩子就学困难”占7.7%，“想留在就业地但生活成本太高”占7.7%，“家里需要照顾”占7.2%。因此，在居民收入增速放缓的情况下，政府需首先大力发展本地工商业，同时多引导培训，建立畅通的就业信息渠道，帮助民族地区劳动力就业转移。

表5-4　受访者外出就业意愿　单位：%

民族＼意愿	本地县城	地级市	省会城市	直辖市和东部一线城市	国外或境外	总计
汉族	46	5	3	5	1	60
蒙古族	0	0	1	0	0	1
回族	7	2	1	0	0	10
藏族	1	0	0	0	0	1
维吾尔族	15	4	2	2	1	24
壮族	1	0	0	0	0	1
哈萨克族	41	0	7	0	2	50
柯尔克孜族	1	0	0	0	0	1
达斡尔族	1	0	0	0	0	1
锡伯族	219	12	13	4	1	249
乌孜别克族	1	0	0	0	0	1
样本量	333	23	27	11	5	399
百分比	83.5	5.8	6.8	2.8	1.3	100

表5-5　受访者独自外出就业主要原因　单位：%

独自外出主要原因	没有住房所以只能自己去	孩子上学问题解决不了所以只能自己去	家里需要丈夫或妻子留在家	外面太辛苦家里安定所以自己外出	节约外面的生活成本	总计
样本量	65	97	84	45	95	386
百分比	16.8	25.1	21.8	11.7	24.6	100

表 5-6　受访者或家人外出就业主要原因

意愿 占比	得到更高收入	有更多的发展机会	有利于孩子教育	夫妻团聚	外出上学想留在城市或异地	当地缺乏发展机会和条件	想开阔眼界，出去看看	总计
样本量	170	99	66	16	4	14	26	395
占比（%）	43.0	25.1	16.7	4.1	1.0	3.5	6.6	100

（三）受访者生活水平评价

调查显示，受访者 1 套住房自有率为 78.1%，拥有 2 套以上的占 5%，大部分房屋价格在 10 万—20 万元。对于家庭收入结余，50%的受访者选择储蓄，27.6%的受访者选择存在自己手里，11.9%的受访者选择投资。可见，察布查尔锡伯自治县的受访者住房自有率较高，投资理财方式仍然较为保守。

整体看，察布查尔锡伯自治县的受访者对过去 5 年的生活水平变化基本满意，但满意度不高（见表 5-7）。51.5%的受访者认为过去 5 年生活水平上升很多或略有上升，其中认为上升很多的占 17.8%，略有上升的占 33.7%。28.6%受访者认为没有变化，20.1%的受访者认为略有下降或下降很多。从户籍维度看，非农业户口的生活水平满意度高于农业户口。48.6%的农业户口认为过去 5 年生活水平上升很多或略有上升，而城镇居民占比为 54.2%，其中在“上升很多”的感受上，非农业户口受访者明显高于农业户口，非农业户口占比为 22.1%，而农业户口仅为 13.9%。可见，受访者对过去 5 年的收入水平收入感受差距明显。从民族维度看，维吾尔族、哈萨克族、锡伯族和汉族受访者认为过去 5 年生活水平上升很多的占比分别为 37.5%、18.4%、17.3%和 13.1%，维吾尔族对生活水平提高的满意度最高。维吾尔族、哈萨克族、锡伯族和汉族认为略有上升的占比分别为 20.8%、30.6%、36.9%和 31.1%，锡伯族满意度最高，其次为汉族。

表 5-7　受访者 5 年的生活水平变化评价　单位：人

评价 民族		上升很多	略有上升	没有变化	略有下降	下降很多	总计
户籍	农业户口	29	72	58	35	14	208
	非农业户口	42	61	56	19	12	190

续表

民族＼评价	上升很多	略有上升	没有变化	略有下降	下降很多	总计
汉族	8	19	20	5	9	61
蒙古族	0	0	0	1	0	1
回族	1	1	7	1	0	10
藏族	0	0	0	1	0	1
维吾尔族	9	5	7	2	1	24
壮族	0	1	0	0	0	1
哈萨克族	9	15	16	5	4	49
柯尔克孜族	0	1	0	0	0	1
达斡尔族	0	0	0	0	1	1
锡伯族	43	92	64	39	11	249
乌孜别克族	1	0	0	0	0	1
总计	71	134	114	54	26	398

从户籍维度看（见表5-8），48.8%的农业户口居民认为自己生活水平在当地处于中等，认为处于中上等的占7.7%，处于上等的占1%，处于上、中上、中等的共占57.4%；非农户口受访者认为自己生活水平在当地处于中等的占37.7%，处于中上等和上等的占15.2%，处于上、中上、中等的共占52.9%。总体上受访者中业户口受访者民认为生活水平处于中等以上的占比高于非农业户口受访者，生活满意度更高，但非农业户口受访者生活质量更高，认为生活水平处于中上等和上等的占比明显高于农业户口。从民族维度来看，60%—70%的各民族受访者对于自己生活水平评价为中等或中下等。锡伯族、维吾尔族、哈萨克族和汉族受访者认为自己生活水平处于中等的占比分别为44.6%、45.8%、42.9%、34.4%，汉族占比最低。锡伯族、维吾尔族、哈萨克族和汉族受访者认为自己生活水平处于中低等的占比分别为28.7%、8.3%、18.4%和37.7%，汉族占比最高。从整体来看，察布查尔锡伯自治县受访者对自己的生活水平评价并不高。调查显示，受访者的参照对象大多是同乡村的人、亲戚朋友和同事同学，可见，受访者的参照对象大多是和自己资历、处境类似的人。

表 5-8　　受访者对于自己生活水平的评价　　单位：人

民族＼评价		上	中上	中	中下	下	总计
户籍	农业户口	2	16	102	58	31	209
	非农业户口	5	24	72	50	40	191
汉族		0	2	21	23	15	61
蒙古族		0	0	1	0	0	1
回族		0	0	4	3	3	10
藏族		0	0	1	0	0	1
维吾尔族		2	6	11	2	3	24
壮族		0	0	1	0	0	1
哈萨克族		3	9	21	9	7	49
柯尔克孜族		0	0	1	0	0	1
达斡尔族		0	0	0	0	1	1
锡伯族		2	23	112	72	42	251
乌孜别克族		0	0	1	0	0	1
总计		7	40	174	109	71	401

三　公共服务

（一）扶贫政策的评价

受访者中，知道精准扶贫政策的占 81.6%，不知道的占 18.4%。农业户口中，不知道精准扶贫政策的占 18.2%，非农业户口中不知道精准扶贫政策的占 18.8%。83.8%的受访者对 2015 年之前的扶贫效果评价为好，评价为不好的占 16.2%。94.2%的受访者对国家实现精准扶贫预期目标表示有信心，5.8%的受访者表示没有信心。可见，政府的扶贫政策宣传并不到位，仍有近 20%的受访者不清楚扶贫政策。同时，绝大多数察布查尔锡伯自治县受访者对政府精准扶贫较有信心。

（二）教育概况

如果政府延长义务教育年限，96.7%的受访者愿意孩子接受长于 9 年的义务教育，有 3.3%的受访者不愿意。77.2%的受访者在孩子初中毕业后希望孩子上普通高中，而22.6%的受访者选择了职业学校。选择普通高中的原因主要有为了孩子上大学和提高个人的文化知识，分别占53.7%和38.1%。选择职业学校的原因主要有“学得一技之长，将来有更好的就业”和“为了早就业，为家庭做贡献”，分别占63.4%和37.4%。受访者中，82.3%的受访者认为本地的教育制度是公平的，17.7%认为不公平。认为不公平的原因主要有“城乡教育质量差别大”“不同学校教师水平参差不齐，缺少公平的教育举措”“学校教育质量不高，必须靠校外辅导提高成绩”和“重点学校和非重点学校得到的政府重视程度有差别”，占比分别为62.9%、12.9%、8.6%和7.1%。可见，察布查尔锡伯自治县80%的受访者对于教育制度的公平程度持肯定态度，绝大多数家庭会愿意让孩子接受超过9年的义务教育。70%以上的家庭希望孩子就读普通高中，然后上大学。职业学校也是重点选择之一，但职业学校应重点培养学生的技能，能以一技之长立身。

（三）医疗改革评价

受访者中73.6%对医疗卫生改革满意，26.4%的受访者不满意，评价明显低于教育制度。不满意的原因主要有“费用高”“到大医院看病难”和“基层医疗机构作用很小”，占比分别为40.4%、24%和25%。受访者中知道地方病防治的占比为76.1%，表示满意的占比为84%；知道爱国卫生教育的占比为73.9%，表示满意的占比为87.4%；知道中（民族）医药扶持的占比为57.2%，表示满意的占比为74.7%；知道社区卫生（健康）档案的占比为60.3%，表示满意的占比为78.3%；知道基本药物的实施状况的占比为55.6%，表示满意的占比为73.6%。总体上，受访者对所访问的公共卫生服务满意度较高。

在就诊医院选择上，58.8%的受访者选择县医院，24.2%的受访者选择大城市医院，选择乡镇医院或社区卫生中心的占比13.9%，仅2.8%的受访者选择社区或村卫生室，说明乡镇以下的医疗基础设施状况得不到居民的认可。如果不去医院，94.4%的受访者选择去医院买药，求神问卜的仅占比2.6%，说明受访者封建迷信程度较轻。

（四）公共基础设施

受访者中，对教育设施（幼儿园）满意的占比为68.5%，对教育设施（小学）满意的占比为66.3%，对教育设施（中学）满意的占比为65.4%，对最近的医院的满意的占比为60.5%，对治安设施（派出所等）满意的占比为70.5%，对活动中心（广场、老年活动中心等）满意的占比为67.9%，对运动场所及器材满意的占比为62.9%，对农贸市场满意的占比为59.6%，对车站（码头）满意的占比为59.8%，对邮电所满意的占比为67.2%，对银行（信用社）满意的占比为72.7%。总体上，满意度比较低的是医院、车站和农贸市场，为60%左右。

（五）社会保障

受访者中参加扶贫开发项目的占比为36.6%，参加社会保险的占比为69.8%，参加社会补充保险的占比为36.8%，参加社会救助的占比为39%，参加社会福利的占比为34.2%，参加住房保障的占比为39.7%。总体上，受访者的社会保障参与度比较低，政府的社会保障面需要进一步扩大。

四 民族文化与民族交往

（一）民族文化

1. 民族语言文化传承

和受访者以及上辈相比，子女愿意接受民族语言的占比为93.8%，愿意接受民族文字的占比为88.2%，愿意接受民族生活习俗的占比为92.2%，愿意接受宗教信仰的占比为73.7%，愿意接受特色手工艺的占比为89%。总体上，受访者的下一代接受民族语言文化等意愿下降，尤其是宗教信仰和民族文字意愿明显下降。

2. 民族文化保护和传播态度

当开发旅游资源和保护民族文化遗产发生冲突时，54.3%的受访者选择“优先保护民族文化”，43.1%的受访者选择“以发展经济、提高现代生活水平为主”，选择“先开发有钱再保护”占比2.5%。可见，在自治县受访者的民族文化遗产保护意识较强。99.3%的受访者认为应该增加民族语言或双语出版物，但是仅有36.8%的受访者经常浏览本民族语言的文字网站或微信公众号，很少的占比35.8%，偶尔的占20.1%。94%的受访者认为政府应该提供民族语言方面的服务，认为无所谓的占比5.1%。

受访者认为提供了民族语言方面的服务的，政府部门占比74.4%，法院占68.8%，派出所占比71.5%，银行占比72.7%，医院占比71.8%，车站（机场）占比69.4%。而且，受访者认为提供语言服务的这些部门并不能100%满足需要，满足需要占比低于90%。总体上，在自治县，受访者认为提供民族语言服务的公共部门或服务部门占比不高。

3. 宗教信仰

在受访者中，62%的人认为“人活着应该有宗教信仰”，38%的受访者不同意这一观点；59%的受访者同意“宗教信仰是每个人的自由，政府不应该干预”，41%的受访者不同意；同意“每个人应该只信仰一种宗教，不应该同时信仰多种宗教”的占比64%，不同意的占比36%；同意“所有宗教都是迷信”的占比37.4%，不同意的占比62.6%；同意“科学和信仰是相辅相成的存在”的占比为67.7%，不同意的占比为32.3%；同意“民间信仰也是一种宗教”的占比为61.9%，不同意的占比为38.1%。总体上，大多数受访者支持宗教信仰自由，不认为宗教是一种迷信，认为科学和信仰可以相辅相成存在。可见，受访者支持宗教信仰自由，但又具有理性。

（二）民族交往

1. 城乡受访者对外来人口态度

本地户籍受访者总体上对外来流入人员持开放欢迎态度。对县外省内的外来流入人员持欢迎态度的占比96.5%，对省外国内外来流入人员持欢迎态度的占比93.3%，对外国人持欢迎态度的占比90%。可以看出，随着地域距离的增加，持欢迎态度的占比在下降。欢迎的主要原因有“增加了当地的投资”“扩大了当地的就业机会”和“带来了先进技术和管理方式”，占比分别为68.3%、61.6%和41.7%。可见，互利共赢的民族交往为自治县居民所欢迎。本市县外来人员中认为当地人对其态度较好的占比71.9%，一般的占比28.1%。

2. 民族交往状况

调查显示，在受访者父母这一辈的长辈中，有跨族通婚的占比为24.1%。在堂兄弟姐妹（表兄弟姐妹）中，有跨族通婚的占比为36.8%。受访者中，汉族居民愿意和少数民族成为邻居、一起工作、成为亲密朋友的占比分别为91.5%、93.2%、91.5%；少数民族愿意和汉族成为邻居、一起工作、成为亲密朋友的占比分别为97.1%、98.2%、95%。可见，民族之间对相互交往持友好、开放态度。受访者对当地和我国的民族关系状况满意的占比分别达95%和94.2%。

3. 民族优惠政策状况

77.9%的受访者认为民族身份给其带来了政策优惠，22.1%的受访者认为没有带来政策优惠。和其他民族相比，受访者认为获得的政策优惠和其他民族一样多的占比65.9%，比其他民族多的占比20.7%，比其他民族少的占比13.4%。同时，75.1%的受访者认为应该因民族身份获得政策优惠。在民族身份好的影响方面，"有利于高考加分，得到政策优惠""更多干部比例人大代表政协委员"和"本民族身份的自豪感"，占比分别为29.4%、12.7%和13.9%。

五　简要结论和政策建议

（一）简要结论

从前文的分析可看出，察布查尔锡伯自治县以锡伯族为主体，大多数的受访者懂普通话，一半以上为高中学历，一半以上的受访者职业为从事农牧业农牧民。主要结论如下：

1. 在就业状况上，半数以上的农业户口已向非农业户口转移。少数民族外出流动意愿低于汉族居民。

在农业就业人员中，从事非农工作或兼业的已占比为54.3%，其中只从事非农就业的占比为20.5%。锡伯族居民愿意在本地县城就业的占比为全部受访的锡伯族受访者的88%，汉族受访者愿意在本地县城就业的占全部受访者的汉族受访者的76.7%，哈萨克族占比为82%，维吾尔族占比为62.5%。汉族居民在本地就业意愿明显低于锡伯族和哈萨克族，总体上少数民族居民外出流动意愿低于汉族居民。影响居民外出或举家迁移的主要因素是收入、发展机会、孩子教育和家中需要人照顾。

2. 在生活水平上，半数居民对过去5年的生活水平变化基本满意，城镇居民的生活水平满意度高于农非农业户口。大部分受访者对于目前的生活水平评价不高，少数民族受访者满意度高于汉族受访者。

51.5%的受访者认为过去5年生活水平上升很多或略有上升，其中48.6%的农业户口受访者认为过去5年生活水平上升很多或略有上升，而非农业户口受访者占比为54.2%。在“上升很多”的感受上，非农业户口受访者明显高于非农业户口受访者，非农业户口占比为22.1%，而农业户口仅为13.9%。60%—70%的各民族受访者对于自己生活水平评价为中等或中下等。维吾尔族、哈萨克族、锡伯族和汉族受访者认为过去5年生活水平上升很多的占比分别为37.5%、18.4%、17.3%和13.1%，维吾尔族受访者对生活水平提高的满意度最高，汉族最低。维吾尔族、哈萨克族、锡伯族和汉族认为略有上升的占比分别为20.8%、30.6%、36.9%和31.1%，锡伯族满意度最高，其次为汉族。

3. 在公共服务上，居民对教育制度的满意度占比高于医疗卫生。乡镇以下的医疗基础设施状况在居民中的认可度较低。受访者的社会保障参与度较低。绝大多数受访者对政府精准扶贫较有信心。

80%的受访者对于教育制度的公平程度持肯定态度。73.6%的受访者对医疗卫生改革满意，26.4%的受访者不满意，不满意的原因主要有“费用高”“到大医院看病难”和“基层医疗机构作用很小”，占比分别为40.4%、24%和25%。在就诊医院选择上，仅13.9%的受访者选择乡镇医院或社区卫生中心，仅2.8%的受访者选择社区或村卫生室，大多数受访者选择县医院或大城市医院。受访者的社会保障参与度比较低，占比不到40%。绝大多数受访者对政府的精准扶贫有信心，但近20%的受访者不清楚扶贫政策。

4. 在民族语言文化方面，和上一代相比，受访者的下一代接受民族语言文化等意愿下降，尤其是宗教信仰和民族文字意愿明显下降。绝大多数受访者支持民族文化保护和传播及宗教信仰自由。

与上一辈相比，子女愿意接受民族语言的占比为93.8%，愿意接受民族生活习俗的占比为92.2%，愿意接受民族文字的占比为88.2%，愿意接受宗教信仰的占比为73.7%。99.3%的受访者认为应该增加民族语言或双语出版物，94%的受访者认为政府应该提供民族语言方面的服务，认为提供民族语言服务的公共部门或服务部门占比不高。但仅有36.8%的受访者经常浏览本民族语言的文字网站或微信公众号，很少的占比为35.8%，偶尔的占比为20.1%。当开发旅游资源和保护民族文化遗产发生冲突时，54.3%的受访者选择“优先保护民族文化”。59%的受访者同意“宗教信仰是每个人的自由，政府不应该干预”，62.6%的受访者认为宗教不是迷信，67.7%的受访者同意“科学和信仰是相辅相成的存在”，可见，受访者支持宗教信仰自由，但同时具有理性。

5. 在民族交往方面，大多数受访者对外来流入人口和当地民族交往持开放欢迎态度。对民族关系状况和民族优惠政策满意度较高。

对县外省内、省外国内的外来流入人员和外国人持欢迎态度的占比90%以上，互利共赢的民族交往为自治县居民所欢迎。受访者的同辈或长辈中跨族通婚的占比在20%—40%，愿意和本地汉族及其他民族交往的程度较高。同时，77.9%的受访者认为民族身份给其带来了政策优惠。受访者认为获得的政策优惠和其他民族一样多的占比为65.9%，比其他民族多的占比为20.7%。受访者对当地和我国的民族关系状况满意度分别达95%和94.2%。

（二）政策建议

1. 大力发展本地第二、第三产业，为劳动力转移创造机会，切实提高居民生活水平和获得感。

政府应大力发展本地第二、第三产业，促进自治县的工业化和城镇化发展。政府应加大劳动力引导培训力度，建立畅通的就业信息渠道，促进产业升级，加快民族地区劳动力向城市转移。少数民族外出流动意愿低于汉族居民，应因地制宜，开发少数民族文化旅游产业，带动居民就业，切实提高居民生活水平。尤其是农村地区，应加大扶贫开发力度和政策宣传，实施产业带动致富，切实提高农村居民的获得感和幸福感。

2. 贯彻落实民族地区政策，加强基础设施建设，提高政府公共服务能力和满意度。

落实好民族地区政策，切实提高政府公共服务能力。一是加强基础设施建设并改善设施环境，如医院、车站、农贸市场等。二是改革医疗制度和教育制度，提高民族地区居民的满意度。乡镇以下的医疗基础设施状况在受访者中的认可度较低，应提高交通设施便利程度、县医院的医疗水平和服务能力，同时实施县、乡、村三级医疗分级制度改革，进行医疗分流。同时，提高社会保障参与率，扩大民族地区社会保障覆盖面，提高政府的公共服务保障能力。此外，逐步提高民族地区义务教育年限，以教育作为改变民族地区经济面貌的长效措施。大力发展职业教育，培养技术人才，促进民族地区产业升级和转型发展。

3. 保护民族文化和传播，支持宗教信仰自由，促进不同民族的文化交往、交流和交融。

推进民族教育的相关政策，针对少数民族文化遗产进行保护，增加民族语言或双语出版物，政府部门适当增加提供民族语言方面的服务。在保护的前提下，促进少数民族文化旅游产业的开发和发展。在尊重少数民族语言文化的前提下，加强双语教育，构建不同民族间的经济、社会和文化交流纽带，促进不同民族之间文化交融。保护少数民族宗教信仰自由，但同时加强科学教育，破除封建迷信。落实民族优惠政策，加强少数民族人才培养。

第六章

辽宁新宾满族自治县经济社会发展综合调查报告

新宾满族自治县经国务院批准于 1985 年成立，该县地处辽宁东部山区，是满族的故乡、清王朝的发祥地。全县土地总面积 4287.4 平方公里，辖 15 个乡镇、14 个国有林场、181 个行政村。新宾是多民族聚居县，是全国第一个满族自治县，除满族外，还有汉族、朝鲜族、蒙古族等 22 个民族，满族占全县总人口的 79.8%。新宾满族自治县自然资源丰富，境内森林茂盛，森林覆盖率为 73.9%，是国家级先进林业县和“一二三”工程示范县，也是全国唯一的“林蛙之乡”，该县拥有苏子河、太子河、富尔江三大水系，1750 多条大小河流，是沈阳、抚顺等大城市的水源发源地，是辽宁东山区最大的绿色屏障。① 当地优越的自然地理环境造就了林蛙、人参、鹿茸和辽细辛等东北道地而珍贵的中药材。新宾满族自治县东与吉林省通化市、柳河县搭界，南与集安市、桓仁满族自治县为邻，西与本溪市、沈阳市相连，北与清原满族自治县毗壤。全县总户数为 10.1 万户，总人口 29.7 万人，其中乡村人口 19.99 万人；截至 2015 年，全县实现地区生产总值 116 亿元。②

本报告基于对辽宁省新宾满族自治县居民的 2016 年问卷调查所得数据，从基本情况、家庭经济与生活状况、资源环境与生态环境保护、公共服务与政府管理、民族交往与民族文化五个维度对当地经济社会发展状况

---

① 辽宁年鉴编辑部编：《辽宁统计年鉴 · 2016》，中国统计出版社 2016 年版，第 344 页。

② 详情请参见新宾满族自治县人民政府网站 http：//www.xinbin.gov.cn/ins.asp？t=1&s=1&i=2358。

进行系统分析，以期为促进当地经济社会发展、服务政府决策、维护社会秩序稳定做出贡献。

一 调查对象基本情况

本报告的分析数据来源于，中国社会科学院民族学与人类学研究所中国社会科学院创新工程重大专项“21世纪初中国少数民族地区经济社会发展综合调查”，于2016年在辽宁省新宾满族自治县开展实施的家庭问卷抽样调查数据。辽宁省新宾满族自治县的调查问卷回收数为455份，调查对象包括辽宁省新宾满族自治县的各民族成员。调查问卷回收后经过整理录入，主要使用社会科学统计软件SPSS加以统计分析。

表6-1显示，在性别方面，男性占比为48.6%，女性比例为51.4%，女性所占比略高。在年龄分布方面，31—60岁受访者占比最多，占比为46.3%，61岁及以上的人占人口数的45.3%，两者所占人口数量相当，30岁及以下的年轻人占比为8.1%。在民族成分方面，满族人口最多，占总数的81.8%，其次是汉族，占比为16%，朝鲜族人口占比为0.9%，锡伯族占比为0.4%，蒙古族、回族和白族分别占比为0.2%。在户籍类型方面，农业户口最多，占比为63.7%，非农业户口占比为32.5%。在受教育程度方面，接受了本科及以上教育的仅占1.5%。受教育程度在初中及以下的占80.4%。总体来看，其受教育程度不高。在职业类型分布方面，从事农牧业的农牧民最多，占比为44.4%，其次为不便分类的其他从业人员占比为37.4%，商业、服务业普通人员占比为6.8%，领导干部、企事业管理人员占比为2.9%。在宗教信仰方面，没有宗教信仰的受访者最多，占比为79.3%，其次是信仰佛教的受访者占比为11%，基督教的受方者占6.6%，天主教的受访者占1.1%，民间信仰的受访者占比为0.4%，道教和伊斯兰教的受访者各占0.2%。在政治面貌方面，群众的受访者最多占比为82.6%，中共党员占比为13.4%，团员仅占3.1%。

表 6-1　调查对象基本情况　单位：%

类别	基本情况	占比	样本量
性别	男性	48.6	221
	女性	51.4	234
年龄	30 岁及以下	8.1	37
	31—45 岁	13.8	63
	46—60 岁	32.5	148
	61 岁及以上	45.3	206
户籍	农业户口	63.7	290
	非农业户口	32.5	148
	本地居民户口(之前是农业户口)	0.9	4
	本地居民户口(之前是非农业户口)	0.2	1
	外地农业	0.9	4
	外地非农业	0.2	1
政治面貌	中共党员	13.4	61
	团员	3.1	14
	无（群众）	82.6	376

类别	基本情况	占比	样本量
民族	汉族	16.0	73
	蒙古族	0.2	1
	回族	0.2	1
	满族	81.8	372
	锡伯族	0.4	2
	白族	0.2	1
宗教信仰	伊斯兰教	0.2	1
	佛教	11.0	50
	道教	0.2	1
	天主教	1.1	5
	基督教	6.6	30
	民间信仰	0.4	2
	其他	0.4	2
	没有宗教信仰	79.3	361

类别	基本情况	占比	样本量
受教育程度	未上学	5.5	25
	小学	34.5	157
	初中	40.4	184
	高中、中专或职高技校	13.6	62
	大学专科	4.0	18
	大学本科	1.3	6
	研究生	0.2	1
职业	公务员	0.9	4
	领导干部	2.0	9
	企事业管理人员	0.9	4
	技术人员	0.9	4
	农牧民	44.4	202
	商业、服务业普通人员	6.8	31
	制造业、矿业、建筑业工人	2.0	9
	两种及以上职业身份	4.0	18
	不便分类的其他从业人员	37.4	170

说明：户口中的城镇户口包括由农业户口转为居民户口的人数。

二　经济生活

（一）受访者的就业情况

1. 受访者职业类型分布

从户籍维度看（见表 6-2），新宾满族自治县农业户口受访者的职业类型集中在从事农牧业农牧民，占比 63.8%。非农业户口受访者的职业类型主要是不便分类的其他人员，占比为 69.5%，其中包括家庭妇女或学生，打散工人员以及下岗退休赋闲在家或是失业等人员。其次为商业服务业普通人员占 9%，从事农牧业农牧民占比 7.8%，非农业户口领导干部与公务员分别占 3.2%与 2.6%，其他职业分布占比较少。从民族维度看，汉族受访者无论农业户口还是非农业户口，不便分类的其他从业人员所占比最大为60%，其次是汉族农业户口中从事农牧业的农牧民占比40%，技术人员占比5.7%；汉族非农业户口的受访者除了不便分类的其他就业的人员占比最大以外，其次是从事商业服务业的普通人员，占比14.3%，技术人员、农牧民和制造业、矿业、建筑业工人各占2.9%。满族农业户口受访者多从事农牧业农牧民，占比为67.9%，其次为不便分类的其他就业者，占比16.9%。满族非农业户口受访者则多为不便分类的其他就业人员，占比为68.7%，在满族受访者中，公务员和领导干部占比分别为0.8%和2.2%，汉族受访者中公务员占比为1.4%，领导干部占比为0。满族受访者其公务员与领导干部受访者所占比汉族要高。总体来看，城镇居民以不便分类的其他就业为主，职业分布相对分散；农村居民的职业分布较集中单一，以农牧业为主。满族农业户口受访者中从事农牧农牧民占比高，其他职业所占比较低，因此该县农村地区非农户口还有待增加。

表6-2　　受访者职业类型分布　　单位：%

民族 \ 职业类型		样本量	公务员	领导干部	企事业管理人员	技术人员	农牧民	制造业、矿业、建筑业工人	商业服务业普通人员	两者及其以上职业身份	不便分类的其他从业人员
户籍	农业户口	290	—	1.4	0.3	0.7	63.8	1.4	5.5	5.5	21.4
	非农户口	154	2.6	3.2	1.9	1.3	7.8	2.6	9.0	1.3	69.5
	总体	444	0.9	2.0	0.9	0.9	44.4	1.8	7.0	4.1	38.1
汉族	农业户口	35	—	—	—	5.7	40.0	—	5.7	2.9	45.7
	非农户口	38	2.9	—	—	2.9	2.9	2.9	14.3	—	74.3
	总体	73	1.4	—	—	4.3	21.4	1.4	10.0	1.4	60.0
满族	农业户口	249	—	1.6	0.4	—	67.9	1.6	5.6	6.0	16.9
	非农户口	119	2.6	3.5	2.6	0.9	9.6	2.6	7.8	1.7	68.7
	总体	368	0.8	2.2	1.1	0.3	49.5	1.9	6.3	4.7	33.2

2. 受访者外出就业意愿范围

在受访者外出就业意愿范围方面，从城乡维度看（见表6-3），城乡差异整体上不大，75.3%的受访者愿意留在本地县城工作，但在地级市与省会城市的选择上，城乡受访者之间有所差异，农业户口受访者更愿意到地级市打工，占比为13.1%，而非农户口受访者则更倾向于前往省会城市务工。受访者对于到直辖市和东部一线城市务工的意愿较低，农业户口受访者占比为4%，非农业户口受访者占比为5.6%。虽然新宾满族自治县的受访者对就业范围的选择有部分差异，但总体上受访者外出务工的意愿低，他们更愿意留在本地县城工作。从民族维度来看，满族受访者愿意留在县城内工作的占多数，占比为76.2%。满族农业户口受访者中23.1%的受访者愿意在本地县城以外的范围内就业，满族非农业户口受访者中愿意在本地县城以外的范围内就业的受访者数占25.3%。说明从流动意愿上看，满族非农业户口受访者的意愿稍大于满族农业户口受访者的意愿。满族受访者整体流动意愿较低，无论是农业户口还是非农业户口，都有约75%的受访者愿意留在本地县城就业。

表6-3　受访者外出就业意愿范围　单位：%

民族 \ 意愿范围		样本量	本地县城	地级市	省会城市	直辖市和东部一线城市	国外或境外
户籍	农业户口	251	76.5	13.1	4.8	4.0	1.6
	非农业户口	125	72.8	7.2	12.8	5.6	1.6
	总体	376	75.3	11.2	7.4	4.5	1.6
汉族	农业户口	29	75.9	6.9	17.2	—	—
	非农业户口	27	70.4	11.1	11.1	3.7	3.7
	总体	56	73.2	8.9	14.3	1.8	1.8
满族	农业户口	216	76.9	13.4	3.2	4.6	1.9
	非农业户口	95	74.7	6.3	12.6	5.3	1.1
	总体	311	76.2	11.3	6.1	4.8	1.6

3. 受访者就业主要渠道

根据受访者第一份工作主要渠道和当前工作主要渠道的情况对比，总体上受访者第一份工作的主要渠道是依靠自己的社会关系网络，通过家人、朋友或本乡人介绍而获得工作的人员占比为29.2%（见表6-4）。其次是政府或社区的安排介绍的，占比为26.6%，受访者中通过“其他”途径寻找到工作的人员比为19.3%，这其中主要包括自己创业、国家分配、在家务农、子承父业等方式，主要对应的是灵活就业方向。总的来说，受访者寻找第一份工作的主要途径是熟人关系网络，他们通过自己的社会关系找到工作，更依赖自己所生活的社会共同体；另外，政府或社区安排介绍而找到工作的受访者占比也较大，政府力量在受访者寻找第一份工作的过程中起着重要的作用。而通过商业职介（包括人才交流会）和招聘广告途径寻找工作的仅占10.4%，说明受访者中较少通过市场途径来寻找第一份工作。

受访者找到当前工作的主要渠道是通过“其他”途径包括自营、自己创业、在家务农等方式灵活就业，通过该途径获得当前工作的受访者占比为41.1%，其次是通过家人、朋友、本乡人熟人介绍获得当前工作的，占比26.7%，通过政府或社会安排介绍获得当前工作的人员仅占 6.7%。说明受访者随着时间的变化，在找寻工作的过程中依靠政府或社区方面的帮助逐渐减少，通过市场途径自主就业和社会关系网络获得工作的比例逐渐增加。

从民族维度看，寻找第一份工作最主要的渠道中，汉族受访者就业以政府或社区安排介绍的方式为主，受访者占比为 34.3%，其次是通过家人或亲戚、朋友或熟人介绍的方式找到工作，占比分别为 2.9% 和 22.9%，招聘广告方式和直接申请（含考试）的就业方式均为 14.3%；满族则是以其自身社会关系网络的方式获得工作为主，通过家人或亲戚、朋友或熟人及本乡人介绍就业的受访者占比为 30%，其次是通过政府或社区安排介绍的方式就业的受访者占比为 24.8%，而通过商业职介（包括人才交流会）和招聘广告就业的受访者占比为 0.6%和 8.9%。

在寻找当前工作的主要渠道中，汉族就业的主要途径发生了改变，从以政府或社区安排介绍的方式为主转变为通过自身社会关系网络的方式为主，以朋友或熟人介绍就业的人员占比为 35.3%，以本乡人介绍就业的人员占比为 5.9%；其次是通过“其他”途径实现就业，占比为 23.5%，通过政府或社区安排介绍获得工作的比例大幅度下降，仅占 5.9%。满族就业的主要途径也发生了改变，从以自身社会关系网络的方式为主到以“其他”途径为主转变，通过“其他”途径获得当前工作的受访者占比为 45.2%，其次是通过朋友或熟人介绍获得工作占比为 15.1%，从招聘广告和商业职介（包括人才交流会）方式获得工作的比例有所增加，占比分别为 12.3%和 1.4%，满族和汉族一样，在找寻第一份工作和当前工作的最主要渠道中，通过政府或社区安排介绍工作的渠道比例有比较大的下降，仅占 6.8%。

表 6-4　　受访者寻找工作主要渠道　　单位：%

工作＼渠道	民族	样本量	政府/社区安排介绍	商业职介（包括人才交流会）	招聘广告	直接申请（含考试）	家人/亲戚介绍	朋友/熟人介绍	通过本乡人介绍	其他
第一份工作最主要渠道	汉族	35	34.3	—	14.3	14.3	2.9	22.9	—	11.4
	满族	157	24.8	0.6	8.9	14.6	11.5	16.6	1.9	21.0
	总体	192	26.6	0.5	9.9	14.6	9.9	17.7	1.6	19.3

续表

渠道／工作	民族	样本量	政府/社区安排介绍	商业职介（包括人才交流会）	招聘广告	直接申请（含考试）	家人/亲戚介绍	朋友/熟人介绍	通过本乡人介绍	其他
当前工作最主要渠道	汉族	17	5.9	—	11.8	17.6	—	35.3	5.9	23.5
	满族	73	6.8	1.4	12.3	11.0	6.8	15.1	1.4	45.2
	总体	90	6.7	1.1	12.2	12.2	5.6	18.9	2.2	41.1

（二）生活水平评价

整体上看，新宾满族自治县受访者超过一半的人员认为过去5年生活水平变化大（见表6-5）。57.5%的受访者认为与5年前相比生活水平有了提升，其中，认为略有上升的占39.8%，认为上升很多的占17.7%。总体来说，该地区受访者对于最近5年来自己生活水平的变化持肯定的态度。从民族维度来看，汉族、满族受访者认为与5年前相比生活水平上升很多的占比分别为16.4%和18%，认为略有上升的占比分别为38.4%和40.1%，其他人口比例较少民族受访者认为过去5年生活水平略有上升或上升很多的比例相对较小且差异不明显。从户籍维度来看，农业户口有53.6%受访者认为与5年前相比生活水平上升很多或略有上升，非农业户口占比更高，为65.2%，说明超过50%的受访者都认为在过去5年中的生活水平有所提升。

表6-5　受访者过去5年的生活水平变化　单位：%

民族、户籍／态度		样本量	上升很多	略有上升	没有变化	略有下降	下降很多
汉族		73	16.4	38.4	27.4	16.4	1.4
满族		367	18.0	40.1	27.5	12.0	2.5
总体		440	17.7	39.8	27.5	12.7	2.3
户籍	农业户口	291	16.8	36.8	28.2	15.5	2.7
	非农业户口	152	19.1	46.1	26.3	7.2	1.3
总体		443	17.7	39.8	27.5	12.7	2.3

从民族维度来看，受访者对于自己生活水平的评价（见表6-6），汉族受访者和满族受访者认为自己生活水平处于中等的为大多数，占比分别是50%和46.7%，汉族受访者认为自己生活水平处于中等和中上等的占

比为68.6%，满族受访者认为自己生活水平处于中等和中上等的占比为70.7%。因此可以看出，在新宾满族自治县受访者中满族受访者认为自己的生活水平在中等和中上等的居多。从户籍维度看，农业户口受访者与非农业户口受访者的城乡差别不大，均认为自己的生活水平处于中等和中上等水平的占多数。农业户口受访者认为自己的生活水平处于下等的比例较城镇受访者略高，占比为8.8%。从民族维度和城乡维度看，满族农业户口受访者认为自己生活水平处于中等和中上等的为大多数，占67.6%；汉族农业户口受访者认为自己的生活水平处于中等和中上等的占57.1%。汉族非农业户口受访者和满族非农业户口受访者认为自己的生活水平处于中下等及以下等的均占20%。由此可以看出满族与汉族受访者的户籍生活水平差距不大，城镇受访者的生活水平相较农业户口受访者较高。从整体来看，新宾满族自治县受访者对自己的生活水平评价较好。

表6-6 受访者对于自己生活水平的评价 单位：%

民族 \ 评价		样本量	上	中上	中	中下	下
户籍	农业户口	294	3.4	21.8	44.2	21.8	8.8
	非农业户口	154	1.9	26.0	51.3	13.6	7.1
	总体	448	2.9	23.2	46.7	19.0	8.3
汉族	农业户口	35	—	17.1	40.0	25.7	17.1
	非农业户口	35	—	20.0	60.0	11.4	8.6
	总体	70	—	18.6	50.0	18.6	12.9
满族	农业户口	253	4.0	22.5	45.1	20.9	7.5
	非农业户口	115	2.6	27.8	49.6	13.0	7.0
	总体	368	3.5	24.2	46.5	18.5	7.3

三 民族文化与民族教育

（一）语言文字

从表6-7中可以看出，新宾满族自治县受访者中普通话掌握程度较好，相较其他语言掌握得更好。在日常生活的交谈中，有89%的受访者认为自己的普通话或汉语方言掌握得更好，认为自己的本族语掌握得更好的仅占5.8%，受访者中认为本族语和汉语掌握的程度同等的占比为

4.7%。从民族维度看，汉族受访者和满族受访者日常交谈中普通话或汉语方言的掌握程度更好，相关占比分别为92.9%、88.2%，满族对自己本族语的掌握程度较低，仅占6.3%。从户籍维度看，农业户口受访者在日常交谈中，对普通话或汉语方言掌握的程度要低于城镇，对本民族语言掌握的程度更好的占比要高于城镇受访者，对本族语和汉语同等程度的比例也高于城镇。但无论城乡，受访者日常交谈都主要使用普通话或汉语方言，对本族语言的掌握程度较低，对外语的使用率极低。由此说明该地普通话推广工作效果明显，对本民族语言的保护工作有待加强。

表6-7　　受访者语言掌握程度　　单位:%

民族＼语言		样本量	本族语	本族语和汉语同等程度	普通话或汉语方言	外语
汉族		28	3.6	3.6	92.9	—
满族		144	6.3	4.9	88.2	0.7
合计		172	5.8	4.7	89.0	0.6
户籍	农业户口	110	6.4	7.3	85.5	0.9
	非农业户口	66	6.1	3.0	90.9	—
总体		176	6.3	5.7	87.5	0.6

从户籍维度看，新宾满族自治县农业户口受访者完全不掌握普通话的占比为1%（见表6-8），略高于非农业户口受访者的0.7%。说明普通话在该县的农业户口和非农业户口普及率都很高。从民族维度看，满族受访者普通话水平在能熟练地听、说，但不会读、写及以上的占比为98.7%。其中，汉族农业户口受访者普通话水平在能熟练地听、说，但不会读、写及以上的占比为98.3，满族非农业户口受访者为99.1%。完全不掌握普通话的汉族受访者比例仅为0.8%，满族受访者为0.9%。因此可以看出，新宾满族自治县满族受访者的普通话水平很高，满族与汉族受访者掌握普通话的水平大致相同。

表6-8　　受访者普通话掌握情况　　单位:%

民族＼掌握程度		样本量	能熟练地听、说、读、写	能熟练地听、说、读，但不会写	能熟练地听、说，但不会读、写	会说一点	完全不掌握
户籍	农业户口	291	59.1	24.1	15.1	0.7	1.0
	非农业户口	147	65.3	22.4	11.6	—	0.7
	总体	438	61.2	23.5	13.9	0.5	0.9

续表

民族 \ 掌握程度		样本量	能熟练地听、说、读、写	能熟练地听、说、读，但不会写	能熟练地听、说，但不会读、写	会说一点	完全不掌握
满族	农业户口	251	59.8	23.9	14.7	0.8	0.8
	非农业户口	109	66.1	21.1	11.9	—	0.9
	总体	360	61.7	23.1	13.9	0.6	0.8

新宾满族自治县满族受访者的普通话掌握程度根据户籍与年龄段来分析（见表6-9），农业户口满族受访者完全不掌握普通话的比例仅为1%。其中61岁及以上的满族受访者中普通话水平在能熟练地听、说，但不会读、写及以上的占比为98.4%，会说一点的为0，完全不掌握普通话的比例为1.6%。而30岁及以下的满族受访者中普通话水平在能熟练地听、说，但不会读、写及以上的占100%。由此可见，农业户口满族受访者的普通话掌握水平很高，整体普通话掌握情况好。非农业户口满族受访者普通话水平在能熟练地听、说，但不会读、写及以上的占99.4%，其中30岁及以下普通话水平在能熟练地听说读写的占100%，31—45岁的占96.3%，46—60岁的占100%。因此可以看出，城镇满族受访者的普通话水平略高于农村满族受访者，该县整体上普通话掌握情况良好。

表6-9　　不同年龄段满族受访者普通话掌握程度　　单位:%

户籍、年龄 \ 掌握程度		样本量	能熟练地听、说、读、写	能熟练地听、说、读，但不会写	能熟练地听、说，但不会读、写	会说一点	完全不掌握
农业户口	30岁及以下	24	91.7	8.3	—	—	—
	31—45岁	35	71.4	14.3	11.4	2.9	—
	46—60岁	103	63.1	27.2	7.8	1.0	1.0
	61岁及以上	129	46.5	27.1	24.8	—	1.6
	总体	291	59.1	24.1	15.1	0.7	1.0
非农业户口	30岁及以下	11	100	—	—	—	—
	31—45岁	27	92.6	—	3.7	—	3.7
	46—60岁	40	70.0	25.0	5.0	—	—
	61岁及以上	68	47.1	33.8	19.1	—	—
	总体	146	65.8	22.6	11.0	—	0.6

新宾满族自治县满族受访者的文字掌握程度根据城乡维度来分析看（见表 6-10），该县农业户口受访者能掌握较多文字，能写书信及以上的占比为 68.4%，略低于非农业户口居民的 72.1%。说明该县受访者文字掌握情况都较好。从民族维度看，满族受访者文字水平在能掌握较多文字，能写书信及以上的占比为 71.6%。其中，满族农业户口受访者文字掌握水平在能掌握较多文字，能写书信及以上的占比为 70.1%，满族非农户口受访者占比为 75.2%；完全不能用文字书写的满族农业户口受访者占比为 5.6%，非农业户口受访者为 0.9%。因此可以看出，新宾满族自治县满族受访者的文字掌握情况良好，满族非农业户口受访者文字掌握水平略高于满族农业户口受访者文字掌握水平。

表 6-10　　受访者文字掌握情况　　单位：%

民族、户籍 \ 掌握程度		样本量	掌握足够文字，能流利书写	掌握较多文字，能写书信	掌握文字数量不够，书写不流利	掌握文字数量太少，只能写点简单字句	完全不能用文字书写
户籍	农业户口	291	44.7	23.7	16.5	9.3	5.8
	非农业户口	147	56.5	15.6	17.7	8.2	2.0
	总体	438	48.6	21.0	16.9	8.9	4.6
满族	农业户口	251	44.6	25.5	14.7	9.6	5.6
	非农业户口	109	56.9	18.3	15.6	8.3	0.9
	总体	360	48.3	23.3	15.0	9.2	4.2

（二）教育观念

从总体上看（见表 6-11），新宾满族自治县受访者的教育水平 40.6%为初中，34.3%为小学，高中、中专或职高技校的占比为 13.9%，大学本科及以上是 1.5%，未上学的占比为 5.6%。其中农业户口受访者的教育水平 43.3%为小学，41.6%为初中，非农户口受访者教育水平占比 38.6%为初中。农业户口受访者未上学的占比为 7.2%，非农业户口受访者未上学的占比为 2.6%。其中，满族受访者的教育水平 39.9%为初中，5.5%为未上学。在这之中，满族农业户口受访者 6.7%未上学，满族非农业户口受访者该项占比是 2.6%，满族农业户口受访者大学本科及以上的比例为 0.4%，满族非农业户口受访者大学本科及以上的占比为 4.4%。说明满族非农业户口受访者的教育水平高于农业户口受访者。汉族农业户口受访者受教育程度初中及以上的为45.7%，汉族非农业户口受访者受教育程度初中及以上的为77.2%。说明汉族受访者中，非农业户口受访者的教育水平高于农业户口受访者。

表6-11　受访者受教育情况　单位：%

民族、户籍 \ 教育水平		样本量	未上学	小学	初中	高中、中专或职高技校	大学专科	大学本科	研究生
户籍	农业户口	293	7.2	43.3	41.6	6.1	1.4	0.3	—
	非农业户口	153	2.6	17.0	38.6	28.8	9.2	3.3	0.7
	总体	446	5.6	34.3	40.6	13.9	4.0	1.3	0.2
汉族	农业户口	35	11.4	42.9	40.0	5.7	—	—	—
	非农业户口	35	2.9	20.0	54.3	20.0	—	2.9	—
	总体	70	7.1	31.4	47.1	12.9	—	1.4	—
满族	农业户口	252	6.7	42.9	42.5	6.3	1.2	0.4	—
	非农业户口	114	2.6	15.8	34.2	30.7	12.3	3.5	0.9
	总体	366	5.5	34.4	39.9	13.9	4.6	1.4	0.3

由表6-12可以看出，该县受访者关于选择其子女就读高中的类型的情况分析，从总体上看，该县受访者在其子女初中毕业后，选择普通高中就读的占大多数，为72.7%。从户籍维度上看，农业户口受访者选择普通高中就读的占65.7%，选择职业学校就读的占比为18%，有16.3%的农业户口受访者选择不上了；非农业户口受访者选择普通高中就读的比例高于农业户口受访者，占比为85.7%，选择职业学校就读和不上了均为7.1%。说明非农业户口受访者比农业户口受访者更注重孩子的教育问题。从民族维度分析看，汉族受访者中有71%的人表示孩子初中毕业以后愿意其在普通高中接受教育，满族受访者中有73.1%的人愿意让子女上普通高中。17.4%的汉族受访者在孩子初中毕业以后不让其上学了，满族受访者该项为12.4%。说明汉族与满族对于选择子女就读高中类型的差异较小。

表6-12　受访者对其子女高中类型选择情况　单位：%

民族 \ 类型选择		样本量	普通高中	职业学校	不上了
户籍	农业户口	289	65.7	18.0	16.3
	非农业户口	154	85.7	7.1	7.1
	总体	443	72.7	14.2	13.1

续表

民族 \ 类型选择		样本量	普通高中	职业学校	不上了
汉族	农业户口	34	61.8	14.7	23.5
	非农业户口	35	80.0	8.6	11.4
	总体	69	71.0	11.6	17.4
满族	农业户口	249	66.7	18.1	15.3
	非农业户口	115	87.0	7.0	6.1
	总体	364	73.1	14.6	12.4

新宾满族自治县受访者关于选择其子女就读普高的原因中（见表 6-13），是为了上大学这个原因占多数，为 49.4%，25.5%的受访者是为了提高个人的文化知识，为了将来就业收入高，这个原因受访者占比为 19.3%。从中可以说明该县受访者选择其子女就读普高的主要是为其子女的再教育。从民族维度上看，汉族和满族受访者均以为了上大学这个原因为多数，汉族受访者该项所占比为 52.1%，满族受访者占比为 48.7%。其中汉族农业户口受访者为了上大学的该项占比为 57.1%，为了提高个人的文化知识占比为 23.8%，为了将来就业收入高所占比为 9.5%；汉族非农业户口受访者为了上大学的该项占比为 48.1%，为了提高个人的文化知识的占比为 11.1%，为了将来就业收入高所占比为 22.2%. 说明汉族非农业户口受访者对于该项为了将来就业收入高的占比高于汉族农业户口受访者，前者认为教育水平的提高将来有利于其子女找到较高收入的工作。满族农业户口受访者为了上大学的该项占了一半（50%），为了提高个人的文化知识占 29.2%，为了将来就业收入高所占比为 16.7%；满族非农业户口受访者为了上大学的该项占比为 46.5%，为了提高个人的文化知识的占比为 23.2%，为了将来就业收入高所占比为 25.2%，总体而言汉族和满族选择其子女就读普高的原因大致相同。

表 6-13　受访者关于选择其子女就读普高的原因情况　单位:%

民族 \ 选择原因		样本量	为了上大学	不愿意从事体力劳动	提高个人的文化知识	将来就业收入高	其他
户籍	农业户口	192	51.6	4.7	28.1	15.6	—
	非农业户口	130	46.2	6.2	21.5	24.6	1.5
	总体	322	49.4	5.3	25.5	19.3	0.6

续表

民族＼选择原因		样本量	为了上大学	不愿意从事体力劳动	提高个人的文化知识	将来就业收入高	其他
汉族	农业户口	21	57.1	9.5	23.8	9.5	—
	非农业户口	27	48.1	18.5	11.1	22.2	—
	总体	48	52.1	14.6	16.7	16.7	—
满族	农业户口	168	50.0	4.2	29.2	16.7	—
	非农业户口	99	46.5	3.0	23.2	25.3	2.0
	总体	267	48.7	3.7	27.0	19.9	0.7

（三）民族文化

民族地区民族文化资源的独特性，决定了其必然走特色文化产业发展的差异化路径，民族特色文化产业发展日益成为推动当地经济社会发展行之有效的动力引擎。[①] 新宾满族自治县受访者关于本地民族特色对文化产业的发展作用评价中（见表6-14），总体上看，有39%的受访者认为促进作用大，35.8%的受访者认为作用不大，认为没作用的受访者占比25.2%。从城乡维度上看，农业户口受访者认为本地民族特色文化对文化产业发展促进作用大的占比为41.2%，高于非农业户口受访者的34.6%。农业户口受访者认为该项作用不大和没作用的占比分别为37.8%和21%，非农业户口受访者占比则分别是32%和33.3%。从民族维度上看，汉族和满族受访者对于本地民族特色文化对文化产业发展的作用评价有所差异，汉族受访者认为作用不大的占比为48.6%，满族受访者认为促进作用大的占比为41.2%。其中，满族农业户口受访者认为促进作用大的占比为42.8%，认为作用不大的占比为34.8%，认为没作用的相关占比为22.4%；满族非农业户口受访者认为促进作用大的占比为37.7%，认为作用不大的占比为30.7%，认为没作用的占比为31.6%。说明满族受访者总体上认为本地民族特色对文化产业的发展是有促进作用的，汉族受访者则总体上对该项的评价不高，认为作用不大的比例较高。

① 丁智才：《民族地区少数民族特色文化产业发展研究》，《广西民族研究》2014年第6期。

表 6-14　受访者关于本地民族特色对文化产业发展作用的看法　单位：%

民族＼作用		样本量	促进作用大	作用不大	没作用
户籍	农业户口	291	41.2	37.8	21.0
	非农业户口	153	34.6	32.0	33.3
	总体	444	39.0	35.8	25.2
汉族	农业户口	35	25.7	62.9	11.4
	非农业户口	35	25.7	34.3	40.0
	总体	70	25.7	48.6	25.7
满族	农业户口	250	42.8	34.8	22.4
	非农业户口	114	37.7	30.7	31.6
	总体	364	41.2	33.5	25.3

在面对资源开发和保护民族文化发生冲突时（见表 6-15），总体上看，该县 45.2%受访者认为会以发展经济、提高现代生活水平为主，41.3%的受访者认为应该优先保护民族文化，仅 13.5%的受访者持先开发有钱再保护的态度。从民族维度上看，当资源开发和保护民族文化发生冲突时，满族和汉族的态度有所差异，汉族受访者中 45.7%的人认为应该优先保护民族文化，而满族占比为 45.8%的受访者认为要以发展经济、提高现代生活水平为主。说明该县满族受访者更注重经济水平的发展，生活质量的提高，对保护民族文化也有一定的意识。

表 6-15　受访者对资源开发和保护民族文化发生冲突时的态度　单位：%

民族＼态度		样本量	以发展经济、提高现代生活水平为主	优先保护民族文化	先开发有钱再保护
户籍	农业户口	291	45.4	38.8	15.8
	非农业户口	154	44.8	46.1	9.1
	总体	445	45.2	41.3	13.5
汉族	农业户口	35	40.0	45.7	14.3
	非农业户口	35	48.6	45.7	5.7
	总体	70	44.3	45.7	10.0
满族	农业户口	250	46.0	38.8	15.2
	非农业户口	115	45.2	44.3	10.4
	总体	365	45.8	40.5	13.7

民族地区的传统文化发展离不开青年一代的继承和发展，该县受访者子女相较上辈接受民族传统文化的意愿状况调查中，总体上看意愿不高，其中持无所谓态度的占比居多，以接受生活习俗一项为例（见表6-16），受访者中表示无所谓的占比为51.2%，表示愿意接受的占比为23.7%，不愿意的占比为23.5%。在各项民族传统文化中，受访者对民族特色手工艺的接受意愿最高，占比为40.4%，对宗教信仰的接受意愿最低，占比为16.9%。

表6-16　　受访者子女相较上辈接受民族传统文化的意愿状况　　单位：%

意愿 民族传统文化	愿意	不愿意	无所谓
民族语言	33.2	30.1	35.4
民族文字	31.0	31.9	35.8
生活习俗	23.7	23.5	51.2
宗教信仰	16.9	26.6	54.9
特色手工艺	40.4	14.7	43.3

四　民族关系与民族政策

（一）通婚状况

在不同代际跨族通婚方面，受访者中同辈跨族通婚数量较父母辈跨族通婚数量有所增加，前者有跨族通婚的占比为59.1%，后者该项占比为42.6%。关于父母辈跨族通婚从城乡维度上看，57.1%的农业户口受访者父母一辈没有跨族通婚的情况，57.9%的非农业户口受访者表示父母一辈没有跨族通婚的情况。关于同辈跨族通婚从户籍维度上看，37.9%的农业户口受访者表示同辈没有跨族通婚的情况，46.7%的非农业户口受访者表示同辈的没有跨通婚的情况。说明不同代际不同户籍类型之间跨族通婚的比例均呈上升趋势。

表6-17　　受访者不同代际跨族通婚状况比较　　单位：%

状况 类型		样本量	有	无
父母辈跨族通婚	农业户口	294	42.9	57.1
	非农业户口	152	42.1	57.9
	总体	446	42.6	57.4

续表

状况 类型		样本量	有	无
同辈与异族通婚	农业户口	293	62.1	37.9
	非农业户口	150	53.3	46.7
	总体	443	59.1	40.9

表 6-18 显示，新宾满族自治县受访者外出时认为同乡重要的占比为69%，认为可以不存在民族、地域差别的信任占比为 16.2%。其中，汉族受访者认为同乡更值得信任的比例最高占比为 78.6%，其次是认为不存在民族、地域差别的占比为 11.4%，没有的人选择本民族的人作为其外出时信任的对象；满族受访者也认为同乡更值得信任的比例最高，占比为66.8%，其次是认为可以不存在民族、地域差别的信任占比为 17%，认为外出时本民族的人重要的仅占 4.4%，说明该县受访者在外地域认同感更强，民族认同感较低。从户籍维度看：汉族农业户口受访者认为在外时同乡更值得信任的占比更多，占比为 80%。汉族非农业户口受访者也认为同乡更值得信赖，占比为 77.1%。满族非农业户口受访者认为同乡更值得信任的占比略高于满族农业户口受访者，前者占比为 70.4%，后者占比为 65.2%。由此可见，无论是汉族还是满族受访者，无论农业户口受访者还是非农业户口受访者均有较强的地域认同感，民族认同感较低。

表 6-18　　**受访者外出时信任的对象**　　单位：%

信任对象 民族		样本量	本民族的人（不管是否同乡）	同乡（不管是否本民族的人）	本民族的人和同乡同等交往、信任	不存在民族、地域差别
户籍	农业户口	291	3.4	67.7	11.7	17.2
	非农业户口	154	3.9	71.4	10.4	14.3
	总体	445	3.6	69.0	11.2	16.2
汉族	农业户口	35	—	80.0	8.6	11.4
	非农业户口	35	—	77.1	11.4	11.4
	总体	70	—	78.6	10.0	11.4
满族	农业户口	250	4.0	65.2	12.4	18.4
	非农业户口	115	5.2	70.4	10.4	13.9
	总体	365	4.4	66.8	11.8	17.0

（二）民族关系与民族政策

1. 对不同时期全国与本地民族关系变化情况的评价

从改革开放前至党的十八大以来，新宾满族自治县受访者认为全国民族关系不断好转。受访者对全国不同时期民族关系持好评的比例（见表 6-19），由改革开放前的 59.8%，上升到如今的 91.4%。改革开放以来至 2000 年，好评提升了 15.5 个百分点，21 世纪以来至 2012 年 10 月，好评上升到 89.3%，党的十八大以来，受访者认为在全国范围内不同民族间相互关系好的人员占比为 91.4%。从民族维度看，各民族对于本地不同时期民族关系的好评均有大幅度上升，在汉族受访者与满族受访者的比较中，满族受访者的好评占比上升更多，由改革开放前的 59% 上升至党的十八大以来的 91.6%。该县受访者认为民族关系不好的占比都有所降低，其中满族由改革开放前的 1.1% 下降到党的十八大以来的 0.8%，该比例汉族受访者由改革开放前的 1.4% 下降到党的十八大以来的 0。从户籍维度来看，2000 年至党的十八大以来该县不论农业户口还是非农业户口，其民族关系都大幅好转，相比改革开放前上升了 32%，其中农村上升了 34.1%，非农业户口上升了 28.2%。总体看来，在全国范围内，不同民族的民族关系呈不断转好趋势。

表 6-19　　受访者对民族关系变化情况的评价（全国）　　单位：%

时期 / 民族		样本量	改革开放前			改革开放以来至 2000 年			21 世纪以来（2001 年以来）至 2012 年 10 月			党的十八大以来（2012 年 10 月以来）		
			好	一般	不好	好	一般	不好	好	一般	不好	好	一般	不好
汉族		73	63.9	34.7	1.4	78.1	20.5	1.4	89.0	11.0	—	90.4	9.6	—
满族		368	59.0	39.9	1.1	74.7	23.9	1.4	89.4	9.8	0.8	91.6	7.6	0.8
合计		441	59.8	39.1	1.1	75.3	23.4	1.4	89.3	10.0	0.7	91.4	7.9	0.7
户籍	农业户口	290	56.6	42.4	1.0	73.4	25.5	1.0	88.3	11.0	0.7	90.7	8.6	0.7
	非农业户口	154	64.7	34.0	1.3	78.6	19.5	1.9	91.6	7.8	0.6	92.9	6.5	0.6
合计		444	59.4	39.5	1.1	75.2	23.4	1.4	89.4	9.9	0.7	91.4	7.9	0.7

从改革开放前至党的十八大以来，新宾满族自治县受访者认为本地民族关系不断好转。受访者对本地民族关系持好评的比例，由改革开放前的 70.7%，上升到党的十八大以来的 92.1%。改革开放以来至 2000 年，好评提升了 14.8 个百分点，21 世纪以来至 2012 年 10 月，好评上升到了

91.4%，党的十八大以来，受访者认为在本地范围内不同民族间相互关系好的受访者占比为92.1%。从民族维度看，各民族对于本地不同时期民族关系的好评均有大幅度地上升，在汉族受访者与满族受访者的比较中，汉族受访者的好评率上升更多，由改革开放前的70.8%上升至党的十八大以来的94.5%；满族受访者由改革开放前的70.7%上升至党的十八大以来的91.6%。该县受访者认为民族关系不好的占比都有所降低，其中满族由改革开放前的2.2%下降到党的十八大以来的0.5%，该占比汉族受访者由改革开放前的2.8%下降到党的十八大以来的0。从户籍维度来看，2000年至党的十八大以来该县不论农业户籍还是非农业户口，认为不同时期本地民族关系都大幅好转，相比改革开放前好评率上升了21%，其中农业户口上升了20.4%，非农业户口上升了22.3%。总体来看，该县受访者认为在本地范围内民族关系呈不断转好趋势。

表6-20　受访者对民族关系变化情况的评价（本地）　单位：%

民族＼时期		样本量	改革开放前			改革开放以来至2000年			21世纪以来（2001年以来）至2012年10月			党的十八大以来（2012年10月以来）		
			好	一般	不好	好	一般	不好	好	一般	不好	好	一般	不好
汉族		73	70.8	26.4	2.8	83.6	16.4	—	90.4	9.6	—	94.5	5.5	—
满族		368	70.7	27.2	2.2	85.9	13.3	0.8	91.6	7.6	0.8	91.6	7.9	0.5
合计		441	70.7	27	2.3	85.5	13.8	0.7	91.4	7.9	0.7	92.1	7.5	0.5
户籍	农业户口	290	70.3	26.9	2.8	84.5	14.8	0.7	90	9.3	0.7	90.7	9.0	0.3
	非农业户口	154	71.9	26.8	1.3	88.3	11.0	0.6	93.5	5.8	0.6	94.2	5.2	0.6
合计		444	70.9	26.9	2.3	85.8	13.5	0.7	91.2	8.1	0.7	91.9	7.7	0.5

2. 对我国民族区域自治制度的相关评价

新宾满族自治县受访者对我国民族区域自治制度的评价中，对全国均衡发展好的评价占比位居第一。从户籍维度上看，对全国均衡发展好、对本地区发展好、对地区和全国稳定好的评价排在前三位。从民族维度上看，汉族和满族的评价中占比大小位居第二评价选项有所差异，汉族受访者认为我国民族区域自治制度除了对全国均衡发展好以外，其次就是有利于保护少数民族的合法权利的评价，而满族受访者则认为该项排在第二位的应是对地区和全国稳定好。

表 6-21　　受访者对我国民族区域自治制度的评价　　单位：%

民族、户籍		排序	评价	样本量	百分比
户籍	农业户口	第一位	对全国均衡发展好	141	49.6
		第二位	对本地区发展好	123	43.3
		第三位	对地区和全国稳定好	131	41.6
	非农业户口	第一位	对全国均衡发展好	76	50.3
		第二位	对本地区发展好	68	45.0
		第三位	对地区和全国稳定好	56	37.1
汉族		第一位	对全国均衡发展好	39	54.2
		第二位	有利于保护少数民族的合法权利	32	44.4
		第三位	对本地区发展好	28	38.9
满族		第一位	对全国均衡发展好	178	49.4
		第二位	对地区和全国稳定好	161	44.7
		第三位	对本地区发展好	160	44.4

对民族区域自治制度的发展前景，总体上，49.5%的新宾满族自治县受访者表示“不清楚”，32.1%的受访者认为该项政策要根据需要进行适当调整，仅占0.9%的受访者表示要改变区域自治制度（与其他地区管理体制一样）。从户籍维度上看，关于民族区域自治制度的发展前景，户籍之间的评价差异不大，农业户口受访者对该政策发展前景表示“不清楚”的占50.4%，要根据需要进行适当调整的占比为30.6%，表示要长期保持现状不动的占比为18.3%。非农业户口受访者对于该项表示“不清楚”的占比为48%，要根据需要进行适当调整的占比为34.9%，表示要长期保持现状不动的占比为15.8%。从民族维度上看，满族受访者对于民族区域自治制度的发展前景的评价为“不清楚”的占比为50.7%，高于汉族受访者的43.7%，对该项政策要根据需要进行适当调整的汉族和满族受访者的占比分别为40.8%和30.3%。说明该县对于我国民族区域自治制度的发展前景的认识较为模糊。

表 6-22　　受访者对民族区域自治制度发展前景的评价　　单位：%

民族＼评价	样本量	长期保持现状不动	根据需要进行适当调整	改变区域自治制度（与其他地区管理体制一样）	不清楚
农业户口	284	18.3	30.6	0.7	50.4

续表

评价 民族	样本量	长期保持现状不动	根据需要进行适当调整	改变区域自治制度（与其他地区管理体制一样）	不清楚
非农业户口	152	15.8	34.9	1.3	48.0
总体	436	17.4	32.1	0.9	49.5
汉族	71	14.1	40.8	1.4	43.7
满族	363	18.2	30.3	0.8	50.7
总体	434	17.5	32.0	0.9	49.5

五　公共服务

公共基础设施距离居民住宅的距离可以看出受访者是否可以有效地享受公共基础设施带来的便利。从表6-23中的数据来看，运动场所及器材、活动中心（老年）和医疗设施（社区或乡卫生院或最近的医院）离该县受访者住宅最近；从近距离上占比看，分别占90.6%、90%和87.7%。邮电所、车站（码头）和银行（信用社）离受访者住宅最远，从远距离占比看，分别占53.8%、37.6%和33.7%；从城乡维度来看，在基础设施中农业户口受访者除社区、医疗设施与城镇受访者差别不大外，其他基础设施与农业户口受访者的距离都大于与城镇受访者的距离。

表6-23　　受访者住宅到公共基础设施的距离　　单位：%

距离 公共基础设施		小于1公里	1—3公里	3—5公里	5—10公里	10公里以上	没有该设施
教育设施（幼儿园）	农村	15.4	4.3	34.8	15.8	29.7	0.3
	城镇	76.0	12.7	8.7	0.7	2.0	—
	合计	36.6	7.2	25.6	10.5	20.0	0.2
教育设施（小学）	农村	3.6	15.4	35.5	15.8	29.7	0.3
	城镇	38.7	48.7	10.0	0.7	2.0	—
	合计	15.9	27.0	26.6	10.5	20.0	0.2
教育设施（中学）	农村	4.3	4.7	44.8	16.8	29.4	0.3
	城镇	36.0	18.7	41.3	2.0	2.0	—
	合计	15.4	9.6	43.6	11.7	19.8	0.2

续表

公共基础设施 \ 距离		小于1公里	1—3公里	3—5公里	5—10公里	10公里以上	没有该设施
医疗设施（社区或乡卫生院或最近的医院）	农村	48.9	34.6	13.2	2.9	0.4	—
	城镇	45.3	50.0	4.7	—	—	—
	合计	47.7	40.0	10.2	1.9	0.2	—
治安设施（派出所、警卫室等）	农村	5.9	5.6	45.7	13.0	29.7	3.1
	城镇	36.9	21.5	38.9	0.7	2.0	0.6
	合计	17.0	11.2	43.3	8.6	19.9	2.2
活动中心（老年）	农村	56.1	29.8	9.8	2.4	2.0	7.8
	城镇	93.2	4.1	2.7	—	—	—
	合计	69.7	20.3	7.2	1.5	1.2	5.5
运动场所及器材	农村	41.4	44.6	9.7	2.2	2.2	0.3
	城镇	92.0	7.3	0.7	—	—	—
	合计	59.1	31.5	6.5	1.4	1.4	—
农贸市场	农村	3.2	17.7	35.4	14.8	28.9	1.0
	城镇	38.0	50.0	9.3	0.7	2.0	—
	合计	15.5	29.0	26.2	9.8	19.4	0.7
车站（码头）	农村	2.5	12.9	29.9	15.1	39.6	0.7
	城镇	22.7	22.7	48.7	2.0	4.0	—
	合计	9.6	16.4	36.4	10.5	27.1	0.4
邮电所	农村	6.2	3.6	26.4	33.3	30.4	0.7
	城镇	38.7	18.0	8.0	32.7	2.7	—
	合计	17.6	8.7	20.0	33.1	20.7	0.4
银行（信用社）	农村	28.1	1.8	20.5	19.8	29.9	0.7
	城镇	88.0	2.0	6.0	2.0	2.0	—
	合计	49.1	1.9	15.4	13.6	20.1	0.4

说明：居民住所到公共基础设施距离小于3公里的视为近距离；3—5公里的视为距离一般；5公里以上的视为远距离。

总体来看（见表6-24），受访者对各项公共基础设施持满意评价的占比平均超过45%。具体来看，该县对公共设施持满意评价的占比城镇受访者高于农业户口受访者，说明农村公共基础设施建设仍然落后于城镇。从农村与城镇受访者对各个基础设施的满意度百分比来看，每一项的差值都在15%—35%，农业户口受访者对各项公共基础设施持“不满意”态度的占比均显著高于城镇受访者，并且根据受访者的反映，除了社区或医疗设施，运动场所及器械外，其他设施在农村都有缺失，尤其是活动中心（老年），7.8%的农业户口受访者反映没有该设施，说明新宾满族自治县对于农村的公共服务基础设施的建设还需加强。从教育设施来看，农业户口受访者和城镇受访者对幼儿园至中学等教育设施的评价满意占比高，说明该县教育公共基础设施建设较好。

表 6-24　受访者对公共基础设施的看法　单位:%

公共基础设施 \ 评价		满意	一般	不满意	没有该设施
教育设施（幼儿园）	农村	49.3	27.5	23.1	0.3
	城镇	84.1	13.1	2.8	—
	合计	62.8	21.9	15.2	0.2
教育设施（小学）	农村	50.0	28.1	21.9	0.3
	城镇	84.1	13.1	2.8	—
	合计	63.3	22.3	14.5	0.2
教育设施（中学）	农村	55.3	25.9	18.9	0.3
	城镇	80.0	14.5	5.5	—
	合计	64.9	21.4	13.7	0.2
医疗设施（社区或乡卫生院或最近的医院）	农村	40.4	46.1	13.5	—
	城镇	57.2	41.4	1.4	—
	合计	46.9	44.3	8.8	—
治安设施（派出所、警卫室等）	农村	41.7	45.2	13.0	3.1
	城镇	70.3	27.6	2.1	0.6
	合计	52.8	38.4	8.8	2.2
活动中心（老年）	农村	44.4	46.9	8.7	7.8
	城镇	74.1	23.1	2.8	—
	合计	56.6	37.1	6.3	5.5
运动场所及器材	农村	46.5	46.5	7.0	—
	城镇	70.3	28.3	1.4	—
	合计	55.8	39.4	4.8	0.2
农贸市场	农村	37.0	48.0	15.0	1.0
	城镇	64.1	31.0	4.8	—
	合计	47.6	41.4	11.0	0.7

续表

公共基础设施 \ 评价		满意	一般	不满意	没有该设施
车站（码头）	农村	35.5	46.5	18.0	0.7
	城镇	65.5	29.0	5.5	—
	合计	47.2	39.7	13.1	0.4
邮电所	农村	46.5	43.9	9.6	0.7
	城镇	72.4	21.4	6.2	—
	合计	56.6	35.1	8.3	0.4
银行（信用社）	农村	51.3	41.7	7.0	0.7
	城镇	83.3	16.0	0.7	—
	合计	63.7	31.7	4.6	0.4

从民族维度看（见表6-25），除医疗设外汉族受访者对大多数公共基础设施的满意评价要高于满族受访者，其中对活动中心（老年）、运动场所及器材、农贸市场的评分远高于满族受访者；满族受访者对公共基础设施中教育设施的满意评价较低，对幼儿园、小学和中学的不满意占比分别为17.3%、16.4%和14.4%；满族受访者对治安设施和活动中心（老年）表示“没有该项设施”的占比分别为2.7%和5.9%。

表6-25　　受访各族居民对公共基础设施的看法　　单位：%

基础设施 \ 评价		满意	一般	不满意	没有该设施
教育设施（幼儿园）	汉族	75.0	20.3	4.7	—
	满族	59.8	22.9	17.3	—
教育设施（小学）	汉族	76.6	18.8	4.7	—
	满族	60.0	23.6	16.4	0.3
教育设施（中学）	汉族	78.1	12.5	9.4	—
	满族	62.0	23.6	14.4	0.3
医疗设施（社区或乡卫生院或最近的医院）	汉族	46.9	50.0	3.1	—
	满族	46.9	43.0	10.1	—
治安设施（派出所、警卫室等）	汉族	56.3	40.6	3.1	—
	满族	51.8	38.1	10.1	2.7

续表

基础设施＼评价		满意	一般	不满意	没有该设施
活动中心（老年）	汉族	71.4	27.0	1.6	1.4
	满族	53.3	39.3	7.4	5.9
运动场所及器材	汉族	70.3	29.7	—	—
	满族	51.8	42.3	5.9	0.3
农贸市场	汉族	62.5	32.8	4.7	—
	满族	44.1	43.8	12.2	0.8
车站（码头）	汉族	59.4	31.3	9.4	—
	满族	44.6	41.6	13.8	0.5
邮电所	汉族	68.8	25.0	6.3	—
	满族	53.8	37.7	8.5	0.5
银行（信用社）	汉族	73.4	25.0	1.6	—
	满族	60.9	33.9	5.3	0.5

六　简要结论和政策建议

（一）结论

1. 新宾满族自治县的经济结构正在不断调整转型之中，该县经济发展水平处于中等水平，产业结构较为单一，受访者生活水平处于中等，认为生活水平有所改善。

从数据分析中可以看出，首先新宾满族自治县的产业结构较为单一，职业类型较为集中，主要集中于农牧业，其他行业发展缓慢，但灵活就业人员较多。其次，新宾满族自治县劳动力外出就业意愿低，以留在本地县城工作为主，就业地域范围较为狭小，就业视野较窄，造成劳动力流动的时间和空间非常有限。在就业渠道方面，社会关系网络成为该地区城乡居民就业的主要途径，其中发生了从早期依靠政府力量就业到当前通过市场途径自主就业的变化。该地区居民对过去5年生活水平的变化持肯定的态度，但仍有大部分受访者认为其生活水平处于中等。

2. 新宾县满族受访者的汉语普通话以及文字普及率高，受教育程度普遍不高，但对子女的教育问题比较重视，对民族传统文化发展不够重视，青年一代对民族文化继承意识淡薄。

数据分析表明新宾县受访者，不论是满族还是汉族，其受访者的普通话普及程度高，仅0.9%的受访者表示完全不掌握普通话，88.2%的满族受访者在交谈时用普通话或汉语方言，71.6%的满族受访者可以掌握较多文字，能写书信。受访者受教育程度普遍不高，汉族与满族受访者的教育水平平均在初中水平，大学本科以上仅有1.5%。86.9%的受访者表示其子女初中毕业以后会选择普通高中或者职业学校就读，49.4%的受访人员选择普高是为了让其子女上大学，25.5%的受访者是为了提高子女个人的文化知识，说明该县受访者对子女教育问题较为重视。

从民族文化角度来看，受访者对民族传统文化的作用认识不够，对民族传统文化的保护意识欠佳，认为该以发展经济、提高现代生活水平为主，对民族传统文化的保护次之。青年一代对民族语言文字、民族宗教信仰等民传统文化的接受度较低，大多持无所谓的态度，民族文化传承意识淡薄。

3. 目前各民族跨族通婚数量增加，民族关系好评占比大幅上升，对民族区域自治制度发展前景认识模糊。

从数据分析可以看出，新宾县的跨族通婚占比在增加，受访者同辈跨族通婚占比较其父母辈呈上升趋势，前者有跨族通婚的占比为59.1%，后者该项占比为42.6%。该县受访者外出时地域认同更强，民族认同较为薄弱，有69%的受访者认为同乡比本民族的人更值得信任，对本民族的人的信任仅占3.6%，说明受访者认为同乡比本民族的人更重要。在民族关系方面，当地民族关系略优于全国水平，但不论是对全国还是本地，民族关系好评占比大幅上升，民族关系发展良好。从改革开放前，经过改革开放到2000年，及至党的十八大以来的民族关系对比可以看出，受访者对民族关系持好评的占比上升了近31.6个百分点，说明新宾县民族关系日益和谐稳定。该县受访者对我国民族区域自治制度的评价中，以对全国发展好为主要评价。对该政策的发展前景大多持“不清楚”的态度，说明对民族区域自治制度的认识不够。

4. 公共基础设施建设仍有不足，城乡公共基础设施建设差距大，农村公共基础设施还有待完善。

从数据可以看出城乡公共基础设施建设差距较大，还有待提高，除了社区或医疗设施，运动场所及器械外，其他设施在农村都有缺失，尤其是活动中心，并且许多公共基础设施距离农业户口受访者住宅远，造成其许多生活上的不便。从总体上看，农业户口受访者对各项公共基础设施评价低的占比均显著高于城镇受访者。说明该县农村基础设施不完善，政府部门应加强建设。满族受访者对该县公共基础设施中教育设施的满意度评价低，其住宅周围缺少治安设施和活动中心等公共基础设施。

（二）建议

1. 加大经济方面的扶持力度，加快经济多样性的发展，切实提高居民生活水平。

经济发展是地区稳定、民族团结的基础之一，新宾县产业结构单一，经济发展水平有待加强，建议加大经济扶持力度，加强当地各项产业的发展，促进当地产业结构优化升级，拓展就业渠道，拓宽就业区域，促进当地居民实现就业，形成经济发展多样化，为当地居民提供更多就业机会，提高居民收入水平，减少社会闲散人员。

2. 推进民族教育，促进不同民族间的交流，加大对民族传统文化的保护和传承工作。

进一步推进国家关于民族教育的有关政策，提升少数民族地区教育水平。新宾县普通话推广工作成效明显，但民族语言文字保护工作有待加强。要将当地极具特色的民族文化资源的文化价值转变为经济价值，同时要注重民族文化的精神价值，推动文化产业的均衡发展。重视少数民族传统文化，通过开设相关民族文化培训班或是让民族文化走进课堂等措施，促进民族文化的传承和保护，有助于合理有效地开发这些珍贵文化资源。

3. 推进民族政策的知识普及与实施，加强县内城乡各项公共基础设施建设。

新宾县居民的民族关系的好评占比呈上升趋势，各族居民的地域认同度强，但其民族认同感却较低，建议加强民族交往和交流，推进民族区域自治制度的实施与基本知识普及。完善城乡基础设施建设，按照标准配置公共基础公共设施，保证所有居民可以享受到基础公共服务，以缩短城乡之间的差距。

第七章

内蒙古鄂伦春自治旗经济社会发展综合调查报告

鄂伦春自治旗是我国最早成立的少数民族自治旗，位于呼伦贝尔市东北部，大兴安岭南麓，北与黑龙江省呼玛县以伊勒呼里山为界，东与黑龙江省嫩江县隔江相望，南与莫力达瓦达斡尔族自治旗、阿荣旗接壤，西与根河市、牙克石市为邻，素有“北国碧玉”“绿色净土”“鲜卑民族发祥地”之美誉，总面积59880平方公里，总人口28万人（不含黑龙江省加、松两区人口），有汉族、鄂伦春族、蒙古族、达斡尔族、鄂温克族等23个民族，其中鄂伦春族2754人，鄂伦春族猎民965人。鄂伦春自治旗下辖8镇2乡，即阿里河镇、大杨树镇、吉文镇、甘河镇、克一河镇、乌鲁布铁镇、诺敏镇、宜里镇、托扎敏乡、古里乡，82个行政村，其中5个猎区乡镇，7个鄂伦春族猎民村。鄂伦春自治旗属于寒温带半湿润大陆性季风气候，四季变化显著。

自治旗地域辽阔，资源富集，文化悠久、风光秀美，现为自治区粮食安全生产先进旗县、杂豆生产基地、全区旅游重点旗县、全国民族团结进步模范单位、国家优质粮生产基地和国家级绿色农业示范区。有耕地413万亩，有林地面积4340万亩，草场1420万亩，森林覆盖率为82.5%，野生动植物资源丰富、种类繁多，广袤的森林里栖息着150多种野生动物，其中受国家保护的一、二级野生动物近50种。矿产资源特别是有色金属资源储量丰富，现已掌握7类24种矿产资源及分布情况，开发潜力巨大。

旅游资源得天独厚，有大兴安岭森林生态、拓跋鲜卑历史、鄂伦春民俗风情、第四纪冰川遗迹、远古彩绘岩画、火山地质地貌等多种资源类型。2013年，鄂伦春自治旗实现现价地区生产总值591075万元，按可比价计算比上年增长8.6%。其中第一产业增加值完成229841万元，可比增长 7.4%，第二产业增加值完成 77161 万元，可比增长 18.1%，其中工业增加值完成 62431 万元，可比增长 17.6%，建筑业增加值完成 14730 万元，可比增长 19.6%；第三产业增加值完成 284073 万元，可比增长 7.3%。三次产业结构由上年的 38.67 : 12.64 : 48.69 调整为 38.89 : 13.05 : 48.06，人均地区生产总值由上年的 19821 元增加到 22331 元，增长 10.7%。[①]

本报告基于鄂伦春自治旗居民的主观反映，针对鄂伦春自治旗居民经济生活情况、民族文化与民族教育、民族关系与民族政策和公共服务等几个方面进行定量分析，为评估鄂伦春自治旗经济社会发展程度提供必要参考依据，希望以此对维护鄂伦春自治旗发展和稳定有所贡献。

一 调查对象基本情况

本报告关于“鄂伦春自治旗经济社会发展综合调查”的分析数据来源于中国社会科学院民族学与人类学研究所主持的国家社科基金重大项目、中国社会科学院创新工程重大专项“21 世纪初中国少数民族地区经济社会发展综合调查”2016 年在鄂伦春自治旗的家庭问卷抽样调查数据。鄂伦春自治旗的样本回收数为 411 份，调查对象包括鄂伦春自治旗城乡各民族成员。问卷回收整理录入后，主要使用社会科学统计软件 SPSS 加以统计分析。

据表 7-1 显示，在性别方面，男性占比为 40.1%，女性占比为 59.9%，女性所占的比例略高。在年龄分布方面，46—60 岁的受访者占比最多，占比为 36.5%，30 岁及以下的年轻人占比为 13.6%，61 岁及以上的占比为 20.4%。在民族成分方面，汉族人口最多，占比为 67.9%，其次是达斡尔族，占比为 12.4%，蒙古族人口占比为 4.1%，另有 0.5% 为回族，满族占比为 1.9%，侗族和仡佬族、锡伯族各占比为 0.2%，鄂温克族和鄂伦春族占比分别是 3.6% 和 7.8%。在户籍类型方面，非农业户口最多，占比为 84.4%，农业户口占比为 14.6%。在受教育程度方面，接受了本科及以上教育的占比为 4.6%。受教育程度在初中及以下的占比为 67.7%，总体来看，受教育程度不高。在职业身份分布方面，其他职

---

① 《鄂伦春自治旗关于 2013 年国民经济和社会发展情况统计公报》，鄂伦春自治旗统计局，2014 年。

业身份的最多，占比为55.2%，其次为农牧民，占比为15.8%，公务员占比为1%，领导干部占比为1.7%，企事业管理人员占比为1.9%，技术人员占比为3.4%，制造业、矿业和建筑业工人占比为4.1%，商业服务业普通人员占比为5.4%。在宗教信仰方面，无宗教信仰的受访者最多，占比为88.6%，信仰佛教的受访者占比为3.4%，基督教占比为4.4%，民间信仰的占比为1%，其他占比为1.5%。

表7-1　　调查对象基本情况　　单位:%

类别	基本情况	占比	样本量
性别	男性	40.1	165
	女性	59.9	246
年龄	30岁及以下	13.6	56
	31—45岁	29.2	120
	46—60岁	36.5	150
	61岁及以上	20.4	84
教育程度	未上学	8.8	36
	小学	17.3	71
	初中	41.6	171
	高中、中专或职高	20.4	84
	大学专科	6.8	28
	大学本科	4.6	19

类别	基本情况	占比	样本量
户籍	农业户口	14.6	60
	城镇户口	84.4	347
民族	汉族	67.9	279
	蒙古族	4.1	17
	回族	0.5	2
	满族	1.9	8
	侗族	0.2	1
	达斡尔族	12.4	51
	仡佬族	0.2	1
	锡伯族	0.2	1
	鄂温克族	3.6	15
	鄂伦春族	7.8	32
宗教信仰	佛教	3.4	14
	基督教	4.4	18
	民间信仰	1.0	4
	无宗教信	88.6	364
	其他	1.5	6

类别	基本情况	占比	样本量
职业	公务员	1.0	4
	领导干部	1.7	7
	企事业管理人员	1.9	8
	技术人员	3.4	14
	农牧民	15.8	65
	制造业、矿业、建筑业工人	4.1	17
	商业服务业普通人员	5.4	22
	两种及以上职业身份	1.0	4
	其他	55.2	227

说明：户口中的城镇户口包括由农业户口转为居民户口的人数和外地户口。

二　经济生活

（一）受访者的就业情况

据表7-2，从户籍维度看，鄂伦春自治旗农业户口受访者的职业身份类型集中在其他，占比为37.7%。非农业户口受访者的职业身份类型主要是其他，占比为66%，其次为农牧民占比为14.1%，其他职业身份分布占比较少。从民族维度看，汉族受访者无论农业户口还是非农业户口，从事其他职业的占比最大，农牧民身份农业户口和非农业户口占比分别为

25.9%、11.9%，商业服务业人员农业户口占比高于非农业户口，相对来说从事公务员和领导干部职业占比很小。满族农业户口受访者职业身份也是集中在其他，占比为100%；满族非农户口受访者职业身份是农牧民的占比为16.7%。达斡尔族农业户口受访者职业身份是农牧民的占比最大，为46.7%，非农户口受访者职业身份多为其他，农牧民职业身份占比相对农村户口受访者占比减少一半，占比仅为22.6%；鄂温克族农业户口受访者职业身份集中在领导干部（25%）、其他（25%）和农牧民（50%），而非农户口受访者职业身份9.1%为公务员，36.4%为农牧民和54.5%的其他职业身份；鄂伦春族农业户口受访者职业身份集中在农牧民，占比为75%，非农业户口受访者职业身份比较多样，6.2%为领导干部和6.2%为企事业管理人员。总体来看，非农业户口者职业分布相对分散，农业户口受访者的职业分布较集中单一，各民族农业户口受访者中职业身份是农牧民的除满族外占比最多数，但各民族城镇受访者从事行业差异较大，分布不均。

表7-2　受访者职业分布类型　单位：%

民族 \ 职业类型		样本量	公务员	领导干部	企事业管理人员	技术人员	农牧民	制造业、矿业	商业、服务业人员	两种及以上职业身份	其他
户籍	农业户口	53	—	5.7	1.9	—	37.7	3.8	11.3	1.9	37.7
	非农业户口	312	1.3	1.3	2.2	4.5	14.1	4.8	4.8	1.0	66.0
	总体	365	1.1	1.9	2.2	3.8	17.5	4.7	5.8	1.1	61.9
汉族	农业户口	27		7.4	3.7		25.9	3.7	22.2	—	37.0
	非农业户口	227	1.3	0.9	2.6	5.7	11.9	5.7	5.3	1.3	65.2
	总体	254	1.2	1.6	2.8	5.1	13.4	5.5	7.1	1.2	62.2
满族	农业户口	2		—	—	—	—	—	—	—	100
	非农业户口	6	—	—	—	—	16.7	—	—	—	83.3
	总体	8	—	—	—	—	12.5	—	—	—	87.5
达斡尔族	农业户口	15		—	—		46.7	6.7	—	6.7	40.0
	非农业户口	31	—	—	—	3.2	22.6	3.2	3.2	—	67.7
	总体	46	—	—	—	2.2	30.4	4.5	2.2	2.2	58.7
鄂温克族	农业户口	4		25.0	—		50.0	—	—	—	25.0
	非农业户口	11	9.1	—	—	—	36.4	—	—	—	54.5
	总体	15	6.7	6.7	—	—	40.0	—	—	—	46.7

续表

民族 \ 职业类型		样本量	公务员	领导干部	企事业管理人员	技术人员	农牧民	制造业、矿业	商业、服务业人员	两种及以上职业身份	其他
鄂伦春族	农业户口	4		—	—		75.0	—	—	—	25.0
	非农业户口	16	—	6.2	6.2	—	18.8	—	—	—	68.8
	总体	20	—	4.5	4.5	—	31.8	—	—	—	59.1

受访者外出就业意愿方面见表7-3，从户籍维度看，差异不大，65.8%的受访者愿意留在本地县城，愿意到直辖市或东部一线城市的占比为6.6%，愿意到国外或境外的仅有1.3%，说明鄂伦春自治旗受访者外出打工意愿很低。从民族维度来看，汉族受访者愿意留在县城之内的占多数，汉族农村户口受访者中占比47.8%的受访者愿意在本县城工作，26.1%的受访者愿意去省会城市工作；汉族非农业户口受访者71.7%的受访者愿意在本县城，仅有10.3%愿意受访者在省会城市就业，说明汉族农业户口受访者的流动意愿大于非农业户口受访者；达斡尔族受访者整体流动意愿低，无论是农业户口还是非农业户口都有超过60%以上的受访者愿意在县城之内就业；鄂温克族城镇受访者流动意愿相对高于农业户口；鄂伦春族受访者农业户口流动意愿最低，100%愿意留在本地县城。

表7-3　　受访者外出就业意愿范围　　单位：%

民族 \ 意愿范围		样本量	本地县城	地级市	省会城市	直辖市或东部一线城市	国外或境外
户籍	农业户口	44	56.8	6.8	18.2	13.6	4.5
	非农业户口	257	67.3	15.2	11.3	5.4	0.8
	总体	301	65.8	14.0	12.3	6.6	1.3
汉族	农业户口	23	47.8	—	26.1	17.4	8.7
	非农业户口	184	71.7	13.6	10.3	3.3	1.1
达斡尔族	农业户口	13	69.2	7.7	7.7	18.4	—
	非农业户口	27	63.0	7.4	14.8	14.8	—
鄂温克族	农业户口	4	25.0	50.0	25.0	—	
	非农业户口	10	60.0	—	20.0	20.0	
鄂伦春族	农业户口	3	100	—	—	—	—
	非农业户口	8	50.0	37.5	6.2	6.2	—

（二）收入水平评价

整体来看（见表7-4），鄂伦春自治旗受访者对过去5年收入水平变化大都持肯定态度。52.3%的受访者认为过去5年收入水平上升很多或略有上升，认为上升很多的占比为9.8%，认为略有上升的占比为42.5%。从民族维度看，汉族、回族、蒙古族、满族、侗族、仡佬族、达斡尔族、鄂温克族、鄂伦春族和锡伯族受访者认为过去5年收入水平上升很多的占比分别为10.8%、50%、13.3%、0、0、0、4%、6.7%、6.7%和100%，认为略有上升的占比分别为39.4%、50%、46.7%、28.8%、100%、0、54%、53.3%、50%和0，认为上升的回族、侗族和锡伯族受访者评价最高。从户籍维度看，农业户口受访者认为收入水平上升的有42.4%，非农业户口受访者认为收入水平上升的有54%。说明超过40%的受访者都认为在过去5年中收入水平有所提升。

表7-4　受访者5年的收入水平变化　单位：%

民族 \ 收入水平		样本量	上升很多	略有上升	没有变化	略有下降	下降很多
汉族		259	10.8	39.4	29.3	12.4	8.1
回族		2	50.0	50.0	—	—	—
蒙古族		15	13.3	46.7	26.7	6.7	6.7
满族		7	—	28.8	28.6	28.6	14.3
侗族		1	—	100	—	—	—
仡佬族		1	—	—	—	—	100
达斡尔族		50	4.0	54.0	26.0	10.0	6.0
鄂温克族		15	6.7	53.3	20.0	13.3	6.7
鄂伦春族		30	6.7	50.0	36.7	6.7	—
锡伯族		1	100	—	—	—	—
总体		381	9.7	42.8	28.6	11.5	7.3
户籍	农业户口	59	5.1	37.3	22.0	27.1	8.5
	非农业户口	320	10.6	43.4	30.0	8.8	7.2
总体		379	9.8	42.5	28.8	11.6	7.4

据表7-5，从民族维度来看，受访者对于自己经济水平的评价，汉族受访者和鄂伦春族受访者认为自己经济水平处于中等的为50%以上，占比分别为54.7%和46.7%；蒙古族、达斡尔族、鄂温克族受访者认为自己经济水平处于中下等的占多数，占比分别为41.2%、38.8%和46.7%；满族受访者认为自己的经济水平处于下等的占比为62.5%。汉族受访者认为自己经济水平处于中等及中上等的居民占比为66%，蒙古族受访者占比为52.9%，满族受访者占比为12.5%，达斡尔族受访者占比为31.7%，鄂温克族受访者占比为46.7%，鄂伦春族受访者占比为63.4%。因此可以看出，在鄂伦春自治旗受访者中汉族受访者和鄂伦春族受访者认为自己的经济水平在中等以上的居多，鄂温克族和满族受访者多认为自己的经济水平较低。从户籍维度看，汉族受访者与鄂伦春族受访者的差别不大，均认为自己的经济水平处于中等水平；鄂温克族和满族农业户口受访者认为自己的生活水平处于中下等的居多，占比为50%，而鄂温克族非农业户口受访者大多数认为自己的生活水平处于中等，占比为45.5%。由此可以看出，鄂温克族受访者的经济水平相对于其他民族来说差异较大，鄂温克族农业户口受访者经济水平较低，满族受访者认为自己经济水平处于下等的占多数，占比62.5%，从整体来看，鄂伦春自治旗受访者对自己的生活水平评价并不高。

表7-5　　受访者对于自己经济水平的评价　　单位：%

民族＼评价		样本量	中上	中	中下	下
户籍	农业户口	33	15.2	27.3	30.3	27.3
	非农业户口	245	6.9	24.1	35.5	33.5
	总体	278	7.9	24.5	34.9	32.7
汉族	农业户口	42	7.1	54.8	19.0	4.8
	非农业户口	11	27.3	54.5	—	—
	总体	53	11.3	54.7	15.1	3.8
蒙古族	农业户口	0				
	非农业户口	17	17.6	35.3	41.2	5.9
	总体	17	17.6	35.3	41.2	5.9
满族	农业户口	2		—	50.0	50.0
	非农业户口	6		16.7	16.7	66.7
	总体	8		12.5	25.0	62.5

续表

民族 \ 评价		样本量	中上	中	中下	下
达斡尔族	农业户口	16	6. 2	31. 2	37. 5	25. 0
	非农业户口	33	6. 1	27. 3	39. 4	27. 3
	总体	49	6. 1	25. 6	38. 8	26. 5
鄂温克族	农业户口	4	25. 0	25. 0	50. 0	
	非农业户口	11	—	45. 5	45. 5	9. 1
	总体	15	6. 7	40. 0	46. 7	6. 7
鄂伦春族	农业户口	4	25. 0	50. 0	25. 0	—
	非农业户口	26	15. 4	46. 2	30. 8	7. 7
	总体	30	16. 7	46. 7	30. 0	6. 7
户籍	农业户口	60	13. 3	28. 3	35. 0	23. 3
	非农业户口	342	8. 2	27. 2	35. 4	29. 2
	总体	402	9. 0	27. 4	35. 3	28. 4

三 民族文化与教育

(一) 语言文字

由表 7-6 可以看出，鄂伦春自治旗无论是农业户口还是非农业户口受访者大部分除外语外只会一种语言，占比为 79. 8%，会两种语言的占比为 17. 5%，会两种以上的占比仅为 2. 7%。从民族维度看，汉族、蒙古族和满族受访者只会一种语言，所占比分别为 98. 5%、88. 2%和 100%，而达斡尔族、鄂温克族和鄂伦春族受访者掌握两种语言，占比为 82. 4%、53. 3%和 50%，掌握两种以上的占比相对于汉族、蒙古族和满族较高。从户籍维度看，农业户口受访者会一种语言的占比低于非农业户口，会两种或两种以上的占比高于非农业户口，但无论城乡，受访者会一种语言的占比较高。鄂温克族、鄂伦春族和达斡尔族受访者掌握两种及两种以上的比较而言较高，分别是 66. 6%、65. 6%和 88. 3%，这说明少数民族使用民族语言的交流较多，民族语言使用频繁。

表 7-6　　受访者语言使用情况　　单位:%

语言使用 / 民族		样本量	一种（普通话或民族语言）	两种（普通话+一种民族语言）	两种以上（普通话+两种以上民族语言）
汉族		273	98.5	1.1	0.4
蒙古族		17	88.2	11.8	—
满族		8	100	—	—
达斡尔族		51	11.8	82.4	5.9
鄂温克族		15	33.3	53.3	13.3
鄂伦春族		32	34.4	50.0	15.6
合计		312	79.1	18.2	2.7
户籍	农业户口	59	61.0	35.6	3.4
	非农业户口	342	83.0	14.3	2.6
总体		381	79.8	17.5	2.7

据表 7-7 显示，从户籍维度看，鄂伦春自治旗农业户口受访者会说一点普通话的占比为 0，79.6%的受访者能够熟练地听、说、读、写，非农业户口受访者会说一点普通话的占比为 0.3%，77.6%的受访者能够熟练地听、说、读、写，说明普通话在农业户口普及率比非农业户口高。从民族维度看，达斡尔族受访者普通话水平在基本交流及以上的占比为 97.9%，其中，达斡尔族农业户口受访者普通话水平在基本交流及以上的占比为 100%，达斡尔族城镇受访者为 96.9%，会说一点普通话的达斡尔族农业户口受访者占比为 0，城镇受访者为 3%；鄂温克族农业户口和非农业户口受访者普通话水平在基本交流及以上的占比为 100%；同样鄂伦春族农业户口和非农业户口受访者的普通话水平在基本交流及以上的占比为 100%，农村居民的普通话水平都是能熟练地说和读、写，占比高于非农业户口。因此可以看出，鄂伦春自治旗达斡尔族、鄂温克族、鄂伦春族受访者的普通话水平较高，其中城镇受访者的普通话水平低于农业户口受访者，农业户口受访者的普通话水平很高。

表 7-7　　受访者普通话使用情况　　单位:%

掌握程度 / 民族		样本量	能熟练地听、说、读、写	能熟练地听、说、读，但不会写	能熟练地听、说，但不会读、写	会说一点	能听懂，不会说	完全不掌握
户籍	农业户口	54	79.6	16.7	3.7	—		
	非农业户口	331	77.6	17.5	4.5	0.3		
	总体	385	77.9	17.4	4.4	0.3		

续表

民族 \ 掌握程度		样本量	能熟练地听、说、读、写	能熟练地听、说、读，但不会写	能熟练地听、说，但不会读、写	会说一点	能听懂，不会说	完全不掌握
达斡尔族	农业户口	16	87.5	6.2	6.2	—	—	
	非农业户口	33	84.8	12.1	—	3.0		
	总体	49	85.7	10.2	2.0	2.0		
鄂温克族	农业户口	4	100	—				
	非农业户口	9	88.9	11.1				
	总体	13	92.3	7.7				
鄂伦春族	农业户口	4	100					
	非农业户口	25	92.0	8.0				
	总体	4	93.1	6.9				

据表 7-8，鄂伦春自治旗受访者的普通话掌握程度根据年龄段来分析，农业户口受访者 79.6%能够熟练听、说、读、写普通话，其中 61 岁及以上的受访者中普通话水平在能熟练地听、说、读、但不会写的占 25%，能熟练听、说、读、写占比为 75%；而 30 岁及以下的受访者中普通话水平在能熟练听、说、读、写的占比为 100%，31—45 岁受访者中能熟练地听、说、读、写的占比为 78.3%，能熟练地听、说、读，但不会写的占比为 17.4%，能熟练地说，但不会读、写的占比为 4.3%，46—60 岁受访者中，能熟练地听、说、读、写的占比为 73.7%，其中不会写的占比为 26.4%。由此可见，农业户口鄂伦春自治旗受访者的普通话掌握水平相对很高，不会写的现象随着时代的发展占比在不断减少。鄂伦春自治旗非农业户口受访者普通话水平在能够熟练地听、说、读、写普通话的占比为 77.6%，其中不会写的占比为 22%，其中 30 岁及以下普通话水平在能基本交谈及以上的占比为 97.8%，只会说一点的占比为 2.1%，61 岁及以上能熟练地听、说、读、写的占比为 54.8%，能熟练地听、说、读，但不会写的占比 32.9%，既不会读也不会写的占比 12.3%。因此可以看出，非农业户口鄂伦春受访者的普通话水平与农业户口鄂伦春受访者持平，并且整体呈提高趋势。

表 7-8　　不同年龄段受访者普通话掌握程度　　单位：%

年龄	掌握程度	样本量	能熟练地听、说、读、写	能熟练地听、说、读，但不会写	能熟练地听、说，但不会读、写	会说一点	能听懂，不会说	完全不掌握
农业户口	30岁及以下	8	100					
	31—45岁	23	78.3	17.4	4.3			
	46—60岁	19	73.7	21.1	5.3			
	61岁及以上	4	75.0	25.0	—			
	总体	54	79.6	16.7	3.7			
非农业户口	30岁及以下	47	95.7		2.1	2.1		
	31—45岁	91	81.3	16.5	2.3			
	46—60岁	120	81.7	15.8	2.5			
	61岁及以上	73	54.8	32.9	12.3	—		
	总体	257	77.6	17.5	4.5	0.3		

鄂伦春自治旗受访者对普通话文字的掌握比较熟练，无论是农业户口还是非农业户口对普通话文字掌握都较好，掌握足够文字，能流利书写的占比为58.4%，掌握较多文字，能写书信的占比为25.3%，完全不能用文字书写的占比为2.4%，其中农业户口占比为3.7%，非农业户口占比为2.1%。从民族维度来看，汉族51.5%的受访者能掌握足够文字，能流利书写，其中农业户口占比为40.7%，完全不能用文字书写的农业户口占比为3.7%，略高于非农业户口，非农业户口中6.9%的受访者掌握文字数量太少，只能写点简单字句；达斡尔族受访者中，农业户口81.2%的掌握足够文字，能流利书写，非农业户口占比为63.6%，其中完全不能使用文字书写的受访者农业户口占比为6.2%，是非农业户口比例的2倍，这说明农业户口文字使用普及不如非农业户口；鄂温克族和鄂伦春族的受访者掌握足够文字，能流利书写的占比分别为76.9%和85.7%，鄂温克族农业户口文字掌握程度高于非农业户口，鄂伦春族城乡持平。相对于汉族而言，鄂温克族、鄂伦春族无论是农业户口还是非农业户口对文字的掌握都是相对较好的，鄂伦春族和鄂温克族完全不能用汉字书写的占比为0，在一定程度上也反映了鄂伦春自治旗的教育水平以及对教育的重视和普及，同时也反映民族的交流和融合。

表 7-9　受访者对普通话文字的掌握程度　单位：%

民族 \ 掌握程度		样本量	掌握足够文字，能流利书写	掌握较多文字，能写书信	掌握文字数量不够，书写不流利	掌握文字数量太少，只能写点简单字句	完全不能用文字书写
户籍	农业户口	54	61.1	27.8	7.4	—	3.7
	非农业户口	328	57.9	25.3	9.1	5.5	2.1
	总体	382	58.4	25.3	8.9	4.7	2.4
汉族	农业户口	27	40.7	40.7	14.8	—	3.7
	非农业户口	233	52.8	28.8	9.4	6.9	2.1
	总体	260	51.5	30.0	10.0	6.2	2.3
达斡尔族	农业户口	16	81.2	12.5	—	—	6.2
	非农业户口	33	63.6	18.2	9.1	6.1	3.0
	总体	49	69.4	16.3	6.1	4.1	4.1
鄂温克族	农业户口	4	100	—			
	非农业户口	9	66.7	22.2	11.1		
	总体	13	76.9	15.4	7.7		
鄂伦春族	农业户口	4	75.0	25.0	—		
	非农业户口	24	87.5	4.2	8.3		
	总体	28	85.7	7.1	7.1		

（二）宗教信仰

受访者宗教信仰主要以没有宗教信仰为主，无论是农业户口还是非农业户口，无论是汉族还是各少数民族，没有宗教信仰的占比都在86%以上。从城乡维度看，农业户口受访者中87.9%的受访者没有宗教信仰，6.9%信仰佛教，5.2%信仰基督教；非农业户口受访者90.1%无宗教信仰，2.6%信仰佛教，4.4%信仰基督教，1.2%为民间信仰，相对而言非农业户口受访者宗教信仰比例较农业户口低。从民族维度来看，汉族受访者90.2%没有宗教信仰，3.6%信仰佛教，4.7%信仰基督教；达斡尔族86%没有宗教信仰，6%的民间信仰和6%的其他信仰；鄂温克族没有宗教信仰的占比为93.3%，6.7%信仰基督教；鄂伦春族96.9%没有宗教信仰，3.1%信仰佛教。

表 7-10　受访者宗教信仰情况　单位：%

民族＼宗教信仰		样本量	佛教	基督教	民间信仰	其他	没有宗教信仰
汉族		273	3.6	4.7	0.4	1.1	90.2
达斡尔族		50	—	2.0	6.0	6.0	86.0
鄂温克族		15	—	6.7	—	—	93.3
鄂伦春族		32	3.1	—	—	—	96.9
户籍	农业户口	58	6.9	5.2	—	—	87.9
	非农业户口	344	2.6	4.4	1.2	1.7	90.1
总体		402	3.2	4.5	1.0	1.5	89.8

鄂伦春自治旗受访者对于宗教信仰的评价主要体现在对以下几个方面的看法（见表7-11）。第一，人活着应该有宗教信仰。从户籍维度看，40%农业户口受访者比较同意这个观点，60%农业户口受访者不同意这个观点，55.1%非农业户口居民同意此观点，44.9%非农业户口受访者持相反观点；从民族维度看，52.7%汉族受访者和54.9%达斡尔族受访者同意此观点，而73.3%鄂温克族受访者反对此观点。第二，信宗教是每个人的自由，政府不应该干预。从户籍维度看，56.7%的农业户口受访者同意，60.6%的非农业户口受访者赞同此观点；从民族维度来看，61.5%的汉族受访者和60.8%达斡尔族受访者同意此观点，鄂伦春族51.6%的受访者赞同，48.4%的受访者反对此观点，而73.3%的鄂温克族受访者反对此观点。第三，相比没有宗教信仰的人，我更喜欢有宗教信仰的人。从城乡维度看，86.7%的农业户口受访者和76.2%的非农业户口受访者反对此观点；从民族维度来看，77.3%的汉族受访者和82%的达斡尔族受访者、80%的鄂温克族以及74.2%的鄂伦春族受访者反对此观点，总体上鄂伦春族受访者对此观点以反对为主。第四，科学和信仰是相辅相成的存在。从户籍维度来看，61.7%的农业户口受访者支持此观点，59%的非农业户口受访者反对此观点；从民族维度来看，55.9%的汉族受访者、78%的达斡尔族受访者、66.7%的鄂温克族受访者和54.8%的鄂伦春族受访者比较支持此观点。第五，人在不同时期或在不同情境下可以有不同的信仰。从户籍维度来看，61.7%的农业户口居民和52.1%的非农业户口居民反对此观点；从民族维度来看，56.9%的达斡尔族受访者和60%的鄂温克族受访者及53.3%的鄂伦春族受访

者比较赞同此观点，而 56.8%的汉族受访者持相反观点。

表 7-11　受访者宗教信仰评价　单位：%

类别＼评价		样本量	同意	不同意
人活着应该有宗教信仰	农业户口	60	40.0	60.0
	非农业户口	343	55.1	44.9
	汉族	275	52.7	47.3
	达斡尔族	51	54.9	45.1
	鄂温克族	15	26.7	73.3
	鄂伦春族	31	58.1	41.9
信宗教是每个人的自由，政府不应该干预	农业户口	60	56.7	43.3
	非农业户口	343	60.6	39.4
	汉族	275	61.5	38.5
	达斡尔族	51	60.8	39.2
	鄂温克族	15	26.7	73.3
	鄂伦春族	31	51.6	48.4
相比没有宗教信仰的人，我更喜欢有宗教信仰的人	农业户口	60	13.3	86.7
	非农业户口	343	23.8	76.2
	汉族	273	22.7	77.3
	达斡尔族	50	18.0	82.0
	鄂温克族	15	20.0	80.0
	鄂伦春族	31	25.8	74.2
科学和信仰是相辅相成的存在	农业户口	60	61.7	38.3
	非农业户口	339	59.0	41.0
	汉族	272	55.9	44.1
	达斡尔族	50	78.0	22.0
	鄂温克族	15	66.7	33.3
	鄂伦春族	31	54.8	45.2
人在不同时期或在不同情境下可以有不同的信仰	农业户口	60	38.3	61.7
	非农业户口	340	47.9	52.1
	汉族	273	43.2	56.8
	达斡尔族	51	56.9	43.1
	鄂温克族	15	60.0	40.0
	鄂伦春族	30	53.3	46.7

（三）民族文化

鄂伦春自治旗受访者认为当地的公共文化活动特色主要表现在以下方面（见表 7-12），少数民族文化特色为主、区域文化特色鲜明、多元文化特色、现代流行文化。从民族的维度来看，汉族中 38.2%的受访者认为当地的公共文化活动特色以少数民族文化特色为主，16.7%的受访者认为当地的公共文化活动特色表现在区域文化特色鲜明，18.7%的受访者认为当地的公共文化活动特色表现在多元文化特色，26.3%的受访者认为当地的公共文化活动特色表现在现代流行文化；达斡尔族中，67.3%的受访者认为当地的公共文化活动特色以少数民族文化特色为主，12.2%的受访者认为当地的公共文化活动特色表现在区域文化特色鲜明，12.2%的受访者认为当地的公共文化活动特色表现在多元文化特色，8.2%的受访者认为当地的公共文化活动特色表现在现代流行文化；鄂温克族和鄂伦春族受访者多数认为当地的公共文化活动特色以少数民族文化特色为主，占比分别为73.3%和78.1%。从户籍维度来看，农业户口中，49.1%的受访者认为当地的公共文化活动特色以少数民族文化特色为主，8.8%的受访者认为当地的公共文化活动特色表现在区域文化特色鲜明，19.3%的受访者认为当地的公共文化活动特色表现在多元文化特色，22.8%的受访者认为当地的公共文化活动特色表现在现代流行文化；非农业户口中，46.1%的受访者认为当地的公共文化活动特色以少数民族文化特色为主，16.3%受访者认为当地的公共文化活动特色表现在区域文化特色鲜明，15.4%受访者认为当地的公共文化活动特色表现在多元文化特色，22.3%受访者认为当地的公共文化活动特色表现在现代流行文化。总体来看，无论是农业户口还是非农业户口，无论汉族还是少数民族，大部分都认为当地的公共文化活动特色主要体现在以少数民族文化特色为主。

表7-12　　受访者认为当地的公共文化活动特色　　单位：%

民族＼活动特色		样本量	少数民族文化特色为主	区域文化特色鲜明	多元文化特色	现代流行文化
汉族		251	38.2	16.7	18.7	26.3
达斡尔族		49	67.3	12.2	12.2	8.2
鄂温克族		15	73.3	13.3	—	13.3
鄂伦春族		32	78.1	6.2	6.2	9.4
户籍	农业户口	57	49.1	8.8	19.3	22.8
	非农业户口	319	46.1	16.3	15.4	22.3
总体		376	46.5	15.2	16.0	22.3

鄂伦春自治旗受访者子女接受和学习本民族语言、文化和习俗的意愿调查显示（见表7-13），愿意接受和学习民族文字的占比为67%，不愿意的占比为6.3%，认为无所谓的占比为26.7%；对于生活习俗的接受和学习，68%受访者愿意接受和学习，6.1%不愿意学习，25.9%认为无所谓；57.1%受访者愿意接受宗教信仰，7.6%不愿意，35.3%认为无所谓；

关于特色工艺，63.9%受访者愿意接受和学习，6.6%不愿意，29.5%认为无所谓。由此可知，虽然愿意学习和接受本民族语言、文字和习俗的占大多数，但是为了保持文化的多样性，防止文化的同化，需要保持民族特色文化，对于无所谓的态度和不愿意学习的态度进行改变。

表 7-13　当地居民子女学习本民族文化的意愿　单位:%

意愿 / 类别	样本量	愿意	不愿意	无所谓
民族文字	397	67.0	6.3	26.7
生活习俗	394	68.0	6.1	25.9
宗教信仰	354	57.1	7.6	35.3
特色工艺	349	63.9	6.6	29.5

表 7-14 显示，鄂伦春自治旗受访者在面对资源开发和保护传统文化发生冲突时 51.5%的受访者认为优先保护民族传统文化更为重要。从民族维度看，汉族受访者 56.6%认为应该以发展经济，提高现代生活水平为主，39.1%受访者认为优先保护民族传统文化更为重要，4.3%认为先开发，有钱再保护；而达斡尔族、鄂温克族和鄂伦春族受访者大多都认为优先保护本民族传统文化，占比分别是 76.6%、86.7%和 90%，25%鄂温克族的农业户口受访者认为应该以发展经济，提高现代生活水平为主，25%鄂伦春族农业户口受访者认为当前先开发，有钱再保护，说明汉族和少数民族的农业户口受访者在面对发展与保护传统上更倾向于先开发，有钱以后再治理。从户籍维度看，非农户受访者认为优先保护本民族传统文化的占比为 50.2%，低于农业户口受访者（58.3%）。农业户口受访者 38.3%认为以发展经济，提高现代生活水平为主，低于非农业户口受访者（45.5%），认为先开发，有钱再保护的农业户口占比为 3.3%，非农业户口占比为 4.4%，说明农业户口受访者保护本民族传统文化的意识强。

表 7-14　受访者对资源开发和保护文化冲突时的态度　单位:%

态度 / 民族		样本量	以发展经济，提高现代生活水平为主	优先保护民族传统文化	先开发，有钱再保护
户籍	农业户口	60	38.3	58.3	3.3
	非农业户口	319	45.5	50.2	4.4
	总体	379	44.3	51.5	4.2

续表

民族	态度	样本量	以发展经济，提高现代生活水平为主	优先保护民族传统文化	先开发，有钱再保护
汉族	农业户口	33	54.5	45.5	—
	非农业户口	225	56.9	38.2	4.9
	总体	258	56.6	39.1	4.3
达斡尔族	农业户口	16	12.5	87.5	—
	非农业户口	31	25.8	71.0	3.2
	总体	47	21.3	76.6	2.1
鄂温克族	农业户口	4	25.0	75.0	
	非农业户口	11	9.1	90.9	
	总体	15	13.3	86.7	
鄂伦春族	农业户口	4	—	75.0	25.0
	非农业户口	26	3.8	92.3	3.8
	总体	30	3.3	90.0	6.7

（五）民族教育

据表7-15，从总体上看，鄂伦春自治旗受访者的教育水平41.8%为初中，20.1%为高中、中专或职高技校，未上学的占比为9%，大学本科为4.7%。其中农业户口受访者的教育水平44.1%为初中，非农业户口受访者教育水平41.4%为初中。农业户口受访者未上学的占比为6.8%，非农业户口受访者未上学的占比为9.3%。其中汉族受访者的教育水平41.2%为初中，21.3%为高中、中专或职高技校。其中汉族农业户口受访者9.4%未上学，汉族非农业户口受访者该项占比为11.4%，汉族农业户口受访者大学本科占比为0，汉族非农业户口受访者大学本科占比为3.3%，说明汉族非农业户口受访者的教育水平高于农业户口受访者。达斡尔族农业户口受访者50%为初中，达斡尔族非农业户口受访者32.4%为初中，达斡尔族非农业户口26.5%为大学专科及以上，农业户口大学专科及以上占比为12.4%，说明达斡尔受访者中，非农业户口受访者的教育水平高于农业户口受访者。鄂温克族和鄂伦春族未上学的占比分别为0和6.7%，初中占比为60%和50%，大学专科及以上占比为26.7%和13.4%，其中鄂伦春族农业户口初中占比为75%，说明农业户口受教育水平不如非农业户口高。

表7-15　受访者受教育情况　单位：%

民族 \ 教育水平		样本量	未上学	小学	初中	高中、中专或职高技校	大学专科	大学本科
户籍	农业户口	59	6.8	32.2	44.1	10.2	5.1	1.7
	非农业户口	343	9.3	15.2	41.4	21.9	7.0	5.2
	总体	402	9.0	17.7	41.8	20.1	6.7	4.7
汉族	农业户口	32	9.4	43.8	34.4	9.4	3.1	—
	非农业户口	245	11.4	14.7	42.0	22.9	5.7	3.3
	总体	277	11.2	18.1	41.2	21.3	5.4	2.9
达斡尔族	农业户口	16	6.2	18.8	50.0	12.5	6.2	6.2
	非农业户口	34	—	23.5	32.4	17.6	14.7	11.8
	总体	50	2.0	22.0	38.0	16.0	12.0	10.0
鄂温克族	农业户口	4	—	—	75.0	—	25.0	—
	非农业户口	11	—	—	54.5	18.2	18.2	9.1
	总体	15	—	—	60.0	13.3	20.0	6.7
鄂伦春族	农业户口	4	—	—	75.0	25.0	—	—
	非农业户口	26	7.7	11.5	46.2	19.2	7.7	7.7
	总体	30	6.7	10.0	50.0	20.0	6.7	6.7

据表7-16显示，从户籍维度看，如果国家延长义务教育时间，鄂伦春自治旗受访者更愿意孩子去接受更长时间的义务教育，占比为89.4%，其中农业户口受访者93.8%愿意送孩子去接受更长时间的义务教育，6.2%表示不愿意。非农业户口受访者有88.8%的人愿意送孩子去接受更长时间的义务教育，11.2%的人表示不愿意。从民族维度看，汉族农业户口受访者100%愿意送孩子去接受更长时间的义务教育，93.9%非农业户口受访者表示愿意。达斡尔族受访者在此项意愿上的农业户口、非农业户口差距相对比较大，达斡尔族农业户口受访者愿意送孩子去接受更长时间的义务教育的占比为75%，达斡尔非农业户口受访者愿意送孩子去接受更长时间的义务教育的占比为100%，可以看出，达斡尔族非农业户口受访者送孩子去接受更长时间的义务教育意愿大于农业户口受访者。鄂温克族和鄂伦春族受访者关于孩子接受更长时间义

务教育的意愿户籍差距不大，鄂温克族和鄂伦春族愿意接受占比分别为96.4%和90.9%，不愿意的占比较小。

表7-16　　受访者对孩子接受更长时间义务教育的意愿　　单位：%

意愿		样本量	愿意	不愿意
户籍	农业户口	32	93.8	6.2
	非农业户口	233	88.8	11.2
	总体	265	89.4	10.6
汉族	农业户口	15	100	—
	非农业户口	33	93.9	6.1
	总体	48	95.8	4.2
达斡尔族	农业户口	4	75.0	25.0
	非农业户口	11	100	—
	总体	15	93.3	6.7
鄂温克族	农业户口	4	100	—
	非农业户口	24	95.8	4.2
	总体	28	96.4	3.6
鄂伦春族	农业户口	58	94.8	5.2
	非农业户口	326	90.2	9.8
	总体	384	90.9	9.1

从户籍维度看，鄂伦春自治旗受访者对本地目前的教育制度的评价总体上是公平的，认为公平的占比为86.2%，认为不公平的占比为13.8%。其中78.3%的农业户口受访者认为本地教育制度公平，21.7%的人认为不公平；87.6%的非农业户口受访者认为本地教育制度公平，12.4%的人认为不公平，说明非农业户口受访者对于本地教育制度的评价高于农业户口。从民族的维度看，汉族受访者中87.9%的农业户口受访者认为本地教育制度公平，非户业户口受访者认为公平的占比为86.4%。达斡尔族农业户口受访者62.5%认为当前教育制度公平，而37.5%受访者认为当前教育制度不公平，非农业户口82.4%受访者认为公平，认为不公平的占比为17.6%，总体认为不公平的占比为24%。特别指出的是，鄂温克族农业户口受访者50%认为当前教育制度不公平，鄂伦春族户籍受访者

认为教育制度公平的占比都达到了 100%。总体来看，受访者认为本地当前教育制度公平，但是仍需要完善（见表7-17）。

表 7-17 受访者对本地教育制度的评价 单位：%

民族 \ 评价		公平	不公平	样本量
汉族	农业户口	87.9	12.1	33
	非农业户口	86.4	13.6	236
	总体	86.6	13.4	269
达斡尔族	农业户口	62.5	37.5	16
	非农业户口	82.4	17.6	34
	总体	76.0	24.0	50
鄂温克族	农业户口	50.0	50.0	4
	非农业户口	81.8	18.2	11
	总体	73.3	26.7	15
鄂伦春族	农业户口	100	—	4
	非农业户口	100	—	23
	总体	100	—	27
户籍	农业户口	78.3	21.7	60
	非农业户口	87.6	12.4	330
	总体	86.2	13.8	390

鄂伦春自治旗受访者中有 13.8%受访者认为当前本地教育制度不公平，主要体现在以下几个方面：50%的农业户口受访者认为教育制度不公平体现在城乡教育质量差别大，8.3%受访者认为体现在不同学校教师水平参差不齐，缺少公平的教育举措，25%受访者认为体现在不同家庭背景的孩子得到不同的对待，16.7%受访者认为体现在不同地位家庭的孩子上好学校的机会不平等；34.2%受访者非农业户口居民认为不公平体现在城乡教育质量差别大，15.8%受访者认为体现在重点学校和非重点学校得到的政府重视程度有差别，15.8%受访者认为体现在校教学质量不高，必须靠校外辅导提高成绩，10.5%受访者认为不公平体现在不同学校教师水平参差不齐，缺少公平的教育举措，18.4%受访者认为不公平体现在不同家庭背景的孩子得到不同的对待，5.3%受访者认为不公平体现在不同地位家庭的孩子上好学校的机会不平等。总体来看 38%受访者认为不公平体

现在城乡教育质量差别大，20%受访者认为不公平体现在不同家庭背景的孩子得到不同的对待（见表7-18）。

表7-18　受访者认为本地教育制度不公平表现情况　单位：%

类别＼户籍	农业户口	非农业户口	总体
城乡教育质量差别大	50.0	34.2	38.0
重点学校和非重点学校得到的政府重视程度有差别	—	15.8	12.0
学校教学质量不高，必须靠校外辅导提高成绩	—	15.8	12.0
不同学校教师水平参差不齐，缺少公平的教育举措	8.3	10.5	10.0
不同家庭背景的孩子得到不同的对待	25.0	18.4	20.0
不同地位家庭的孩子上好学校的机会不平等	16.7	5.3	8.0
样本量	12.0	38.0	100

四　民族关系与民族政策

（一）民族关系

1. 族际交往

鄂伦春自治旗各族受访者的族际交往意愿相对较强，各民族与本民族交往较融洽，各个方面彼此都愿意交往。具体来看，汉族与少数民族交往的意愿相对最强，在聊天、成为邻居、一起工作、成为亲密朋友和结为亲家方面愿意的占比分别为96.4%、96%、94.9%、94.9%和87%（见表7-19），相对其他方面而言，汉族在与少数民族结为亲家方面的意愿相对较弱，13%的汉族受访者不愿意和少数民族结为亲家。少数民族与汉族的交往意愿也比较强，在聊天、成为邻居、一起工作、成为亲密朋友、结为亲家方面愿意的占比分别为96.5%、96.5%、96.5%、94.7%和92%（见表7-20），其中鄂温克族农业户口受访者均为愿意与汉族交往除结为亲家和一起工作相对占比低（92.9%）外，其他占比均为100%。无论是汉族对少数民族还是少数民族对汉族的交往情况，非农业户口的愿意交往意愿不如农业户口，随着交往深度的加深，愿意交往意愿相对减弱。总体来看，民族之间的交往情况较为乐观。

表 7-19　汉族对少数民族的交往情况　单位：%

项目＼交往形式		聊天		成为邻居		一起工作		成为亲密朋友		结为亲家	
		愿意	不愿意	愿意	不愿意	愿意	不愿意	愿意	不愿意	愿意	不愿意
汉族		96.4	3.6	96.0	4.0	94.9	5.1	94.9	5.1	87.0	13.0
户籍	农业户口	97.0	3.0	93.9	6.1	97.0	3.0	97.0	3.0	84.8	15.2
	非农业户口	96.3	3.7	96.3	3.7	94.7	5.3	94.7	5.3	87.2	12.8
总体		96.4	3.6	96.0	4.0	94.9	5.1	94.9	5.1	87.0	13.0

表 7-20　少数民族对汉族的交往情况　单位：%

民族＼交往形式		聊天		成为邻居		一起工作		成为亲密朋友		结为亲家	
		愿意	不愿意	愿意	不愿意	愿意	不愿意	愿意	不愿意	愿意	不愿意
达斡尔族		95.9	4.1	95.9	4.1	97.9	2.1	91.8	8.2	91.7	8.3
鄂温克族		100	—	100	—	92.9	7.1	100	—	92.9	7.1
鄂伦春族		93.8	6.2	93.8	6.2	93.5	6.5	93.8	6.2	90.6	9.4
户籍	农业户口	100	—	100	—	100	—	100	—	100	—
	非农业户口	95.5	4.5	95.5	4.5	95.4	4.6	93.2	6.8	89.7	10.3
总体		96.5	3.5	96.5	3.5	96.5	3.5	94.7	5.3	92.0	8.0

鄂伦春自治旗受访者外出时认为本民族的人和同乡的人同等重要的占比为9.5%，认为本民族的人更可以信任的占比为12%，认为同乡的人可以信任的占比为53%，认为不存在民族和地域差别的占比为25.5%。其中，汉族受访者认为本民族的人更值得信任的占比为3.6%，认为同乡人可以信任的占比为61.1%，认为本民族和同乡同等信任的占比为8.7%，认为不存在民族和地域差别的占比为26.5%，说明汉族居民在外地域认同感较强；达斡尔族认为本民族的人和同乡人同等信任的占比为16%，认为本民族的人更值得信任的占比为42%，认为同乡可信的占比为22%，认为无民族和地域差别的占比为20%，说明达斡尔族居民在外民族认同感很强，地域认同感相对较强；鄂温克族和鄂伦春族受访者认为不存在民族和地域差别的信任都占33.3%，其中鄂温克族农业户口受访者75%认为无民族、地域差异信任，鄂伦春族50%农业户口受访者认为不存在民族和地域信任差别。从户籍维度看，汉族和达斡尔族受访者认同感差别不大，鄂伦春族农业户口受访者50%认为无民族和地域差异信任，而鄂温克族和鄂伦春族非农业户口受访者的本民族认同感和地域认同感较强，占

比分别为36.4%、45.5%和42.3%、19.2%。由此可见，在鄂温克族和鄂伦春族受访者中，非农业户口受访者民族认同感比农业户口受访者的民族认同感和地域认同感强（见表7-21）。

表7-21 受访者外出时信任的对象 单位：%

民族 \ 信任对象		样本量	本民族的人（不管是否同乡）	同乡（不管是否本民族的人）	本民族的人和同乡同等交往、信任	不存在民族、地域差别
户籍	农业户口	60	8.3	51.7	13.3	26.7
	非农业户口	344	12.6	53.2	8.8	25.3
	总体	400	12.0	53.0	9.5	25.5
汉族	农业户口	33	—	63.6	18.2	18.2
	非农业户口	242	4.1	60.7	7.4	27.7
	总体	275	3.6	61.1	8.7	26.5
达斡尔族	农业户口	16	31.2	25.0	12.5	31.2
	非农业户口	34	47.1	20.6	17.6	14.7
	总体	50	42.0	22.0	16.0	20.0
鄂温克族	农业户口	4	—	25.0	—	75.0
	非农业户口	11	36.4	45.5	—	18.2
	总体	15	26.7	40.0	—	33.3
鄂伦春族	农业户口	4	—	50.0	—	50.0
	非农业户口	26	42.3	19.2	7.7	30.8
	总体	30	36.7	23.3	6.7	33.3

2. 受访者的通婚情况

整体来看，在父母这一辈，76.4%的人没有跨民族通婚，23.6%受访者有跨族通婚，可见当时鄂伦春自治旗的不同民族通婚率非常低；在自己及兄弟姐妹中，67%没有跨族通婚，33%有跨族通婚，通婚占比增加，可见随着社会发展，民族融合，婚姻自由，不同民族之间通婚越来越多。从民族维度看，汉族受访者父母一辈仅有7.7%受访者与其他民族通婚，兄弟姐妹这一辈只有13%与其他民族通婚，比例虽增长仅5.3个百分点，但是占比仍然较小，汉族跨族通婚率低；达斡尔族父辈跨族有跨族通婚占比为62%，兄弟姐妹辈有跨族通婚的占比80%，可见达斡尔族与其他民族跨族通婚率高，并且有不断增加趋势；鄂温克族对应占比为60%和66.7%，相对达斡尔族跨族通婚率低，但是比汉族高；鄂伦春族父辈有跨族通婚亲属的占比为64.5%，兄弟姐妹辈有跨族通婚的占比为86.7%，有跨族通婚亲属占比上升很快，说明各民族交流加深，彼此相互融合。从户籍维度看，农业户口与非农业户口的受访者父母辈和兄弟姐妹辈拥有与其他民族通婚的亲属的占比都相对低，农业户口为25.4%、41.4%，非农业户口为23.3%、31.5%，农业户口受访者有跨族通婚的占比随着时间发展增加较快，非农业户口相对较慢（见表7-22）。

表7-22　受访者的父辈与兄弟姐妹辈跨族通婚情况　单位：%

民族＼跨族通婚		样本量	父母这一辈		自己及兄弟姐妹（堂、表）	
			有	无	有	无
汉族		272	7.7	92.3	13.0	87.0
达斡尔族		50	62.0	38.0	80.0	20.0
鄂温克族		15	60.0	40.0	66.7	33.3
鄂伦春族		31	64.5	35.5	86.7	13.3
户籍	农业户口	59	25.4	74.6	41.4	58.6
	非农业户口	339	23.3	76.7	31.5	68.5
	总体	398	23.6	76.4	33.0	67.0

3. 民族关系的变化

从改革开放前至今，鄂伦春自治旗受访者认为全国民族关系不断变好。受访者对民族关系持好评的占比，由改革开放前的61.4%，上升到如今的90.6%。改革开放至2000年，好评上升了12个百分点，2000年至今上升了17.2个百分点。从民族维度看，各民族对于不同时期民族关系的好评均有较大幅度的上升，其中达斡尔族受访者上升幅度最大，由改革开放前的56%上升至93.9%。各民族认为民族关系不好的占比都大幅下降，其中汉族由改革开放前的15.4%下降到现在的0.8%。该占比达斡尔族受访者是由6%下降到0，鄂温克族受访者则是由6.7%下降到0，鄂伦春族受访者由3.1%下降到0。从户籍维度看，2000年至今非农业户口的民族关系缓和，相比改革开放前不好占比下降了9.3%。其中农业户口下降了19.3%，总体看来，民族关系呈不断缓和的趋势（见表7-23）。

表7-23　受访者对民族关系变化情况的评价（全国）　单位：%

民族＼时期	样本量	改革开放前			改革开放以来至2000年			21世纪以来（2001年以来）至2012年			党的十八大以来至今		
		好	一般	不好	好	一般	不好	好	一般	不好	好	一般	不好
汉族	246	61.0	23.6	15.4	74.8	22.4	2.8	81.7	16.6	1.7	90.1	9.1	0.8

续表

民族＼时期	样本量	改革开放前			改革开放以来至2000年			21世纪以来（2001年以来）至2012年			党的十八大以来至今		
		好	一般	不好	好	一般	不好	好	一般	不好	好	一般	不好
达斡尔族	50	56.0	38.0	6.0	62.0	38.0	—	82.0	18.0	—	93.9	6.1	—
鄂温克族	15	60.0	33.3	6.7	53.3	40.0	6.7	66.7	33.3	—	93.3	6.7	—
鄂伦春族	32	62.5	34.4	3.1	84.4	15.6	—	90.6	9.4	—	90.6	9.4	—
农业户口	57	42.1	38.6	19.3	65.5	29.3	5.2	78.9	19.3	1.8	96.4	3.6	—
非农业户口	311	65.0	25.1	10.0	74.8	23.5	1.6	82.7	16.3	1.0	89.6	9.8	0.7
总体	368	61.4	27.2	11.4	73.4	24.5	2.2	82.1	16.8	1.1	90.6	8.8	0.6

从改革开放前至今，鄂伦春自治旗受访者认为本地民族关系不断缓和。受访者对民族关系持好评的占比，由改革开放前的60.4%，上升到如今的91.5%。改革开放至2000年，好评提高了13.2个百分点，2000年至今上升了17.9个百分点。从民族维度看，汉族受访者对不同时期民族关系的好评有所提升，由改革开放前的58.7%提升到现在的90.9%；达斡尔族受访者上升幅度最大，由改革开放前的48%上升至92%；鄂温克族该占比由66.7%上升至86.7%；鄂伦春族受访者该占比由改革前的71.9%上升至96.9%。各民族认为民族关系不好的占比都大幅下降，其中汉族受访者下降最高，由改革开放前的16.2%下降到现在的0.4%。该占比达斡尔族受访者是由10%下降到0，鄂温克族受访者则是由13.3%下降到0，鄂伦春族受访者由3.1%下降至0。从户籍维度看，2000年至今农村的民族关系缓和速度快，认为不好的占比相比改革开放前下降了12.7%，其中非农业户口下降了10.6%。总体看来，本地民族关系呈不断缓和以及融合的趋势（见表7-24）。

表7-24　受访者对民族关系变化情况的评价（本地）　单位:%

民族＼时期	样本量	改革开放前			改革开放以来至2000年			21世纪以来（2001年以来）至2012年			党的十八大以来至今		
		好	一般	不好	好	一般	不好	好	一般	不好	好	一般	不好
汉族	247	58.7	25.1	16.2	75.6	22.0	2.4	82.6	15.4	2.1	90.9	8.6	0.4
达斡尔族	50	48.0	42.0	10.0	56.0	42.0	2.0	76.0	24.0	—	92.0	8.0	—
鄂温克族	15	66.7	20.0	13.3	53.3	40.0	6.7	60.0	40.0	—	86.7	13.3	—
鄂伦春族	32	71.9	25.0	3.1	87.5	12.5	—	96.9	3.1	—	96.9	3.1	—
农业户口	57	36.2	39.7	24.1	63.8	31.0	5.2	75.4	22.8	1.8	91.4	8.6	—

续表

时期 民族	样本量	改革开放前			改革开放以来至2000年			21世纪以来（2001年以来）至2012年			党的十八大以来至今		
		好	一般	不好	好	一般	不好	好	一般	不好	好	一般	不好
非农业户口	311	65.0	24.1	10.9	75.5	22.9	1.6	83.7	15.0	1.3	91.5	8.1	0.3
总体	368	60.4	26.6	13.0	73.6	24.2	2.2	82.4	16.3	1.4	91.5	8.2	0.3

（二）受访者的民族意识和国家意识

鄂伦春自治旗受访者在对外的选择上更倾向于中国人、本民族顺序，占比为50%，说明大部分受访者在对外进行介绍时，国家意识是最重要的。其中，达斡尔族和鄂温克族无论是非农业户口还是农业户口受访者，选择中国人、本民族排序的都是最多的，占比分别为70.6%、87.5%和72.7%、100%，说明达斡尔族和鄂温克族受访者认为国家意识高于民族意识。汉族农业户口受访者在对外进行介绍时选择中国人、本民族顺序的占比为24.2%，非农业户口受访者选择该顺序的占比为46.7%，中国人、本民族不分先后的农业户口汉族占比66.7%，非农业户口占比48.0%，由此可知农业户口汉族受访者认为国家意识和民族意识同等重要。非农业户口鄂伦春族受访者选择中国人、本民族顺序的占比为46.2%，要低于农业户口鄂伦春受访者的100%。因此可以看出，虽然鄂伦春族受访者无论农村还是非农业户口户口大多数都是国家认同先于民族认同，但是在非农业户口鄂伦春受访者中认为民族认同先于国家认同的占比要高于农业户口鄂伦春受访者（见表7-25）。

表7-25　受访者对外的民族意识和国家意识情况　单位：%

民族	选择顺序	样本量	中国人、本民族	本民族、中国人	中国人和本民族不分先后	不好回答
户籍	农业户口	60	50.0	8.3	41.7	60
	非农业户口	342	50.0	10.2	39.8	342
	总体	402	50.0	10.0	40.0	402
汉族	农业户口	33	24.2	9.1	66.7	33
	非农业户口	244	46.7	5.3	48.0	244
	总体	277	44.0	5.8	50.2	277
达斡尔族	农业户口	16	87.5	6.2	6.2	16
	非农业户口	34	70.6	17.6	11.8	34
	总体	50	76.0	14.0	10.0	50

续表

民族 \ 选择顺序		样本量	中国人、本民族	本民族、中国人	中国人和本民族不分先后	不好回答
鄂温克族	农业户口	4	100	—	—	4
	非农业户口	11	72.7	18.2	9.1	11
	总体	15	80.0	13.3	6.7	15
鄂伦春族	农业户口	4	100	—	—	4
	非农业户口	26	46.2	38.5	15.4	26
	总体	30	53.3	33.3	13.3	30

鄂伦春自治旗受访者总体认为民族身份和公民身份一样重要的居多，占62.9%。认为民族身份更重要的非农业户口受访者比例为11.7%，农业户口受访者占比为11.7%，认为公民身份更重要的非农业户口受访者占比为27.8%，高于农业户口受访者占比为11.7%。从民族维度看，汉族、达斡尔族、鄂温克族和鄂伦春族受访者大部分都认为民族身份和公民身份一样重要，占比分别为67.1%、60%、60%和46.7%。其中汉族非农业户口受访者（31.6%）认为公民身份更重要高于农业户口汉族受访者（9.1%）。达斡尔族非农业户口受访者认为民族身份更重要的占比为32.4%，达斡尔族农业户口受访者认为民族身份更重要的占比为25%。鄂伦春族农业户口受访者50%认为公民身份更重要，高于非农业户口的3.8%，可以看出鄂伦春族的国家认同感较强（见表7-26）。

表7-26　受访者对民族身份和公民身份的态度　单位:%

民族 \ 身份选择		民族身份	公民身份	民族身份和公民身份一样重要
户籍	农业户口	11.7	11.7	76.7
	非农业户口	11.7	27.8	60.5
	总体	11.7	25.4	62.9
汉族	农业户口	3.0	9.1	87.9
	非农业户口	4.1	31.6	64.3
	总体	4.0	28.9	67.1
达斡尔族	农业户口	25.0	12.5	62.5
	非农业户口	32.4	8.8	58.8
	总体	30.0	10.0	60.0

续表

民族＼身份选择		民族身份	公民身份	民族身份和公民身份一样重要
鄂温克族	农业户口	—	—	100
	非农业户口	36.4	18.2	45.5
	总体	26.7	13.3	60.0
鄂伦春族	农业户口	25.0	50.0	25.0
	非农业户口	46.2	3.8	50.0
	总体	43.3	10.0	46.7

鄂伦春自治旗受访者认为民族身份和公民人身份一样重要的占比为51.5%。认为民族身份更重要的非农业户口受访者占比为19.3%，农业户口受访者占比为23.3%。从民族维度看，汉族受访者认为民族身份和本地人身份一样重要的最多占比为57.8%，达斡尔族受访者占比为42%，鄂温克族占比为40%，鄂伦春族占比为23.3%。汉族城镇受访者中，认为民族身份更重要的占比为7.4%，认为本地人身份更重要的占比为36.1%，而汉族农业户口受访者该两项占比分别为9.1%、24.2%。因此可以看出汉族非农业户口受访者的地域认同感强于汉族农业户口受访者。达斡尔族非农业户口受访者认为本地人身份重要的占比为8.8%，达斡尔族农业户口受访者认为本地人身份更重要的占比为12.5%，说明达斡尔族受访者的民族认同很强。而鄂温克族农业户口受访者认为民族身份更重要的为0，而鄂温克族非农业户口受访者该占比为63.6%，因此可以看出鄂温克族非农业户口受访者的民族认同强于鄂温克族农业户口受访者。鄂伦春族无论非农业户口还是农业户口认为民族身份更重要的占比都高，分别为73.1%和75%，说明鄂伦春族受访者的民族认同较高（见表7-27）。

表7-27　　受访者对民族身份与地域身份的态度　　单位：%

民族＼身份选择		样本量	民族身份	本地人身份	民族身份和本地人身份一样重要
户籍	农业户口	60	23.3	20.0	56.7
	非农业户口	342	19.3	30.1	50.6
	总体	402	19.9	28.6	51.5

续表

民族 \ 身份选择		样本量	民族身份	本地人身份	民族身份和本地人身份一样重要
汉族	农业户口	33	9.1	24.2	66.7
	非农业户口	244	7.4	36.1	56.6
	总体	277	7.6	34.7	57.8
达斡尔族	农业户口	16	43.8	12.5	43.8
	非农业户口	34	50.0	8.8	41.2
	总体	50	48.0	10.0	42.0
鄂温克族	农业户口	4	—	25.0	75.0
	非农业户口	11	63.6	9.1	27.3
	总体	15	46.7	13.3	40.0
鄂伦春族	农业户口	4	75.0	25.0	—
	非农业户口	26	73.1	—	26.9
	总体	30	73.3	3.3	23.3

（三）民族身份平等

鄂伦春自治旗受访者总体认为民族身份在外出旅行是并不存在不便利的影响，占比为91.2%。从民族维度看，汉族受访者认为经常有影响的占比为1.9%，达斡尔族受访者该项占比为4.2%，鄂温克族和鄂伦春族受访者该项占比都为0。汉族受访者选择偶尔有的占比为1.9%，达斡尔族受访者占比为8.3%，鄂温克族受访者该项占比为0，鄂伦春族受访者该项占比为3.1%。汉族受访者认为很少有的占比为4.5%，达斡尔族受访者该项占比为4.2%，鄂温克族受访者该项占比为0，鄂伦春族受访者该项占比为3.1%。说明大部分受访者在外出旅行时并未受到影响，体现了民族平等和民族身份的认同（见表7-28）。

表7-28 受访者民族身份在外出旅行时有影响的态度 单位：%

民族 \ 影响	样本量	经常有	偶尔有	很少	没有
汉族	265	1.9	1.9	4.5	91.8
达斡尔族	48	4.2	8.3	4.2	83.3

续表

影响 民族		样本量	经常有	偶尔有	很少	没有
鄂温克族		13	—	—	—	100
鄂伦春族		32	—	3.1	3.1	93.8
总体		358	1.8	2.6	4.4	91.2
户籍	农业户口	55	3.6	5.5	3.6	87.3
	非农业户口	332	1.5	2.1	4.5	91.9
	总体	387	1.8	2.6	4.4	91.2

(四) 民族政策

1. 民族制度

鄂伦春自治旗受访者整体上对民族区域制度的了解程度一般，知道的占比为49.7%，不知道的占比为50.3%。从民族维度看，汉族受访者知道民族制度的占比为48.6%，不知道的相对较多；达斡尔族受访者知道的占比为58.3%，相对汉族有所增加；鄂温克族和鄂伦春族知道民族制度的占比分别为66.7%和35.5%，其中鄂伦春族受访者不知道民族制度的占比为64.5%。从户籍维度看，农业户口受访者知道民族制度的占比为48.3%，不知道的占比为51.7%；非农业户口知道的占比为50%，不知道占比为50%，综上可知鄂伦春自治旗受访者对民族制度了解缺乏（见表7-29）。

表7-29　受访者对民族制度政策的了解　单位:%

了解情况 民族		样本量	知道	不知道
汉族		259	48.6	51.4
达斡尔族		48	58.3	41.7
鄂温克族		5	66.7	33.3
鄂伦春族		31	35.5	64.5
总体		343	50.0	50.0
户籍	农业户口	58	48.3	51.7
	非农业户口	324	50.0	50.0
	总体	382	49.7	50.3

2. 民族政策的了解

鄂伦春自治旗受访者36.4%对经济援助政策了解，不了解的有63.6%，66.7%了解高考加分政策，33.3%不了解此政策。从民族维度看，汉族受访者29.5%了解经济援助政策，70.5%不了解；达斡尔族和鄂温克族对经济援助政策了解的占比相对其他民族较高，占比分别为65.3%和66.7%。汉族受访者60%对高考加分政策了解，达斡尔族、鄂温克族和鄂伦春族受访者了解高考加分政策的分别为86%、86.7%和64.5%。从户籍维度看，农业户口受访者45%对少数民族经济援助政策了解，高于非农业户口受访者的34.9%，说明农业户口受访者对民族经济援助政策了解较少。关于高考加分政策，65%和67%的农业户籍和非农业户籍受访者了解此政策，相对经济援助政策了解较广泛（见表7-30）。

表7-30　受访者对民族政策的了解　单位：%

了解情况 / 民族		样本量	经济援助		高考加分	
			了解	不了解	了解	不了解
汉族		275	29.5	70.5	60.0	40.0
达斡尔族		49	65.3	34.7	86.0	14.0
鄂温克族		15	66.7	33.3	86.7	13.3
鄂伦春族		31	41.9	58.1	64.5	35.5
总体		370	36.2	63.8	66.3	33.7
户籍	农业户口	60	45.0	55.0	65.0	35.0
	非农业户口	341	34.9	65.1	67.0	33.0
	总体	401	36.4	63.6	66.7	33.3

关于受访者对于少数民族政策执行的态度，首先是经济援助政策，64.1%的受访者认为该政策执行得好，4.6%认为不好；从民族角度看，汉族认为执行好的占比为64%，不好的占比为4.7%。其中认为执行好最高的是鄂伦春族，占比为84.6%，不好的占比为0。从户籍维度看，农业户口受访者认为此政策执行好的占比为72%，非农业户口占比为62.5%，不好的占比分别是4%和4.7%。其次是高考加分政策，71.6%认为执行得好，4.3%认为执行不好。其中鄂伦春族认为执行得好最多，占比为90.5%，汉族认为执行好的占比为69.4%，达斡尔族占比为76.2%，75%农业户口受访者和71%非农业户口受访者认为执行得好，说明总体对少

数民族政策的执行比较满意，但是对政策了解较少（见表 7-31）。

表 7-31　受访者对少数民族优惠政策执行的态度　单位：%

民族＼态度		样本量	经济援助			高考加分			
			好	一般	不好	好	一般	不好	样本量
汉族		86	64.0	31.4	4.7	69.4	24.8	5.7	157
达斡尔族		33	69.7	27.3	3.0	76.2	23.8	—	42
鄂温克族		8	62.5	37.5	—	63.6	36.4	—	11
鄂伦春族		13	84.6	15.4	—	90.5	9.5	—	21
总体		140	64.9	31.1	4.0	71.8	23.9	4.3	231
户籍	农业户口	25	72.0	24.0	4.0	75.0	22.2	2.8	36
	非农业户口	128	62.5	32.8	4.7	71.0	24.4	4.5	221
	合计	153	64.1	31.4	4.6	71.6	24.1	4.3	257

五　公共服务

1. 公共基础设施

公共基础设施距离居民住宅的距离可以看出受访者是否可以有效地享受公共基础设施带来的便利。从表 7-32 来看，邮电所、农贸市场、运动器械及场所、银行距离居民住宅最远。从城乡维度来看，除了基础设施中农业户口受访者除了小学和中学、最近医院的距离与城镇区别不大之外，其他基础设施与农业户口受访者的距离都大于与城镇受访者的距离，距离都在 5—10 公里。

表 7-32　受访者住宅到公共基础设施的距离　单位：%

公共基础设施＼距离		小于 1 公里	1—3 公里	3—5 公里	6—10 公里	10 公里以上
教育设施（幼儿园）	农村	19.3	71.9	8.8	—	
	城镇	24.5	57.1	18.1	0.3	
	合计	23.7	59.4	16.6	0.3	
教育设施（小学）	农村	26.7	51.7	21.7		
	城镇	35.2	48.7	16.1		
	合计	33.8	49.2	17.0		

续表

公共基础设施 \ 距离		小于1公里	1—3公里	3—5公里	6—10公里	10公里以上
教育设施（中学）	农村	10.0	30.0	56.7	3.3	
	城镇	15.8	32.9	51.3	—	
	合计	14.9	32.4	52.2	0.5	
社区或乡卫生院或最近的医院	农村	39.0	59.3	1.7		—
	城镇	41.0	55.5	3.2		0.3
	合计	40.7	56.1	3.0		0.3
治安设施（派出所、警卫室等）	农村	28.3	58.3	11.7	1.7	—
	城镇	31.1	63.2	5.0	0.3	0.3
	合计	30.7	62.4	6.1	0.6	0.3
活动中心（老年）	农村	33.3	55.0	10.0	1.7	—
	城镇	53.4	37.8	8.1	0.3	0.3
	合计	50.1	40.6	8.4	0.5	0.3
运动场所及器材	农村	35.2	38.9	22.2	1.9	1.9
	城镇	53.7	35.7	5.5	0.7	4.4
	合计	50.6	36.2	8.3	0.9	4.0
农贸市场	农村	32.8	25.9	36.2	3.4	1.7
	城镇	40.6	33.0	24.3	1.1	1.1
	合计	39.2	31.7	26.3	1.5	1.2
车站（码头）	农村	12.1	32.8	39.7	13.8	1.7
	城镇	18.6	36.1	39.8	5.1	0.4
	合计	17.5	35.5	39.8	6.6	0.6
邮电所	农村	18.3	38.3	36.7	5.0	1.7
	城镇	19.1	47.2	26.9	5.8	1.0
	合计	19.0	45.8	28.5	5.7	1.1
银行（信用社）	农村	20.0	38.3	35.0	6.7	—
	城镇	27.1	38.7	27.4	5.8	1.0
	合计	25.9	38.6	28.6	5.9	0.8

总体来看，受访者对各项公共基础设施除医院（67.8%）外持满意态度的占比均超过76.4%。具体来看，除了幼儿园、警卫室、农贸市场和车站，农业户口受访者的满意程度略高于城镇受访者，其他设施均是城

镇受访者高于农业户口受访者，说明农村公共基础设施建设仍然落后于城镇。但从农村与城镇受访者对各个基础设施的满意度占比来看，每一项的差值都在1%—10%，说明鄂伦春自治旗对于农村的公共服务基础设施的建设比较看重。从教育设施来看，农村与城镇受访者对幼儿园至中学的满意度呈递减趋势，说明初等教育公共基础设施均衡化程度高于中等教育阶段。农业户口受访者对各项公共基础设施持“不满意”态度的占比均显著低于城镇受访者，说明农业户口受访者对公共基础设施的熟悉程度和使用率不及城镇受访者（见表7-33）。

表7-33　受访者对公共基础设施的评价　单位：%

公共基础设施	评价	满意	一般	不满意
教育设施（幼儿园）	农村	93.2	6.8	—
	城镇	90.7	9.0	0.3
	总体	91.0	8.7	0.3
教育设施（小学）	农村	89.8	10.2	
	城镇	90.3	9.7	
	总体	90.2	9.8	
教育设施（中学）	农村	89.8	10.2	—
	城镇	89.9	9.5	0.6
	总体	89.9	9.6	0.5
社区或乡卫生院或最近的医院	农村	67.8	27.1	5.1
	城镇	77.9	17.2	4.8
	总体	76.4	18.7	4.9
治安设施（派出所、警卫室等）	农村	86.4	13.6	—
	城镇	84.3	14.5	1.2
	总体	84.6	14.4	1.0
活动中心（老年）	农村	83.1	16.9	—
	城镇	81.8	16.1	2.1
	总体	82.0	16.2	1.8
运动场所及器材	农村	82.8	15.5	1.7
	城镇	77.2	21.9	1.0
	总体	78.1	20.8	1.1

续表

公共基础设施＼评价		满意	一般	不满意
农贸市场	农村	82.8	15.5	1.7
	城镇	82.0	17.0	1.0
	总体	82.1	16.8	1.1
车站（码头）	农村	86.2	13.8	—
	城镇	83.3	14.3	2.3
	总体	83.8	14.2	2.0
邮电所	农村	83.1	16.9	—
	城镇	88.4	10.1	1.5
	总体	87.6	11.1	1.3
银行（信用社）	农村	88.1	11.9	—
	城镇	90.3	8.8	0.9
	总体	90.0	9.3	0.8

总体来看，受访者对幼儿园和小学基础设施的评分较高，都为2.7分。对活动中心、运动场所及器材和卫生院或医院的评分较低，分别为2.41分、2.32分、2.15分。从民族维度看，鄂温克族受访者对大多数公共基础设施的评分高于其余各民族，其中对邮电所设施的评分远高于其余各民族受访者。达斡尔族受访者对公共基础设施的评分均低于平均分，尤其是对卫生院或医院的评分为1.47分（见表7-34）。

表7-34　各族受访者对公共基础设施的评价　单位：分

民族＼公共基础设施	样本量	幼儿园	小学	中学	卫生院或医院	治安设施	活动中心	运动场所及器材	农贸市场	车站	邮电所	银行
汉族	265	2.78	2.78	2.72	2.31	2.60	2.52	2.34	2.53	2.51	2.66	2.78
达斡尔族	50	2.40	2.20	2.45	1.47	2.02	1.84	2.11	2.15	2.28	2.11	2.33
鄂温克族	15	2.80	2.80	2.60	2.60	2.80	2.60	2.60	2.20	2.60	3.00	2.40
鄂伦春族	31	2.71	2.71	2.60	2.03	2.52	2.23	2.13	2.52	2.42	2.23	2.41
总体	361	2.70	2.70	2.69	2.15	2.51	2.41	2.32	2.44	2.46	2.59	2.68

注：本报告对"公共基础设施"的评价标准进行量化的方法是：满意3分、一般0分、不满意-3分，分值越高满意度也越高。

3. 社会保障

在社会保险参与率方面，67.2%的农业户口受访者参加了社会保险，32.8%没有参加社会保险。从民族维度看，汉族55.3%参加了社会保险，蒙古族受访者参与率最低，相关占比为50%，满族参加占比为87.5%，最高。达斡尔族和鄂温克族以及鄂伦春族参加社会保险的占比依次是55.1%、71.4%和51.6%。从户籍维度来看，农业户口参加保险的占比为67.2%，高于非农业户口的54.1%。受访者参与社会保险的占比不是很高，有待提高（见表7-35）。

表7-35　受访者参加社会保险的情况　单位：%

民族＼参加情况		样本量	是	否
汉族		275	55.3	44.7
蒙古族		16	50.0	50.0
满族		8	87.5	12.5
达斡尔族		49	55.1	44.9
鄂温克族		14	71.4	28.6
鄂伦春族		31	51.6	48.4
总体		393	56.2	43.8
户籍	农业户口	58	67.2	32.8
	非农业户口	338	54.1	45.9
	总体	396	56.1	43.9

鄂伦春自治旗受访者对当地社会保障整体评价较好，各社会保障项目评分均在0.67—0.83分。具体来看，首先受访者对住房保障的评分最高，为0.83分；其次为社会福利和社会保险，评分都为0.81分；再次是扶贫评分为0.78分。然后是社会救助和社会补充保险，分别为0.73分和0.67分。从民族维度看，汉族受访者对社会保险评分较高，为0.78分；达斡尔族受访者除了对社会补充保险和社会救助的评分很低外，对其他的评分都较高；鄂温克族受访者除了对社会救助和住房保障评分低，其他都高，扶贫、社会保险和社会补充保险评分都是1分；鄂伦春族受访者对各项评分都比其他民族评分高。由此可见，各民族受访者对各项社会保障的满意度有着较大差异（见表7-36）。

表 7-36　受访者对社会保障的满意度　单位：分

民族＼社会保障	扶贫	社会保险	社会补充保险	社会救助	社会福利	住房保障
汉族	0.70	0.78	0.68	0.73	0.79	0.76
达斡尔族	0.77	0.90	0.50	0.67	0.80	0.81
鄂温克族	1.00	1.00	1.00	0.67	0.75	0.67
鄂伦春族	1.00	0.88	1.00	1.00	0.91	1.00
总体	0.78	0.81	0.67	0.73	0.81	0.83

说明：本报告对“社会保障满意度”的评价标准进行量化的方法是：满意1分、不满意0分，分值越高，满意度越高。

4. 公共卫生

(1) 公共卫生了解

关于公共卫生的了解程度，主要体现在地方病、爱国卫生教育、中医药扶持、社区卫生档案和基本药物的实施状况五个方面，鄂伦春自治旗受访者对其了解程度相对较低，具体体现在对于地方病75.7%受访者不知道，82.2%不知道爱国卫生教育，88.5%不知道中医药扶持，80.5%不知道社区卫生档案，81.5%受访者不知道基本药物的实施状况。从民族维度看，汉族受访者77.2%不知道地方病，83%不知道爱国卫生教育，88.4%不知道中医药扶持，80.9%不知道社区卫生档案，83.4%不知道基本药物实施状况，同时农业户口受访者对于公共卫生了解程度低于非农业户口；达斡尔族、鄂温克族和鄂伦春族受访者对于公共卫生五项内容的了解与汉族情况相似，不知道的占比远远高于知道的占比，且农业户口不知道占比高于非农业户口。从户籍维度来看，无论是汉族还是达斡尔族、鄂伦春族和鄂温克族，农业户口不知道公共卫生状况的占比都要高于非农业户口，且不知道占比远远高于知道的占比，说明鄂伦春自治旗受访者对公共卫生状况了解甚少（见表7-37）。

表 7-37　受访者对公共卫生的了解　单位：%

民族＼类别		样本量	地方病		爱国卫生教育		中医药扶持		社区卫生档案		基本药物的实施状况	
			知道	不知道	知道	不知道	知道	不知道	知道	不知道	知道	不知道
汉族	农业户口	32	15.6	84.4	3.0	97.0	3.0	97.0	6.1	93.9	3.0	97.0
	非农业户口	244	23.8	76.2	18.9	81.1	12.7	87.3	20.9	79.1	18.4	81.6
	总体	276	22.8	77.2	17.0	83.0	11.6	88.4	19.1	80.9	16.6	83.4

续表

民族 \ 类别		样本量	地方病		爱国卫生教育		中医药扶持		社区卫生档案		基本药物的实施状况	
			知道	不知道	知道	不知道	知道	不知道	知道	不知道	知道	不知道
达斡尔族	农业户口	15	13.3	86.7	20.0	80.0	6.7	93.3	—	100	46.7	53.3
	非农业户口	33	39.4	60.6	28.1	71.9	18.2	81.8	30.3	69.7	24.2	75.8
	总体	48	31.2	68.8	25.5	74.5	14.6	85.4	20.8	79.2	31.2	68.8
鄂温克族	农业户口	4	25.0	75.0	25.0	75.0	25.0	75.0	25.0	75.0	50.0	50.0
	非农业户口	11	27.3	72.7	27.3	72.7	18.2	81.8	27.3	72.7	18.2	81.8
	总体	15	26.7	73.3	26.7	73.3	20.0	80.0	26.7	73.3	26.7	73.3
鄂伦春族	农业户口	4	25.0	75.0	—	100	—	100	—	100	—	100
	非农业户口	26	26.9	73.1	15.4	84.6	7.7	92.3	23.1	76.9	23.1	76.9
	总体	30	26.7	73.3	13.3	86.7	6.7	93.3	20.0	80.0	20.0	80.0
户籍	农业户口	58	17.2	82.8	8.5	91.5	5.1	94.9	5.1	94.9	16.9	83.1
	非农业户口	341	25.5	74.5	19.4	80.6	12.6	87.4	22.0	78.0	18.8	81.2
	总体	399	24.3	75.7	17.8	82.2	11.5	88.5	19.5	80.5	18.5	81.5

（2）受访者对公共卫生的评价

鄂伦春自治旗受访者对于公共卫生服务的满意度总体超过64.2%，67.9%受访者对于地方病服务表示满意，79.7%对于爱国卫生教育表示满意，64.2%对中医药扶持表示满意，90.6%对社区卫生档案表示满意，73.4%对基本药物实施状况表示满意。从民族角度看，汉族受访者对于社区卫生档案满意最多，占比为90.9%；鄂温克族受访者对地方病服务不满意最多，占比为60%；鄂伦春族55.6%受访者不满意地方病服务，对于其他服务表示100%满意。从户籍维度看，除了社区卫生档案外，其他公共卫生服务农业户口满意度高于非农业户口，总体是满意（见表7-38）。

表7-38　受访者对公共卫生的评价　单位:%

民族 \ 类别	地方病		爱国卫生教育		中医药扶持		社区卫生档案		基本药物的实施状况	
	满意	不满意	满意	不满意	满意	不满意	满意	不满意	满意	不满意
汉族	68.5	31.5	82.4	17.6	63.6	36.4	90.9	9.1	71.4	28.6
达斡尔族	70.6	29.4	66.7	33.3	63.6	36.4	78.6	21.4	75.0	25.0
鄂温克族	40.0	60.0	75.0	25.0	75.0	25.0	100	—	83.3	16.7

续表

类别 民族	地方病		爱国卫生教育		中医药扶持		社区卫生档案		基本药物的实施状况	
	满意	不满意	满意	不满意	满意	不满意	满意	不满意	满意	不满意
鄂伦春族	44.4	55.6	100	—	100	—	100	—	100	—
总体	67.3	32.7	79.7	20.3	64.2	35.8	90.6	9.4	73.4	26.6
农业户口	69.2	30.8	83.3	16.7	100	—	75.0	25.0	90.9	9.1
非农业户口	67.7	32.3	79.5	20.5	62.5	37.5	91.4	8.6	71.1	28.9
总体	67.9	32.1	79.7	20.3	64.2	35.8	90.6	9.4	73.4	26.6

六　社会和谐发展

（一）社会歧视

鄂伦春自治旗受访者在社会生活中遇到社会歧视的现象几乎没有，各民族一律平等。受访者在社会中遇到的社会歧视主要体现在就业岗位、收入水平和职位升迁三个方面，超过95.5%受访者没有遇到过社会歧视。从民族维度来看，汉族受访者中95.4%没有遇到过就业岗位的社会歧视，95%没有遇到过收入水平的社会歧视，96.1%没有遇到过职位升迁的社会歧视；同样在达斡尔族受访者中98%没有遇到过上述三个方面的社会歧视；鄂温克族和鄂伦春族受访者中没有一个受到过社会歧视。从户籍维度来看，超过95%的受访者没有遇到过社会歧视，且农业户口比例高于非农业户口。说明在现代社会生活中，关于民族的社会歧视几乎不存在，少数民族和汉族都是平等的，民族平等深入人心（见表7-39）。

表7-39　　受访者的社会歧视状况　　单位：%

类别 民族	样本量	就业岗位		收入水平		职位升迁	
		有	没有	有	没有	有	没有
汉族	259	4.6	95.4	5.0	95.0	3.9	96.1
达斡尔族	49	2.0	98.0	2.0	98.0	2.0	98.0
鄂温克族	15	—	100	—	100	—	100
鄂伦春族	29	—	100	—	100	—	100
总体	352	3.9	96.1	3.9	96.1	3.2	96.8

续表

类别 民族		样本量	就业岗位		收入水平		职位升迁	
			有	没有	有	没有	有	没有
户籍	农业户口	58	1.7	98.3	—	100	—	100
	非农业户口	324	4.9	95.1	5.0	95.0	4.0	96.0
	总体	382	4.5	95.5	4.2	95.8	3.4	96.6

（二）社会公平

据表7-40，鄂伦春自治旗受访者的总体社会公平感较强，评分为2.96分。具体看，受访者对医疗的公平感相对最弱，评分为2.64分；在语言文字方面的公平感最强，为3.06分。从民族维度看，汉族受访者的干部选拔任用社会保障公平感和医疗公平和就业、发展公不感最弱，评分均为2.63分；蒙古族受访者在和就业、发展公平社会保障、医疗、就业发展公平方面的公平感相对弱，评分为2.59分和2.71分；达斡尔族受访者对医疗公平感最弱，评分为2.78分；鄂温克族受访者对医疗公平感最弱，评分为2.67分；鄂伦春族受访者对医疗公平感最弱，评分为2.69分。从户籍维度看，农业户口受访者和非农业户口受访者在医疗方面公平感最弱，评分分别为2.57分和2.66分。

总的来看，总体社会公平状况中，达斡尔族评分最高，为3.06分，汉族为2.95分，蒙古族为2.94分，鄂温克族为3分，鄂伦春族为2.94分，农业户口总体社会公平状况评分为2.98分，非农业户口为2.96分。总体认为比较公平。

表7-40　　社会公平状况　　单位：分

类别 民族	样本量	教育公平	语言文字公平	医疗公平	住房公平	社会保障公平	法律公平	干部选拔任用	就业、发展公平	信息公平	政府办事公平	投资经营	总体社会公平状况
汉族	276	2.95	3.05	2.63	2.82	2.63	2.96	2.87	2.87	3.01	2.82	2.93	2.95
蒙古族	17	2.94	3.12	2.71	2.76	2.71	2.88	2.59	2.71	3.00	2.94	2.88	2.94
达斡尔族	51	3.00	3.10	2.78	2.98	2.86	3.08	2.96	3.00	3.02	2.86	2.96	3.06
鄂温克族	15	3.00	3.07	2.67	3.07	2.73	3.00	3.00	3.00	3.00	2.87	3.07	3.00
鄂伦春族	32	3.03	3.00	2.69	3.00	2.78	2.94	2.91	3.03	3.06	2.88	2.97	2.94

续表

民族 \ 类别		样本量	教育公平	语言文字公平	医疗公平	住房公平	社会保障公平	法律公平	干部选拔任用	就业、发展公平	信息公平	政府办事公平	投资经营	总体社会公平状况
户籍	农业户口	60	2.93	3.07	2.57	2.93	2.72	2.98	2.87	3.02	3.05	2.78	2.92	2.98
	非农业户口	343	2.97	3.06	2.66	2.84	2.68	2.97	2.87	2.86	3.01	2.84	2.94	2.96
	总体	396	2.96	3.06	2.64	2.86	2.68	2.97	2.87	2.88	3.01	2.83	2.93	2.96

注：本报告对“社会公平感”的评价标准进行量化的方法是：很不公平1分、不太公平2分、比较公平3分、很公平4分，分值越高，公平感越强。

（三）社会预期

鄂伦春自治旗受访者中，认为当地未来5年生活水平将会上升很多或略有上升的占比为50.9%，没有变化的占比为31.1%，认为略有下降的占比为11.8%，下降很多的占比为6.2%，总体看鄂伦春自治旗受访者对未来生活不是很确定，大多数对未来充满期望。从民族维度看，汉族受访者对生活改善较为乐观，50.2%的人认为未来5年生活水平上升很多或略有上升；达斡尔族、鄂温克族和鄂伦春族受访者的相关占比分别为55.3%、57.2%和53.6%，各民族大多数受访者对未来生活的改善比较乐观。从户籍维度看，城乡受访者认为未来5年生活水平会上升的占比分别为52.5%、42.4%，非农业户口受访者对未来生活改善的信心强于农业户口受访者，总体来看，受访者生活预期较乐观（见表7-41）。

表7-41　受访者对未来5年的生活预期　单位：%

民族 \ 预期		样本量	上升很多	略有上升	没有变化	略有下降	下降很多
汉族		269	7.1	43.1	30.9	12.3	6.7
达斡尔族		47	10.6	44.7	31.9	8.5	4.3
鄂温克族		14	14.3	42.9	21.4	14.3	7.1
鄂伦春族		28	—	53.6	35.7	10.7	—
总体		358	7.2	43.8	30.9	11.9	6.2
户籍	农业户口	59	6.8	35.6	20.3	30.5	6.8
	非农业户口	330	7.3	45.2	33.0	8.5	6.1
	总体	389	7.2	43.7	31.1	11.8	6.2

在鄂伦春自治旗，87.2%受访者对当地2020年建成小康社会很有信心。从民族维度看，蒙古族受访者对所在地区2020年建成小康社会的信心最强，认为很有信心的比例为94.1%；汉族、达斡尔族、鄂温克族和鄂伦春族受访者占比分别为89.9%、74.5%、66.7%和90.3%。从户籍维度看，农业户口受访者对当地2020年全面建成小康社会很有信心的占比为86.7%，非农业户口受访者为87.3%，农业户口受访者低于非农业户口受访者（见表7-42）。

表7-42　受访者对当地2020年建成小康社会的态度　单位:%

态度 / 民族		样本量	很有信心	没什么信心
汉族		278	89.9	10.1
蒙古族		17	94.1	5.9
达斡尔族		51	74.5	25.5
鄂温克族		15	66.7	33.3
鄂伦春族		31	90.3	9.7
总体		392	87.4	12.6
户籍	农业户口	60	86.7	13.3
	非农业户口	346	87.3	12.7
	总体	406	87.2	12.8

（四）政府管理

鄂伦春自治旗受访者对于政府干部工作状态的评价总体是比较敬业，占比为53.3%。从民族维度来看，汉族受访者52.3%认为干部工作比较敬业，19%认为一般，11.5%认为非常敬业，2.9%认为比较懒散懈怠；蒙古族受访者58.8%认为比较敬业，29.4%认为一般，被动应付和懒散懈怠的占比均为0；达斡尔族、鄂温克族和鄂伦春族受访者认为干部工作非常敬业或比较敬业的占比分别是66.6%、80%和68.7%。从户籍维度看，农业户口受访者认为干部工作非常敬业或比较敬业的比例为65%，非农业户口占比为65.4%，一般的占比分别是23.3%和19.9%，总体是比较敬业，被动应付和懒散懈怠的比例相对较小（见表7-43）。

表7-43　　受访者关于干部工作状态的评价　　单位:%

民族＼评价		样本量	非常敬业	比较敬业	一般	被动应付	懒散懈怠	不好说
汉族		279	11.5	52.3	19.0	6.5	2.9	7.9
蒙古族		17	5.9	58.8	29.4	—	—	5.9
达斡尔族		51	17.6	49.0	19.6	2.0	3.9	7.8
鄂温克族		15	40.0	40.0	13.3	—	—	6.7
鄂伦春族		32	6.2	62.5	25.0	3.1	—	3.1
总体		394	12.3	53.1	19.9	4.9	2.7	7.1
户籍	农业户口	60	10.0	55.0	23.3	1.7	5.0	5.0
	非农业户口	347	12.4	53.0	19.9	5.2	2.3	7.2
	总体	407	12.0	53.3	20.4	4.7	2.7	6.9

鄂伦春自治旗受访者对于当前反腐工作的态度总体是一般。从民族维度来看，汉族受访者中19.1%认为反腐工作有必要，51.8%认为一般，7.6%认为没必要，3.6%认为不清楚；蒙古族受访者中82.4%认为一般，5.9%认为有必要；达斡尔族受访者中33.3%认为有必要，47.1%认为一般；鄂温克族受访者中40%认为有必要，40%认为一般；鄂伦春族受访者中28.1%认为有必要，59.4%认为一般。从户籍维度来看，农业户口受访者中25%认为反腐工作有必要，55%认为一般，8.3%认为没有必要；非农业户口受访者中20.5%认为有必要，52.6%认为一般，6.1%认为没必要（见表7-44）。

表7-44　　受访者对当前反腐工作的态度　　单位:%

民族＼态度		样本量	有必要	一般	没必要	不清楚
汉族		278	19.1	51.8	7.6	3.6
蒙古族		17	5.9	82.4	5.9	—
达斡尔族		51	33.3	47.1	3.9	3.9
鄂温克族		15	40.0	40.0	—	—
鄂伦春族		32	28.1	59.4	3.1	—
总体		393	21.4	53.0	6.4	3.4
户籍	农业户口	60	25.0	55.0	8.3	3.3
	非农业户口	346	20.5	52.6	6.1	3.5
	总体	406	21.2	53.0	6.4	3.4

七　简要结论和政策建议

（一）简要结论

1. 鄂伦春自治旗受访者经济发展水平较低，产业结构单一，受访者生活水平处于中低等，经济压力较大。

从数据分析中可以看出，首先鄂伦春自治旗的产业结构单一，劳动力配置模式单一，主要集中在农林牧渔行业。其次，鄂伦春自治旗人口流动率低，外出就业意愿范围较小，65.8%愿意到本地县城工作，14%愿意到地级市工作，愿意到直辖市或者东部一线城市的仅占6.6%，国外或者境外的更是很少，占比1.3%，劳动力外出就业意愿低，造成劳动力流动的时间和空间非常有限。在16—90岁以上劳动力中13.5%没有工作，社会闲散人员较多。虽然52.5%的鄂伦春自治旗受访者认为自己近5年的收入水平是呈上升趋势的，但仍然有63.6%的受访者认为自己目前的经济水平在中下位置。在各种压力之间，鄂伦春自治旗认为经济压力是目前最严峻的问题。

2. 鄂伦春自治旗少数民族受访者的汉语普通话和文字使用率低，受教育程度普遍不高，教育制度不公平。

数据分析表明鄂伦春自治旗受访者，尤其是少数民族受访者的普通话使用率低。88.2%蒙古族受访者使用一种语言，100%满族受访者使用一种语言，53.3%鄂温克族受访者会使用两种语言，50%鄂伦春族受访者会使用两种语言，会两种以上比例较小，以民族语言为主。受访者受教育程度普遍不高，达斡尔族、鄂温克族和鄂伦春族受访者的教育水平平均在初中水平，初中水平的占比分别为38%、60%和50%，城乡差异相对较大，农村初中水平占比高于城镇。如果国家延长义务教育时间，大部分受访者愿意让孩子接受义务教育。认为教育制度不公平，主要体现在城乡教育质量差别大、不同家庭背景的孩子得到不同对待、上学机会不平等、教学质量不高等。

从民族文化角度来看，无论是农业户口还是非农业户口，无论汉族还是少数民族，大部分都认为当地的公共文化活动特色主要体现在以少数民族文化特色为主，突出少数民族对于民族文化特色的重视，但是同时也会在一定程度上出现对于外来文化和流行文化的排斥，过于保守而故步自封。当地居民子女大部分愿意学习本民族文化，但是仍有25%以上的占比对学习本民族文化持无所谓态度。在资源开发和保护传统文化之间，更多的人选择优先保护传统文化。

3. 目前民族关系稳定，好评占比有所上升，民族平等，但是对民族政策了解较少。

从数据分析可以看出，鄂伦春自治旗的民族关系好评占比有所上升。无论是全国还是本地，从改革开放前，经过改革开放到2000年，以及2000年之后的民族关系对比可以看出，受访者对民族关系持好评的态度共上升了近30个百分点。说明鄂伦春自治旗民族关系融洽。从民族意识和国家意识方面来看，大部分受访者的国家意识大于民族意识，对于多重身份，大部分受访者认为公民身份和民族身份一样重要。鄂伦春自治旗大部分受访者认为地域身份认同与民族身份认同同样重要，但是鄂伦春族有超过73.1%的受访者和鄂温克族46.7%受访者认为民族认同更重要。50.3%受访者不知道民族制度，63.6%受访者不了解少数民族经济援助政策，33.3%不了解少数民族高考加分政策。

4. 公共基础设施建设仍有不足，受访者对国家及政府的少数民族政策持肯定态度，但对生活保障的满意度不高。

从数据可以看出城乡的公共基础设施建设仍有待提高，农村缺少一些必要的基础设施，如活动中心、健身运动场所、银行等。对于医院卫生所、活动中心以及运动场所等设施，受访者的评价很低。鄂伦春自治旗受访者对于国家的少数民族政策，包括经济援助、高考加分和地区优惠政策执行情况持肯定态度的居多。社会保险基本普及，但是受访者社会保险参与率不高，达斡尔族44.9%和鄂伦春族48.4%的受访者没有参加社会保险，对社会救助和社会补充保险的评价相对较低。公共卫生方面，受访者对于公共卫生知识了解较为贫乏，受访者对公共卫生评价总体满意，但是鄂温克族和鄂伦春族受访者对于地方病服务大多数持不满意态度。受访者的社会公平感较好，对未来的社会预期较高，对于建成小康社会充满信心。对政府干部工作评价较高，对于反腐工作了解和关注度不高。

（二）政策建议

1. 加大经济方面的扶持力度，加快经济多样性的发展，确实提高居民生活水平。

经济发展是地区稳定，民族团结的基础之一，鄂伦春自治旗居民生活水平低下，建议加大经济扶持力度，加强当地各项产业的发展，促进当地居民实现就业，并且提高人口流动率，形成经济发展多样化，为当地居民提供更多就业机会，提高居民收入水平，减少社会闲散人员。

2. 推进民族教育，促进不同民族文化交往、交流、交融。

进一步推进国家关于民族教育的有关政策，在尊重少数民族语言文化的前提下，加强双语教育。提高汉语普通话的普及率以及少数民族综合文化水平，加强对少数民族人才的重点培养。由于各民族不同的历史、文化、习俗以及经济发展基础，无论在地理还是心理上始终有一条“边界”。“边界”的存在有利于保护民族原生文化，但不利于不同民族之间的横向交流。这一点不仅体现在经济生活、民族文化中，也存在于教育、社会生活等各个方面。要在尊重民族传统文化的前提下，促进不同民族之间横向的交往和交流。

3. 确实落实民族政策的实施，更好地履行政府公共管理和公共服务职能，提高党员干部的综合素质。

关于促进民族关系融合，建议政府部门工作人员应正确理解和看待少数民族文化，正确引导居民的宗教生活，确实落实民族政策的实施，使得居民真正受益。完善基本社会保障制度，按照标准配置基础公共设施，保证居民可以享受到基础公共服务。结合反腐败工作，加强党员干部的综合素质建设，对其进行当地少数民族文化以及语言的相关培训，以便更密切地联系群众，服务群众。

第八章

甘肃合作市经济社会发展综合调查报告

甘肃省合作市地处青藏高原的东南端，甘、青、川三省交界处，东连卓尼县，南靠碌曲县，西临夏河县，北接临夏州和政、临夏县。合作市是甘南藏族自治州州府所在地，是全州政治、经济、文化、科技和金融中心，也是内地通往青海、西藏的交通要道。1956 年成立合作镇，属夏河县管辖。1996 年 5 月经国务院批准成立合作市，1997 年筹建，1998 年 1 月 1 日正式挂牌运作。全市现辖 6 乡（佐盖多玛、佐盖曼玛、卡加道、卡加曼、勒秀、那吾）、4 个街道（通钦、当周、坚木克尔、伊合昂）、39 个村民委员会、8 个社区、249 个村民小组。据第六次人口普查数据显示，甘南藏族自治州总人口为 689132 人，汉族人口为 266702 人，27 个少数民族总人口为 422430 人，少数民族人口占总人口的 61.3%；少数民族人口过千的有藏族、回族和土族，分别是：藏族 376565 人、回族 43097 人、土族 1088 人。据 2010 年第六次人口普查数据显示，合作市总人口为 90290 人，汉族人口为 28747 人，23 个少数民族总人口为 61543 人，少数民族人口占总人口的 68.16%；少数民族人口过千的有藏族和回族，分别是：藏族 48966 人、回族 11636 人；人口过百的少数民族为东乡族 364 人、土族 183 人和满族 104 人。由于汉族、回族、藏族是合作市最主要的民族，其他民族无论在人口总数还是占比方面都较低，所以本研究报告主要分析汉、回、藏三个民族调查对象。本课题以甘南藏族自治州合作市为主要调查地，在坚木克尔街、通钦街、那吾路社区、绍玛路社区、舟曲路社区、勒秀乡、卡加曼乡等地共回收 418 份调查问卷。

《2015 年合作市国民经济和社会发展统计公报》显示，2015 年全市实现生产总值 334246 万元，按可比价计算，比上年增长 9%。其中：第一产业增加值 19902 万元，增长 5.2%；第二产业增加值 57395 万元，下降

3.7%；第三产业增加值256949万元，增长13.2%。三次产业结构由2014年的6.75∶25.21∶68.04调整为5.95∶17.2∶76.85，第一、第二产业比重分别降低了0.8个和8.01个百分点，第三产业比重上调了8.81个百分点。

从中可以看出，合作市，第一产业呈下降趋势（2010—2015年的数据）。第二产业所占比重不高，下降趋势十分明显，2014年全部工业实现工业增加值46957万元，下降6.4%。其中：规模以上工业实现增加值37257万元，下降10.4%；主要工业产品干酪素产量1319吨，下降53.8%；奶粉产量1642吨，增长14.7%；发电量10257万千瓦时，下降32.6%。由于地处游牧边缘地带，藏文化浓厚，第三产业，尤其是旅游业及其带动的相关服务业发展迅速。2014年共接待国内外游客126万人次，增长22.7%；旅游综合收入达到6.3亿元，增长32.9%；与旅游相关的住宿业实现零售额4061万元，增长12%，餐饮业实现零售额31426万元，增长16%（见图8-1）。

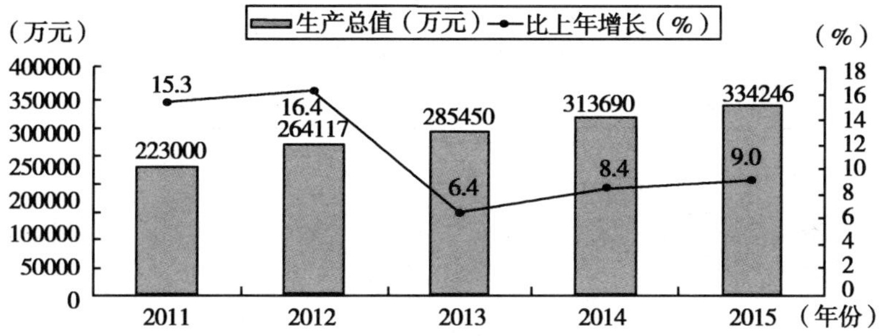

图8-1　2011—2015年合作市地区生产总值与增长速度

一　调查对象基本情况

合作市的调查问卷共有418份，其中受访者男性占比为54.7%；汉族受访者占比最高是44.4%，藏族受访者占比位居第二，占比为37.1%，回族受访者占比为16.8%，其他少数民族受访者占比仅为1.6%。从教育程度上看，受访者中未上过学的占比为31.1%，农业户口受访者占比是34.7%。

表 8-1　　样本的基本变量情况　　单位：%

类别	指标	频数
性别（N=417）	男	228（54.7）
	女	189（45.3）
民族（N=410）	汉族	182（44.4）
	藏族	152（37.1）
	回族	69（16.8）
	其他	7（1.6）
政治面貌（N=416）	中共党员	47（11.3）
	团员	60（ 14.4）
	民主党派	1（0.2）
	群众	308（74.0）
教育程度（N=418）	未上学	130（31.1）
	小学	113（27.0）
	初中	34（8.1）
	高中、中专或职业技校	59（14.1）
	大学专科	31（7.4）
	大学本科	51（12.1）

类别	指标	频数
婚姻状况（N=414）	已婚已到民政部门登记	275（66.4）
	已婚未到民政部门登记	45（10.9）
	未婚	72（17.4）
	离异	9（2.2）
宗教信仰（N=418）	佛教	190（45.5）
	伊斯兰教	75（17.9）
	天主教	1（0.2）
	基督教	2（0.5）
	民间信仰	2（0.5）
	没有宗教信仰	148（35.4）
户口情况（本地为本乡镇）（N=415）	本地农业	144（34.7）
	本地非农业	74（17.8）
	本地居民户口（之前是农业户口）	43（10.4）
	本地居民户口（之前是非农业户口）	151（36.4）
	外地农业	3（0.7）

二　经济生活

（一）居民收入

《2015年合作市国民经济和社会发展统计公报》显示，2015年，全市按常住人口计算的人均生产总值35863.3元，比上年增长19.2%。城镇居民人均可支配收入19796元，增长9.05%；人均消费支出17262元，增长8.12%。食品支出占城镇居民家庭人均消费性支出的比重为37.1%，比上年下降1.65个百分点。农牧民人均可支配收入6116元，增长11.7%；人均生活消费支出4906元，增长8.46%；食品支出占农村居民家庭人均消费性支出的比重为45.23%，比上年下降4.45个百分点。

1. 收入基本状况

（1）家庭收入

从问卷分析来看，农业户口就业人员，汉、回、藏三个民族中，家庭年收入在1万元（含1万元）及以下的有56人，占三个民族农业户口调查样本总量的30.8%；家庭年收入在1万—3万元（含3万元）的有68人，占三个民族农业户口调查样本总量的37.4%；家庭年收入在3万—5万元（含5万元）的有25人，占三个民族农业调查样本总量的13.74%；家庭年收入在8万—10万元的有5人，占三个民族农业调查样本总量的2.75%（见表8-2）。

表8-2　农业就业人员2015年度个人家庭总收入　单位：人

民族＼总收入	1万元及以下	1万—3万元	3万—5万元	8万—10万元	其他	合计
汉族	16	25	8	1	11	61
回族	9	8	1	1	4	23
藏族	31	35	16	3	13	98
合计	56	68	25	5	28	182

农业户口就业人员中认为自己家庭经济收入处于中上水平的占汉回藏三个民族农业户口调查样本的4.4%，认为处于中等水平的占35.56%（见表8-3），认为处于中下水平的占43.89%，认为处于下等水平的占16.11%。所以，农业户口就业人员的收入水平和心理幸福感状态相对较低，提高农业户口就业受访者的收入依然是合作市小康建设中的重要工作。

表8-3　农业户口就业人员认为家庭的经济收入在本地大体所处的水平

单位：人

水平	民族	职业分类				合计
		只是务农	以务农为主，同时也从事非农工作	以非农工作为主，同时也务农	只从事非农工作	
中上	汉族	0	0	1	1	2
	回族	0	0	0	1	1
	藏族	4	0	0	1	5
合计		4	0	1	3	8

续表

水平	民族	职业分类				合计
		只是务农	以务农为主，同时也从事非农工作	以非农工作为主，同时也务农	只从事非农工作	
中	汉族	6	5	4	4	19
	回族	0	3	0	1	4
	藏族	23	15	1	2	41
合计		29	23	5	7	64
中下	汉族	11	6	2	5	24
	回族	1	2	2	6	11
	藏族	27	14	3	0	44
合计		39	22	7	11	79
下	汉族	9	1	1	4	15
	回族	1	0	1	5	7
	藏族	4	2	1	0	7
合计		14	3	3	9	29
合计	汉族	26	12	8	14	60
	回族	2	5	3	13	23
	藏族	58	31	5	3	97
合计		86	48	16	30	180

从调查前一个月的家庭收入来看，收入在0.5万元以下的有264人，占汉回藏有效样本的64.39%；在0.5万—1万元的有70人，占17.07%；1万—1.5万元的有11人，占2.68%；8万元的有67人，占16.34%，6.5万元和10万元各1人；其他48人占11.7%。这也与其他数据项吻合，说明大多数当地居民的月收入相对较低。

表8-4　　调查前一个月的家庭收入　　单位：人

收入／民族	其他	不清楚	-2万—0.5万元	0.5万—1万元	1万—1.5万元	2万—2.5万元	6.5万元	8万元	10万元	合计
汉族	22	1	105	48	2	3	0	1		182
回族	3	0	60	3	2		1	66		69
藏族	23	0	99	19	7		0		1	152
合计	48	1	264	70	11	3	1	67	1	410

（2）个人收入

从农业户口就业人员的 2015 年度的个人总收入来看，收入在 0.3 万元以下的占汉藏回有效样本的 14.03%，0.6 万—1 万元的占 12.87%，合计 1 万元以下的占 26.90%；1.2 万—1.5 万元的占 24.56%，1.56 万—2 万元的占 7.01%，合计 1.2 万—2 万元的占 24.56%；2.4 万—3 万元的占 14.03%；3 万—4 万元的占 8.77%；4.2 万—5 万元的占 5.85%；6 万—9.6 万元的占 5.26%，其他收入的占 16.37%。从中可以看出，大多数农业从业者的年收入在 2 万元以下。

表 8-5　　农业就业人员 2015 年度个人总收入　　单位：人

金额	民族	职业分类				总计
		只是务农	以务农为主，同时也从事非农工作	以非农工作为主，同时也务农	只从事非农工作	
其他	汉族	6	1	2	2	11
	回族	1	0	0	3	4
	藏族	10	2	0	1	13
0—0.3 万元	汉族	1	2	1	2	6
	回族	2	1	1	3	7
	藏族	7	1	2	1	11
0.6 万—1 万元	汉族	0	2	1	1	4
	回族	0	1	0	2	3
	藏族	10	4	1	0	15
1.2 万—1.5 万元	汉族	2	4	0	4	10
	回族	0	2	1	0	3
	藏族	10	3	1	0	13
1.56 万—2 万元	汉族	2	2	0	0	4
	回族	0	0	1	0	1
	藏族	8	3	0	0	11
2.4 万—3 万元	汉族	7	0	2	2	11
	回族	0	0	0	4	4
	藏族	2	7	0	0	9
3 万—4 万元	汉族	1	1	1	0	3
	藏族	4	7	1	0	12

续表

金额	民族	职业分类				总计
		只是务农	以务农为主，同时也从事非农工作	以非农工作为主，同时也务农	只从事非农工作	
4.2万—5万元	汉族	1	1	1	2	5
	回族	0	1	0	0	1
	藏族	1	3	0	0	4
6万元	汉族	0	0	0	1	1
	藏族	0	0	0	1	1
7.2万元	藏族	1	0	0	0	1
8万元	回族	0	0	0	1	1
9.6万元	回族	0	1	0	0	1
合计	汉族	20	13	8	14	55
	回族	3	5	3	13	24
	藏族	53	31	5	3	92

2. 收入变化与预期

从问卷分析来看，汉族、回族、藏族中共有240人认为收入与5年前相比有上升，占三个民族样本总量的59.55%；认为有下降的只有25人，占三个民族样本总量的6.2%。汉族、回族、藏族中认为家庭收入在当地属于中等及以上的有204人，占三个民族样本总量的50.62%；认为家庭收入在当地属于中下及以下的有194人，占三个民族样本总量的48.14%。

从对预期收入的状况来看，认为会上升很多的有38人，占三个民族有效样本量的10.13%；认为会略有上升的有200人，占53.33%；认为没有变化的有119人，占31.73%。认为会上升的占比是64.46%，所以小康社会的建设给予了大多数居民对未来生活的美好期望（见表8-6）。

表8-6　　您感觉在未来的5年中，您的收入水平将会怎样变化？　　单位：人

民族 \ 变化	上升很多	略有上升	没有变化	略有下降	下降很多	合计
汉族	19	93	46	9	1	168
回族	7	30	27	1	3	68
藏族	12	77	46	4	0	139
合计	38	200	119	14	4	375

3. 收入结余与支配

从对收入结余支配的状况来看，汉、回、藏三个民族中，共有 215 人用于储蓄，占有效样本总量的 55.41%；有 136 人存在手里，占有效样本总量的 35.05%；两者相加，将结余攒存起来共有 341 人，占 87.89%。用于各类投资的有 12 人，占有效样本的 3.09%（见表 8-7）。

表 8-7　　　　您家的收入结余主要选择　　　　单位：人

用途	民族	本地农业	本地非农业	本地居民户口（之前是农业户口）	本地居民户口（之前是非农业户口）	外地农业	合计
储蓄	汉族	27	12	15	44	1	99
	回族	2	13	2	14	0	31
	藏族	52	7	4	22	0	85
合计		81	32	21	80	1	215
自己投资并经营	汉族	4	3	0	4	0	11
	回族	0	2	2	0	0	4
	藏族	5	0	0	3	0	8
合计		9	5	2	7	0	23
购买股票	汉族	0	0	1	0	1	2
各类投资	汉族	1	1	0	3	0	5
	回族	0	1	0	1	0	2
	藏族	2	0	0	3	0	5
合计		3	2	0	7	0	12
自己存在手里	汉族	12	13	3	29	0	57
	回族	0	11	6	11	0	28
	藏族	37	5	4	5	0	51
合计		49	29	13	45	0	136
合计	汉族	44	29	19	80	2	174
	回族	2	27	10	26	0	65
	藏族	96	12	8	33	0	149
合计		142	68	37	139	2	388

这说明，随着经济社会的发展，合作市汉、回、藏三个民族的经济生活有明显的改善，人们的家庭收入有一定的结余，大部分人的心理幸福感较高。但是受区位因素、传统观念的影响，人们对收入结余的支配依然喜

欢储蓄和自己攒存。一方面是缺乏现代的投资理财观念，另一方面是人们对预期收入的预期不足。

(二) 居民就业

1. 就业基本状况

收入水平与当地居民的就业单一，以及就业不充分有关。从调查对象2016年的受访者身份来看，汉回藏调查对象中，除去学生、身体原因不能就业者、退休者之外，就业者占有效样本的36.82%；其他人员要么失业，要么只从事家务劳动，还有部分人属于待业（见表8-8）。

表8-8　　2016年的受访者身份　　单位：人

民族＼身份	就业	失业	退休	家务劳动者	学生（全日制或非全日制）	身体残疾或丧失劳动能力	其他不工作也不上学的成员	合计
汉族	73	23	2	26	26	1	30	181
回族	13	11	0	16	4	2	23	69
藏族	62	9	1	48	20	0	12	152
合计	148	43	3	90	50	3	65	402

2. 就业渠道

从调查对象获得第一份工作的主要渠道来看，政府/社区安排介绍的占调查有效样本的13%；通过就业中介、招聘广告和直接申请的占40.83%；通过社会关系网络的占29.59；其他方式的占16.57%。从中可以看出，调查对象的就业积极性和主动性相对较高，人们的思想已经相对开放，能利用各种关系网络、自身能力去获得职业，这对其获得较高收入和发展有很大的帮助作用（见表8-9）。

表8-9　　找到第一份工作的最主要渠道　　单位：人

民族＼渠道	政府/社区安排介绍	商业职介（包括人才交流会）	招聘广告	直接申请（含考试）	家人/亲戚介绍	朋友/熟人介绍	通过本乡人介绍	其他（请注明）	合计
汉族	14	6	16	25	3	17	1	10	92
回族	3	0	9	1	0	8	2	6	29
藏族	5	1	3	8	3	16	0	12	48

续表

民族＼渠道	政府/社区安排介绍	商业职介（包括人才交流会）	招聘广告	直接申请（含考试）	家人/亲戚介绍	朋友/熟人介绍	通过本乡人介绍	其他（请注明）	合计
合计	22	7	28	34	6	41	3	28	169

3. 就业区域

从选择就业的地域意愿来看，选择在本地县城就业的占有效样本的47.28%，选择在地级市内就业的占18.37%，两者相加，可以看出，选择就地就近就业者占到了65.65%；选择在省会城市就业的占19.05%，选择到直辖市或东部一线城市就业的占13.27%，选择到国外或境外就业的占2%。这说明，调查对象的乡土情结依然浓厚，这会影响到其预期收入（见表8-10）。

表8-10　　如果能找到工作机会，您最愿意去下列哪个地区工作？　　单位：人

民族＼区域	本地县城	地级市	省会城市	直辖市和东部一线城市	国外或境外	合计
汉族	61	22	32	19	3	137
回族	24	9	8	7	1	49
藏族	54	23	16	13	2	108
合计	139	54	56	39	6	294

从调查对象自己或家人外出就业的原因来看，获得更高收入和更多的发展机会是最主要的两个原因，分别占汉、回、藏有效样本的46%和24%；其次是有利于孩子教育，占14%（见表8-11）。

表8-11　　如果自己或家人有外出就业的经历外出的最主要原因　　单位：人

民族＼原因	得到更高收入	有更多的发展机会	有利于孩子教育	夫妻团聚	外出上学想留在城市或异地	当地缺乏发展机会和条件	想开阔眼界，出去看看	合计
汉族	33	25	18	1	2	8	2	89
回族	18	8	3	3	0	1	3	36
藏族	41	15	7	2	2	5	3	75
合计	92	48	28	6	4	14	8	200

对于外出的薪酬要求来看，认为要达到本乡镇平均收入的1.2倍的占

汉、回、藏有效样本量的 23.83%，至少 1.5 倍的占 22.38%，至少 2 倍的占 28.89%，至少 2.5 倍的占 18.41%，认为只要外面收入与本地大体相同、主要看发展机会的占 3.97%。可以看出，薪酬因素是影响当地居民外出的主要因素之一（见表 8-12）。

表 8-12 如只考虑收入，外地有多高的收入您才愿意外出 单位：人

薪酬 / 民族	至少达到当地（本乡镇平均收入）1.2 倍	至少 1.5 倍	至少 2 倍	至少 2.5 倍	至少 3 倍	外面收入和本地大体相同，主要看发展机会	合计
汉族	29	29	35	27	2	5	127
回族	14	7	12	6	1	2	42
藏族	23	26	33	18	4	4	108
合计	66	62	80	51	7	11	277

从调查对象或其家人外出谋职的首要障碍因素来看，排位分别是：得不到相关就业信息（18.40%）、被当地人看不起或歧视和工作辛苦收入低（16.56%）、想留在就业地但生活成本太高和家里需要照顾必须返乡（9.20%）、孩子就学困难（8.90%）、生活习俗不能适应（7.10%）；语言因素（1.53%）反而不是藏族所选的首要障碍因素，这与合作市的绝大多数藏族通晓汉语以及双语教学密切相关见表 8-13。

表 8-13 您认为自己或家人外出找工作的重要障碍因素 单位：人

类别 / 民族	得不到相关就业信息	被当地人看不起或歧视	工作辛苦收入低	想留在就业地但生活成本太高	生活习俗不能适应	气候自然环境不能适应	孩子就学困难	家里需要照顾必须返乡	自己想去的部门和岗位不招收没有当地户口的外地人	社保缴费高关系难转移	语言障碍	政策限制（办证手续烦琐、成本高）	其他（请注明）	合计
汉族	39	26	24	13	9	5	7	9	3	1	2	3	5	146
回族	11	14	5	5	4	1	5	4	0	0	0	0	1	50
藏族	16	13	25	11	9	4	17	17	2	1	3	0	7	125
合计	66	54	54	30	23	11	29	30	5	2	5	3	14	326

4. 外来企业中的就业状况及意愿

（1）外来企业雇用当地劳动力的比例

总体来看，汉、回、藏调查对象认为外来企业雇用当地劳动力比例合

适的占合适 73. 05%，过高的占 5. 39%，过低的占 21. 56%。分民族来看，汉族认为合适的占 69. 77%，过高的占 5. 81%，过低的占 24. 42%；回族认为合适的占 63. 49%，过低的占 36. 51%，过高的为 0；藏族认为合适的占 81. 62%，过高的占 7. 35%，过低的占 11. 03%见表 8-14。

表 8-14　汉、回、藏对在当地开办的外来企业雇用当地劳动力就业的比例的知晓状况　单位：人

民族＼意愿	过低	合适	过高	合计
汉族	42	120	10	172
回族	23	40	0	63
藏族	15	111	10	136
合计	80	271	20	371

（2）外来企业中的就业愿意

汉、回、藏调查对象愿意在外来企业中就业的占 84. 44%，不愿意的占 15. 56%。分民族来看，汉族愿意在外来企业中就业的占 84. 83%，不愿意的占 15. 17%；回族愿意在外来企业中就业的占 85. 29%，不愿意的占 14. 70%；藏族愿意在外来企业中就业的占 83. 56%，不愿意的占 16. 44%。

表 8-15　您是否愿意在当地开办的外来企业就业　单位：人

民族＼意愿	愿意	不愿意	合计
汉族	151	27	178
回族	58	10	68
藏族	122	24	146
合计	331	61	392

（3）不愿意在外来企业中就业的原因

汉、回、藏调查对象不愿意在外来企业就业原因中认为有语言障碍的总体占比为 13. 33%；汉族的占比为 3. 84%；回族的占比为 20%；藏族的占比为 20. 83%。认为是工作技能的总体占比为 5%；汉族的占比为 3. 84%；回族的占比为 0；藏族的占比为 8. 33%。认为是制度太严的占比

为0。认为是工资低的总体占比为8.33%；汉族的占比为11.54%；回族的占比为20%；藏族的占比为0。认为有生活习惯差异的总体占比为13.33%；汉族的占比为7.69%；回族的占比为10%；藏族的占比为20.83%。认为是因为劳动强度大的总体占比为11.67%；汉族的占比为3.84%；回族的占比为20%；藏族的占比为16.67%。认为是其他原因的总体占比为68.33%；汉族的占比为76.92%；回族的占比为60%；藏族的占比为62.50%（见表8-16）。

表8-16　　不愿意在当地开办的外来企业就业的原因　　单位：人

原因＼情况		是	不是	合计
语言障碍	汉族	1	25	26
	回族	2	8	10
	藏族	5	19	24
合计		8	52	60
工作技能	汉族	1	25	26
	回族	0	10	10
	藏族	2	22	24
合计		3	58	61
制度太严	汉族	0	26	26
	回族	0	10	10
	藏族	0	24	24
合计		0	60	60
工资低	汉族	3	23	26
	回族	2	8	10
	藏族	0	24	24
合计		5	55	60
生活习惯有差异	汉族	2	24	26
	回族	1	9	10
	藏族	5	19	24
合计		8	52	60
劳动强度大	汉族	1	25	26
	回族	2	8	10
	藏族	4	20	24

续表

原因＼情况		是	不是	合计
合计		7	53	60
其他	汉族	20	6	26
	回族	6	4	10
	藏族	15	9	24
合计		41	19	60

可见，语言障碍、工作技能、制度太严、工资低、生活习惯差异、劳动强度大并不是只占少部分数量的汉回藏调查对象不愿到外来企业就业的原因。

三　民族文化和教育

（一）文化程度和学历水平

甘南藏族自治州是我国西部贫困落后的民族地区之一，整体文化水平偏低。如表 8-17 所示，31.1%的调查对象未上学，58.1%的调查对象教育程度处于小学及以下。

表 8-17　　调查对象教育程度　　单位：人、%

类别＼教育程度	未上学	小学	初中	高中、中专或职高技校	大学专科	大学本科	合计
人数	139	113	34	59	31	51	418
百分比	31.1	27.0	8.1	14.1	7.4	12.1	100

表 8-18　　民族与受教育水平　　单位：人

民族＼教育程度	未上学	小学	初中	高中、中专或职高技校	大学专科	大学本科	合计
汉族	39	42	18	36	16	31	182
回族	41	16	4	4	2	2	69
藏族	44	54	11	15	12	16	152
合计	124	112	33	55	30	49	403

另外，甘南藏族自治州以汉族、藏族、回族人口居多，但是由于汉族大部分处于农耕生活方式，回族以农耕或经商为生，藏族大部分处于半农半牧的生活方式。这样的生活方式以及民族文化传统的差异，使得甘南藏族自治州教育程度存在民族差异，总体而言汉族教育程度明显高于少数民族。

（二）语言文字使用

甘南藏族自治州市是一个藏族、汉族、回族为主的多民族聚居区。长期定居于此的汉族、回族以汉语为其主要的交流方式。传统的藏族社会以本民族语言——藏语为主要交流方式。随着国家双语教育的推广和藏区牧民定居工程的有效实施，很多藏族人口逐渐学会使用普通话，因此，该地很多藏族不仅能使用本民族语言交流，也能使用汉语交流。调查数据显示（表8-9），71.3%的调查对象使用一种语言，汉语或者本民族语言；但也有28%的调查对象会使用两种语言——汉语和藏语，个别调查对象还会蒙古语等其他少数民族语言。能使用多种语言的调查对象多为藏族，主要使用藏语和汉语两种语言，也有少量回族和汉族因长期与藏族同胞生活，也逐渐学会了他们的语言。随着社会的发展，汉语在合作市逐渐成为普遍接受的交流方式，大部分调查对象能够熟练掌握。

表8-19　　如果您会两种以上语言，哪一种语言您掌握得更好

本族语	本族语和汉语同等程度	普通话或汉语方言	其他民族语言	外语	合计
77	29	159	2	3	270
28.5	10.7	58.9	0.7	1.1	100

另外，随着汉语应用的广泛，民族语言和文字也面临着严峻的挑战。例如，在137名藏族调查对象中，只有33名调查对象能熟练地听、说、读、写本民族语言；有90名调查对象能熟练地说或者读，但是不会写；5名调查对象会说一点本民族语言；2名调查对象能听懂但不会说；7名调查对象对本民族语言完全不掌握。在民族地区小康社会建设和经济社会发展过程中，民族语言弱化与流失是必然的趋势。因此，在促进民族地区经济、社会发展的过程中，必须重视民族语言的保护，双语教育依然任重而道远。

(三) 居民对于教育的评价与认知

1. 基础教育评价

从调查数据（表 8-20、表 8-21）来看，汉、回、藏对合作市的基础教育阶段的办学评价较高，认为办学好的 326 人，占有效样本量的 86.02%。认为基础教育阶段办学较好的理由依次是：有更高的教育质量（占汉回藏有效样本量的 52.56%）；家长和学生有更多的主动权（占汉回藏有效样本量的 24.23%）；教学因材施教（占汉回藏有效样本量的 19.45%）；有更多参加比赛机会，有利于进入更好的优质学校（占汉回藏有效样本量的 3.75%）。可见，调查对象对学校的教学质量认可度相对较高，但是所占比例仅仅过半，提高基础教育的质量是合作市基础教育建设的重要着力点，事关人口素质提高和社会发展进步。

表 8-20　对基础教育阶段社会办学评价　单位：人

民族＼评价	好	不好	合计
汉族	149	21	170
回族	57	8	65
藏族	120	24	144
合计	326	53	379

表 8-21　认为对基础教育阶段社会办学比较好的理由统计　单位：人

民族＼理由	有更高的教育质量	教学因材施教	家长和学生有更多的主动权	有更多参加比赛机会，有利于进入更好的优质学校	合计
汉族	66	32	34	5	137
回族	30	12	8	0	50
藏族	58	13	29	6	106
合计	154	57	71	11	293

2. 学校教育设施满意度

幼儿园教育设施方面，满意者占汉回藏有效样本量的 75.67%，一般的占 21.93%，不满意的占 2.4%；小学教育设施方面，满意者占汉回藏有效样本量的 71.84%，一般的占 23.42%，不满意的占 4.47%；中学教育设施方面，满意者占汉回藏有效样本量的 64.36%，一般的占 26.80%，不满意的占 8.84%。从中可以看出，汉、回、藏调查者对中学教育设施的满意度较低。加强中学教育设施建设仍是合作市需要加大教育投入的领域（见表 8-22）。

表 8-22　　对学校教育设施满意度　　单位：人

民族＼教育设施	对幼儿园教育设施满意度			对小学教育设施满意度			对中学教育设施满意度		
	满意	一般	不满意	满意	一般	不满意	满意	一般	不满意
汉族	126	37	10	128	42	6	114	45	13
回族	43	13	7	47	14	2	45	15	2
藏族	94	32	12	98	33	10	74	37	17
合计	263	82	29	273	89	18	233	97	32

3. 子女教育选择

关于子女初中毕业后的升学学校的选择方面，选择普通高中的占汉回藏有效样本量的 91.39%，选择职业学校的占 5.96%，不再上学的占 2.65%。再继续上学者中，普通高中依然是调查对象青睐的选择。在选择理由的排序依次是：为了上大学（占汉回藏有效样本量的 64.46%）、提高个人的文化知识（占汉回藏有效样本量的 19.16%）、不愿意从事体力劳动（占汉回藏有效样本量的 10.10%）、将来就业收入高（占汉回藏有效样本量的 5.57%）、其他（占汉回藏有效样本量的 0.7%）（见表 8-23、表 8-24）。

表 8-23　如果孩子初中毕业，您愿意孩子上普通高中还是职业学校？　单位：人

民族＼选择	普通高中	职业学校	不上了	合计
汉族	128	9	1	138
回族	39	7	3	49
藏族	109	2	4	115
合计	276	18	8	302

表 8-24　选择普通高中的理由　单位：人

理由 民族	为了上大学	不愿意从事体力劳动	提高个人的文化知识	将来就业收入高	其他	合计
汉族	90	10	22	9	0	131
回族	23	6	9	6	0	44
藏族	72	13	24	1	2	112
合计	185	29	55	16	2	287

(四) 生活社区的文化设施配备

在文化健身广场方面，66.41%的汉回藏调查对象表示有此设施，但不同民族的生活社区有一定差异，汉族调查对象中 73.71%的人表示有，回族是 53.03%，藏族是 63.7%。

在文化活动室（文化大院）方面，23.51%的汉回藏调查对象表示有此设施，比例较低；分民族来看，汉族调查对象中的 23.43%表示有，回族是 30.30%，藏族是 20.54%。

表 8-25　受访者所在基层社区拥有的文化设施　单位：人

文化设施 民族	文化健身广场		文化活动室（文化大院）		农村书屋（图书馆）		阅报栏		网络场所		其他	
	无	有	无	有	无	有	无	有	无	有	无	有
汉族	46	129	134	41	142	33	157	18	157	18	152	23
回族	31	35	46	20	57	9	53	13	61	5	51	15
藏族	53	93	116	30	118	28	141	5	141	5	113	33
合计	130	257	296	91	317	70	351	36	359	28	316	71

在农家书屋（图书馆）方面，18.09%的汉回藏调查对象表示有此设施，比例较低；分民族来看，汉族调查对象中的 18.86%表示有，回族是 14.29%，藏族是 19.18%。

在阅报栏方面，9.30%的汉回藏调查对象表示有此设施，比例极低；分民族来看，汉族调查对象中的 28%表示有，回族是 19.70%，藏族是 3.42%，从调查数据可以看出藏族生活社区的阅报栏设置率特别少。

在网络场所方面，7.24%的汉回藏调查对象表示有此设施，比例极低；分民族来看，汉族调查对象中的 10.29%表示有，回族是 7.58%，藏族是3.42%。

在其他文化设施方面，18.35%的汉回藏调查对象表示有其他文化设施，比例极低；分民族来看，汉族调查对象中的13.14%表示有，回族是22.73%，藏族是22.60%。

（五）文化设施利用方面

使用文化活动室的总体比例为10.38%，汉族调查对象占比为7.27%，回族为20.31%，藏族为9.49%。使用农家书屋的占比为2.73%，汉族调查对象的占比为3.03%，回族为1.56%，藏族为2.92%；使用阅报栏的占比为5.46%，汉族调查对象为6.67%，回族为9.38%，藏族为2.19%；使用网络场所的占比为4.64%，汉族调查对象为6.67%，回族为1.56%，藏族为3.65%；使用文化健身广场的占比为63.39%，汉族调查对象为73.94%，回族为64.87%，藏族为58.39%；使用其他的占比为17.58%，汉族调查对象为17.58%，回族为28.12%，藏族为29.93%。从中看出，汉回藏使用的文化设施最多的是文化健身广场。87.5%的汉回藏调查对象表示没有看过社区农家书屋（图书馆）的图书，分民族来看，汉族调查对象中有96.97%的人没有看过，回族中的90.57%没有看过，藏族中的92.19%没有看过。

表8-26　社区文化设施利用状况　单位：人

文化设施 / 民族	文化健身广场		文化活动室（文化大院）		农家书屋（图书馆）		阅报栏		网络场所		其他	
	否	是	否	是	否	是	否	是	否	是	否	是
汉族	43	122	153	12	160	5	154	11	154	11	136	29
回族	34	30	51	13	63	1	58	6	63	1	46	18
藏族	57	80	124	13	133	4	134	3	132	5	96	41
合计	134	232	328	38	356	10	346	20	349	17	278	88

（六）获得信息的渠道

合作市汉、回、藏调查对象从互联网获得信息的总体比例是36.18%，分民族来看，汉族调查对象中使用此方式的是46.67%，回族是19.40%，藏族是31.13%；汉、回、藏调查对象从手机获得信息的总体比例是55.78%，分民族来看，汉族调查对象中使用此方式的是62.78%，回族是35.82%，藏族是56.29%；汉回藏调查对象从广播电视获得信息的占比为85.68%，分民族来看，汉族调查对象中使用此方式的是84.44%，回族是86.57%，藏族是86.75%；汉回藏调查对象从报纸杂志获得信息的占比为19.60%，分民族来看，汉族调查对象中使用此方式的是21.11%，回族是10.44%，藏族是21.85%；汉回藏调查对象从本村的农村书屋获得信息的占比为1.51%，分民族来看，汉族调查对象中使用此方式的是2.22%，回族是0，藏族是1.32%；汉回藏调查对象通过人际交流获得信息的比例是50.75%，分民族来看，汉族调查对象中使用此方式的是44.44%，回族是64.18%，藏族是52.32%。

从中可以看出，广播电视依然是合作市信息传播的主要手段，人际交往也在信息传递方面占有一定的地位；随着现代网络技术传播和智能手机的普及，互联网、手机在汉回藏群众获取信息方面占有一定的比例；传统的纸质媒介报纸杂志在信息传递方面的作用较低，一方面与现代新型传媒的发展有关，另一方面与这类纸质传媒在西部地区普通百姓的普及率低有关；农村书屋在信息获得方面所占比例极低，这与农村书屋自身建设、百姓对农村书屋的关注不够有关（见表8-27）。

表8-27　受访者获取信息的渠道　单位：人

渠道／民族	广播电视		报纸杂志		农村书屋		手机		互联网		人际交流	
	否	是	否	是	否	是	否	是	否	是	否	是
汉族	28	152	142	38	176	4	67	113	96	84	100	80
回族	9	58	60	7	67	0	43	24	54	13	24	43
藏族	20	131	118	33	149	2	66	85	104	47	72	79
合计	57	341	320	78	392	6	176	222	254	144	196	202

四　宗教信仰及民族关系

（一）宗教信仰状况

合作市人口数量最多的少数民族藏族群众性地信仰藏传佛教，部分人还信仰苯教或尊奉某些民间信仰体系；回族群众性地信仰伊斯兰教；汉族或信仰佛教或信仰道教或尊奉某些特定的民间信仰；其他一些民族蒙古族、土族中的部分人信仰藏传佛教，部分人信仰道教，部分人尊奉某些民间信仰体系；撒拉族、东乡族、维吾尔族等群众性地信仰伊斯兰教，其他一些少数民族信仰自己传统的宗教。

由于各民族受访者中均有不同数量的无神论者或不信仰宗教者，在对待宗教的态度上，汉、回、藏三个民族中在有些方面有一定的差异性。从问卷分析的结果来看，汉回藏中70.75%的调查对象认为世界上不存在所谓神灵鬼怪；分民族来看，汉族持此观点的占71.98%，回族占77.62%，藏族占66.23%（见表8-28）。

表8-28　　受访者是否同意世界上不存在所谓的神灵鬼怪　　单位：人

民族＼态度	同意	不同意	合计
汉族	131	51	182
回族	52	15	67
藏族	100	51	151
合计	283	117	400

汉回藏三个民族中91.02%的调查对象认为人活着应该有宗教信仰，这一观点在三个民族间没有明显差异。在政府宗教管理与公民宗教信仰的关系方面，汉回藏三个民族中89.03%的调查对象认为宗教信仰是个人的自由，政府不应该干预；汉族持此观点的占87.36%，回族持此观点的占94.12%，藏族持此观点的占88.74%，相比较而言，回族比汉族和藏族约高出了7个百分点（见表8-29）。

表8-29　　是否同意人活着应该有宗教信仰　　单位：人

民族＼态度	同意	不同意	合计
汉族	155	27	182
回族	64	4	68
藏族	146	5	151
合计	365	36	401

在交往对象是否是宗教徒方面，汉、回、藏中 76.25%的调查对象表示更喜欢与有宗教信仰的交往；分民族来看，汉族中持此观点的占 67.40%，回族占 85.29%，藏族占 82.78%（见表 8-30）。

表 8-30　是否更喜欢与有宗教信仰的人交往　单位：人

交往 民族	是	否	合计
汉族	122	59	181
回族	58	10	68
藏族	125	26	151
合计	305	95	400

（二）民族身份与社会适应

在多民族国家，因文化差异、认知偏差等原因，民族身份尤其是少数民族的身份对其社会交往会产生各种影响。从问卷分析来看，民族身份对汉、回、藏各民族社会适应方面都有不同程度的影响。

1. 民族身份对在当地生活的影响

民族身份对在当地生活影响方面，回族和藏族没有受到影响的占比分别是 76.82%和 77.48%；在就业岗位方面，回族和藏族未受到歧视的占比均很高，分别占到本民族有效样本的 98.53%和 98%；在收入水平方面，回族和藏族未受歧视的占比分别是 98.53%和 98.67%；在职位升迁方面，回族和藏族未受歧视的占比分别是 98.53%和 97.33%（见表 8-31、表 8-32）。

表 8-31　您的民族身份对您在本地的生活有无影响　单位：人

影响 民族	有	无	合计
汉族	29	149	178
回族	16	53	69
藏族	34	117	151
合计	79	319	398

表 8-32 是否因民族身份受到过歧视 单位：人

类别 民族	就业岗位		收入水平		职位升迁	
	有过	未有过	有过	未有过	有过	未有过
汉族	7	174	2	179	5	176
回族	1	67	1	67	1	67
藏族	3	147	2	148	4	146
合计	11	388	5	394	10	389

2. 民族身份与政策优惠

在民族身份与政策优惠方面，汉回藏中 74. 30%的调查对象认为少数民族应该获得；但是分民族来看，作为少数民族的回族和藏族的占比分别高达 83. 82%和 94%，汉族则仅有 53. 71%。如何让生活在民族地区的汉族也获得政策的大覆盖是施政中需要考虑的问题。在民族身份是否带来了政策优惠方面，汉族认为未带来的优惠占比为 72. 32%，符合我国民族优惠政策给普通汉族带来的心理落差；回族和藏族认为带来了优惠的占比分别为 50%和 74. 50%，占比相对较低，这与我国当前基本政策实施的普遍性使少数民族觉得应该比汉族获得更多更直接的政策期望有关，也与政策宣传不到位有关。一些少数民族即使享受了优惠政策也并不知道这些政策是民族优惠政策。在调查因少数民族身份获得的优惠和其他民族相比的差异时，回族受访者认为多的占 10. 34%，一样多的占 56. 9%，认为少的占 32. 76%；藏族受访者认为多的占 12. 90%，一样多的占 75. 81%，认为少的占 11. 29%。认为一样多或者少的比例相对较高的原因在于：第一，少数民族人口绝对数量相对汉族太少，其政策感知会出现误差；第二，回族认为少或一样多，是其身处甘南藏族自治州，其比较对象是汉族和藏族，所以会出现这种情况；第三，民族优惠政策的宣传不深入、落实不到位的情况在某些地方依然存在；第四，随着社会的发展，我国社会政策实施的普及度开始显现，少数民族享受政策的特殊性被逐渐冲淡。

表 8-33 您因少数民族身份获得的政策优惠和其他民族相比是多还是少

单位：人

获得情况 民族	获得的政策优惠比其他民族多	一样多	获得的政策优惠比其他民族少
回族	6	33	19

续表

民族＼获得情况	获得的政策优惠比其他民族多	一样多	获得的政策优惠比其他民族少
藏族	16	94	14
合计	22	127	33

3. 民族身份对外出旅行、出国时的影响

汉回藏三个民族调查对象中，认为民族身份没有对自己外出旅行与出国造成困扰的占 74.80%，认为很少的占 16.09%，认为经常有的占 4.02%，认为偶尔有的占 5.09%。分民族来看，汉族受访者中，认为没有的占 82.14%，很少的占 12.5%，经常有的占 1.79%，偶尔有的占 3.57%；回族受访者中，认为没有的占 71.88%，很少的占 15.63%，经常有的占 3.13%，偶尔有的占 9.38%；藏族受访者中，认为没有的占 67.38%，很少有的占 20.57%，经常有的占 7.09%，偶尔有的占 4.96%。总体来看，民族身份未对绝大多数汉回藏调查对象的外出旅行与出国造成影响，仅仅对极少数人有影响。

表 8-34　　您觉得您的民族身份在外出旅行、出国时有无不便利　　单位：人

民族＼影响	经常有	偶尔有	很少	没有	合计
汉族	3	6	21	138	168
回族	2	6	10	46	64
藏族	10	7	29	95	141
合计	15	19	60	279	373

(三) 民族政策的认知与评价

1. 民族区域自治制度

(1) 民族区域自治制度的知晓状况

汉回藏调查对象对我国实行的有中国特色的民族区域自治制度的总体知道的仅为 45.05%，不知道的占 54.95%，不知道的占比大于知道的占比。分民族来看，汉族知道的为 52.25%，不知道的为 47.75%；回族知道的为 30.77%，不知道的为 69.23%；藏族知道的为 42.55%，不知道的为 57.45%；回族和藏族知道民族区域自治制度的占比低于汉族，回族知道的占不到本民族有效样本量的 1/3。

表 8-35　　民族区域自治制度的知晓状况　　单位：人

民族＼了解情况	知道	不知道	合计
汉族	93	85	178
回族	20	45	65
藏族	60	81	141
合计	173	211	384

（2）对民族区域自治制度的评价

关于民族区域自治制度的好处，认为该项制度对本人和家庭好的总体占比较低，占 22.62%；分民族来看，汉族的占比为 13.64%，回族是 19.40%，藏族是 34.93%；虽然占比都普遍较低，但藏族的占比超过了 1/2。认为该项制度对本地区发展好的总体占比比较高，占 66.07%；分民族来看，汉族占 66.48%，回族占 61.19%，藏族占 67.81%。认为该项制度对全国均衡发展好的总体占比比较高，占 68.64%；分民族来看，汉族占 73.30%，回族占 64.18%，藏族占 65.68%。认为该项制度对地区和全国稳定好的总体占比不高，占 41.90%；分民族来看，汉族占 38.64%，回族占 43.28%，藏族占 45.21%。认为该项制度有利于保护少数民族的合法权利的总体比例较低，占 26.22%；分民族来看，汉族占 24.43%，回族占 26.87%，藏族占 28.08%。认为我国的民族区域自治制度有其他好处的占比极低，总体占比为 6.94%；分民族来看，汉族占 5.11%，回族占 10.45%，藏族占 7.53%。

表 8-36　　我国的民族区域自治制度的好处　　单位：人

民族＼类别	对本人和家庭好		对本地区发展好		对全国均衡发展好		对地区和全国稳定好		有利于保护少数民族的合法权利		有其他好处	
	否	是	否	是	否	是	否	是	否	是	否	是
汉族	152	24	59	117	47	129	108	68	133	43	167	9
回族	54	13	26	41	24	43	38	29	49	18	60	7
藏族	95	51	47	99	51	95	80	66	105	41	135	11
合计	301	88	132	257	122	267	226	163	287	102	362	27

对该项制度的发展前景的评价方面，汉、回、藏调查对象认为应根据

需要进行适当调整的占比为 50.89%，表示不清楚或不愿意表态的占 31.81%，认为要长期保持现状不动的占 9.41%，认为应该将改变区域自治制度（与其他地区管理体制一样）的占 7.89%。分民族来看，汉族受访者中，认为需要长期保持现状不动者占本民族样本量的 13.56%，认为应根据需要进行适当调整者占 54.24%，认为应该将改变区域自治制度（与其他地区管理体制一样）者占 10.17%，其次是表示不清楚或不愿意表态者占 22.03%；回族受访者中，认为需要长期保持现状不动者占本民族样本量的 7.47%，认为应根据需要进行适当调整者占 46.27%，认为应该将区域自治制度改为与其他地区管理体制一样者占 2.99%，其次是表示不清楚或不愿意表态者占 43.28%；藏族受访者中，认为需要长期保持现状不动者占本民族样本量的 5.37%，认为应根据需要进行适当调整者占 48.99%，认为应将区域自治制度改为与其他地区管理体制一样者占 7.38%，其次是表示不清楚或不愿意表态者占 31.81%。

表 8-37　　对民族区域自治制度的发展前景的评价　　单位：人

评价 / 民族	长期保持现状不动	根据需要进行适当调整	改变区域自治制度（与其他地区管理体制一样）	不清楚	合计
汉族	24	96	18	39	177
回族	5	31	2	29	67
藏族	8	73	11	57	149
合计	37	200	31	125	393

总体来看，我国的民族区域自治制度受到各民族的拥护，民族区域自治制度下的许多优惠政策能让少数民族获益并让其有切实感受，也获得了汉族的谅解与支持。但是在实施过程中仍然有许多优越性发挥不到位，宣传不够深入，普通少数民族群众的直接获益不足。

从民族区域自治制度的发展前景来看，汉、回、藏三个民族中只有不到 1/10 的人认为需要长期保持不变，而超过 50% 的调查对象认为应根据需要进行适当调整，该做哪些调整，少数民族和汉族的要求肯定有所不同，应该进行更深入的调查与分析。如果国家要对民族区域自治政策做适当的调整与改革，要做到在维护国家统一与中央权威的前提下，防止地方民族主义思想和大民族主义思想对国家稳定与发展的影响。

2. 针对少数民族和民族地区的相关扶持政策

(1) 各种扶持政策的知晓状况

通过对问卷分析来看，各项政策中，合作市汉回藏知晓率最低的三项政策是兴边富民、对其他民族地区的对口帮扶、人口较少民族特殊优惠；知晓率唯一过半的政策是高考加分。总体来看，汉族对这些政策的知晓率高于回族和藏族（见表8-38）。具体如下：

干部培养方面，汉回藏三个民族的总体知晓占比仅为33.25%，不了解的为66.75%。分民族来看，汉族了解的为42.54%，不了解的为57.45%；回族了解的为23.19%，不了解的为76.81%；藏族了解的为26.67%，不了解的为73.33%。藏族和回族的占比较低，回族的占比最低，仅有23.19%。

经济援助方面，汉回藏三个民族的总体知晓占比仅为37.25%，不了解的为62.75%。分民族来看，汉族了解的为50.28%，不了解的为49.72%；回族了解的为26.09%，不了解的为73.91%；藏族了解的为26.67%，不了解的为73.33%。汉族此项政策的知晓率刚过半，藏族和回族的占比较低，回族的占比最低，仅有26.09%。

教育扶持方面，汉回藏三个民族的总体知晓占比为43.5%，不了解的为56.5%。分民族来看，汉族了解的为53.04%，不了解的为49.96%；回族了解的为39.33%，不了解的为60.67%；藏族了解的为39.33%，不了解的为60.67%。藏族和回族的占比较低，回族的占比最低，但回族对此项政策的了解多于干部培养和经济援助。

医疗帮助方面，汉回藏三个民族的总体知晓占比为44.89%，不了解的为55.11%。分民族来看，汉族了解的为56.04%，不了解的为43.96%；回族了解的为28.99%，不了解的为71.01%；藏族了解的为38.67%，不了解的为61.33%；汉族此项政策的知晓率过半，藏族和回族的占比较低，回族的占比最低，仅有28.99%。

高考加分方面，汉回藏三个民族的总体知晓占比为63.34%，不了解的为36.65%。分民族来看，汉族了解的为70.33%，不了解的为29.67%；回族了解的为43.48%，不了解的为56.52%；藏族了解的为64%，不了解的为36%。三个民族对此项政策的感知最为明显，此项政策也是各民族知晓率唯一过半的政策。

兴边富民方面，汉回藏三个民族的总体知晓占比仅为 20.8%，不了解的高达 79.2%。分民族来看，汉族了解的为 22.65%，不了解的为 77.34%；回族了解的为 16.18%，不了解的为 83.82%；藏族了解的为 20.67%，不了解的为 79.33%。此项政策是汉回藏三个民族总体知晓率较低的政策。

援疆方面，汉回藏三个民族的总体知晓占比仅为 27.25%，不了解的为 72.75%。分民族来看，汉族了解的为 30.39%，不了解的为 69.61%；回族了解的为 18.84%，不了解的为 81.16%；藏族了解的为 27.33%，不了解的为 72.67%。此项政策是汉回藏三个民族总体知晓率较低的政策，主要是因为该政策与他们没有直接关系，对该政策感知较少，部分只是通过媒体知晓此项政策。

援藏方面，汉回藏三个民族的总体知晓占比为 45.64%，不了解的为 54.36%。分民族来看，汉族了解的为 56.04%，不了解的为 43.96%；回族了解的为 30.43%，不了解的为 69.57%；藏族了解的为 40%，不了解的为 60%。藏族和回族的比例较低，回族的比例最低。

对其他民族地区的对口帮扶方面，汉回藏三个民族的总体知晓率仅为 18.93%，不了解的为 81.07%。分民族来看，汉族了解的为 20.9%，不了解的为 79.1%；回族了解的为 18.18%，不了解的为 81.82%；藏族了解的为 16.9%，不了解的为 83.1%。此项政策是汉回藏三个民族总体知晓率较低的政策。

人口较少民族特殊优惠方面，汉回藏三个民族的总体知晓占比为 37.25%，不了解的为 62.75%。分民族来看，汉族了解的为 16%，不了解的为 84%；回族了解的为 7.81%，不了解的为 92.18%；藏族了解的为 11.41%，不了解的为 88.59%。此项政策是汉回藏三个民族总体知晓率较低的政策。

表 8-38　是否了解国家针对少数民族和民族地区的相关扶持政策　单位：人

政策 民族	干部培养		经济援助		教育扶持		医疗帮助		高考加分		兴边富民	
	是	否	是	否	是	否	是	否	是	否	是	否
汉族	77	104	91	90	96	85	102	80	128	54	41	140
回族	16	53	18	51	19	50	20	49	30	39	11	57
藏族	40	110	40	110	59	91	58	92	96	54	31	119
合计	133	267	149	251	174	226	180	221	254	147	83	316

表 8-39 是否了解国家针对少数民族和民族地区的相关扶持政策 单位：人

政策 民族	援疆		援藏		对其他民族地区的对口帮扶		人口较少民族特殊优惠	
	是	否	是	否	是	否	是	否
汉族	55	126	102	80	37	140	28	147
回族	13	56	21	48	12	54	5	59
藏族	41	109	60	90	25	123	17	132
合计	109	291	183	218	74	317	50	338

（2）对各种相关扶持政策执行效果的评价

关于干部培养，汉回藏调查对象总体认为好的占 83.22%，一般的占 15.38%，不好的占 1.4%。分民族来看，汉族认为好的占 80.72%，一般的占 18.07%，不好的占 1.2%；回族认为好的占 100%，没有认为一般和不好的状况；藏族认为好的占 83.22%，一般的占 15.38%，不好的占 1.40%。

关于经济援助，汉回藏调查对象总体认为好的占 87.66%，一般的占 12.34%。分民族来看，汉族认为好的占 84.04%，一般的占 15.96%；回族认为好的占 100%，没有认为一般的状况；藏族认为好的占 90.48%，一般的占 9.52%。

关于教育扶持，汉回藏调查对象总体认为好的占 82.02%，一般的占 17.98%。分民族来看，汉族认为好的占 81.63%，一般的占 18.38%；回族认为好的占 100%，没有认为一般的状况；藏族认为好的占 82.02%，一般的占 17.98%。

关于医疗帮助，汉回藏调查对象总体认为好的占 82.61%，一般的占 16.85%，不好的占 0.54%。分民族来看，汉族认为好的占 80.95%，一般的占 18.1%，不好的占 0.95%；回族认为好的占 95.24%，认为一般的占 4.76%，没有认为不好的状况；藏族认为好的占 81.03%，一般的占 18.97%，没有认为不好的状况。

关于高考加分，汉回藏调查对象总体认为好的占 89.24%，一般的占 9.16%，不好的占 1.59%。分民族来看，汉族认为好的占 87.30%，一般的占 10.32%，不好的占 0.24%；回族认为好的占 96.67%，认为一般的占 0.33%，没有认为不好的状况；藏族认为好的占 89.47%，一般的占

9. 47%，认为不好的占 1. 05%。

关于兴边富民，汉回藏调查对象总体认为好的占 81. 25%，一般的占 16. 67%，不好的占 2. 08%。分民族来看，汉族认为好占 74. 51%，一般的占 21. 57%，不好的占 3. 92%；回族认为好的占 100%，没有认为一般和不好的状况；藏族认为好的占 85. 29%，一般的占 14. 71%，没有认为不好的状况。

关于援疆，汉回藏调查对象总体认为好的占 77. 78%，一般的占 21. 37%，不好的占 0. 85%。分民族来看，汉族认为好的占 75%，一般的占 23. 33%，不好的占 1. 67%；回族认为好的占 100%，没有认为一般和不好的状况；藏族认为好的占 73. 81%，一般的占 26. 19%，没有认为不好的状况。

关于援藏，汉回藏调查对象总体认为好的占 85. 56%，一般的占 13. 9%，不好的占 0. 53%。分民族来看，汉族认为好的占 87. 5%，一般的占 11. 54%，不好的占 0. 96%；回族认为好的占 95. 45%，认为一般的占 4. 55%，没有认为不好的状况；藏族认为好的占 78. 69%，一般的占 21. 31%，没有认为不好的状况。

关于对其他民族地区的对口帮扶，汉回藏调查对象总体认为好的占 83. 91%，一般的占 14. 92%，不好的占 1. 15%。分民族来看，汉族认为好的占 78. 26%，一般的占 19. 57%，不好的占 2. 17%；回族认为好的占 92. 31%，认为一般的占 7. 69%，没有认为不好的状况；藏族认为好的占 89. 29%，一般的占 10. 1%，没有认为不好的状况。

关于人口较少民族特殊优惠，汉回藏调查对象总体认为好的占 83. 05%，一般的占 13. 6%，不好的占 3. 39%。分民族来看，汉族认为好的占 76. 47%，一般的占 17. 65%，不好的占 5. 88%；回族认为好的占 100%，没有认为一般和不好的状况；藏族认为好的占 89. 47%，一般的占 10. 53%，没有认为不好的状况。

（四）民族交往与民族关系状况

1. 民族通婚

在民族通婚方面，父母辈中汉回藏有跨族通婚者仅为 12. 95%。分民族来看，汉族中有跨族通婚者为 16. 48%，回族中有跨族通婚者为 8. 70%，藏族中有跨族通婚者为 10. 60%。表 8-41、表 8-42 中可以看出，汉回藏调查对象的父辈跨族通婚现象较少，回族最少，应该与通婚者需要信仰伊斯兰教以及女性不外嫁的传统文化有关。在自己及同辈的直系与旁系亲属中，有跨族通婚者为21.86%。分民族来看，汉族为26.96%，回族为15%，藏族为21.85%。纵向比较来看，各个民族的下一辈跨族通婚比例都较父辈增加，但横向来看，回族的比例依然最低，这与他们通婚的条件有密切关系。

表8-40　父母亲辈的长辈中是否有跨族通婚情况　单位：人

民族	有	无	合计
汉族	30	152	182
回族	6	63	69
藏族	16	135	151
合计	52	350	402

表8-41　兄弟姐妹（堂兄弟姐妹/表兄弟姐妹）中是否有跨族通婚情况

单位：人

民族	有	无	合计
汉族	45	133	178
回族	9	60	69
藏族	33	118	151
合计	87	311	398

2. 民族交往

汉族中，愿意和少数民族聊天的占98.86%（见表8-42）；愿意和少数民族一起工作的占98.29%；愿意和少数民族成为邻居的占98.29%；愿意和少数民族成为亲密朋友的占92%；愿意和少数民族诉说心事的占80.57%；愿意和少数民族借钱的占74.86%；愿意和少数民族结为亲家的占64%。在实际生活和少数民族聊过天的占98.27%（见表8-43）；和少数民族一起工作过的占92.40%；有过少数民族邻居的占92.44%；有过少数民族亲密朋友的占85.29%；和少数民族结为亲家的占14.12%；和少数民族诉说过心事的占63.31%；愿意和少数民族借钱的占57.99%。

表 8-42 是否愿意和少数民族交往 单位：人

意愿 交往形式	愿意	不愿意	合计
聊天	173	2	175
成为邻居	172	3	175
一起工作	172	3	175
成为亲密朋友	161	14	175
结为亲家	112	63	175
诉说心事	141	34	175
借钱	131	44	175

表 8-43 实际生活中是否有过该行为 单位：人

意愿 交往形式	有过	没有	合计
聊天	170	3	173
一起工作	158	13	171
成为邻居	159	13	172
成为亲密朋友	145	25	170
成为亲家	24	146	170
诉说过心事	107	62	169
借钱	98	71	169

关于少数民族和汉族交往方面（见表 8-44），愿意聊天的选项中，回族占 100%，藏族占 98.66%；愿意成为邻居的选项中，回族占 98.55%，藏族占 93.92%；愿意一起工作的选项中，回族占 100%，藏族占 95.95%；愿意成为亲密朋友的选项中，回族占 98.55%，藏族占 87.84%；愿意结为亲家的选项中，回族占 98.55%，藏族占 87.84%；愿意诉说心事的选项中，回族占 87.25%，藏族占 71.81%；愿意借钱的选项中，回族占 100%，藏族占 67.11%。实际生活中是否与汉族聊过天的选项中（见表 8-45），回族占 98.55%，藏族占 89.93%；是否有过和汉族成为邻居的选项中，回族占 92.75%，藏族占 77.85%；是否有过和汉族一起工作的选项中，回族占 86.96%，藏族占 77.18%；是否有过汉族亲密朋友的选项中，回族占 89.86%，藏族占 64.43%；是否有过或有汉族亲家的

选项中，回族占 8.70%，藏族占 7.38%；是否有过和汉族诉说心事的选项中，回族占 69.57%，藏族占 48.32%；是否有过和汉族借钱的选项中，回族占 53.62%，藏族占 42.28%。

表 8-44　是否愿意和汉族交往　单位：人

交往形式 \ 意愿		愿意	不愿意	合计
聊天	回族	69	0	69
	藏族	147	2	149
成为邻居	回族	68	1	69
	藏族	139	9	148
一起工作	回族	69	0	69
	藏族	142	6	148
成为亲密朋友	回族	68	1	69
	藏族	130	18	148
结为亲家	回族	28	41	69
	藏族	71	78	149
诉说心事	回族	60	9	69
	藏族	107	42	149
借钱	回族	58	11	69
	藏族	100	49	149

表 8-45　实际生活中是否有过该行为　单位：人

交往形式 \ 意愿		有过	没有	合计
聊天	回族	68	1	69
	藏族	134	15	149
成为邻居	回族	64	5	69
	藏族	116	33	149
一起工作	回族	60	9	69
	藏族	115	34	149
成为亲密朋友	回族	62	7	69
	藏族	96	53	149
成为亲家	回族	6	63	69
	藏族	11	138	149

续表

交往形式＼意愿		有过	没有	合计
诉说过心事	回族	48	21	69
	藏族	72	77	149
借钱	回族	37	32	69
	藏族	63	86	149

关于和其他少数民族交往方面，愿意聊天的选项中，回族占100%，藏族占97.96%；愿意成为邻居的选项中，回族占97.10%，藏族占91.84%；愿意一起工作的选项中，回族占100%，藏族占94.56%；愿意成为亲密朋友的选项中，回族占97.10%，藏族占80.95%；愿意结为亲家的选项中，回族占43.48%，藏族占34.69%；愿意诉说心事的选项中，回族占82.61%，藏族占65.30%；愿意借钱的选项中，回族占84.06%，藏族占63.51%（见表8-46）。

表8-46　是否愿意和其他少数民族交往　单位：人

交往形式＼意愿		愿意	不愿意	合计
聊天	回族	69	0	69
	藏族	144	3	147
成为邻居	回族	67	2	69
	藏族	135	12	147
一起工作	回族	69	0	69
	藏族	139	8	147
成为亲密朋友	回族	67	2	69
	藏族	119	28	147
结为亲家	回族	30	39	69
	藏族	51	96	147
诉说心事	回族	57	12	69
	藏族	96	51	147
借钱	回族	58	11	69
	藏族	94	54	148

和其他少数民族实际生活中是否有过聊过天的选项中（见表8-47），

回族占98.55%，藏族占88.35%；是否有过和其他少数民族成为邻居的选项中，回族占97.10%，藏族占71.23%；是否有过和其他少数民族一起工作的选项中，回族占88.41%，藏族占76.71%；是否有过其他少数民族亲密朋友的选项中，回族占84.06%，藏族占57.82%；是否有过或有其他少数民族亲家的选项中，回族占5.80%，藏族占5.44%；是否有过和其他少数民族诉说心事的选项中，回族占66.67%，藏族占40.41%；是否有过和其他少数民族借钱的选项中，回族占55.52%，藏族占41.50%。

表8-47　和其他少数民族实际生活中是否有过该行为　单位：人

交往形式＼意愿		有过	没有	合计
聊天	回族	68	1	69
	藏族	129	17	146
成为邻居	回族	67	2	69
	藏族	104	42	146
过一起工作	回族	61	8	69
	藏族	112	34	146
成为亲密朋友	回族	58	11	69
	藏族	85	62	147
成为亲家	回族	4	65	69
	藏族	8	139	147
诉说过心事	回族	46	23	69
	藏族	59	87	146
借钱	回族	39	30	69
	藏族	61	86	147

从中可以看出，涉及越深入的交往，汉、回、藏调查对象在交往意愿和实际行为中所占比例逐渐呈降低趋势。这些比例较低的选项主要是涉及金钱交往、深层的亲密关系的建立与交流、跨民族通婚，其中比例最低的是跨民族通婚。

3. 民族关系

(1) 全国不同时期民族关系

从对全国的宏观的民族关系的评价来看（见表8-48），对改革开放前的民族关系的评价方面，汉回藏三个民族中认为好的比例占 69. 33%，一般的占 27. 18%，认为不好的占 3. 19%。分民族来看，汉族认为好的占 65. 38%，一般的占 29. 12%，认为不好的占 5. 5%；回族认为好的占 72. 46%，一般的占 27. 54%，认为不好的为 0；藏族认为好的占 72. 67%，一般的占 24. 67%，认为不好的占 2. 6%。

表 8-48　　对全国不同时期民族关系的分民族评价　　单位：人

时代	民族	好	一般	不好	合计
改革开放前	汉族	119	53	10	182
	回族	50	19	0	69
	藏族	109	37	4	150
	合计	278	109	14	401
改革开放以来—2000 年	汉族	104	70	8	182
	回族	51	18	0	69
	藏族	98	48	5	151
	合计	253	136	13	402
21 世纪以来（2001 年以来）—2012 年 10 月	汉族	132	35	15	182
	回族	60	6	3	69
	藏族	116	27	8	151
	合计	308	68	26	402
党的十八大以来（2012 年 10 月以来）	汉族	146	21	15	182
	回族	61	5	3	69
	藏族	122	23	6	151
	合计	329	49	24	402

对改革开放以来至 2000 年的评价方面，汉回藏三个民族中认为好的比例占 62. 94%，一般的占 33. 83%，认为不好的占 3. 23%。分民族来看，汉族认为好的占 57. 14%，一般的占 38. 46%，认为不好的占 4. 4%；回族认为好的占 73. 91%，一般的占 26. 09%，认为不好的为 0；藏族认为好的占 64. 90%，一般的占 31. 79%，认为不好的占 3. 31%。

21 世纪以来（2001 年以来）至 2012 年 10 月的评价方面，汉回藏三个民族中认为好的比例占 76. 62%，一般的占 16. 92%，认为不好的占 6. 46%。分民族来看，汉族认为好的占 72. 53%，一般的占 19. 23%，认为不好的占 8. 24%；回族认为好的占 86. 95%，一般的占 8. 70%，认为不好的占4.35%；藏族认为好的占76.82%，一般的占17.88%，认为不好的占5.3%。

党的十八大以来（2012年10月以来）的评价方面，汉回藏三个民族中认为好的比例占81.84%，一般的占11.54%，认为不好的占6.62%。分民族来看，汉族认为好的占80.22%，一般的占11.54%，认为不好的占8.24%；回族认为好的占88.41%，一般的占7.25%，认为不好的占4.34%；藏族认为好的占80.79%，一般的占15.23%，认为不好的占3.98%。

（2）合作市不同时期民族关系

对于微观的合作市的民族关系的评价方面（见表8-49），对改革开放以来至2000年的评价方面，汉回藏三个民族中认为好的比例占66.25%，一般的占31.50%，认为不好的占2.25%。分民族来看，汉族认为好的占60.99%，一般的占35.71%，认为不好的占3.3%；回族认为好的占76.12%，一般的占22.39%，认为不好的占1.49%；藏族认为好的占68.21%，一般的占30.46%，认为不好的占1.33%。汉回藏三个民族对这一历史时期的民族关系总体评价较高。

表8-49　　对合作市不同时期民族关系的分民族评价　　单位：人

时代	民族	好	一般	不好	合计
改革开入以来—2000年	汉族	111	65	6	182
	回族	51	15	1	67
	藏族	103	46	2	151
	合计	265	126	9	400
21世纪以来（2001年以来）—2012年10月	汉族	133	33	16	182
	回族	58	6	3	67
	藏族	118	26	7	151
	合计	309	65	26	400
党的十八大以来（2012年10月以来）	汉族	143	25	14	182
	回族	61	3	3	67
	藏族	121	23	7	151
	合计	325	51	24	400

对21世纪以来（2001年以来）至2012年10月的评价方面，汉回藏

三个民族中认为好的比例占 77.25%，一般的占 18.13%，认为不好的占 21.5%。分民族来看，汉族认为好的占 73.08%，一般的占 19.23%，认为不好的占 7.69%；回族认为好的占 86.57%，一般的占 8.96%，认为不好的占 4.47%；藏族认为好的占 78.15%，一般的占 17.22%，认为不好的占 4.63%。

对党的十八大以来（2012 年 10 月以来）的评价方面，汉回藏三个民族中认为好的比例占 81.25%，一般的占 12.75%，认为不好的占 6%。分民族来看，汉族认为好的占 78.57%，一般的占 13.74%，认为不好的占 7.69%；回族认为好的占 91.04%，一般的占 4.48%，认为不好的占 4.48%；藏族认为好的占 79.47%，一般的占 15.23%，认为不好的占 5.3%。

民族关系是考察多民族国家不同民族之间交往状况的重要变量。合作市汉回藏三个民族的成员对不同时期全国和合作市的民族关系有着不同的评价，但总体认为我国的民族关系和合作市的民族关系比较好。这与中国实施正确的民族政策，建立了平等、团结、互助的社会主义民族关系有密切关系。

4. 关于“五个认同”

（1）对“五个认同”的知晓状况

在对伟大祖国的认同方面，汉回藏三个民族受访者的总体知晓占比为 59.24%。分民族来看，汉族为 72.22%，回族为 56.72%，藏族为 44.59%。对中华民族的认同方面，汉回藏三个民族受访者的总体知晓占比为 57.36%。分民族来看，汉族为 69.44%，回族为 54.55%，藏族为 43.92%。对中华文化的认同方面，汉回藏三个民族受访者的总体知晓占比为 56.09%。分民族来看，汉族为 67.04%，回族为 53.03%，藏族为 44.30%。对中国共产党的认同方面，汉回藏三个民族受访者的总体知晓占比为 56.60%。分民族来看，汉族为 68.72%，回族为 52.24%，藏族为 43.92%。对中国特色社会主义的认同方面，汉回藏三个民族受访者的总体知晓占比为 55.58%。分民族来看，汉族为 68.16%，回族为 49.25%，藏族为 43.24%。

总的来看，合作市的汉、回、藏三个主要民族受访者对“五个认同”的知晓率不高，加强“五个认同”的宣传与教育是小康社会需要进一步加强的工作之一。

表 8-50 **是否知道“五个认同”**

认同趋向 / 民族	对伟大祖国的认同		对中华民族的认同		对中华文化的认同		对中国共产党的认同		对中国特色社会主义的认同	
	是	否	是	否	是	否	是	否	是	否
汉族	130	50	125	55	120	59	123	56	122	57
回族	38	29	36	30	35	31	35	32	33	34
藏族	66	82	65	83	66	83	65	83	64	84
合计	234	161	226	168	221	173	223	171	219	175

(2) 加强“五个认同教育”的重要性

由于汉回藏三个民族受访者的“五个认同”知晓率较低，发现三个民族的调查对象也认为应该加强“五个认同教育”。总体来看，三个民族的调查对象认为加强教育的比例在99%以上。分民族来看，回族调查对象中的100%认为应该加强“五个认同教育”，汉族和藏族的比例均在99%以上。

表 8-51 **是否加强“五个认同教育”** 单位：人、%

民族 / 认同趋向	汉族		回族		藏族		总比例
	人数	比例	人数	比例	人数	比例	
加强对伟大祖国的认同	174	100	63	100	139	99.29	99.73
加强对中华民族的认同	175	100	63	100	139	99.29	99.74
加强对中华文化的认同	175	100	63	100	139	99.29	99.74
加强对中国共产党的认同	175	100	62	100	139	99.29	99.73
加强对中国特色社会主义的认同	174	99.43	62	100	139	99.29	99.47

五 公共服务与政府管理

(一) 社会保障项目参加基本状况

在扶贫开发方面，汉、回、藏三个民族参加扶贫开发的比例极低，94.99%的调查没有参加，各个民族之间没有明显的差异见表8-52。

在社会保险方面，51.88%的汉回藏调查对象参加了社会保险。分民族来看，汉族参加社会保险的比例为48.62%，回族参加社会保险的比例为44.78%，藏族参加社会保险的比例为58.94%，从中可以看出汉族和回族参加的人数未过半，藏族接近60%。

在社会补充保险方面，参加社会补充保险的比例较低，汉回藏三个民族调查对象参加者仅为27.57%，未参加者为72.43%。分民族来看，汉族未参加者为65.19%，回族未参加者为74.63%，藏族未参加者为80.13%。

在社会救助方面，参加社会救助的比例较低，82.46%的汉回藏调查对象未参加。分民族来看，汉族未参加者为81.77%，回族未参加者为73.13%，藏族未参加者为87.41%。

在社会福利方面，参加社会福利相对较低，64.91%的汉回藏调查对象未参加。分民族来看，汉族未参加者为68.51%，参加者为31.49%；回族未参加者为38.81%，参加者为61.19%；藏族未参加者为72.19%，参加者为27.81%。回族参加社会福利者相对较高，达到了61.19%；藏族未参加者最高，比例在72.19%。

在住房保障方面，参加住房保障的比例极低，89.59%的汉回藏调查对象未参加。分民族来看，汉族参加者为15.08%，未参加者为84.92%；回族参加者为6.25%，未参加者为93.75%；藏族参加者为6.62%，未参加者为93.38%。

表8-52　是否参加社会保障项目　　单位：人

项目 民族	扶贫开发		社会保险		社会补充保险		社会救助		社会福利		住房保障	
	是	否	是	否	是	否	是	否	是	否	是	否
汉族	11	170	88	93	63	118	33	148	57	124	27	152
回族	3	64	30	37	17	50	18	49	41	26	4	60
藏族	6	145	89	62	30	121	19	132	42	109	10	141
合计	20	379	207	192	110	289	70	329	140	259	41	353

从一些具体的社会保障项目参加情况来看，合作市汉、回、藏调查对象参加率很低，主要原因在这样几个方面：第一，与城乡差异有关，农业户口参加住房保障的情况全国都如此；第二，西部农业户口缴费参保面临的困难较多；第三，社会保险宣传不到位、解释不够清晰，百姓即使获得了或参加相应的社会保障项目，依然不明白参加的什么。合作市在政策宣传、普及与实施方面有很多工作要做。

（二）公共卫生政策的了解与认知情况

表 8-53　　是否知道地方病防治　　单位：人

民族	知道	不知道	合计
汉族	57	123	180
回族	13	55	68
藏族	20	130	150
合计	90	308	398

表 8-54　　知道者对地方病防治的满意度　　单位：人

民族	满意	不满意	合计
汉族	50	7	57
回族	11	2	13
藏族	16	5	21
合计	77	14	91

在地方病防治方面，78%的汉回藏调查对象不知道此政策；在知道这一医疗政策的22%人中，83.72%的人满意此政策。在爱国卫生教育方面，57.8%的汉回藏调查对象不知道该政策；在知道该政策的42.2%人中，83.72%的人满意此项政策。关于社区卫生（健康）档案建设方面，67.61%的汉回藏调查对象不知道该政策；在知道此政策的32.39%人中，满意该政策的占91.27%。关于基本药物实施状况方面，70.69%的汉回藏调查对象不知道该政策；知道此政策的29.31%人中，满意此政策的人占88.60%。关于中（民族）医药扶持方面，76.73%的汉回藏调查对象不知道该政策；知道此政策的23.27%人中，满意此政策的占82.42%。

表 8-55　　是否知道爱国卫生教育　　单位：人

民族	知道	不知道	合计
汉族	83	97	180
回族	21	47	68

续表

民族	知道	不知道	合计
藏族	66	84	150
合计	170	228	398

表 8-56　　知道者对爱国卫生教育的满意度　　单位：人

民族	满意	不满意	合计
汉族	75	8	83
回族	20	1	21
藏族	61	5	66
合计	156	14	170

表 8-57　　是否知道社区卫生（健康）档案　　单位：人

民族	知道	不知道	合计
汉族	69	109	178
回族	23	45	68
藏族	38	112	150
合计	130	266	396

表 8-58　　知道者对社区卫生（健康）档案的满意度　　单位：人

民族	知道	不知道	合计
汉族	62	7	69
回族	23	0	23
藏族	36	2	38
合计	121	9	130

表 8-59　　是否知道基本药物的实施状况　　单位：人

民族	知道	不知道	合计
汉族	66	113	179
回族	18	49	67

续表

民族	知道	不知道	合计
藏族	36	2	38
合计	118	278	396

表 8-60　　知道者对基本药物的实施状况的满意度　　单位：人

民族	满意	不满意	合计
汉族	58	8	66
回族	16	1	18
藏族	32	2	34
合计	106	11	118

表 8-61　　是否知道中（民族）医药扶持　　单位：人

民族	知道	不知道	合计
汉族	45	135	180
回族	15	53	68
藏族	36	114	150
合计	96	302	398

表 8-62　　知道者对中（民族）医药扶持的满意度

民族	满意	不满意	合计
汉族	38	7	45
回族	15	0	15
藏族	30	6	36
合计	83	13	96

综上可见，合作市对医疗卫生政策的宣传和普及不够，政府在医疗卫生方面所做的许多工作普通百姓并不懂或者不了解。而知道或了解这些政策的人，对政策的满意度相当高。

（三）资源环境与生态保护政策的了解与认知

1. 对于环保政策了解状况

关于当地政府采取了哪些环境保护措施的调查显示，知道采取了污水处理的占汉回藏有效样本量的47.24%，不知道采取此措施的占52.76%；知道采取了垃圾处理的占汉回藏有效样本量的90.95%，不知道采取此措施的占9.05%；知道采取了退耕还林的占汉回藏有效样本量的78.64%，不知道采取此措施的占21.36%；知道采取了大气治理的占汉回藏有效样本量的65.58%，不知道采取此措施的占34.42%；知道采取了限制外来污染企业进入和外来投资的占汉回藏有效样本量的20.10%，不知道采取此措施的占79.90%；知道采取了生态移民的占汉回藏有效样本量的12.06%，不知道采取此措施的占87.94%；知道采取了公益广告的占汉回藏有效样本量的10.30%，不知道采取此措施的占89.70%；知道采取了提高环境保护宣传力度的占汉回藏有效样本量的45.98%，不知道采取此措施的占54.02%；知道采取了加强环保制度建设的占汉回藏有效样本量的44.97%，不知道采取此措施的占55.03%；知道采取了其他的占汉回藏有效样本量的100%。

表8-63　受访者是否了解当地采取的生态环境保护政策调查　单位：人、%

类别＼民族	汉族		回族		藏族		总比例
	人数	比例	人数	比例	人数	比例	
污水处理	90	47.87	40	21.28	58	30.85	47.24
垃圾处理	163	45.03	64	17.68	135	37.29	90.95
退耕还林	138	44.09	48	15.34	127	40.58	78.64
大气治理	127	48.66	50	19.16	84	32.18	65.58
限制外来污染企业进入和外来投资	39	48.75	8	10.00	33	41.25	20.10
生态移民	24	50.00	8	16.67	16	33.33	12.06
公益广告	17	41.46	3	7.32	21	51.22	10.30
提高环境保护宣传力度	79	43.17	25	13.66	79	43.17	45.98
加强环保制度建设	77	43.02	25	13.97	77	43.02	44.97
其他	181	45.48	67	16.83	150	37.69	100

从表8-63中可以看出，能明确说出的政府采取的环境保护措施的由高到低的顺序依次是：垃圾处理（90.95%）、退耕还林（78.64%）、大气治理（65.58%）、污水处理（47.24%）、提高环境保护宣传力度（45.98%）、加强环保制度建设（44.97%）、限制外来污染企业进入和外来投资（20.10%）、生态移民（12.06%）、采取了公益广告（10.30%）。

2. 对于环保政策的评价

汉、回、藏调查对象对合作市生态环境近10年来的评价中，认为变好的占有效样本量的95.25%；认为10年后会变得更好的占有效样本量的96.24%（见表8-64、表8-65）。

表8-64　当地生态环境和10年前相比的评价　单位：人

评价 民族	变好	变坏	没有变化	合计
汉族	171	9	0	180
回族	68	1	0	69
藏族	142	7	2	151
合计	381	17	2	400

表8-65　当地生态环境10年后变化的预测　单位：人

预期 民族	变好	变坏	没有变化	合计
汉族	172	6	1	179
回族	66	2	1	69
藏族	146	4	1	151
合计	384	12	3	399

评价当前环境变好的原因时，认为是环境保护宣传更加深入人心的占有效样本量的63.52%，认为并非如此的占36.48%；认为是监管力度加大的占78.74%，认为并非如此的占21.26%；认为是民众环保意识增强的占71.91%，认为并非如此的占29.09%；认为是企业重视环境治理的占12.60%，认为并非如此的占87.40%；认为清洁能源的使用的占4.77%，认为并非如此的占95.23%；认为是生态移民的占2.76%，认为并非如此的占97.24%；无人认为与产业结构调整有关。

表 8-66　认为环境变好的原因　单位：人

原因 类别	民族	否	是	合计
环境保护宣传更加深入人心	汉族	60	111	171
	回族	22	46	68
	藏族	57	85	142
合计		139	242	381
监管力度加大	汉族	35	136	171
	回族	21	47	68
	藏族	25	117	142
合计		81	300	381
民众环保意识增强	汉族	44	127	171
	回族	24	44	68
	藏族	39	103	142
合计		107	274	381
企业重视环境治理	汉族	142	29	171
	回族	60	8	68
	藏族	131	11	142
合计		333	48	381
清洁能源的使用	汉族	161	10	171
	回族	65	3	68
	藏族	136	6	142
合计		362	19	381
生态移民	汉族	165	6	171
	回族	65	3	68
	藏族	140	2	142
合计		370	11	381
产业结构调整	汉族	171	0	171
	回族	68	0	68
	藏族	142	0	142
合计		381	0	381

（四）社会公平状况的认知

汉回藏调查对象对教育、语言文字、医疗卫生、住房、社会保障、司法、干部选拔任用、就业、信息、政府办事、投资经营等领域社会公平状况的总体评价分别是：认为很公平的占有效样本量的12.56%，认为比较公平的占78.46%，认为不公平的占7.18%，认为很不公平的占1.79%。可以说，社会的民主和公正建设取得了很大的成果，汉族和主要少数民族对社会公正的认可度较高，这是小康社会建设和社会主义民主政治建设深得人心的主要体现。

表8-67　　社会总体公平感评价　　单位：人

民族＼评价		很不公平	不太公平	比较公平	很公平	合计
总体	汉族	4	11	134	25	174
	回族	0	1	58	9	68
	藏族	3	16	114	15	148
合计		7	28	306	49	390

分领域来看，汉回藏调查对象中，认为教育很公平的占2%，认为比较公平的占73.32%，认为不太公平的占7.18%，认为很不公平的占7.73%；认为语言文字很公平的占12.72%，认为比较公平的占77.56%，认为不太公平的占6.73%，认为很不公平的占2.99%；认为医疗卫生很公平的占10.95%，认为比较公平的占69.40%，认为不太公平的占12.44%，认为很不公平的占7.21%；认为住房很公平的占10.20%，认为比较公平的占68.91%，认为不太公平的占16.42%，认为很不公平的占4.48%；认为社会保障很公平的占11.69%，认为比较公平的占74.38%，认为不太公平的占11.19%，认为很不公平的占2.74%；认为司法很公平的占13.82%，认为比较公平的占71.86%，认为不太公平的占12.06%，认为很不公平的占2.26%；认为干部选拔任用很公平的占9.87%，认为比较公平的占70.12%，认为不太公平的占16.46%，认为很不公平的占3.54%；认为就业很公平的占12.75%，认为比较公平的占66.25%，认为不太公平的占16%，认为很不公平的占5%。认为信息很公平的占15.08%，认为比较公平的占76.38%，认为不太公平的占7.79%，认为很

不公平的占 0.75%；认为政府办事很公平的占 12.97%，认为比较公平的占 71.82%，认为不太公平的占 12.96%，认为很不公平的占 2.24%；认为投资经营很公平的占 13.27%，认为比较公平的占 77.30%，认为不太公平的占 6.63%，认为很不公平的占 2.81%。

表 8-68　　公平感评价　　单位：人

类别＼评价		很不公平	不太公平	比较公平	很公平	合计
教育	汉族	17	16	129	20	182
	回族	0	4	55	9	68
	藏族	14	18	110	9	151
合计		31	38	294	38	401
语言文字	汉族	2	15	135	29	181
	回族	0	3	58	8	69
	藏族	10	9	118	14	151
合计		12	27	311	51	401
医疗卫生	汉族	12	23	125	22	182
	回族	1	3	57	8	69
	藏族	16	24	97	14	151
合计		29	50	279	44	402
住房	汉族	10	27	125	20	182
	回族	1	9	51	8	69
	藏族	7	30	101	13	151
合计		18	66	277	41	402
社会保障	汉族	7	20	129	26	182
	回族	0	6	56	7	69
	藏族	4	19	114	14	151
合计		11	45	299	47	402
司法	汉族	3	16	128	31	178
	回族	0	4	57	8	69
	藏族	6	28	101	16	151
合计		9	48	286	55	398

续表

类别	评价	很不公平	不太公平	比较公平	很公平	合计
干部选拔任用	汉族	5	35	111	26	177
	回族	1	6	55	6	68
	藏族	8	24	111	7	150
合计		14	65	277	39	395
就业	汉族	12	35	104	30	181
	回族	2	6	55	6	69
	藏族	6	23	106	15	150
合计		20	64	265	51	400
信息	汉族	1	15	126	37	179
	回族	0	2	61	6	69
	藏族	2	14	117	17	150
合计		3	31	304	60	398
政府办事	汉族	3	31	121	26	181
	回族	0	5	57	7	69
	藏族	6	16	110	19	151
合计		9	52	288	52	401
投资经营	汉族	5	12	131	28	176
	回族	0	4	55	8	67
	藏族	6	10	117	16	149
合计		11	26	303	52	392

总体来看，汉、回、藏三个民族的调查对象对社会公平感的评价时大部分认为比较公平，只有数量特别少的调查对象认为很不公平。但是值得注意的是，认为很公平的人数量并不多，认为不太公平的仍然有一定数量。因此，做好社会公平公正依然是合作市小康社会建设的重要内容之一。

（五）小康社会建设

1. 对建成小康社会的信心

对合作市 2020 年全面建成小康社会的信心方面，汉回藏调查对象表示有信心的占到有效样本量的 97. 73%。

表 8-69 您对 2020 年所在县市全面建成小康社会的信心

民族＼信心	有信心	没有信心	合计
汉族	177	4	181
回族	67	1	68
藏族	144	4	148
合计	388	9	397

2. 对合作市加快建成小康社会的建议

（1）认为应采取的有效措施一

汉回藏调查对象认为应加大扶贫攻坚力度的占 43.26%，应加快发展当地经济的占 19.85%，应加快当地的基础设施建设的占 4.33%，政府应当更加廉洁的占 8.40%，中央政策应落实到位的占 8.40%，应扩大当地就业的占 3.31%，应提高就业工资的占 3.82%，应调控房价的占 0.25%，应提高医疗水平的占 0.31%，应提高养老金水平的占 1.27%，应提高教育水平的占 2.29%，其他建议占 1.78%。

分民族来看，汉族受访者认为应加大扶贫攻坚力度的占 42.13%，应加快发展当地经济的占 19.10%，应加快当地的基础设施建设的占 3.93%，政府应当更加廉洁的占 9.55%，中央政策应落实到位的占 11.24%，应扩大当地就业的占 3.37%，应提高就业工资的占 2.09%，应调控房价的占 0.56%，应提高医疗水平的占 3.37%，应提高养老金水平的占 1.69%，应提高教育水平的占 2.25%，其他为 0；回族受访者认为应加大扶贫攻坚力度的占 50.72%，应加快发展当地经济的占 13.04%，应加快当地的基础设施建设的占 1.45%，政府应当更加廉洁的占 1.44%，中央政策应落实到位的占 11.59%，应扩大当地就业的占 7.26%，应提高就业工资的占 4.48%，应调控房价的为 0，应提高医疗水平的占 2.90%，应提高养老金水平的占 1.45%，应提高教育水平的占 4.35%，其他建议占 1.45%；藏族受访者认为应加大扶贫攻坚力度的占 41.10%，应加快发展当地经济的占 23.97%，应加快当地的基础设施建设的占 6.16%，政府应当更加廉洁的占 10.27%，中央政策应落实到位的占 3.42%，应扩大当地就业的占 1.37%，应提高就业工资的占 4.79%，应调控房价的为 0，应提高医疗水平的占 2.74%，应提高养老金水平的占 0.68%，应提高教育水平的占 1.37%，其他建议占 4.41%。

（2）认为应采取的有效措施二

汉回藏调查对象认为应加大扶贫攻坚力度的占6.86%，应加快发展当地经济的占29.55%，应加快当地的基础设施建设的占10.82%，政府应当更加廉洁的占9.50%，中央政策应落实到位的占10.29%，应扩大当地就业的占10.82%，应提高就业工资的占7.92%，应调控房价的占0.79%，应提高医疗水平的占3.43%，应提高养老金水平的占4.49%，应提高教育水平的占5.54%。

分民族来看，汉族受访者认为应加大扶贫攻坚力度的占6.82%，应加快发展当地经济的占27.84%，应加快当地的基础设施建设的占9.66%，政府应当更加廉洁的占10.80%，中央政策应落实到位的占12.50%，应扩大当地就业的占9.09%，应提高就业工资的占7.95%，应调控房价的占1.70%，应提高医疗水平的占5.11%，应提高养老金水平的占2.27%，应提高教育水平的占6.25%；回族受访者认为应加大扶贫攻坚力度的占4.68%，应加快发展当地经济的占28.13%，应加快当地的基础设施建设的占3.13%，政府应当更加廉洁的占7.81%，中央政策应落实到位的占3.12%，应扩大当地就业的占20.31%，应提高就业工资的占7.81%，应调控房价的为0，应提高医疗水平的占4.69%，应提高养老金水平的占15.63%，应提高教育水平的占4.69%；藏族受访者认为应加大扶贫攻坚力度的占7.91%，应加快发展当地经济的占32.37%，应加快当地的基础设施建设的占15.83%，政府应当更加廉洁的占8.63%，中央政策应落实到位的占10.79%，应扩大当地就业的占8.63%，应提高就业工资的占7.91%，应调控房价的为0，应提高医疗水平的占0.72%，应提高养老金水平的占2.16%，应提高教育水平的占5.04%。

（3）认为应采取的有效措施三

汉回藏调查对象认为应加大扶贫攻坚力度的占2.94%，应加快发展当地经济的占8.02%，应加快当地的基础设施建设的占14.17%，政府应当更加廉洁的占9.89%，中央政策应落实到位的占9.89%，应扩大当地就业的占13.10%，应提高就业工资的占8.82%，应调控房价的占1.07%，应提高医疗水平的占3.48%，应提高养老金水平的占8.02%，应提高教育水平的占20.59%。

分民族来看，汉族受访者认为应加大扶贫攻坚力度的占3.45%，应加快发展当地经济的占6.32%，应加快当地的基础设施建设的占

13. 79%，政府应当更加廉洁的占 9. 20%，中央政策应落实到位的占 9. 20%，应扩大当地就业的占 13. 22%，应提高就业工资的占 8. 62%，应调控房价的占 1. 15%，应提高医疗水平的占 3. 45%，应提高养老金水平的占 8. 62%，应提高教育水平的占 22. 99%；回族受访者认为应加大扶贫攻坚力度的占 3. 22%，应加快发展当地经济的占 9. 68%，应加快当地的基础设施建设的占 8. 06%，政府应当更加廉洁的占 11. 29%，中央政策应落实到位的占 14. 52%，应扩大当地就业的占 8. 06%，应提高就业工资的占 9. 68%，应调控房价的占 1. 61%，应提高医疗水平的占 1. 61%，应提高养老金水平的占 11. 29%，应提高教育水平的占 20. 97%；藏族受访者认为应加大扶贫攻坚力度的占 2. 17%，应加快发展当地经济的占 9. 42%，应加快当地的基础设施建设的占 17. 39%，政府应当更加廉洁的占 10. 14%，中央政策应落实到位的占 8. 70%，应扩大当地就业的占 15. 22%，应提高就业工资的占 8. 70%，应调控房价的占 0. 72%，应提高医疗水平的占 4. 35%，应提高养老金水平的占 5. 80%，应提高教育水平的占 17. 39%。

总之，合作市的小康建设取得了比较好的成果，这提升了汉回藏调查对象对 2020 年全面建成小康社会的信心。但地处西北民族地区的区位劣势，合作市在建成小康社会方面依然有很多工作要做，当地政府应该有效回应人民群众的关切问题，提升小康建设的水平、质量与建设标准。

第九章

西藏墨脱县经济社会发展情况问卷调查报告

墨脱，又名“白马岗”，在藏族人民心目中是宗教信徒朝圣的“莲花宝地”。墨脱县是西藏自治区林芝市下辖的一个县，位于西藏东南部，雅鲁藏布江下游，平均海拔1200米，最低海拔115米。面积31394.67平方千米，耕地面积2万亩，森林面积3200万亩。截至2011年，墨脱县辖1个镇7个乡（含1个民族乡），60个村。位于西藏边陲的墨脱曾是我国唯一不通公路的县，2010年以前墨脱仍维持着刀耕火种式的原始生活形态。然而，在党中央正确领导下，在福建、广东的大力援助和西藏自治区各级政府的全力支持下，在墨脱县各族人民的共同努力下，墨脱教育在本地经济社会发展相对落后的背景下实现了跨越式发展。境内的居民主要为门巴族和珞巴族。民族地区社会经济综合状况关系到国家的团结统一和社会的稳定繁荣，调查清楚民族地区的社会发展状况，对于制定有效的民族政策、解决民族发展困难具有先导性的作用。本报告基于墨脱县居民的主观反映，针对墨脱经济生活、生态保护移民、社会事业发展、民族关系、民族政策、民族文化传承与保护、社会和谐与安定七个方面进行定量分析，为评估墨脱县经济社会发展程度提供必要参考依据，希望以此对维护墨脱县发展和稳定有所贡献。

一　调查对象基本情况

本报告关于“墨脱县经济社会发展综合调查”的分析数据来源于中国社会科学院民族学与人类学研究所于2016年开展实施的中国社会科学院创新工程重大专项“21世纪初中国少数民族地区经济社会发展综合调

查”在墨脱的家庭问卷抽样调查数据。墨脱的样本回收数为 369 份，调查对象包括墨脱县各民族成员。问卷回收整理录入后，主要使用社会科学统计软件 SPSS 加以统计分析。调研对象的基本情况见表 9-1。

表 9-1　　人口基本特征　　单位：%

户籍	农业户口	95.9	政治面貌	中共党员	52.7	民族	汉族	1.7
	非农业户口	4.1		团员	20.9		藏族	19
性别	男性	72.4		民主党派	—		门巴族	62.4
	女性	27.6		无（群众）	26.4		珞巴族	14
职业身份	公务员	5.3	年龄	30 岁及以下	27.2		其他民族	2.6
	领导干部	0.8		31—45 岁	40.2	宗教信仰	伊斯兰教	0.8
	企事业管理人员	0.8		46—60 岁	28.0		佛教	77.2
	技术人员	0.8		61 岁及以上	4.6		道教	1.9
	农牧民	84.7	受教育程度	未上学	39.3		天主教	0.3
	制造业、矿业、建筑业工人	0.8		小学	43.8		基督教	—
	商业服务业普通人员	1.1		初中	3.9		民间信仰	2.2
	其他	5.6		高中	3.6		其他	0.8
				大专及以上	9.4		没有宗教信仰	16.8

从墨脱县被访群体的人类学特征来看，在性别方面，男性占比为 72.4%，女性占比为 27.6%，明显低于男性。在年龄分布方面，31—60 岁占比为 68.2%，30 岁及以下的年轻人和 60 岁及以上的分别占 27.2%、4.6%。在民族成分上，门巴族最多，占比为 62.4%；其次是藏族，占 19%；汉族和其他民族人口占比较小，分别为 1.7%、2.6%。在户籍类型方面，农业户口占 95.9%，非农业户口占 4.1%。在受教育程度上，接受了大专及以上教育的占 9.4%，初中及以下的占 87%。总体来看，受教育程度偏低。在职业身份分布方面，农牧民占比最大，为 84.7%；其次为其他灵活就业人员占 5.6%；公务员、商业服务业普通人员分别占 5.3%、1.1%。在宗教信仰方面，信仰佛教的占 77.2%，没有宗教信仰的占 16.8%，信仰道教的占 1.9%，2.2%有民间信仰。

二　经济生活情况

“稳定”和“发展”是如今西藏工作的重点，墨脱县概莫能外。“发展”既包括经济发展和社会发展，经济发展是民族地区发展的起点，是民族平等、团结的物质基础，是民族共同繁荣的重要内容。地区经济发展包括宏观方面的经济增长、经济结构、经济关系、经济制度、经济协调和可持续发展等各方面，也包括微观方面的人均 GDP、居民收入水平和结构、居民生活质量等，民族地区经济发展归根到底是要落实到民族地区人民的物质生活需要的满足上，因此，本章从居民就业、住房情况和生活质量三方面分析墨脱县居民经济生活情况。

（一）就业情况

就业是国家宏观调控目标之一，是地区经济内生增长的核心动力，也是最大的民生。就业关系到地区经济社会全局，影响着居民生活质量。本章从居民职业类型、就业性质、就业途径和影响劳动力流动的因素四方面分析墨脱县居民的就业状况。

1. 居民职业身份以“农牧民”为主

墨脱县居民受访者的职业类型集中于主要的个别行业。农牧民比例最大，占 84.7%；其次是其他灵活就业人员占 5.6%；公务员、商业服务业普通人员分别占 5.3%、1.1%。从民族维度看，汉族受访者职业身份以公务员为主，相关占比为 50%；藏族、门巴族、珞巴族受访者均以农牧民身份为主，占比分别为 89.1%、82.6%、93.6%。从户籍维度看，农业户口受访者中农牧民占 87%，非农业户口受访者相关占比为 47.6%，其次公务员占 33.3%；城镇居民职业分布相对均匀，农村居民的职业分布较集中单一。因此，墨脱县居民主要是农牧民，说明墨脱县经济活跃程度不高，同时职业结构体系需要调整完善。

表 9-2　　城乡居民职业分布类型　　单位：%

类型 / 民族	公务员	领导干部	企事业管理人员	技术人员	农牧民	制造业、矿业、建筑业工人	商业服务业普通人员	其他	样本量
汉族	50.0	—	—	—	33.3	—	16.7	—	6
藏族	9.4	1.6	—	—	89.1	—	—	—	64
门巴族	4.3	—	1.4	1.0	82.6	1.4	1.0	8.2	207
珞巴族	2.1	—	—	2.1	93.6	—	—	2.1	47
其他民族	—	5.7	—	—	85.7	—	2.9	5.7	35

续表

民族＼类型		公务员	领导干部	企事业管理人员	技术人员	农牧民	制造业、矿业、建筑业工人	商业服务业普通人员	其他	样本量
户籍	农业户口	3.6	0.3	0.6	0.9	87.0	0.9	1.2	5.6	338
	非农业户口	33.3	9.5	4.8	—	47.6	—	—	4.8	21
总计		5.3	0.8	0.8	0.8	84.7	0.8	1.1	5.6	359

2. 农村劳动力以务农为主，城镇市场对劳动力权益保障不足

在农村劳动力工作结构方面，2016 年墨脱县农村劳动力受访者只是务农的比例为 70.1%。2016 年墨脱县农村劳动力受访者中 2.8%以非农工作为主，同时也从事务农工作。从民族维度看，76.4%的农业户口藏族劳动力受访者从事农业生产，14.5%以务农为主，同时也从事非农工作。农业户口的门巴族劳动力受访者中，2.1%只从是非农工作；仅从事务农工作的占 62.1%；以非农工作为主，同时也从事务农工作的占 1.1%。珞巴族受访者中 95.7%只是务农。总体来看调查点的农村的劳动力仍然以务农为主。

表 9-3　　农业户口劳动力工作性质　　单位：%

民族＼工作性质	只是务农	以务农为主，同时也从事非农工作	以非农工作为主，同时也务农	只从事非农工作	样本量
汉族	66.7	—	33.3	—	3
藏族	76.4	14.5	7.3	1.8	55
门巴族	62.1	34.7	1.1	2.1	190
珞巴族	95.7	4.3	—	—	47
其他民族	69.0	24.1	6.9	—	29
总计	70.1	25.6	2.8	1.5	324

3. 劳动力配置：农业户口以社会关系网络为主要资源，非农业户口以行政权力资源为主

根据农村劳动力受访者寻找第一份工作的途径看，通过朋友、熟人介绍的占 12.4%，通过家人、亲戚介绍的占 11.4%，通过政府、社区安排介绍的占 22.9%，因此可以说政府保障农村劳动力从事非农工作的能力较弱。从民族维度看，15.4%农业户口藏族劳动力受访者主要通过朋友或熟人介绍获得非农工作，家人、亲戚占 30.8%，经政府或社区安排介绍

的占30.8%；农村门巴族受访者寻找第一份工作的途径，12.2%是经过朋友、熟人介绍，家人、亲戚占8.1%；珞巴族通过政府、社区，与通过熟人关系找工作的比例相当。说明农村主要通过传统社会关系网络实现非农就业。总体来看，农村劳动力直接获得市场就业信息的机会小，利用市场途径实现非农就业的能力较弱，侧面说明市场发育不健全；城镇市场对农村劳动力开放程度不足，劳动力未处于完全竞争状态。

表9-4　　农村劳动力寻找第一份工作的途径　　单位：%

途径/民族	政府/社区安排介绍	商业职介（包括人才交流会）	招聘广告	直接申请（含考试）	家人/亲戚介绍	朋友/熟人介绍	通过本乡人介绍	通过同民族介绍	其他（请注明）	样本量
藏族	30.8	—	—	—	30.8	15.4	15.4	—	7.7	13
门巴族	18.9	1.4	—	6.8	8.1	12.2	10.8	8.1	33.8	74
珞巴族	33.3	—	22.2	—	11.1	11.1	11.1	—	11.1	9
其他民族	33.3	—	—	—	11.1	11.1	—	11.1	33.3	9
总计	22.9	1.0	1.9	4.8	11.4	12.4	10.5	6.7	28.6	105

从非农业户口劳动力就业途径来看，50%通过政府或社区安排介绍就业，16.7%通过直接申请实现就业，其他路径相对较窄。因此，政府仍然在保障墨脱县城镇劳动力就业方面发挥主导作用。从民族维度看，藏族66.7%通过直接申请获得工作，33.3%通过政府社区安排介绍实现就业；门巴族劳动力中57.1%依靠政府或社区实现就业。

表9-5　　城镇劳动力寻找第一份工作的途径　　单位：%

途径/民族	政府/社区安排介绍	商业职介（包括人才交流会）	招聘广告	直接申请（含考试）	通过本乡人介绍	样本量
藏族	33.3	—	—	66.7	—	3
门巴族	57.1	28.6	—	—	14.3	7
其他民族	50.0	—	50.0	—	—	2
总计	50.0	16.7	8.3	16.7	8.3	12

4. 劳动力流动限制因素

根据表9-6，限制劳动力流动的主要原因是“得不到相关就业信息”，相关比例为49.8%，其次想留在就业地生活成本太高的占8.4%。

从民族维度看，限制藏民族劳动力外出最主要的原因是得不到相关就业信息，占比为 38.1%，想留在就业地生活，但成本太高的占 19%；限制门巴族劳动力外出最主要的原因是得不到相关就业信息，占比为 51.1%，因工作辛苦收入低而不愿外出的占 9.8%；限制珞巴族劳动力外出最主要的原因是得不到相关就业信息，占比为 50%，因生活习俗不能适应、气候自然环境不能适应而不愿外出的分别占 12.5%。从城乡维度看，限制农业户口劳动力外出最主要的原因是得不到相关就业信息，比例为 49.7%，想留在就业地生活成本太高的占 8.6%；限制非农业户口劳动力外出最主要的原因是得不到相关就业信息，占比为 52.9%，想留在就业地生活成本太高的占 5.9%。

表 9-6　限制劳动力流动的因素　单位：%

因素 / 民族		得不到相关就业信息	被当地人看不起或歧视	工作辛苦收入低	想留在就业地但生活成本太高	生活习俗不能适应	气候自然环境不能适应	孩子就学困难	家里需要照顾必须返乡	自己想去的部门和岗位不招收没有当地户口的外地人	社保缴费高关系难转移	语言障碍	样本量
汉族		50.0	—	—	—	—	—	—	—	—	—	50.0	4
藏族		38.1	3.2	6.3	19.0	12.7	7.9	6.3	—	1.6	—	4.8	63
门巴族		51.1	3.4	9.8	6.9	6.3	3.4	3.4	5.2	1.7	0.6	8.0	174
珞巴族		50.0	4.2	2.1	2.1	12.5	12.5	8.3	2.1	—	—	6.3	48
其他民族		65.6	6.3	3.1	6.3	—	3.1	6.3	9.4	—	—	—	32
户籍	农业户口	49.7	3.6	7.6	8.6	7.6	5.3	5.3	4.3	1.0	0.3	6.9	304
	非农业户口	52.9	5.9	—	5.9	11.8	11.8	—	—	5.9	—	5.9	17
总计		49.8	3.7	7.2	8.4	7.8	5.6	5.0	4.0	1.2	0.3	6.9	321

（二）住房情况

住房需求属于人类基本需求之一，关系到人的安全感和社会稳定，在自古以来以“安居乐业”作为民生终极目标的中国，住房更是“家”的物化，因此住房是社会稳定发展的重要载体。本章将根据家庭自有住房拥有情况讨论墨脱县居民住房情况。

总体上墨脱县受访家庭自有住房率较高，整体住房条件较好。从家庭自有住房拥有情况看，墨脱县家庭中80.2%拥有1套自有住房，1.4%没有自有住房，拥有2套或2套以上自有住房的占比较小。从民族维度看，汉族、藏族家庭1套自有住房拥有率分别为66.7%、92.3%，无自有住房的占比分别为16.7%、0；门巴族、珞巴族家庭1套自有住房拥有率分别为73.4%、95.8%，无自有住房的占比分别为1.4%、2.1%。因此，各民族之间自有住房拥有情况存在一定差异。

表9-7 家庭自有住房拥有情况 单位：%

民族＼情况		缺失	0	1	2	3	其他	样本量
汉族		—	16.7	66.7	—	16.7	—	6
藏族		6.2	—	92.3	1.5	—	—	65
门巴族		22.0	1.4	73.4	2.3	—	0.9	214
珞巴族		2.1	2.1	95.8	—	—	—	48
其他民族		19.4	—	80.6	—	—	—	36
户籍	农业户口	15.0	1.4	81.2	1.7	0.3	0.3	346
	非农业户口	30.4	—	65.2	—	—	4.3	23
总计		16.0	1.4	80.2	1.6	0.3	0.5	369

（三）生活质量

整体看，墨脱县居民对过去5年生活水平变化大都持肯定态度。91.4%的居民认为过去5年生活水平上升很多或略有上升，认为上升很多的占48.9%。从民族维度看，汉族、藏族、门巴族、珞巴族居民认为过去5年生活水平上升的占比分别为80%、92.2%、92.4%、93.8%。从户籍维度看，农业户口91.6%受访者认为过去5年生活水平上升很多或略有上升，非农业户口相关占比为88.2%，低于农业户口，说明近年来墨脱县居民对生活水平变化整体评价较高，农村居民对生活质量的评价更乐观。

表9-8 居民对过去5年生活水平变化的评价 单位：%

民族＼变化	上升很多	略有上升	没有变化	略有下降	下降很多	样本量
汉族	80.0	—	20.0	—	—	5
藏族	53.1	39.1	7.8	—	—	64

续表

民族＼变化		上升很多	略有上升	没有变化	略有下降	下降很多	样本量
门巴族		45.4	47.0	5.9	1.1	0.5	185
珞巴族		56.3	37.5	4.2	—	2.1	48
其他民族		43.5	34.8	8.7	4.3	8.7	23
户籍	农业户口	48.1	43.5	6.2	1.0	1.3	308
	非农业户口	64.7	23.5	11.8	—	—	17
总计		48.9	42.5	6.5	0.9	1.2	325

三　生态环境保护

处于青藏高原的墨脱环境承载力毕竟有限。本报告从生态环境保护方面分析墨脱县生态环境现状。

总体上，受访者对生态环境评价较好，对政府保护环境的评价较高。

关于所在地生态环境的评价，受访者对10年来当地生态环境变化的评价较高，相关占比为69.3%。认为当前自己所处地区生态环境变化的占比为15.2%，认为没有变化的占15.5%。

从城乡维度看，农业户口受访者对10年来生态环境好评的占比比非农业户口高出8.9个百分点。

表9-9　　居民对10年来地区生态环境变化的评价　　单位：%

民族＼评价		变好	变坏	没有变化	样本量
汉族		80.0	—	20.0	5
藏族		40.0	29.2	30.8	65
门巴族		76.4	9.4	14.2	212
珞巴族		66.7	26.7	6.7	45
其他民族		82.4	11.8	5.9	34
户籍	农业户口	69.8	15.1	15.1	338
	非农业户口	60.9	17.4	21.7	23
总计		69.3	15.2	15.5	361

墨脱县受访者对地方政府保护生态环境效果的整体评价较高。具体来看，受访者对生态保护措施和法规的评价为“好”的占比为 84.7%；认为不好的占比为 15.3%。从民族维度看，门巴族受访者对地方政府保护环境工作评价最高，珞巴族相对较低。从户籍维度看，农业户口受访者对地方政府保护环境的各项工作评价低于非农户口受访者。

表 9-10　居民对地方政府保护生态环境效果的评价　单位：%

民族＼效果		好	不好	样本量
汉族		80.0	20.0	5
藏族		88.7	11.3	62
门巴族		86.8	13.2	205
珞巴族		77.3	22.7	44
其他民族		73.3	26.7	30
户籍	农业户口	84.5	15.5	323
	非农业户口	87.0	13.0	23
总计		84.7	15.3	346

四　社会事业发展

本报告从公共基础设施、社会保障和社会预期三个方面对当前墨脱县社会事业发展状况加以讨论。

（一）公共基础设施

农村公共基础设施建设相对滞后。

总体来看，受访者对幼儿园、小学、中学、卫生院、活动室、运动场地、邮电所、银行等公共基础设施的满意度相对较高，相关占比均超过 50%。但对农贸市场和车站的满意度较低，相关占比分别为 41.5%、38%。说明墨脱县在商品交易和交通运输等方面仍然存在一些问题。从户籍维度看，农业户口受访者对公共基础设施满意的占比均低于非农业户口，持不满意态度的占比也均高于非农业户口受访者。说明在公共基础设施建设方面，农业户口与非农业户口仍然存在一定差距。但整体而言，墨脱农业户口受访者对教育公共基础设施的满意度与非农业户口受访者较为接近。说明近年来农村教育发展有了长足进步。

表 9-11　**城乡居民对公共基础设施的评价**　单位：%

公共基础设施＼评价		满意	一般	不满意	样本量
幼儿园	农业户口	68.5	26.4	5.1	235
	非农业户口	64.7	35.3	—	17
	总计	68.3	27.0	4.8	252
小学	农业户口	69.6	27.1	3.2	247
	非农业户口	72.2	27.8	—	18
	总计	69.8	27.2	3.0	265
中学	农业户口	69.1	28.5	2.4	207
	非农业户口	73.3	26.7	—	15
	总计	69.4	28.4	2.3	222
社区或乡卫生院或最近的医院	农业户口	52.7	41.1	6.2	258
	非农业户口	57.9	42.1	—	19
	总计	53.1	41.2	5.8	277
派出所、警卫室等	农业户口	56.2	35.1	8.8	251
	非农业户口	47.4	47.4	5.3	19
	总计	55.6	35.9	8.5	270
活动室、老年活动中心、广场等	农业户口	62.8	29.0	8.2	231
	非农业户口	80.0	20.0	—	15
	总计	63.8	28.5	7.7	246
运动场所及器材	农业户口	54.8	31.5	13.7	197
	非农业户口	46.2	53.8	—	13
	总计	54.3	32.9	12.9	210
农贸市场	农业户口	39.6	46.5	13.8	159
	非农业户口	66.7	33.3	—	12
	总计	41.5	45.6	12.9	171
车站（码头）	农业户口	37.1	43.0	19.9	151
	非农业户口	50.0	50.0	—	12
	总计	38.0	43.6	18.4	163

续表

公共基础设施＼评价		满意	一般	不满意	样本量
邮电所	农业户口	57.3	33.3	9.4	192
	非农业户口	53.8	46.2	—	13
	总计	57.1	34.1	8.8	205
银行（信用社）	农业户口	63.3	27.7	9.0	188
	非农业户口	61.5	38.5	—	13
	总计	63.2	28.4	8.5	201

（二）社会保障

1. 农村社会保障参与率较高

在农村社会保障方面，墨脱县农业户口受访者享受扶贫开发的占比为73.4%，参加社会保险的占比为76.5%，参加社会补充保险的占比为39.9%；享受社会救助的占65.6%，享受社会福利的占51.3%，享受住房保障的占比为66.3%。从民族维度看，门巴族受访者参与扶贫开发、社会救助、住房保障的比例相对较高；藏族受访者参加社会保险、社会补充保险的比例较高。本次数据调查仅针对居民主观感受，实际上由于墨脱县部分地区的社会保险不符合责任分担原则，个人或家庭无能力参加社会保险的，存在一定集体代缴的事实，部分受访者对自己是否参与社会保险情况并不清楚。同时受农业户口受访者对社会保险认知和熟悉程度的限制，农村居民社会保险参保率高于目前的调查数据。

表 9-12　　农村社会保障参与情况　　单位：%

民族＼类别	扶贫开发		社会保险		社会补充保险		社会救助		社会福利		住房保障	
汉族	75.0	3	100	4	33.3	1	50.0	2	33.3	1	66.7	2
藏族	59.6	28	98.3	59	50.0	22	65.4	34	62.7	32	48.8	21
门巴族	81.8	130	69.5	98	34.1	42	69.5	107	51.3	61	74.6	103
珞巴族	46.3	19	59.0	23	25.6	10	45.0	18	27.5	11	43.9	18
其他民族	88.9	24	85.7	24	75.0	18	76.9	20	69.6	16	85.2	23
总计	73.4	204	76.5	208	39.9	93	65.6	181	51.3	121	66.3	167

2. 受访者对社会保障制度的评价

墨脱县受访者对当地社会保障整体评价很高，对各社会保障项目持满意态度的占比均在 78.7%以上。具体来看，农业户口受访者对扶贫开发、社会保险、社会补充保险、社会救助、社会福利、住房保障各项目相关满意占比分别为 88.2%、90.3%、79.9%、83.6%、78.7%、83.4%。从民族维度看，藏族受访者对扶贫开发、社会保险、社会救助、社会福利的评价均相对较高；门巴族受访者对住房保障的评价较高；相对而言，汉族受访者对各项社会保障的评价均为最低。由此可见，各民族对当地社会保障满意度评价存在较大差异。

表 9-13　农村居民对社会保障持满意态度的比例　单位：%

类别 民族	扶贫开发		社会保险		社会补充保险		社会救助		社会福利		住房保障	
汉族	66.7	2	66.7	2	—	0	50.0	1	—	0	50.0	1
藏族	90.9	30	96.4	54	80.0	24	89.5	34	86.1	31	80.6	25
门巴族	89.9	124	91.4	106	84.6	77	84.1	106	82.4	75	88.2	97
珞巴族	71.9	23	72.4	21	60.0	15	69.0	20	53.8	14	65.5	19
其他民族	100	22	95.5	21	88.2	15	94.4	17	86.7	13	90.5	19
总计	88.2	201	90.3	204	79.9	131	83.6	178	78.7	133	83.4	161

（三）社会预期

总体上，受访者的生活预期较高。

墨脱县受访者中，认为当地未来 5 年生活水平将会上升很多或略有上升的占 86.4%，认为略有下降的仅占 2.5%，下降很多的占 1.1%，总体来看，墨脱受访者对未来生活比较有信心。从民族维度看，珞巴族受访者对生活改善更为乐观，93.5%认为未来 5 年生活水平上升很多或略有上升。汉族相关占比为 80%。从户籍维度看，城乡受访户籍认为未来 5 年生活水平会上升的占比分别为 79%、86.8%，城镇受访者对未来生活改善的信心弱于农业户口受访者。

表 9-14　居民对未来 5 年生活水平的预期　单位：%

预期 民族	上升很多	略有上升	没有变化	略有下降	下降很多	样本量
汉族	60.0	20.0	20.0	—	—	5

续表

预期 民族		上升很多	略有上升	没有变化	略有下降	下降很多	样本量
藏族		7.9	73.0	15.9	1.6	1.6	63
门巴族		41.7	47.1	7.3	3.4	0.5	206
珞巴族		52.2	41.3	2.2	—	4.3	46
其他民族		27.3	45.5	24.2	3.0	—	33
总计		36.0	50.4	9.9	2.5	1.1	353
户籍	农业户口	37.1	49.7	10.2	1.8	1.2	334
	非农业户口	15.8	63.2	5.3	15.8	—	19
总计		36.0	50.4	9.9	2.5	1.1	353

88.5%受访者对当地2020年建成小康社会很有信心或有信心。从民族维度看，人口比例较少其他民族、藏族居民对所在地区2020年建成小康社会的信心更强，认为有信心或没有信心的占比分别为96.9%、92.3%；汉族居民相关占比最低，为60%。从城乡维度看，农业户口受访者对当地2020年全面建成小康社会有信心或没有信心的占比为88.4%；非农业户口受访者为90%，略高于农村。

表9-15　　居民对所在地区2020年建成小康社会的态度　　单位:%

态度 民族		有信心	没有信心	样本量
汉族		60.0	40.0	5
藏族		92.3	7.7	65
门巴族		90.5	9.5	201
珞巴族		70.5	29.5	44
其他民族		96.9	3.1	32
总计		88.5	11.5	347
户籍	农业户口	88.4	11.6	327
	非农业户口	90.0	10.0	20
	总计	88.5	11.5	347

五　民族关系

本报告从语言使用、宗教信仰、族际交往、“五个认同”知晓情况、民族关系、当地居民对外来人态度、民族关系六个方面，对墨脱县民族关系现状加以论述。

（一）语言使用

国家通用语言文字在墨脱县居民中普及率不高。日常生活交谈中，79%墨脱县居民对本民族语言掌握更好，使用普通话更熟练的受访者占4%，使用外语的受访者占0.6%。从民族维度看，各族居民日常交谈中主要习惯使用本民族语言，其中珞巴族居民使用本民族语言交流的占比最高。从户籍维度看，农业户口受访者使用普通话作为日常交谈媒介的占比明显低于非农业户口，使用本民族语言的占比高于非农业户口受访者，但无论城乡，居民日常交谈都主要使用本民族语言。

表 9-16　居民与人交谈时语言掌握情况　单位：%

民族＼掌握情况	本族语	本族语和汉语同等程度	普通话或汉语方言	其他民族语	外语	样本量
汉族	40.0	—	60.0	—	—	5
藏族	84.2	12.3	3.5	—	—	57
门巴族	76.0	19.7	3.4	0.5	0.5	208
珞巴族	95.8	4.2	—	—	—	48
其他民族	70.6	20.6	5.9	—	2.9	34
总计	79.0	16.2	4.0	0.3	0.6	352
农业户口	80.8	15.3	3.0	0.3	0.6	333
非农业户口	47.4	31.6	21.1	—	—	19
总计	79.0	16.2	4.0	0.3	0.6	352

（二）宗教信仰

受访者宗教信仰占比大，以佛教为主。77.2%受访者都信仰佛教，没有宗教信仰的受访者占16.8%，信仰伊斯兰教的受访者占0.8%。从民族维度看，50%汉族受访者无宗教信仰；藏族受访者主要信仰佛教，相关比例为76.9%，仍有21.5%藏族受访者没有教信仰；珞巴族信仰佛教的比例最高，为97.9%。从户籍维度看，非农业户口受访者没有宗教信仰的占比为28.6%，农业户口受访者为16%，说明城镇信教居民比例低于农村居民。其中，非农业户口受访者中61.9%信仰佛教，农业户口受访者相关占比为78.1%。

表9-17　居民宗教信仰情况　单位：%

民族＼宗教信仰		伊斯兰教	佛教	道教	天主教	民间信仰	其他	没有宗教信仰	样本量
汉族		—	50.0	—	—	—	—	50.0	6
藏族		1.5	76.9	—	—	—	—	21.5	65
门巴族		1.0	72.9	3.3	0.5	3.3	1.4	17.6	210
珞巴族		—	97.9	—	—	—	—	2.1	48
其他民族		—	80.0	—	—	2.9	—	17.1	35
总计		0.8	77.2	1.9	0.3	2.2	0.8	16.8	364
户籍	农业户口	0.9	78.1	2.0	—	2.0	0.9	16.0	343
	非农业户口	—	61.9	—	4.8	4.8	—	28.6	21
总计		0.8	77.2	1.9	0.3	2.2	0.8	16.8	364

（三）族际交往

墨脱县各族居民的族际交往意愿相对较强。各民族受访者愿意与本民族之外的民族成员交往除诉说心事、借钱外的占比均在90%以上。具体来看，汉族、人口占比较少民族与本民族之外的民族交往的意愿相对最强，愿意与少数民族聊天的占比均为100%；门巴族愿意与其他民族聊天、成为邻居、一起工作的占比也较高，均高于89.1%。但是，各民族愿意与本民族之外居民结为亲家、诉说心事、借钱的占比均低于日常交往的相关占比。

表9-18　民族交往情况　单位：%

民族交往＼交往形式	一起聊天	成为邻居	一起工作	成为亲密朋友	结为亲家	诉说心事	借钱
汉族与少数民族	100	66.7	66.7	100	66.7	66.7	33.3

续表

民族交往＼交往形式	一起聊天	成为邻居	一起工作	成为亲密朋友	结为亲家	诉说心事	借钱
藏族与汉族	95.3	95.3	78.1	100	71.9	70.3	46.9
门巴族与汉族	90.7	95.3	92.1	100	78.0	86.8	81.1
珞巴族与汉族	90.2	100	80.0	100	71.8	71.1	65.0
其他民族与汉族	100	100	100	100	88.9	88.9	66.7
藏族与少数民族	94.6	92.9	92.9	92.9	91.1	92.9	89.3
门巴族与少数民族	96.2	89.1	94.6	92.3	81.4	90.6	83.6
珞巴族与少数民族	100	97.6	97.7	84.6	74.4	81.6	73.7
其他民族与少数民族	100	100	100	100	100	87.5	75.0

(四)“五个认同”知晓情况

墨脱县居民对“五个认同”的知晓占比相对较高，相关占比均高于84.3%。其中，对伟大祖国的认同的知晓度最高，相关占比为90.8%。有关对中华民族的认同、对中华文化的认同、对中国共产党的认同、对中国特色社会主义的认同的占比分别为87%、84.3%、85.1%、89.8%。从民族维度看，汉族居民对“五个认同”的知晓度最高，相关占比均为100%；门巴族居民对“五个认同”的知晓度也较高，均在89.8%以上；相对而言，珞巴族居民对“五个认同”的知晓度相对较低。从户籍维度看，非农业户籍受访者对“五个认同”的知晓程度均高于农业户籍受访者。

表9-19　　居民对“五个认同”知晓情况　　单位:%

民族＼认同情况	对伟大祖国的认同	对中华民族的认同	对中华文化的认同	对中国共产党的认同	对中国特色社会主义的认同
汉族	100	100	100	100	100
藏族	100	79.7	79.3	79.7	100
门巴族	92.0	92.8	90.5	90.5	89.8
珞巴族	76.7	74.4	72.1	74.4	76.7
其他民族	85.2	92.0	80.0	84.0	87.0
总计	90.8	87.0	84.3	85.1	89.8

续表

民族＼认同情况	对伟大祖国的认同	对中华民族的认同	对中华文化的认同	对中国共产党的认同	对中国特色社会主义的认同
农业户口	90.7	86.7	83.8	84.6	89.6
非农业户口	92.9	92.9	92.9	92.9	92.9
总计	90.8	87.0	84.3	85.1	89.8

（五）当地居民对外来人口的态度

墨脱县对外来人口的开放程度较高。当地居民对县外省内的外来流入人员持欢迎态度的占比为98%，对省外国内外来流入人员持欢迎态度的占比为91.4%，对外国人持欢迎态度的占比为82.8%。从民族维度看，汉族居民对国内的外来流入人员的欢迎程度最高，相关占比均为100%；珞巴族居民对县外省内、省外国内和外国流入人员持欢迎态度的占比分别为97.8%、93.3%、90.9%。从户籍维度看，农业户籍受访者对国内的外来流入人员的欢迎程度均高于非农业户籍受访者。

表9-20　当地居民对外来人口持欢迎态度的情况　单位：%

民族＼外来人口	县外省内的外来流入人员	省外国内的外来流入人员	外国人	总计
汉族	100	100	80.0	4
藏族	98.4	89.1	71.9	46
门巴族	97.5	90.5	84.0	158
珞巴族	97.8	93.3	90.9	40
其他民族	100	96.9	87.1	27
总计	98.0	91.4	82.8	275
农村	97.8	91.4	84.2	262
城镇	100	90.5	61.9	13
总计	98.0	91.4	82.8	275

（六）民族关系

从改革开放前至今，墨脱县民族关系不断改善。居民对民族关系持好评的比例，由改革开放前的45.9%，上升到如今的84.8%。改革开放至今，好评提升近40个百分点，改革开放以来至今提升22个百分点。从民族维度看，各民族对于不同时期民族关系的好评均有较大幅度提升，其中藏族居民提升幅度最大。从户籍维度看，改革开放前至今农业户口的民族关系改善幅度较大，上升近40个百分点，非农业户口上升29个百分点。总体来看，墨脱县民族关系良好，和谐程度不断提升。

表9-21　民族关系变化情况　单位：%

时期／民族	改革开放前			改革开放以来至2000年			2001年以来至2012年10月		党的十八大以来（2012年10月以来）		样本量
	好	一般	不好	好	一般	不好	好	一般	好	一般	
汉族	33.3	33.3	33.3	75.0	25.0	—	75.0	25.0	75.0	25.0	4
藏族	26.6	51.6	21.9	51.6	43.8	4.7	73.4	26.6	96.9	3.1	64
门巴族	45.0	45.0	9.9	63.5	34.9	1.6	77.0	23.0	82.8	17.2	192
珞巴族	71.4	16.7	11.9	78.6	16.7	4.8	84.4	15.6	86.4	13.6	44
其他民族	58.1	29.0	12.9	58.1	38.7	3.2	77.4	22.6	71.0	29.0	31
总计	45.9	41.1	13.0	62.8	34.5	2.7	77.3	22.7	84.8	15.2	335
农业户口	46.2	41.0	12.8	63.1	34.1	2.9	77.8	22.2	85.4	14.6	316
非农业户口	42.1	42.1	15.8	57.9	42.1	—	68.4	31.6	73.7	26.3	19
总计	45.9	41.1	13.0	62.8	34.5	2.7	77.3	22.7	84.8	15.2	335

六　民族政策

我国民族地区主要分布在中西部，资源环境、区位交通和历史发展条件等方面的差异，使得民族地区经济社会发展程度参差不齐，且落后于内地。民族政策是应对特殊民族问题、优化多民族生态、实现民族团结的重要途径。民族政策是指在一个由不同民族和族群构成的国家中，政府针对少数民族在政治、经济、文化、宗教、教育等方面所指定的制度性安排。[①] 由于针对墨脱县特殊的住房保障、促进就业等具体政策已在上文有所论述，这里仅从高考加分政策、民族地区特殊优惠政策两方面分析评估民族政策在墨脱县的执行效果。

① 关凯：《民族关系的社会整合与民族政策的类型》，《西北民族研究》2003年第2期。

（一）高考加分政策

受访者对高考加分政策满意度较高。墨脱县受访者中70.7%对少数民族高考加分政策持满意态度，不满意的占2.4%。说明知晓高考加分政策的居民相关满意度非常高，但也有一部分居民没能直接或间接地享受或熟悉高考加分政策（中等教育需要进一步加强）。从民族维度看，藏族居民对高考加分政策满意度较高，相关占比为84.4%；汉族相关占比为60%，汉族的满意度较低，且不满意的比例最高。可能是由于在少数民族地区，汉族居民没享受到高考加分政策，由此产生一定的被忽视感。从户籍维度看，非农业户口居民对少数民族高考加分政策持满意态度的占比为55.6%，农业户口为71.6%。

表9-22 居民对高考加分政策的态度 单位:%

态度 民族	满意	一般	不满意	样本量
汉族	60.0	—	40.0	5
藏族	84.4	15.6	—	64
门巴族	72.8	25.0	2.2	184
珞巴族	51.2	44.2	4.7	43
其他民族	59.4	40.6	—	32
总计	70.7	26.8	2.4	328
农村	71.6	26.1	2.3	310
城镇	55.6	38.9	5.6	18
总计	70.7	26.8	2.4	328

（二）民族地区特殊优惠政策

关于民族地区特殊优惠政策的评价，72.8%的受访者持满意态度，不满意的仅占2.8%。从民族维度看，藏族受访者对特殊优惠政策满意度较高，相关占比为86%；汉族受访者对特殊优惠政策的满意度最低，相关占比为33.3%。从户籍维度看，农业户口受访者对民族地区特殊优惠政策持满意态度的占比为73.5%，非农业户口受访者为61.5%，略低于农业户口受访者。

表 9-23　居民对民族地区特殊优惠政策的评价　单位:%

民族 \ 评价		满意	一般	不满意	样本量
汉族		33.3	33.3	33.3	3
藏族		86.0	14.0	—	50
门巴族		70.8	26.5	2.7	113
珞巴族		58.6	37.9	3.4	29
其他民族		77.8	16.7	5.6	18
总计		72.8	24.4	2.8	213
户籍	农业户口	73.5	23.5	3.0	200
	非农业户口	61.5	38.5	—	13
	总计	72.8	24.4	2.8	213

七　民族文化传承与保护

（一）社区、村文化基础设施覆盖与文化保护

总体来看，墨脱县当地文化基础设施配备仍不齐全。仅有41%的受访者反映本社区、村有文化活动室，14%的受访者反映有阅报栏，7.6%的居民认为有网络场所，38.4%的居民反映有文化健身广场。但是农家书屋覆盖率相对较高，相关占比为79.7%。从民族维度看，门巴族受访者所在区域农家书屋覆盖率最高，反映本社区、村有农家书屋的占84.1%；汉族居民所在社区、村的文化活动室覆盖率最高，相关占比为60%；珞巴族居民所在社区、村的文化健身广场覆盖率最高，相关占比为51.1%；藏族居民反映各项文化基础设施覆盖率均相对较低。从户籍维度看，农业户口文化活动室、文化健身广场的覆盖率略高于非农业户口，但农家书屋（图书馆）、阅报栏的覆盖率略低于非农业户口。整体而言，墨脱县社区、村文化基础设施需要进一步建设、完善。

表 9-24　本社区、村文化公共基础设施配备情况　单位:%

民族 \ 公共基础设施	文化活动室（文化大院）	农家书屋（图书馆）	阅报栏	网络场所	文化健身广场	样本量
汉族	60.0	80.0	20.0	—	20.0	5

续表

民族 \ 公共基础设施		文化活动室（文化大院）	农家书屋（图书馆）	阅报栏	网络场所	文化健身广场	样本量
藏族		44.6	66.2	1.5	—	23.1	65
门巴族		32.8	84.1	16.4	6.7	42.6	195
珞巴族		59.6	78.7	19.1	19.1	51.1	47
其他民族		53.1	81.3	15.6	12.5	28.1	32
总计		41.0	79.7	14.0	7.6	38.4	344
户籍	农业户口	41.0	79.2	13.7	7.8	38.5	322
	非农业户口	40.9	86.4	18.2	4.5	36.4	22
	总计	41.0	79.7	14.0	7.6	38.4	344

关于最需要宣传开发的民族文化类型，49.7%的受访者认为是传统节日，45.9%的受访者认为是传统服饰，41.6%的认为是传统民居。从民族维度看，汉族、珞巴族居民认为最需宣传开发的民族文化是传统服饰，相关占比分别为60%、58.3%；藏族、门巴族认为最需要宣传开发的文化类型是传统节日，相关占比为56.3%、51.3%。从户籍维度看，非农业户口受访者认为最需保护的民族文化是传统节日，相关占比为60%；农业户口受访者也认为最需保护的民族文化是传统节日，相关占比为49.1%。

表9-25　　本民族最需要宣传开发的文化类型　　单位：%

民族 \ 文化类型		民居	服饰	传统节日	日常礼仪	文娱活动	饮食	传统生产方式	宗教信仰、民间信仰与相关活动	争取非遗项目	样本量
汉族		60.0	60.0	40.0	20.0	20.0	40.0	—	—	—	5
藏族		18.8	26.6	56.3	9.4	7.8	43.8	9.4	10.9	—	64
门巴族		49.2	47.7	51.3	16.9	21.0	24.1	19.5	25.1	—	195
珞巴族		37.5	58.3	35.4	16.7	12.5	45.8	22.9	45.8	2.1	48
其他民族		43.8	53.1	50.0	3.1	12.5	28.1	25.0	40.6	—	32
总计		41.6	45.9	49.7	14.2	16.6	31.4	18.3	26.5	0.3	344
户籍	农业户口	42.3	45.7	49.1	13.6	16.4	32.4	18.5	26.2	0.3	324
	非农业户口	30.0	50.0	60.0	25.0	20.0	15.0	15.0	30.0	—	20
	总计	41.6	45.9	49.7	14.2	16.6	31.4	18.3	26.5	0.3	344

（二）民族文化传承

墨脱县居民对本民族文化传承的信心较强。在民族语言方面，98.5%的受访者认为子女和上辈相比有更强烈的接受意愿。在民族文字方面，94.6%的受访者认为子女和上辈相比有更强烈的接受意愿。在生活习俗方面，97.2%的受访者认为子女和上辈相比有更强烈的接受意愿。在宗教信仰方面，89.6%的受访者认为子女和上辈相比有更强烈的接受意愿。在特色手工艺方面，91%的受访者认为子女和上辈相比有更强烈的接受意愿。从民族维度看，珞巴族对本民族语言、文字、生活习俗、宗教信仰的传承信心均为各民族中最高；比较而言，汉族居民对本民族文字、特色手工艺在当地传承的信心略弱。从户籍维度看，农业户口受访者对本民族文字、生活习俗、宗教信仰的传承信心强于非农业户口受访者，非农业户口受访者对民族语言、特色手工艺的传承信心强于农业户口受访者。

表 9-26　子代和上辈相比接受本民族语言、文化和风俗习惯的意愿　单位：%

民族 \ 类别		民族语言	民族文字	生活习俗	宗教信仰	特色手工艺	样本量
汉族		100.0	80.0	100.0	80.0	80.0	5
藏族		100.0	93.5	100.0	93.1	93.4	63
门巴族		97.9	94.2	96.2	87.2	88.4	186
珞巴族		100.0	97.7	100.0	95.7	93.6	47
其他民族		96.7	96.4	93.3	88.9	100.0	29
总计		98.5	94.6	97.2	89.6	91.0	330
户籍	农业户口	98.4	94.6	97.4	89.7	90.9	312
	非农业户口	100.0	94.1	94.4	87.5	93.8	18
	总计	98.5	94.6	97.2	89.6	91.0	330

（三）民族文化保护

在当发展经济和保护本民族文化发生冲突时，69.9%的受访者主张以优先保护本民族传统文化为主，不赞同以发展经济、提高现代生活水平为主，而主张以发展经济和提高现代生活水平为主的受访者占29.9%；认为当前先开发，有钱再保护的仅占0.3%。从民族维度看，除汉族居民和珞巴族居民外，各民族在经济发展的文化保护上，均倾向于文化保护一端，但也存在一定差异。从户籍维度看，非农业户口受访者主张以优先保护本民族传统文化为主的占比占76.2%，农业户口相关占比为69.4%，可以说非农业户口受访者的本民族文化保护意识强于农业户口受访者。

表9-27　　当发展经济和保护本民族文化发生冲突时的态度　　单位：%

类别 民族		以发展经济、提高现代生活水平为主	优先保护民族文化	当前先开发，有钱再保护	样本量
汉族		60.0	40.0	—	PM5
藏族		15.6	82.8	1.6	64
门巴族		20.4	79.6	—	196
珞巴族		70.2	29.8	—	47
其他民族		51.5	48.5	—	33
总计		29.9	69.9	0.3	345
户籍	农业户口	30.2	69.4	0.3	324
	非农业户口	23.8	76.2	—	21
	总计	29.9	69.9	0.3	345

八　社会和谐与安定

社会安定与和谐是民族地区经济社会发展的归宿，本报告将从社会公平感角度对墨脱县社会和谐与安定程度进行测量分析。

墨脱县居民的总体社会公平感较强，认为比较公平或很公平的占比达85.6%。具体看，墨脱县受访者在就业发展方面公平感最弱，认为就业公平的占比为79.6%，在法律公平感最强，相关占比为87.4%。受访者对教育公平、医疗公平、住房公平、社会保障公平、干部选拔任用、就业发展公平、信息公平、政府办事公平等方面的公平感均较强。从民族维度看，门巴族居民的住房公平感最强，相关占比均高于83.4%；汉族居民和珞巴族居民在各方面的公平感都相对较弱；相对而言，藏族受访者在各方面的公平感较为适中。从户籍维度看，农业户口受访者各项社会公平感均强于非农业户口受访者，在干部选拔任用方面，农业户口受访者的公平感更明显强于非农业居民。

表 9-28　社会公平状况　单位：%

民族 \ 类别		教育公平	语言文字公平	医疗公平	住房公平	社会保障公平	法律公平	干部选拔任用	就业、发展公平	信息公平	政府办事公平	投资经营	总体社会公平状况	样本量
汉族		60.0	80.0	80.0	80.0	80.0	80.0	60.0	60.0	80.0	60.0	80.0	80.0	5
藏族		89.1	81.3	85.9	76.6	79.7	82.8	82.8	79.7	73.4	71.9	67.2	77.8	57
门巴族		91.2	91.2	90.6	93.1	92.4	92.9	84.6	83.4	87.8	93.4	90.9	91.3	176
珞巴族		72.3	72.3	72.3	70.2	71.1	68.3	63.0	67.4	63.6	73.3	64.4	69.8	34
其他民族		78.8	81.8	87.9	87.9	90.9	90.9	81.8	78.8	81.3	90.6	87.5	90.3	26
总计		86.5	85.5	86.8	86.1	86.7	87.4	80.6	79.6	80.8	85.6	81.9	85.6	298
户籍	农业户口	87.6	86.2	88.5	87.1	87.6	88.3	82.7	80.7	81.7	86.8	82.9	86.4	283
	非农业户口	68.4	73.7	57.9	68.4	70.6	70.6	41.2	58.8	64.7	64.7	64.7	72.2	15
总计		86.5	85.5	86.8	86.1	86.7	87.4	80.6	79.6	80.8	85.6	81.9	85.6	298

九　总结与讨论

根据以上对墨脱县社会经济综合发展状况的描述和分析，可以得出以下结论。

（一）取得的成就

1. 有关民族政策的满意度较高

民族政策方面，少数民族高考加分政策和少数民族受访者对民族地区的计划生育政策满意度都很高，汉族受访者的满意度相对较低。整体而言，各民族受访者对民族特殊优惠政策非常满意。对扶贫政策和扶贫活动的满意度也比较高。受访者对各项住房政策较为满意，生活用水、用电、卫生状况较便利。受访者对社会保障制度的评价较高。关于民族地区特殊优惠政策的评价也较高。

2. 居民对政府工作的满意度较高

近年来，墨脱经济社会全面发展对政府工作提出了诸多挑战。但从总体来看，受访者对政府工作的满意度较高。一方面受访者环保意识不断增强，政府也相应开展了多项环境保护工作并取得了较好成效，受访者对政府保护环境各项工作的评价较高。另一方面整体经济发展的同时，受访者也有共享发展成果的诉求。但目前，城乡公共基础设施建设均等化程度还需进一步提高，农村学校、医院、休闲场所、储蓄所等基础设施的建设还存在一些不足。与此同时，墨脱县居民的民族文化保护意识较强。在政府高度重视文化传承和广泛开展文化保护工作的背景下，受访者对政府保护民族文化有关工作的满意度较高。

3. 民族关系不断改善

在聊天、一起工作、成为邻居等日常普通交往上，各民族的意愿都很高。在民族认同方面，各民族基本都对"五个认同"有一定了解。说明中华民族意识在持续增强。因此，墨脱县居民的本民族认同和中华民族认同比较和谐。在民族关系方面，改革开放以来，各民族对民族关系的正向评价快速提高。在与外来人口的互动交往中，本县受访者绝大部分都欢迎外来人口。族际交往意愿较强。民族身份平等程度较高，无论是日常生活，还是外出、出国旅行，都极少因为本民族身份而受到歧视或带来不便。

4. 生活水平持续提高

一方面，墨脱县居民的家庭自有住房率较高，整体住房条件较好，居民对现有住房的满意度较高。另一方面，墨脱县居民社会保障覆盖率不断提高，各项社会保障措施逐渐完善。因此受访者对生活水平变化整体评价较高，对未来生活比较有信心，农业户口居民对生活质量的评价更乐观。同时，基于快速发展的经济社会环境和逐渐完善的社会制度，居民的社会公平感较强。

（二）存在的问题

1. 经济发展水平较低

产业结构不协调，职业结构不合理，居民职业身份集中于"农牧民"，也就是说传统就业，一方面使得部分劳动者收入低；另一方面造成县域经济发展乏力。既不利于广大劳动者的权益，也不利于经济平稳有序发展。同时对社会治理也构成一定挑战。寻找工作的途径单一，农业户口主要依赖传统社会关系，城镇主要依靠政府的行政权力配置，商业职介所发挥的作用有限。经济发展的对外开放性不足。墨脱地区非农业户口劳动力流动以本县域内为主，有关外出工作的障碍，很大一部分受访者认为是"得不到相关就业信息"，说明本地发展无论是经济往来，还是信息交流都存在一定封闭性。

2. 双语教育质量不高

在当前西藏各级政府把教育作为第一民生的政策背景下，墨脱县各级教育也快速发展。墨脱县居民整体送子女到双语学校就学的意愿较强。但同时，受访者对双语教育质量的评价相对较低。国家通用语言文字在墨脱县居民中普及率不高，居民掌握普通话的程度较低，也说明了本县双语教育质量不高。究其原因，其一是墨脱县居民务农的比例相对较高，在日常生活中对于现代教育的需求不足；其二是墨脱县居民藏族居民人口比例大，除学校以外，国家通用语言文字缺少习得环境。

3. 民族关系仍需改善

当前居民无论是在族际交往方面，还是在对民族关系的评价方面，都保持积极的态度。但整体而言，各民族之间交往层次仍然相对较低。我们从上文数据分析中不难看出，各民族与其他民族一起聊天、工作、成为邻居的意愿相对较强，但在成为亲密朋友、族际通婚等方面的意愿就凸显地较弱。成为亲密朋友和有族际通婚的意愿，是衡量民族交往深度、民族关系韧劲的重要指标。由此观之，当前民族关系的改善，仍需投入进一步的研究和工作。

（三）相关对策建议

1. 大力发展县域经济，推动产业结构升级

基础教育普及和高等教育扩招必然推动教育由“精英化”向“大众化”转变，由此不可避免地造成学历贬值，高校毕业生就业困难问题，墨脱县公职单位工作人员饱和尤为凸显了“就业难”问题。然而，生态环境保护要求退耕还林，限制工业发展，压缩了毕业生本地就业空间。为此，必须转变传统发展思路，一方面大力改善县内外交通条件，拓宽本县与其他县经济往来，拓展本县经济发展空间；另一方面基于本县原生态环境优势和特殊文化优势，深度挖掘本县独具特色的旅游业资源，完善旅游配套服务设施，带动相关产业发展，盘活县域经济，为吸收墨脱籍高校毕业生回乡创造工作机会，协调教育与社会的关系，为墨脱教育持续发展培育本地就业推动力。

2. 提高双语教育质量

针对当前双语教育质量不高的问题，一方面需要提高经济社会的对外开放程度，增加墨脱县对外交流程度，从根本上为双语教育质量的提高提

供客观的环境；另一方面需要注重建设巩固双语教师队伍，加大资金投入，加强双师培训，提高课堂教学的质量。

3. 加快集中办学进程

墨脱县各乡呈散点分布，人口、道路、教师等基本要素和配比存在较大差异，尽管全县整体生师比已达到教育部公布的相关标准，但小班额现象严重，班师比仍然不足。由此，墨脱县小学实行集中办学具有针对性意义。集中办学可整合教育资源，集中人力、物力办好寄宿制学校，进一步改善学校软件和硬件条件，使不同乡村的学生享受到相对均衡的教育资源。值得注意的是：一方面集中办学要以良好的路况车况条件为支撑。需要着重改善道路交通条件，拓宽羊肠小道，完成路面硬化，为学生和家长出行提供安全便利条件。另一方面合理调整学生周末放假时间。可采取放大周的形式，协调完善学生在学校、家庭、路途的时间规划。同时，进一步完善护苗行动，可参考自治区已实现小学集中办学的县（例如达孜县），为偏远乡村学生上学配备机动车接送，由于墨脱县路况条件差，不适合大中型车辆接送学生，如何选择兼顾学生安全和运输成本的适宜车型需要进一步分析论证。此外，需要进一步调动家长积极性，使家长群体更为广泛地参与“家校联合”机制中，支持学生学业，保护子女安全。

4. 增加各民族交往的机会和频率，完善社会保障体系

当前限制民族交往的症结在于各民族之间族群规模差异较大，藏族人口比例占据绝对优势，由此民族之间互动的机会和频率较小。对此，需要增加社会流动频率。除了要加快本县经济发展，调整产业结构，活跃本县经济以外，也需要完善社会保障体系，为各族居民的流动解除后顾之忧。首先，要完善社会救助、社会保险、社会福利的各个子项目设置，提高各个社会保障子项目的覆盖率，将更多的居民纳入社会保障体系中。其次，适当提高财政转移支付水平，充实社会保障各项资金，提高居民社会保障受益水平。最后，要提高社会保障机制运行效率，加大社会保障工作的监管力度，注重社会保障公平性原则，切实满足居民的社会保障需求。

后　记

《中国民族地区经济社会调查报告·2016年调查问卷分析》汇集了国家社科基金特别委托项目和中国社会科学院创新工程重大专项“21世纪初中国少数民族地区经济社会发展综合调查”在2016年完成的民族自治县/旗问卷调查的数据分析报告。本书共分九章，各章撰写人如下：第一章为丁赛，第二章为刘芳，第三章为王双识、刘小珉，第四章为杜倩萍，第五章为丁玉，第六章为宋丹，第七章为刘艳玲，第八章为刘有安，第九章为黄万庭；王延中和丁赛对全书进行了统稿。

2016年问卷调查委托中央民族大学民族学与社会学学院完成。中央民族大学民族学与社会学学院同课题组共进行了两次合作，麻国庆院长高度重视问卷调查工作，安排认真负责的老师和硕士生、博士生组建了调查队，按照课题组问卷调查的相关规定按时完成了高质量的问卷调查。在此深表谢意！

本书得到了中国社会科学院创新工程出版资助，中国社会科学出版社一如既往给予了大力支持，责任编辑宫京蕾女士付出了艰苦劳动，也一并致谢！